Architects & Architecture
NAGOYA
名古屋圏の建築家と建築

発刊にあたって

　株式会社建築家会館は、わが国における建築家の活動拠点としての会館の建設をめざし、1961年、建築家前川國男を中心とする約180名の建築家の出資により設立された会社です。

　主な事業として、①渋谷区神宮前に建設した会館建物の管理、②建築家賠償責任保険などの取扱い、③建築家クラブの運営、そして④建築家に関する書籍の出版を行うなど、建築家の活動を側面から支援しております。

　当社ではこれまで「建築家会館の本」として10名の建築家の皆さんに執筆をいただき、シリーズとして10冊を発刊してまいりました。

　今年度より新たな企画として「地域の建築家と建築」をテーマとしたシリーズを発刊することとしました。

　日本の主要な地方都市圏を対象に、地域を拠点として活動し、地域の建築文化の発展に足跡を残した建築家たちの活動の歴史を記録すると共に、その地域の歴史・文化の形成に寄与してきた建築作品やまちなみ、景観を、地域の建築家の視点から取り上げ、建築家の果たす社会的役割と、作品に込められた建築家の思いを幅広く伝えることを目指すものです。

　初回は「名古屋圏の建築家と建築」として名古屋圏の建築家のインタビュー、座談会の他、多くの建築物も掲載しており、地域の建築の歴史を知る上でも大いに役立つものと考えております。

　本書の企画にあたり、さまざまな形でご支援いただいた皆様に感謝いたしますと共に、今後ともご指導ご鞭撻を賜りますようお願い申し上げます。

株式会社建築家会館
代表取締役　**野生司　義光**

建築家会館の本　既刊シリーズ

『**建築家の自由　鬼頭梓と図書館建築**』
「建築家とは何か」を問いつづけ、戦後の図書館建築に大きな功績を残す建築家鬼頭梓の強靭な言葉を、次世代に届ける一冊。

『**建築家の原点　大谷幸夫 建築は誰のために**』
「国立京都国際会館」を筆頭に、人間と建築のかかわりを追求し続ける大谷幸夫。魂を揺さぶる建築のありようを語りつくしたインタビューと、珠玉の論考を収録。

『**建築家の清廉　上遠野徹と北のモダニズム**』
北の大地にモダニズムを花開かせた建築家がいた。敬虔な祈りと人間愛に支えられた建築家、上遠野徹（かとのてつ）の世界を旅する本。

『**建築家の使命　本間利雄 地域に生きる**』
東北の山形に根付いた建築家として、山形のために何ができるのかを常に考え、地道な積み重ねの中で建築を通して地域、まち、人と真摯に向き合い、語りかける。

『**建築家の自律　椎名政夫 対話と創造**』
しなやかな建築家、自由な発想で民に立脚し、クライアントを大切にする建築家、椎名政夫氏が、海外の調査で知った建築家職能の実態、日本社会に必要とされる建築家の条件とは、建築家のありようを次世代を担う若い建築家に語る一冊。

『**建築家の畏敬　池田武邦 近代技術文明を問う**』
壮絶な戦争体験を経て、生かされてあるものの使命としての超高層技術革新、そして絶対的な近代科学技術信仰への懐疑。3・11以降を生きるすべての人に、池田武邦から、未来への伝言。

『**建築家の多様　内田祥哉 研究とデザインと**』
内田祥哉の建築に向かう姿勢は、つねに「考えること」と「造ること」を行き来する。自由かつエネルギッシュ、細心にして大胆。
今、明かす、内田祥哉の見てきたもの、一貫して追い求めたものとは。

『**建築家の誠実　阪田誠造 未来へ手渡す**』
その建築の置かれる場所とつくられる意義を徹底的に研究し、あるべき姿を求めて。阪田誠造の思考と創作のプロセスを追う。

『**建築家の土着　山本長水 地域の知恵と「土佐派の家」の仲間たち**』
近代文明にある種の疑問を持ち、土着の生活に希望を描いて高知に帰り50年。
「土佐派の家」の仲間たちに支えられ、感性の深いところを満たす山本長水の建築（哲学）とは。

『**建築家の広がり　松本哲夫 無名の公共デザイン**』
「複雑で厳しい条件から苦労して答えをつかみ出していく過程の中にこそ建築家の仕事があるのだ。がんばれ、日本のデザイン。すべきことはたくさんある。」（松本哲夫）

書名：　**名古屋圏の建築家と建築**
企画：　株式会社建築家会館
編著者：　名古屋圏の建築家と建築編集委員会＋名古屋工業大学伊藤孝紀研究室
　　　　　伊藤 孝紀　伊藤 恭行　小田 義彦　森口 雅文
デザイン・編集制作：大森 晃彦｜株式会社建築メディア研究所
発行日：　2019年3月31日
発行者：　株式会社建築メディア研究所
　　　　　〒162-0802 東京都新宿区改代町 42 金森ビル 302
　　　　　Tel. 03-6280-7497　Fax. 03-6280-7120
発売者：　株式会社建築技術
　　　　　〒101-0061 東京都千代田区神田三崎町 3-10-4 千代田ビル
　　　　　Tel. 03-3222-5951 Fax. 03-3222-5957
　　　　　http://www.k-gijutsu.co.jp　振替 00100-7-72417
印刷・製本：株式会社サンニチ印刷

© 2019 Kenchikuka Kaikan Inc. and Takanori Ito Design Institute All Rights Reserved.
ISBN978-4-7677-0162-2
落丁・乱丁本はお取り替えいたします。
本書の無断複製（コピー）は著作権法上での例外を除き禁じられています。
また，代行業者等に依頼してスキャンやデジタル化することは，個人や家庭内の利用を目的とする場合でも著作権法違反です。

表紙カバーおよびp.6、58、79、103の写真撮影｜建築メディア研究所

シリーズ：地域の建築家と建築 | 01

企画： 建築家会館
編著： 名古屋圏の建築家と建築編集委員会 + 名古屋工業大学伊藤孝紀研究室
　　　伊藤孝紀　伊藤恭行　小田義彦　森口雅文

Architects & Architecture
NAGOYA
名古屋圏の建築家と建築

発行： 建築メディア研究所
発売： 建築技術

目次

名古屋圏の建築家 —— 5

20世紀前半の名古屋圏の建築家たち｜瀬口 哲夫 —— 7

名古屋圏をめぐる建築家像 —— 19

インタビュー ❶ 大塚 一三 —— 20
インタビュー ❷ 鋤納 忠治 —— 30
インタビュー ❸ 森 鉦一 —— 40
インタビュー ❹ 森口 雅文 —— 48
ディスカッション ❶ 名古屋圏という地域からの発信
　　若山 滋、笠嶋 淑恵、伊藤 恭行、若林 亮、加茂 紀和子 —— 59
ディスカッション ❷ 2000年代に名古屋圏で設計活動を開始した5人の建築家が語る名古屋の今、そして未来
　　伊藤 孝紀、米澤 隆、生田 京子、吉村 昭範、岩月 美穂 —— 80

名古屋圏の建築 —— 91

名古屋圏の都市構造とその成り立ち

清須越から戦災復興後まで｜井澤 知旦 —— 93
建築を支える都市のフレーム｜竹中 克行 —— 98
名古屋駅と栄の変遷と現在のまちづくり｜伊藤 孝紀 —— 104

名古屋圏の建築 —— 362の建築｜29の群景（クラスター）｜名古屋工業大学伊藤孝紀研究室 —— 111

建築が織りなす名古屋圏の群景 —— 112
高層建築の群景｜Cluster 01：名駅・笹島・伏見 —— 114　都市のシェア｜Cluster 02：名駅・名城 —— 119
リノベによる都市再生｜Cluster 03：名駅 —— 121　繁華街のアイコン｜Cluster 04：栄・久屋・錦 —— 124
商業地帯の重層｜Cluster 05：栄 —— 129　景観を創るワークプレイス｜Cluster 06：栄・久屋 —— 134　名古屋城｜Cluster 07：名城 —— 138
お堀内外の変遷｜Cluster 08：名城 —— 140　和の白壁、洋の主税｜Cluster 09：白壁・主税・樫木 —— 143
戦前ロマンスの大三角形｜Cluster 10：鶴舞・八事・覚王山 —— 147　自然温室とランドスケープ｜Cluster 11：星ヶ丘・東山・本山 —— 153
神宮と調和するオアシス｜Cluster 12：熱田 —— 156　名古屋ウォーターフロント｜Cluster 13：名古屋港 —— 159
古墳を臨む景勝地｜Cluster 14：守山 —— 162　社会を結ぶキャンパス｜Cluster 15：名古屋市・愛知県 —— 165　住まいの叡智｜Cluster 16：長久手 —— 173
愛知のシリコンバレー｜Cluster 17：西三河 —— 178　トヨタギャラリー｜Cluster 18：豊田 —— 181　足助百年の歩み｜Cluster 19：足助 —— 184
生業の宿る奥三河｜Cluster 20：西三河・東三河 —— 186　コンパクト・ジャンクション｜Cluster 21：豊橋 —— 189
交錯するビスタライン｜Cluster 22：岡崎 —— 192　三河リゾートの眺望｜Cluster 23：三河湾 —— 197
偉人にみる地域文化｜Cluster 24：西尾・碧南 —— 200　低層建築と水平線｜Cluster 25：知多半島 —— 202
焼物が醸す風景｜Cluster 26：常滑・瀬戸 —— 206　港湾都市と伝統工法｜Cluster 27：尾張 —— 209
バブルモダンを越えて｜Cluster 28：尾張 —— 212　歴史遺構のアンサンブル｜Cluster 29：犬山 —— 216

14 Columns

名古屋の地下街｜向口 武志・池戸 昭文 —— 118　円頓寺商店街のリノベーションと活動｜市原 正人 —— 123
芸術祭と建築「あいちトリエンナーレ」｜武藤 隆 —— 128　名古屋圏の商業建築とインテリア｜加藤 和雄 —— 132
名古屋渋ビル研究会の活動について｜謡口 志保 —— 137　名古屋城木造復元と本丸御殿｜伊藤 京子 —— 139
白壁地区の大正建築群｜米澤 貴紀 —— 146　名古屋圏の和風建築｜三浦 彩子 —— 151
覚王山の建築とまちづくり活動｜橋本 雅好 —— 152　都市・名古屋の発展とキャンパス建築｜恒川 和久 —— 172
名古屋圏における住宅建築｜太幡 英亮 —— 176　岡崎を中心とした参加型建築｜三矢 勝司 —— 196
名古屋圏における社会基盤施設｜秀島 栄三 —— 205　博物館明治村と展示建造物｜柳澤 宏江 —— 218

路線図 —— 220　索引（五十音順、市町村順、設計者順） —— 221
「名古屋圏の建築」編集後記—作成過程と意図 —— 231　あとがき、名古屋圏の建築家と建築編集委員会 —— 232

名古屋圏の建築家

　名古屋が都市として成立して400年が経つが、近現代的な意味での建築家が登場するのはこの100年である。この章は100年にわたる建築家の姿を辿る年代記となっている。名古屋の建築家に着目して、明治期から現在までを概観するという初めての試みである。

　地域に着目して、そこで活動してきた建築家たちを見ることの意味は、今を生きている現役の建築家（私たち）が自分たちの立っている地面を確認する作業なのではないかと思っている。グローバル化が進み、自らが設計した建築がメディアやインターネットの中で流通していく環境の中で（そのこと自体は決して悪いことではないが）、建築は漂っている。しかし、それでもやはり建築は動かない地面の上に建っている。この章では、先人たちが地域の建築に注いだエネルギー触れることで、今、私たちが建築家として立っている地面を確認したい。

20世紀前半の建築家像（20世紀前半の名古屋圏の建築家たち）

　瀬口哲夫先生により、鈴木禎次から始まる明治から戦前までの建築家たちの系譜が解説される。さまざまな建築作品にも言及されており、当然のことながら既に失われてしまったものが多い。しかし、現存して都市の風景を構成しているものも少なくないことが改めて認識される。多くの建築家が登場し、戦前から戦後にかけて活躍した建築家や設計事務所が今に至るまで影響を与え、痕跡を留めていることを深く認識できる。

20世紀後半の建築家像（名古屋圏をめぐる建築家像 インタビュー❶〜❹）

　ここでは、4名の建築家たちへのインタビューを通じて、戦後から20世紀後半にかけての建築界の姿が描き出される。この中には多くの方々が登場する。戦後の名古屋建築界の人間模様が活写されており、非常に興味深い。また、現在、名古屋圏で中核となっている設計事務所が成立してきた過程が、生き生きとした語りを通じて伝わってくる貴重なインタビューとなっている。

20世紀末から21世紀の建築家像（名古屋圏をめぐる建築家像 ディスカッション❶、❷）

　最後にふたつのディスカッションを通して、現在の名古屋建築状況を概観する。このパートは現在進行形の事象を扱うため、名古屋圏の建築家像として視座が定まっているわけではない。ディスカッションに参加する建築家によっても、議論の方向はそれぞれ異なることを前提として読んでいただきたい。

　現在、さらに若い建築家たちの活躍も視界に入るようになりつつあり、東海圏の建築は活気づいている。とはいえ、建築家を取り巻く状況は決して楽観できるものではない。それでも、先人たちが固めてくれた地面を踏みしめながら一歩でも前に進みたいと思う。　　（伊藤 恭行）

鶴舞公園奏楽堂

20世紀前半の名古屋圏の建築家たち

瀬口 哲夫（名古屋市立大学名誉教授、工学博士）

はじめに

　名古屋圏における建築事務所を中心とする建築家は、1906（明治39）年、名古屋高等工業学校（以下、名高工）教授として赴任した鈴木禎次と、同じ1906（明治39）年に愛知県営繕に技師として赴任した西原吉次郎のふたりを嚆矢として過言ではない。

　鈴木禎次は、教育者として人材を育てるだけでなく、自らも建築家として、名古屋圏の主要な民間の建物を数多く設計し、実務を通じて、建築家となる後進を育てた。一方、西原吉次郎は、当時としては大きな営繕組織であった愛知県営繕係を率い、多くの県有施設を設計し、そこから、建築事務所を開設する人材を育てた。まさに、両者は、名古屋の建築設計界の育ての親といってよい存在である。

　本稿では、明治後期から終戦までの昭和前期、つまり、20世紀前半、名古屋圏で活躍した、建築事務所の建築家と彼らが設計した建築について取り上げる。

1 名古屋を代表する建築家・鈴木禎次

(1) 初めての大学出の建築家・鈴木禎次の登場

　鈴木禎次（1870 - 1941、写真❶）は、1896（明治29）年、帝国大学工科大学造家学科（現在の東京大学建築学科）を卒業し、三井に就職。横河民輔（1864 - 1945）のもとで、「三井総本店」や「三井大阪支店」の設計にたずさわった後、1903（明治36）年1月、欧州に官費留学する。1906（明治39）年6月の帰国後、新設の名古屋高等工業学校（名高工）[*1]建築科の主任教授兼建築科長として赴任する。

　鈴木禎次が来名した時の名古屋は、産業の発展が目覚ましく、人口30万都市になっており、さらに、都市としての形態を整える時期でもあった。

　1910（明治43）年に第10回関西府県連合共進会（以下、共進会）を開催することになり、愛知県は、共進会の会場設計の人選を鈴木禎次に相談したようだ。鈴木禎次は、「色々相談を受けました。共進会の展示館などは、東京の中條精一郎君に頼んだら良いと推薦。自分は、後に残る噴水塔と奏楽堂を引き受けた」と語っている。

　曾禰・中條建築事務所が設計した「共進会展示館」は、木造であったがルネサンス様式の堂々としたものであった。こうして、1910（明治43）年、鶴舞公園を会場にして、共進会が開催されるが、夜間には、イルミネーションで照らされた、巨大な展示館は、白く浮かび上がり、博覧会を訪れた人びとを驚かせた。

　鈴木禎次の設計した噴水塔（「鶴舞公園噴水塔」、名古屋市指定文化財、写真❷）は、基壇周りに池を配し、大理石製円柱8本の上に水盤を持つローマ様式で、多くの人びとの耳目を集めた。担当は鈴川孫三郎（名高工1908/明治41年卒）。一方の奏楽堂（写真❸）は、高さ約2mほどの8角形基壇の上に、2本を対にした双子柱8基でドームを支える。楽器や君が代の音譜をモチーフにデザインされている。地上からの高さは約14.7m。担当は、桃井保憲（名高工1908/明治41年卒）。

❶ 鈴木禎次（1870 - 1941）

[*1] 名古屋高等工業学校（名高工）は、1905（明治38）年3月に創設され、9月に入学式を行った。建築科定員は20名で、最初の卒業生は16名。1944（昭和19）年 名高工は名古屋工業専門学校に校名を改めた。1949（昭和24）年、学制改革で、同校は廃止され、新たに、名古屋工業専門学校と県立工業専門学校を母体に名古屋工業大学が設置された。

※注記
・原則として、建築名称は当初のもの、大学名は、それぞれの時期のものを使用した。
・現存しない建物には「†」を付した。
・特記した以外の建物の写真は筆者撮影および筆者所蔵。

❷ 鶴舞公園噴水塔（1910/明治43年、鈴木禎次、→p.148）

❸ 鶴舞公園奏楽堂（再建）（1910/明治43年、鈴木禎次）

❹ いとう呉服店†（1910/明治43年、鈴木禎次）
写真：『松坂屋社史』より

❺ 愛知県商品陳列館†（1910/明治43年、鈴木禎次）
写真：名古屋年センター所蔵

❻ 中埜邸（「旧中埜家住宅」、国指定重要文化財、1911/明治44年、鈴木禎次、→p.202）

❼ 共同火災（株）名古屋支店（1912/大正元年起工、鈴木禎次）写真：『東海の明治建築』より

奏楽堂は、木造であったため、1934（昭和9）年の台風で倒壊。現在は、旧状に再建されている（「鶴舞公園奏楽堂」、1997/平成9年）。

共進会開催に合わせて、鈴木禎次は、名古屋で最初の百貨店である「いとう呉服店」や「愛知県商品陳列館」、「桔梗屋呉服店」を設計している。栄町（当時）にできた、「いとう呉服店」（写真❹）は、複数の円形ドームを持つルネサンス様式で、屋上庭園、トップライトのある吹き抜けの下の室内庭園、展望食堂（3階）、屋内音楽室（ホール）があり、新しいことづくめで、大人気を博した。また、夜間、イルミネーションで飾られ、繁華街を彩った。

共進会のサブ会場となった、大須の「愛知県商品陳列館」（写真❺）も、大きなドームを持つルネサンス様式の白い建物で、栄町のいとう呉服店と共に、名古屋の都心の景観を一新した。

第10回共進会終了後、鶴舞公園の再整備が行われた。鈴木禎次は、噴水塔と奏楽堂を中心に幾何学的な円形の周回園路と放射園路を設けた和洋折衷公園を提案した。鶴舞公園は、建築家が設計した日本で最初の公園といわれる。鈴木禎次は、鶴舞公園が自慢だったようで、自分の子や孫を鶴舞公園に連れて行き、「どうだ、いいだろう。」といっていたという。近代的な都市公園としての鶴舞公園（国登録記念物）は、その後の名古屋の文化的拠点となった。

（2）群を抜いた洋風住宅の設計者・鈴木禎次

明治末期の鈴木禎次は、名古屋でいくつかの住宅を設計している。「後藤邸」、「上遠野邸」、木組みの美しいハーフティンバー様式の「中埜邸」などである。「中埜邸」（写真❻）は、半田市にある、1911（明治44）年の建築で、「旧中埜家住宅」として、国指定重要文化財になっている。大正期には、桑名の「諸戸精六郎洋室」（現「諸戸庭園」、国指定重要文化財）を設計。大理石のマントルピースや円柱のある本格的洋室。昭和前期になって、市松模様をモチーフにした「揚輝荘伴華楼」（名古屋市有形文化財、P.149）、「向洋館」、「豊田利三郎邸」、温室付き、スパニッシュ風の外観で、内部は和洋意匠の「豊田喜一郎邸」（「トヨタ鞍ヶ池記念館」に移築・現存）などを設計。名古屋における本格的な洋風住宅の設計者として、鈴木禎次は、群を抜いた存在であった。

（3）銀行など金融関係を得意とする鈴木禎次

鈴木禎次は、大学卒業後、横河民輔のもとで、補強煉瓦造の「三井総本店」（1902/明治35年）や「三井大阪支店」（1901/明治34年）の設計や現場監理を担当したこともあり、銀行建築と補強煉瓦造建築に習熟していた。こうしたことから銀行建築の設計依頼が多かったようだ。まず、古典様式の「名古屋銀行京都支店」（1911/明治44年移転開業）、次いで、「三井銀行名古屋支店」（1915/大正4年移築開業）を設計する。「三井銀行名古屋支店」は、石造2階建ての古典様式で、名古屋で最初の石造建築と言われた[*2]。

赤煉瓦の銀行建築としては、「名古屋銀行堀川支店」、「名古屋銀行南支店」、「岡崎銀行本店」などがある。「岡崎銀行本店」（1917/大正6年、国登録有形文化財）は、ドームを持ち、赤い煉瓦タイルと白い御影石が調和するルネサンス様式の建築で、現在、「岡崎信用金庫資料館」（p.193）となっている。

鈴木禎次による建築構造への挑戦は、煉瓦造から鉄筋コンクリート造への転換において見られる。1912（大正元）年起工の「共同火災（株）名古屋支店」（写真❼）は、階段塔の上にドームを頂いた鉄筋コンクリート造3階建てであった。施工は地元の志水正太郎。現場を担当した加藤和夫（名高工1911/明治44年卒、後に愛知県庁営繕）は、参考になる本は2冊しかなかったこと、東京に実習に行き清水組（現在の清水建設）の田中氏の助言を受けたなどの苦労を語っている。清水組は、1909（明治42）年に佐野利器設計の「丸善本店ビル」（鉄骨帳壁造、3階建て）を施工している。その影響であろうか、「共同火災（株）名古屋支店」の構造は、柱梁を鋼材でラチスに組み、

それを鉄筋とコンクリートで包んだ鉄骨鉄筋構造といってもよいものであった[*3]。

鉄筋コンクリート構造に関しては、1905（明治38）年、佐野利器により、東京帝国大学建築学科で鉄筋コンクリート造の講義が開始された。鉄筋コンクリート造の本格的建築としては、「東京倉庫G号棟」（1910/明治43年）や「三井物産横浜支店1号館」（1911/明治44年）を待たなければならない。1912（明治45・大正元）年着工の「共同火災（株）名古屋支店」における挑戦は、ほぼこの時期に相当する。

❽ 北浜銀行名古屋支店†（1915/大正4年、鈴木禎次）
写真：『愛知の建設』より

次に、鈴木禎次が挑戦したのは、名古屋最初の高層建築の実現である。1915（大正4）年の「北浜銀行名古屋支店」（写真❽）は、鉄筋コンクリート造（内柱と梁は鉄骨造）、地下1階地上7階（高さ100尺6寸）で、1, 2階と最上階を装飾的に扱い、中間階は、縦長の窓を並べている。地階を含めて8層あることから、8層閣と呼ばれ、エレベーターが備えられていた。最上階には、展望レストランがあった。設計製図を佃忠蔵（名高工1908/明治41年卒）が、現場監督を水野三郎（名高工1911/明治44年卒）が務めた。施工は清水組名古屋支店。

❾ 旧名古屋銀行本店（旧UFJ銀行貨幣資料館、2018年よりザ・コンダーハウス）（1926/大正15年、鈴木禎次）→ p.116

以後、鈴木禎次は、鉄筋コンクリート造の銀行建築を数多く設計する。中でも、「名古屋銀行本店」（写真❾）は、4層分の高さのある古典様式ジャイアントオーダーを並べたもので、エレベーターを備えて、銀行建築の高層化に対応したものになっている。営業室正面の金庫室も廊下を廻し2重化されていた。名古屋を代表する地元資本の銀行建築であった[*4]。

鈴木禎次が設計した銀行建築は、名古屋市内の9カ所に加え、愛知県内では、一宮、岡崎、半田、県外では、大垣、浜松、金沢、京都、大阪、東京などの繁華街を飾った。

（4）1921（大正10）年に鈴木建築事務所を開設

1921（大正10）年、鈴木禎次は、名古屋高等工業学校を退官し、名古屋市内で鈴木建築事務所を開設する。1921（大正10）年の名古屋市の人口は60万人を超え、大名古屋の時代を迎えた。大正末期には、日本三大都市のひとつとなり、1934（昭和9）年には100万人を超える大都市となった。一方、建築設計界では、1920（大正9）年、分離派建築会が結成され、新しい建築運動が開始され始めた時期である。

鈴木禎次は、「大正10年頃が建築様式が変わり出しました時で、純ルネサンス式なぞは衰えて少し自由な手法を取り入れる風潮になってきました。伊藤銀行中支店（大正10年）や名古屋商工会議所（大正12年）などは、純ルネサンス式を離れて行く経路が示されている。」と語っている。もともと、鈴木禎次自身は、教職より建築設計を本職と考えていたようで、建築界の変化を意識し、1921（大正10）年の建築事務所開設は立ち遅れたと語っている。

❿ 松坂屋名古屋店（1925/大正14年、1936/昭和11年増築、鈴木禎次）写真：『松坂屋社史』より → p.131

（5）鈴木禎次の設計による全国の松坂屋本支店／昭和前期

1923（大正12）年8月、松坂屋の名古屋店や上野店の改築が発表され、鈴木禎次に設計が依頼される。かくて、1925（大正14）年5月、鈴木禎次の設計による「松坂屋名古屋店」が開店[*5]。近世復興式鉄筋コンクリート造、地下2階、地上6階、延べ床面積約2万㎡の大建築。宴会場、ホール、貴賓室、食堂、温室、日本間があり、屋上に動物園、水族館、遊戯場、茶室、展望室（3層）が設けられた。設備として、暖房冷風設備、空気清浄設備、エレベーター10基（客用、事務用）が備えられ、すべてが新しいことで、人びとを驚かせた[*6]。設計は、鈴木建築事務所の島武頼三が担当。

1936（昭和11）年、北側に隣接して、鉄骨鉄筋コンクリート造の地上8階建ての「北館」が増築された。1937（昭和12）年、6階建ての「本館」は、地上7階となり、延べ床面積3.3万㎡の大百貨店（写真❿）が実現した。屋上には、こども汽車、こども自動車、メリーゴーラウンドなどの遊具と猿やペリカンなどがいる動物園のある子供の国、3層の展望室がつくられた。建

[*2] 石造といわれているが、煉瓦造石張りの可能性がある。
[*3] 「共同火災（株）名古屋支店」は、鉄筋コンクリート造とも鉄骨鉄筋コンクリート造ともいわれる。
[*4] 戦時中、名古屋銀行は、企業合同で東海銀行となり、その後、三菱東京UFJ銀行となったことから、この建物は、同行の「貨幣資料館」として使用された。2018（平成30）年、レストランとして再生された。
[*5] この時、いとう呉服店から（株）松坂屋に商号が統一された。
[*6] 1934（昭和9）年、「松坂屋本店」にエスカレーターが設置された。

築設備として、エレベーター13基、エスカレーター5台、冷暖房の空調調節設備、消火設備、停電時の予備電源などが備えられた。

　増築時の松坂屋の設計は、鈴木禎次のもとで、鈴木建築事務所の佐藤三郎以下5名が担当。松坂屋側として、臨時建築部の伊藤鑛一（現場主任、名高工1922/大正11年卒）以下8名があたった。施工は、竹中工務店（支店長は長戸義勇）。

　松坂屋の店舗は名古屋だけでなく、東京（上野、銀座）、大阪、横浜（野沢屋）、静岡などの支店も、鈴木禎次により設計される。「松坂屋大阪店」の工事は、1927（昭和2）年から始まり、戦争で中断される1940（昭和15）年までの14年間に及んでいる。島武頼三が担当。

　1940（昭和15）年、鈴木禎次は、自らの建築事務所を東京に移し、翌年の1941（昭和16）年、出張中の名古屋で亡くなる。

(6) 鈴木禎次による新しいデザインの模索

　鈴木禎次の作風は、ルネサンス様式から離れ、新しい建築スタイルを模索するようになる。得意とした銀行建築においても、大きな樽を思わせるようなデザインの「中埜銀行本店」、丸い半円柱を前面に置いた「名古屋公衆図書館」、表現主義風デザインの「森田病院」（写真⓫）、さらに、「岡崎市図書館」、「名古屋弁護士会館」（写真⓬）、モダニズムデザインの「日本陶器（株）事務所」、日本趣味デザインの「宇治山田商工会議所」など、デザイン的に新しいものを追及している。

(7) 鈴木建築事務所の両輪／島武頼三と佐藤三郎

　鈴木禎次の両腕として、島武頼三（名高工1916/大正5年卒）と佐藤三郎（名高工1918/大正7年卒）がいる。両人が個人的に設計したものとして、島武頼三には、スパニッシュ風意匠を持つ「伊勢久商店」（現存、写真⓭）がある。佐藤三郎には、鈴木禎次が得意としたジャイアントオーダーを思わせるような、2階分の柱を配した、「愛知中学校本館」（現「愛知学院大学楠元学舎1号館」、国登録有形文化財、写真⓮）や「大垣市立図書館」ある。その他、「堀川土地（株）冷蔵庫」などがある。

　鈴木建築事務所で、建築実務を学び、その後、建築事務所を開設した人びととして、岡田泰一（岡田建築事務所）、桃井保憲（桃井建築事務所）、星野則保（星野建築事務所）、丹羽英二（丹羽建築設計監督事務所）、坂野鋭男（坂野建築事務所）、城戸武男（城戸武男建築事務所）、篠田進（篠田進建築事務所）などがいる。

(8)「名古屋をつくった建築家」・鈴木禎次

　1906（明治39）年の来名から1941（昭和16）年までの間、鈴木禎次が設計した建物は、約80棟にのぼり、名古屋には50棟近くが集中している。しかも、名古屋にとって最初というものが数多く、その規模も大きなものが多い。その実績は群を抜いており、他の追随を許さない。戦前の名古屋にあってこのような建築家は鈴木禎次以外には存在しない。まさに、鈴木禎次は、名古屋から期待され、その期待に見事応えた建築家であった。その業績は、「名古屋には、鈴木禎次時代があった」とか、「名古屋をつくった建築家」と呼ばれるに相応しいものである。

　また、鈴木禎次は、名古屋高等工業建築科教授という立場から、多くの卒業生を育てた。特に、自らが開設した建築事務所から建築家を多く輩出し、その後彼らが活躍していることは特筆に値する。鈴木禎次自身の設計実績と設計の実務教育という意味において、彼の右に出る者はなく、鈴木禎次は、名古屋の建築界の父とでも呼べる建築家である。こうしたことから、1924（大正13）年3月、名高工構内に鈴木禎次への謝恩の記念碑（現存、写真⓯）が建立された。

⓫ 森田病院†（1928/昭和3年、鈴木禎次）
写真：『建築雑誌』より

⓬ 名古屋弁護士会館†（1936/昭和11年、鈴木禎次）

⓭ 伊勢久商店（現「伊勢久株式会社」）（1930/昭和5年、島武頼三）→p.141

⓮ 愛知中学校本館（現「愛知学院大学楠元学舎1号館」）（1928/昭和3年、佐藤三郎）→p.168

⓯ 鈴木禎次記念碑（1924/大正13年）

2 愛知県営繕を中興させた西原吉次郎

(1) 愛知県営繕の中心となる西原吉次郎の登場

1872 (明治5) 年、愛知県が設置されて以来、愛知県営繕は、県設施設の設計監理や県内市町村から依頼された公共建築工事の調査や設計監理を行っている。明治後期には、新たに県設施設を建築する必要が増加してきた。中でも、1902 (明治35) 年に福岡県知事から愛知県知事に就任した深野一三は、関西府県連合共進会を誘致することとし、1907 (明治40) 年、県会の議決を得た。こうしたことから、1906 (明治39) 年ごろから、愛知県営繕の強化が図られ、土木課長として鳥取県から竿田秀静 (東京帝国大学卒) が、土木技師として福岡県営繕から西原吉次郎が、愛知県に赴任した。この時、鳥取県から吉田榮蔵が、福岡県から大中肇 (福岡県福岡工業学校卒) や井上嶺吉が愛知県に転職している。新たに、根津忠太郎 (工手学校1904/明治37年卒) などが採用されている。

西原吉次郎 (1868 - 1935、写真⓰) は、1890 (明治23) 年に工手学校 (工学院大学の前身) 造家科を卒業した。この時期の工手学校では、河合浩蔵や片山東熊などが教鞭をとっていた。こうしたこともあり、西原は、片山東熊設計の「伏見宮邸」、「陸軍火薬製造所」などの建築に携わる。福岡県営繕係時代には、「京都帝国大学福岡医科大学校舎」 (現「九州大学医学部」)、「日赤福岡支部事務所」、「県東築中学校」などの県立学校、郡役所に関わり、さらに、柳川の「立花家別邸 (御花) 西洋館」 (国指定名勝) の設計を行っている。まさに、ベテラン中のベテランであった。

⓰ 西原吉次郎 (1868 - 1935)

⓱ 第八高等学校校舎† (1910/明治43年、愛知県営繕：西原吉次郎) 写真：名古屋年センター所蔵

⓲ 旧額田郡公会堂 (現「岡崎市郷土館」、1913/大正2年、吉田榮蔵) →p.194

(2) 明治後期・大正期の愛知県営繕の建築家

西原吉次郎を筆頭とする愛知県営繕は、曾禰中條建築事務所の設計した「共進会展示館」の実施設計と現場監理を行う。さらに、愛知県営繕は、西原吉次郎のもとで、「愛知県愛知病院・愛知県医学専門学校」、「第八高等学校校舎」 (写真⓱)、「愛知県第五中学校」、「愛知県女子師範学校」などを設計している。設計監理に、坪井安次郎、根津忠太郎、吉田榮蔵、清川孫次郎、大中肇、松本善一郎などが参加している。西原吉次郎は、愛知県営繕を中興した人物といってよい。また、後に、金城女子専門学校 (金城学院大学の前身) で、「住居」の講義を担当。名古屋で初めて、女子教育で住宅の講義を行った人物である。

坪井安次郎は、広小路を飾った「中央バザール」 (1911/明治45年ごろ開店) を設計。吉田榮蔵は、岡崎にある「旧額田郡公会堂及物産陳列所」 (1913/大正2年、国指定重要文化財、写真⓲) を設計。松本善一郎は、「一宮市役所」 (1930/昭和5年) を設計している。

3 大正期における建築事務所の輩出

(1) 愛知県営繕などから独立する官庁建築家

名古屋市で最初の建築事務所は、1918 (大正7) 年に、西原吉次郎が開設した西原建築工務所である[*7]。後に西原建築事務所に改称。西原吉次郎は、「安城町立高等女学校」、「尾三銀行本店」、「尾三銀行東新町支店」、「尾三銀行一宮支店」、「富田病院」、「日本メソジスト名古屋中央教会」、さらに、店舗や住宅など、約110棟を設計している。西尾市に「岩瀬文庫書庫」 (西尾市岩瀬文庫旧書庫、煉瓦造、写真⓳) と「岩瀬文庫児童館」があり、これらは国登録有形文化財。住宅として「尾関邸」、「西山荘」などが現存する。

1922 (大正11) 年、名古屋市建築課を退職した神保芳松 (工手学校卒) が神保建築事務所を開設。

*7 西原吉次郎は、1917 (大正6) 年に愛知県を退職し、1918 (大正7) 年、日本建築士会 (現在の日本建築家協会) の正会員になっている。鈴木禎次は、1921 (大正10) 年に正会員となる。その他、個人的な建築事務所があった可能性は否めない。

⑲ 岩瀬文庫書庫（1919/大正8年ごろ、西原吉次郎）
→p.200

⑳ 大喜多寅之助邸（現「愛知県議員会館」、1920/大正9年、神保芳松）

㉑ 大中肇（1886 - 1950）

㉒ 旧刈谷町立亀城尋常高等小学校（旧亀城小学校、現「刈谷市郷土資料館」、1928/昭和3年、大中肇）
→p.203

*8 戦後の学制改革で、廃止され、1949（昭和24）年、新たに工学院大学が設置される。

「名古屋株式取引所」、「大喜多寅之助邸」（現「愛知県議員会館」、写真⑳）などがある。

　1924（大正13）年、愛知県営繕課を退職した大中肇（福岡県立工業学校卒、写真㉑）は、刈谷町（当時）で大中建築事務所を開設。大中肇は、「刈谷町立亀城尋常高等小学校」（刈谷市郷土資料館/旧亀城小学校本館、国登録有形文化財、写真㉒）、同小学校「講堂」、「上天温泉」、「富士松村役場」、ライト式の「山中従天医館」などを設計している。亀城小学校に見るように、柱頭飾などを肥大化させたり、半円窓を使用するなど、造形的な設計を特徴とする。また、多彩な色使いで、新しい意匠を実現している。大中肇は、刈谷町（当時）を中心に、西尾、東浦などの周辺を含めて、約70棟の建物の設計をしており、刈谷のタウンアーキテクトといわれるまでになった。

　1924（大正13）年ごろ、愛知県営繕の鈴木庄三郎（工手学校卒）が鈴木（庄三郎）建築事務所を開設し、「春日井丈右衛門邸」や「料理屋若房」の設計を行ったという。

（2）工手学校時代の現出

　1888（明治21）年、工手の育成を目的とした工手学校が開校した。工手学校は、1期を5カ月とし3期で卒業できる夜学校であった。1928（昭和3）年、工学院*8と改称。工手学校造家科の出身者として、愛知県営繕の西原吉次郎（1890/明治23年卒）、根津忠太郎（1904/明治37年卒）、宮崎辰五郎（1911/明治44年卒）、名古屋市建築課の神保芳松（1897/明治30年卒）、鈴木庄三郎（1902/明治35年卒）、広瀬商会の広瀬久彦（1987/明治30年卒）、臨時陸軍建築部や一宮市嘱託などを務めた村瀬國之助（1895/明治28年卒）、清水組名古屋支店長を務めた野口長二郎（1899/明治32年土木科卒）、岐阜で佐藤建築事務所を主宰した佐藤信次郎（1917/大正6年卒）など、この時期に、それぞれが主要な位置にいたことがわかる。明治後期から大正期に掛けて、名古屋の建築界に工手学校時代というものがあったと言える。

（3）鈴木禎次門下生の独立

　1921（大正10）年、鈴木禎次が、名高工教授を退職して、鈴木建築事務所を開設する。同じ年、岡田泰一（名高工1909/明治42年卒）が岡田建築事務所を開設し、鈴木禎次のもとで、「岡崎市立図書館」の設計監理を行う。岡田泰一は、瀬戸電の駅舎や「横浜火災保険（株）名古屋支店」などを設計したが、1928（昭和3）年に亡くなる。

　1924（大正13）年、鷲尾宮吉（名高工1914/大正3年卒）が、竹中工務店、大同電力を経て、独立し、鷲尾建築事務所を開設。

　1926（大正15）年、小出禄一郎（名高工1919/大正8年卒）は、広瀬商会を経て、独立し、小出建築事務所を開設。「陸田ビル」、「東陽倉庫（株）倉庫」、「岡崎市立高等女学校講堂」などを設計している。

（4）岐阜県・三重県・静岡県での建築事務所開設

　岐阜県では、1921（大正10）年、あめりか屋で「渡辺甚吉邸」の現場を担当した遠藤健三（早稲田工手学校卒）がエンドー建築工務所を開設している。1944（昭和19）年、企業合同で大日本土木（株）となり、遠藤健三が社長に就任。

　1924（大正13）年、河村鹿六（早稲田大学建築学科1922/大正11年卒）と佐藤信次郎（工手学校卒）が岐阜市で、河村佐藤建築事務所を開設している。1927（昭和2）年、共同事務所を解消し、河村は河村建築事務所を、佐藤は佐藤建築事務所を開設する。河村は、岐阜県本巣郡の「席田小学校」や「大垣貯蓄銀行黒野支店」を設計している。佐藤は、「丸物百貨店岐阜支店」（写真㉓）、「岐阜信託ビル」、さらに、日下部家から依頼された「舞子住宅」などの設計を行っている。

　三重県では、1924（大正13）年ごろ、野田新作（山形県工業学校卒）が野田工務所を開設する。「平

㉓ 丸物百貨店岐阜支店† (1937/昭和12年、佐藤信次郎) 写真：佐藤家所蔵

㉔ 四郷尋常高等小学校講堂† 立面図 (1935/昭和10年、野田新作) 菅原洋一所蔵

㉕ 豊橋市公会堂 (1931/昭和6年、中村與資平) →p.190

㉖ 愛知銀行本店† (1928/昭和3年、桃井保憲) 写真：『愛知銀行史』より

㉗ 太洋商工ビル (1931/昭和6年、星野則保) →p.131

田製網（株）事務所・寄宿舎」、「四郷尋常高等小学校講堂」（写真㉔）などを設計している。

1926（大正15）年ごろ、黒宮五朗（早稲田大学建築学科1914/大正3年卒）が郷里の桑名に黒宮五朗建築事務所を開設する。「遠山孝三郎商店」や「城南尋常高等小学校講堂」などの設計を行っている。河村、佐藤、黒宮の3人は、大阪の柳下実（早稲田大学建築学科1913/大正2年卒）が主宰する柳下建築事務所に籍を置いていることが注目される。

静岡県で活躍した建築家として中村與資平（東京帝国大学建築学科1905/明治38年卒）がいる。1922（大正11）年、東京・赤坂で、中村工務所（設計部と工事部）を開設。スパニッシュ風デザインの「静岡市庁舎」（国登録有形文化財）、「浜松市公会堂」、「浜松銀行協会」、「豊橋市公会堂」（国登録有形文化財、写真㉕）などを設計している。

4 昭和前期の建築事務所

(1) 鈴木門下生の建築事務所の輩出

昭和に入ると、1928（昭和3）年、桃井保憲（名高工1908/明治41年卒）が桃井建築事務所を開設。桃井は、松坂屋建築部、伊藤銀行建築係、愛知銀行建築係を経て、建築事務所を開設。その間、鈴木禎次の設計した「三井銀行名古屋支店」、「名古屋銀行堀川支店」、「伊藤銀行中支店」などを担当。独立後には、「名古屋銀行協会」、「愛知銀行本店」（写真㉖）、「日本貯蓄銀行本店」、同行「新栄町支店」、同行「堀田支店」、「三重県会議事堂」などを設計している。同じく1928（昭和3）年、小林大祐（名高工夜間卒）が小林建築設計監理事務所を開設している。

1929（昭和4）年、星野則保（名高工1908/明治41年卒）により星野建築工務所が設立される。星野は、愛知県営繕係技手、三井銀行京都支店、住友総本店、名古屋市建築課（1923/大正12年に建築課長）を務めた。独立後、「太洋商工ビル」（現存、写真㉗）や「名古屋市東市民館」の設計を行っている。

丹羽英二（写真㉘）は、1919（大正8）年、名高工を卒業し、静岡県建築係、名古屋市建築課、志水建築業店を経て、1930（昭和5）年、丹羽建築設計監督事務所を設立。戦後の1947（昭和22）年に丹羽英二建築事務所に改称し現在に至る。「名古屋陶磁器貿易商工同業組合事務所」（現「名古屋陶磁器会館」、国登録有形文化財、p.144）は、鷹栖一英名高工教授が基本設計を行い、当時、志水建築業店にあった丹羽英二が実施設計を担当したとされる。この建物は、半円形の窓、凹凸のある壁面構成などから、ドイツ表現主義風意匠を採用。この他、丹羽は、「下呂温泉湯之島館」（国登録有形文化財、写真㉙）、「料亭か茂免」、「岩田商店」（写真㉚）、「横井吉助商店」、津市の「大門百貨店」などの設計をしている。

㉘ 丹羽英二 (1897 - 1980) 写真：参考文献3より

㉙ 下呂温泉湯之島館 (1931/昭和6年、丹羽英二) 絵：湯之島館所蔵

㉚ 合名会社岩田商店† (1932/昭和7年、丹羽英二) 写真：『建築世界』

㉛ 旧名古屋銀行津島支店（現「津島市観光交流センター」、1929/昭和4年、坂野鋭男）→p.210

㉜ 城戸武男（1899 - 1980）
写真：参考文献3より

㉝ 金城学園講堂（1936/昭和11年、基本設計：佐藤鑑、実施設計：城戸武男）

㉞ 衆善館 立面図（1936/昭和11年、城戸武男）参考文献3より

㉟ 旧中北商店（現「中北薬品京町支店」、城戸武男）→p.131

坂野鋭男（名高工1915/大正4年卒）は、櫻井建築事務所（東京）、大蔵省臨時建築部、広瀬商会、名古屋銀行建築課を経て、1931（昭和6）年、坂野建築事務所を開設。独立後の設計として、「名古屋銀行津島支店」（現「津島市観光交流センター」、国登録有形文化財、写真㉛）、「豊橋商工会議所」、「中部瓦斯」、「名古屋銀行東京支店」などがある。

城戸武男（1899 - 1980、写真㉜）は、1920（大正9）年、名高工を卒業し竹中工務店に入社。竹中時代の城戸武男は、スパニッシュ風デザインの「八重垣劇場」や「名古屋株式取引所」を担当。1933（昭和8）年、城戸武男建築事務所を開設。事務所開設後には、「福寿生命保険（株）本社」、スパニッシュ風デザインの「金城学院講堂」（基本設計は佐藤鑑、国登録有形文化財、写真㉝）、モダニズムデザインの「衆善館」（写真㉞）、「中北商店」（現「中北薬品（株）京町支店」、写真㉟）などを設計している。城戸武男は、スパニッシュデザインとモダニズムデザインを得意とした。戦前の名古屋の建築設計界にあって、これは特筆することであろう。城戸武男はその設計能力により鈴木禎次の後継者とされるようになる。現在まで城戸武男建築事務所は継承されている。

篠田進（写真㊱）は、1909（明治42）年、名高工を卒業し、設楽建築事務所、志水建築業店を経て、1935（昭和10）年、篠田進建築事務所を設立*9。平行して、愛知電気鉄道（株）嘱託を務める。「鳴海球場」（一部現存）、「新舞子文化住宅」（一部現存）、「犬山遊園地内カンツリーハウス」、「神宮前駅」、「広見駅」、「半田駅」、「小幡駅」などを設計している。この他、「日本陶磁器センター」*10（現存、国登録有形文化財、写真㊲）、「御園座」などを設計。戦後、料亭や和風住宅の設計を数多く行っている。

1942（昭和17）年ごろ、長谷部竹腰建築事務所（後に、住友土地工務となる）名古屋出張所が設けられ、伊藤鑛一（名高工1922/大正11年卒、写真㊳）が出張所長となる。戦後、長谷部竹腰建築事務所は、曲折を経て、日建設計工務（現、日建設計）となり、伊藤鑛一が社長を務める。日建設計工務を退職後、名古屋で伊藤建築設計事務所を開設する。

昭和前期は、鈴木禎次門下の建築家が数多く輩出しており、彼らの名古屋の建築界に対して、果たした役割は大きいものがある。この時期には、酒井勝（名高工1913/大正2年卒）が、愛知県営繕課長（1930/昭和5年から1938/昭和13年）、星野則保（名高工1908/明治41年卒）が、名古屋市建築課長（1923/大正12年から1928/昭和3年）に就任している。また、1927（昭和2）年、小笹徳蔵（名高工1913/大正2年卒）が清水組名古屋支店長となる。

（2）多様化する建築事務所の開設者

昭和前期の名古屋の建築界での佐藤四郎（1883 - 1974、写真㊴）の存在は大きいものがあったようだ。佐藤四郎は、1913（大正2）年に東京帝国大学建築学科を卒業後、野村建築事務所を経て、大同電力に入社。木曽川沿いの「読書発電所」（国指定重要文化財）、「桃山発電所」（写真㊵）

㊱ 篠田進（1886 - 1980）
写真：参考文献3より

㊲ 日本陶磁器センター（1934/昭和9年、志水建築業店、担当：篠田進）→p.144

㊳ 伊藤鑛一（1900 - 1987）
写真：参考文献3より

㊴ 佐藤四郎（1883 - 1974）
写真：参考資料3より

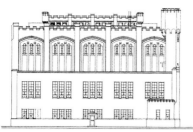

⑩ 桃山発電所 立面図（1923/大正12年、佐藤四郎）
関西電力（株）所蔵

㊶ 笠置発電所（1936/昭和11年、佐藤四郎）
写真：参考文献3より

㊷ 滝学園講堂（1933/昭和8年、村瀬国之助）→p.210

㊸ 大野銀行本店（現「大野宿鳳来館」、1924/大正13年、志水正太郎）

㊹ 伊藤耳鼻咽喉科医院（1932/昭和7年、三共工務店）

*9　1945（昭和20）年、篠田川口建築事務所とする。
*10「日本陶磁器センター」は、志水建築業店の設計施工であるが、志水建築業店にいた篠田進が設計を担当したという。
*11 1944（昭和19）年、名古屋高等工業学校は、名古屋工業専門学校に校名を変更した。

などの設計に携わる。1931（昭和6）年、佐藤四郎建築事務所を設立し、引き続き、大同電力関係の「笠置発電所」（現存、写真㊶）、「今渡発電所」（現存）等の設計を行っている。1940（昭和15）年より1949（昭和24）年まで、建築学会東海支部長を務め、1951（昭和26）年の愛知建築士会の発足に尽力した。昭和における名古屋建築界の重鎮。

彼の活躍は、市街地建築物法の施行により設置された愛知県建築課長の中澤誠一郎（1923/大正12年より1932/昭和7年）、その後の堀井啓治課長、営繕課長の後藤米太郎（1940/昭和15年より1944/昭和19年）、名古屋市建築課長の疋田武二（1929/昭和4年から1940/昭和15年）、「愛知県庁舎」建設担当の桑原英治と藤生満、「国鉄名古屋駅」担当の橋本梁二郎など、東京帝国大学出身者が増え、彼らと地元の建築家とのつなぎ役を果たした功績は大という。戦後は、（社）東海建築技術事務所。

この他、1927（昭和2）年、羽根田薫（名古屋市工芸1926/大正15年卒）が羽根田建築事務所を開設した。1931（昭和6）年、井戸田国松（日本大学高等工業学校夜間1924/大正13年卒）が、井戸田建築設計計算事務所設立。「浅井製材」、「浅井酒造」、「関西製繊所工場」などの設計を行っている。同じ1931（昭和6）年ごろ、巻坂亀四郎（米沢工業学校卒）が巻坂建築事務所を開設し、「伊信ビル」などの設計をしている。この他、浜田瑞穂（関西高工1928/昭和3年卒）が浜田建築事務所を開設している。1934（昭和9）年ごろ、岩城誠一朗（熱田実業学校卒）が岩城建築事務所を開設。1937（昭和12）年、小川利光が父から小川建築事務所を継承。徳永政吉が徳永建築設計監督事務所を開設している。豊橋では、山脇勇（関西商工学校卒）が山脇建築事務所を開設している。

村瀬国之助（工手学校卒）は、「陸軍兵舎」（豊橋）や「蒲郡ホテル」（国登録有形文化財）の工事に参加しているが、「滝学園本館」（1926/大正15・昭和元年）、同「講堂」（1933/昭和8年、写真㊷）の設計を行っている。いずれも、国登録有形文化財。

5　地元建設会社の設計施工

戦前の名古屋には、建築業者として、北川組の北川幸吉、志水建築業店の志水正太郎、広瀬商会の広瀬久彦などがいた。

北川組は、1872（明治5）年に初代北川幸吉により創業され、1922（大正10）年、2代目北川幸吉が名古屋工業（株）を設立した。さらに、1925（大正14）年、（株）北川組に改称。（株）北川組の設計施工の例として、1926（大正15）年の「蘇東工業（株）倉庫」（鉄筋コンクリート造、鉄骨造の小屋組）や1929（昭和4）年の「大法寺」などがある。

志水建築業店は、初代志水正太郎が、1883（明治16）年に創業したという。1925（大正14）年、新城市大野につくられた「大野銀行本店」（国登録有形文化財、写真㊸）は、鉄筋コンクリート造2階建ての建物で、志水正太郎の設計施工となっている。1934（昭和9）年の「日本陶磁器センター」（国登録有形文化財、p.144）は、地下1階地上3階、鉄筋コンクリート造の建物で、志水建築業店で働いていた篠田進が設計を担当。広瀬久彦は、1897（明治30）年、工手学校を卒業して、志水建築業店に入社。1925（大正14）年ごろに独立して、広瀬商会を設立。小森工務店を創業した小森雷吉は、鈴木禎次設計の「旧中埜家住宅」（国指定重要文化財）の棟梁を務めた。小森国平（早稲田工手学校卒）が事業を継承。

1923（大正12）年創業の三共工務店（熊谷作兵衛）は、「伊藤耳鼻咽喉科医院」（現存、写真㊹）を設計施工している。戦後、甥の五十嵐昇（名古屋工業専門学校卒*11）に引き継がれ、三共建築事務所となる。

6 昭和期の愛知県営繕課と名古屋市建築課

(1) 愛知県営繕課

㊺ 黒川巳喜（1905 - 1994）
写真：参考文献3より

㊻ 江川警察署†（1932/昭和7年、愛知県営繕課、担当：黒川巳喜）

㊼ 愛知県庁舎（1938/昭和13年、設計図案：渡辺仁、西村好時、実施設計：愛知県営繕課）→p.140

昭和前期には、愛知県有施設は全鉄筋コンクリート造でつくられることが多くなる。学校建築としては、「愛知県第一中学校」、「愛知県豊橋第二中学校」などが全鉄筋コンクリート造でつくられる。第一中学校は、松山雅雄（名高工1932/昭和7年卒）、宮川只一（福井高等工業卒）、平井隆弘の設計という。

一方、警察署の建物は、全鉄筋コンクリート造であるが、デザイン的には多様になっている。たとえば、「江川警察署」（写真㊻）や「千種警察署」はマッシブな感じの表現になっている。「江川警察署」の設計は、黒川巳喜（名高工1927/昭和2年卒、写真㊺）とされる。「犬山警察署」は庇や軒に横線を使い、階段塔には垂直の付柱を使った構成としている。担当は宮川只一と山田秀雄という。「港警察署」は、装飾のない機能主義建築となっているなどである。

昭和前期は、「昭和塾堂」（現存、p.168）、「愛知県信用組合連合会会館」（現、愛知県庁大津橋分室、p.142）、「名古屋赤十字病院」、「愛知県商工館」などが建築された。「昭和塾堂」は、立体的にも平面的にも人の字形をしている。足立武郎、黒川巳喜などが担当した。「愛知県信用組合連合会会館」は、土田幸三郎（名高工1927/昭和2年卒）と黒川巳喜が設計を担当した。

愛知県営繕課の最大の建築は、「愛知県庁舎」の改築である。このため、佐野利器と土屋純一に委嘱して、平面計画について検討を加えた上で、設計図案を渡辺仁と西村好時のふたりに依頼。佐野利器と土屋純一が設計顧問に就任。実施設計及び現場監督は、酒井勝（名高工1913/大正2年卒）営繕課長、大西勉（名高工1916/大正5年卒）主任技師、寺師通尚（東京帝国大学1930/昭和5年卒）技師、さらに、藤井信武、土田幸三郎、黒川巳喜、松山基軌らがあたった。ここでも、名高工建築科の卒業生が重要な役割を果たしていることがわかる。施工は戸田組。1938（昭和13）年、日本趣味を基調とした「愛知県庁舎」（愛知県本庁舎、鉄骨鉄筋コンクリート造、地下1階、地上6階建て、写真㊼）が竣工。国重要文化財に指定されている。

(2) 名古屋市建築課

㊽ 東山植物園大温室（名古屋市東山植物園温室前館、1936/昭和11年、名古屋市建築課、担当：一圓俊郎）→p.153

㊾ 名古屋市公会堂（1930/昭和5年、意匠顧問：武田五一、鈴木禎次、土屋純一、実施設計：名古屋市建築課）→p.148

星野則保（名高工1908/明治41年卒）は、初代建築課長として、1928（昭和3）年の名古屋博覧会の会場建設を陣頭指揮している。また、近世復興式の「市立名古屋図書館」（1923/大正12年、木造2階）が建築されている。2代目課長は疋田武二（東京帝国大学1919/大正8年卒）で、1940（昭和15）年まで務める。その間、「松重閘門」、「名古屋市民病院」、「振甫遊泳場」、モダニズムデザインの「中公設市場」、「東山植物園大温室」などが建築されている。

中川運河のシンボルとなっている「松重閘門」（市有形文化財、p.157）は藤井信武（名高工1924/大正13年卒）のスケッチに基づいてつくられたとされている。近世式RC造3階建ての「市民病院」（1931/昭和6年）は、波多野正吾（名高工1921/大正10年卒）らが担当。1937（昭和12）年の「東山植物園大温室」（国指定重要文化財、写真㊽）は、全溶接の鉄骨ガラス張りの建築で、設計は、一圓俊郎（東京帝国大学1935/昭和10年卒）とされる。

「名古屋公会堂」（1930/昭和5年、写真㊾）は、鉄骨鉄筋コンクリート造、地下1階、地上4階、延床面積約3,561坪という大規模なもの。意匠顧問は武田五一、鈴木禎次、土屋純一、構造顧問は佐野利器、三浦環で、実施設計は名古屋市建築課。疋田武二課長をはじめ、工事監理は大西勉（名高工1916/大正5年卒）、意匠設計は藤井信武ほかがあたる。

戦前の市設建築で最大のものは、「名古屋市庁舎」（写真㊿）である。市庁舎の設計図案は公募され、日本趣味を基調とした平林金吾案が金賞を獲得。平林は、1916（大正5）年、東京高

㉚ 名古屋市庁舎（1930/昭和5年、設計図案：平林金吾、実施設計：名古屋市建築課）→p.140

等工業学校建築科を卒業し、帝国復興助成会勤務の建築家。実施設計には、桑原英治（東京帝国大学1923/大正12年卒）、藤生満（東京帝国大学1927/昭和2年卒）、さらに、松山基軌（名高工1923/大正12年卒）、藤井信武、川松安生（名高工1925/大正14年卒）らがあたった。現在、国指定重要文化財。3代目課長は長谷川富二郎（京都帝国大学1924/大正13年卒）であるが、既に、1937（昭和12）年から日中戦争が始まっており、市設建築としては木造建築が主となる。

大正期は工手学校出身者が中心で、昭和前期は、大学出身の建築課長のもとで、名高工出身者が重きをなしてきていることがわかる。

7 まとめ

（1）近代名古屋における建築家は、鈴木禎次（1870 - 1941）と西原吉次郎（1868 - 1935）を嚆矢とする。鈴木禎次は、戦前の名古屋において、名古屋初となる数多くの建築作品を設計し、名古屋の建築設計界をリードした。名古屋銀行などの銀行建築や松坂屋などの百貨店の設計を得意とし、名古屋を始め、県内主要都市の繁華街の景観を一変させた。国指定重要文化財の「旧中埜家住宅」など、群を抜いた作品を残している。また、大正期に、名古屋初となる鉄筋コンクリート造の「共同火災（株）名古屋支店」や7階建ての高層建築である「北浜銀行名古屋支店」を設計している。さらに、当初は、鈴木禎次は、ルネサンス建築を好んで用いたようだが、鈴木建築事務所開設以来、セセッションや表現主義デザインなどにも挑戦している。さらに、建築家が設計した、日本で最初の洋風公園とされる鶴舞公園の設計を行っている。

戦前の名古屋において、鈴木禎次に並ぶ建築家はおらず、「鈴木時代があった」と言わしめている。こうしたことから、鈴木禎次は、名古屋に育てられ、「名古屋をつくった建築家」と称される、東海建築界の巨匠である。

（2）西原吉次郎は、愛知県営繕にあって、明治末期から大正期にかけて、「第八高等学校校舎」、「愛知県愛知病院」、「愛知県第一中学校」など、数多くの施設を実現させ、愛知県営繕を中興した人物とされる。また、1918（大正7）年、名古屋で最初となる建築事務所、西原建築工務所（後に、西原建築事務所）を開設し、「安城高等女学校」、「尾三銀行」、「富田病院」、「岩瀬文庫」、「横井邸」など、約110棟の建物を設計している。

（3）20世紀前半の名古屋における建築事務所は、愛知県の西原吉次郎や名古屋市の神保芳松など愛知県営繕などを退職した人びとが建築事務所を開設する場合と、鈴木禎次のもとで設計を手伝った名高工の卒業生が建築事務所を開設する場合のふたつの流れがあった。前者は、大正期に多く、後者は、昭和前期に多い傾向がある。大学出身の建築家による建築事務所の名古屋での開設は、鈴木禎次（1921/大正10年）と佐藤四郎（1931/昭和6年）の2例のみである。

（4）鈴木禎次の門下生の設計は、恩師の影響を受けたのか、ルネサンス風か、それらを簡略化した傾向が強かったが、その中で、鈴木禎次の後継者とされた城戸武男は、スパニッシュ建築やモダニズム建築に連なる新しい流れを実現した。この他、表現主義風意匠やモダニズム建築を残した丹羽英二や、料亭や和風建築に名作を残した篠田進が特筆されよう。篠田進は、「御園座」や私鉄沿線の駅舎などを設計し、独自の道を開いている。

一方、西原吉次郎につながる大中肇は、表現主義やセセッションなどに見られる幾何学的な意匠と色彩を用いた独特な作品を残し、刈谷のタウンアーキテクトといわれる。佐藤四郎は、

参考文献
瀬口哲夫著：1.『名古屋をつくった建築家・鈴木禎次』、2.「名古屋の近代化に貢献した建築家・鈴木禎次」、3.『鈴木禎次及び同時代の建築家たち』、4.「鈴木禎次と城戸武男の時代」、5.『官庁建築家・愛知県営繕課の人々』、6.「建築家・西原吉次郎の経歴と建築活動」、7.「タウンアーキテクトとしての大中肇」、8.『官庁建築家・名古屋市建築課の人々とその設計』、9.「東海地方の名建築家／野田新作・佐藤信次郎・村瀬國之助ほか」、10.「志水建築業店」、11.「北川組」、12.「鈴木庄三郎」、13.『日本建築家列伝』（共著）、など。

このほか、14. 日本建築学会東海支部歴史意匠委員会『東海の明治建築』、15. 愛知県教育委員会『愛知県の近代化遺産』ほかを参照した。

木曽川沿いの複数の発電所を表情豊かに設計している。

（5）岐阜県や三重県でも大正期に建築事務所が河村鹿六、佐藤信次郎、野田新作、黒宮新作等の建築家により開設され、地元の建築を設計している。三重県の野田新作は、幾何学的な平面プランの建物を設計している。静岡県では、スパニッシュ建築を得意とした中村與資平が活躍した。

（6）明治末期から大正期の名古屋の建築界は、工手学校出身者が中心を占め、彼らが建築事務所を開設し、工手学校時代が現出された。昭和前期になると、名高工出身者が中心となり、彼らにより、建築事務所が開設されるようになる。その意味で、工手学校時代に代わって、名高工時代が来たといってよいほどであった。

（7）佐藤四郎は、自らの設計事務所を経営しながら、建築学会東海支部や愛知建築士会の設立・運営に貢献すると共に、大正末期から増えた、東京帝国大学出身の官庁建築家と地元名古屋の建築家の橋渡し役を務め、名古屋建築界の重鎮と評された。

（8）民間の建築事務所の活躍の一方で、愛知県営繕課や名古屋市建築課は大人数を擁した設計組織で、数多くの優れた建築を設計している。

（せぐち・てつお）

瀬口 哲夫（せぐち・てつお）
名古屋市立大学名誉教授、工学博士
1945年 大分県生まれ／1969年 名古屋大学建築学科卒業／1975年 東京大学工学系大学院博士課程修了／1975年 名古屋大学建築学科助手／1978年 豊橋技術科学大学建設工学系助教授／1986年 ロンドン大学建築都市計画学部客員研究員／1996年 名古屋市立大学芸術工学部教授／主な受賞：2001年度日本建築学会賞（業績）、2010年度日本建築学会賞（論文）、2012年度日本都市計画学会功績賞受賞

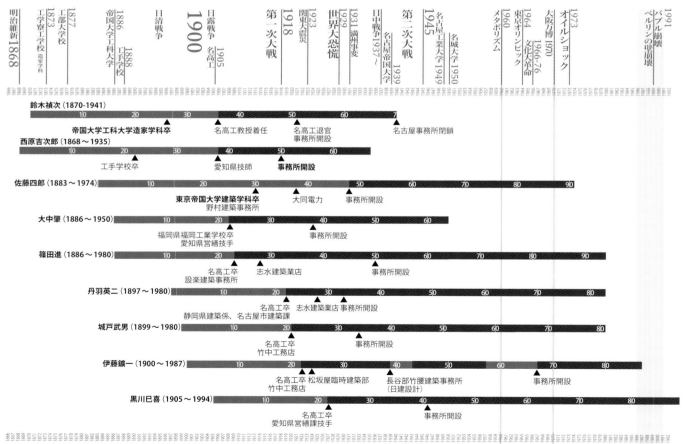

●ライフタイムライン：20世紀前半の名古屋圏の建築家たち

名古屋圏をめぐる建築家像

以降の頁に収録したインタビュー❶〜❹および、ディスカッション❶、❷に登場いただいている建築家の、時代背景と時間軸上での関連を明確にするために、経歴をライフタイムラインに表した。ライン上の数字は年齢、濃色で示した部分は名古屋での活動期間を示している。

インタビュー中に度々登場する佐久間達二と、広瀬一良は、p.18にある「20世紀前半の名古屋圏の建築家たち」と、インタビューに登場する建築家たちの間をつなぐ、戦後の名古屋をリードした世代の建築家である。

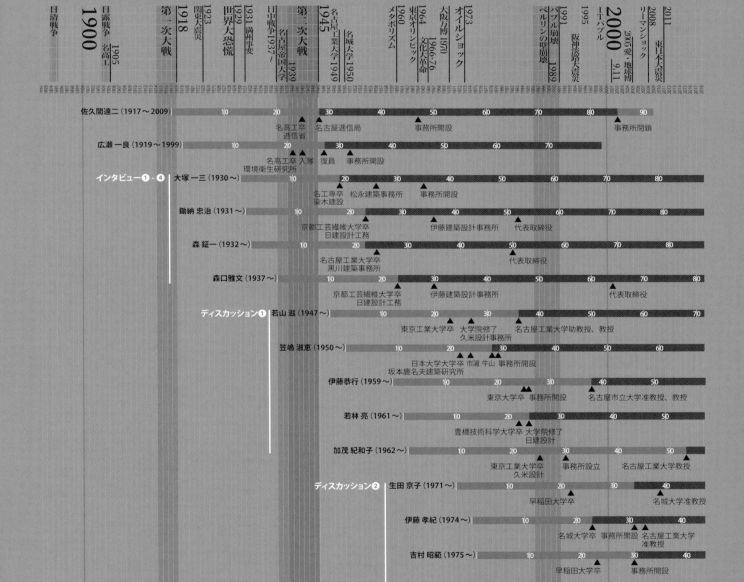

●ライフタイムライン：名古屋圏をめぐる建築家像

名古屋圏をめぐる建築家像——インタビュー❶
大塚 一三

おおつか・かずみ
1930年1月3日 名古屋市山王生まれ
1949年 名古屋工業専門学校建築科卒業
1949年 染木建設株式会社工務部
1956年 松永建築事務所
1965年 株式会社松永建築事務所設立 代表取締役所長
1968年 株式会社河合松永建築事務所設立代表取締役
　　　 副所長
1975年 同代表取締役所長

1 16歳からの専門教育 | 1930〜1949

戦時下の中学生

　1930（昭和5）年1月3日、名古屋市の山王で生まれた。江川通りの西側で、周りは水田が広がっていた。中学は愛知県立中川中学校。戦時中の1940（昭和15）年に一中（愛知県立第一中学校）の校舎内に誕生し、翌年中川区烏森の新校舎に移った。この1期生の中には、中村昌生さん（京都工芸繊維大学名誉教授1927-2018）がいる。

　私は3期生で、もともと五中（熱田中学校）を先生から勧められていたのが、この年から学区制がしかれて選択の自由が閉ざされた。1年生も半ば過ぎたころ、全校同一問題で漢字の試験があった。結果は1年生の成績がもっとも良好で、先生方も「こんなことになるのか」と首をひねったようだった。

　中川中学は近鉄線の西から庄内川までずっと続く水田の真只中にあった。北西約2kmには稲葉地の給水塔（旧稲葉地配水塔、1937/昭和12年、現在：名古屋演劇練習館/アクテノン）が建っていて、登下校時には遠くから望まれた。後にこの建物のリノベーションを担当するなどとは思いもよらなかったことだ。現在、土木遺産に選定されている。

　3年生のとき父親が病死、翌年長兄が勤務していた軍儒工場で空爆死したため、家計は一挙に苦しくなった。

稲葉地配水塔（1937/昭和12年）名古屋市水道局の水道施設として建設された。

名古屋市演劇練習館（アクテノン）（1993/平成5年、設計（改修）：河合松永建築事務所）。名古屋市都市景観賞受賞。1965（昭和40）年に、「名古屋市中村図書館」に改造されたものを改修。→p.121

――終戦は名古屋で迎えられたのか。

　4年生の時（1945/昭和20年）、多くの級友は軍需工場へ動員されていたが、私たちのグループは知多半島の武豊に出張所があった陸軍航空補給廠の部隊にいた。名古屋市の児童保養園の一部を兵舎としていて、そこで陸軍の内務班生活を味わった。まさに野間宏の小説『真空地帯』の世界だった。ここでは空襲は受けなかったが、名古屋大空襲のときは空が赤く染まったのが記憶に残る。終戦はここで迎えた。

　その前年、3年生の時（1944/昭和19年）には、熱田区の愛知時計堀田工場に動員されていた。海軍兵学校が予科生を募集するということで、担任の先生から受験を薦められた。戦後になって知らされた話では、すでに敗戦を予測した海軍兵学校校長が、戦後の日本を担う若者に少しでも学問をさせようとした意図が隠されていたということだった。

　江田島の対岸の吉浦までの切符を買いに名古屋駅まで行った帰り、水主町のあたりで昭和東南海地震（1944/昭和19年12月7日）に遭遇した。止まっていた電車は大きく揺れたが、あたりの古い木造の建物の被害はほとんどないように見えた。しかし名古屋の西方や南方の軍需工場はかなりの被害を受け、生産は停止し敗戦を早めたとされている。後に、市の中心部でもその影響があったのではないかと考えるようになった。入学試験は夜行で行ったのが原因で体調を崩し、不合格となった。

　戦争が8月に終わり、9月半ばに復学したが、中学校の校舎は完全に焼け落ちていて、近くの小学校の一部を借りて授業が始まった。発電所の能力も疲弊していて、夜各家庭で電熱器を使い出すとよく停電した。瑞穂の祖父の家に一家で世話になっていたが、試験の前に停電したときは、近くの電車停留所まで出かけその表示灯の元で本を読んだりした。

名古屋工業専門学校（名工専）へ

　中学は入学したとき5年制だったのが、戦時対応ということだったのか、1943（昭和18）年に4年制に変更されていた。戦争が終わっても、1年はこの制度が残ったままだった。私たちは復学して半年で受験時期に遭遇することになった。よく人に聞かれるが、旧制専門学校に16

歳で入学できたのはこれ故で、中学に5年まで通った同級生も多かった。4年卒業といっても中学校では実質は2年半くらいしか授業を受けていない。

　1946（昭和21）年の名古屋工業専門学校（名工専、1944/昭和19年名古屋高等工業学校から改称、名古屋工業大学となるのは1949/昭和24年）の入試は、軍関係の学校に籍を置いた20歳前後の青年であふれかえっていた。競争率は八高（旧制第八高等学校）理科甲類で8倍、名工専建築科ではなんと23倍だった。今から思えばこのとき合格できたのは、まったく僥倖としかいいようがない。翌年の少し落ち着いたときだったら、どう転んだかわからない。

——建築に進んだ切っ掛けは？

　名工専の建築を受けたのは、父方の伯父に薦められたからで、もともと数学か化学をやりたいと考えていた。しかし、冷静に考えてみてさらに6年間学問をする経済的余裕はなかった。建築科の面接試験で立ち合われた竹島卓一先生（1901 - 1992、後に営造方式の研究で学士院恩賜賞を受けられた）は、若い時、一高（旧制第一高等学校）一筋と決めて何回も挑戦された経験を語られ、「ここよりは八高に進むべきだ」と強く諭して下さったが、悶々としながらも結局は建築を選んだ。

2　キャンパスは空襲で焼けたまま | 1946 〜 1949

1945（昭和20）年の戦後間もない名工専。この状態とほとんど変わらないまま授業が開始された。

　1946（昭和21）年4月。入学してみると名工専の校舎は空襲で焼けたまま、使える教室がなかった。整備のため講義の開始は9月に延期された。それも各学科は市内数カ所に分散されてだった。私たちの建築科は鉄筋コンクリート3階建ての旧本館に置かれたが、スチールサッシは曲がったまま、ガラスも嵌まっていない。窓には板が張られた状態。内装はもちろんなく、床に莫蓙を敷いて寺小屋さながらの授業が始まった。

　図書館は唯一焼け残った「三協会館」（現名古屋工業大学校友会館）に設置されていたが、収蔵図書は叢書『高等建築学』とわずかな写真集くらいでであったように思う。そこで見た中では、村野藤吾（1891 - 1984）の「渡辺翁記念会館」（通称：宇部市民館、1937年）、フランク・ロイド・ライト（1867 - 1959）の「落水荘」（1936年）、と今はもうないが、京都にあった村野さんの「ドイツ文化研究所」（1934年）がいまだに印象に残っている。

　設計でいちばん肝心な製図教室が整備されたのは卒業間際になってからで、それまで各自、自宅で設計課題をこなした。設計専門の先生すらおられず、クラスで設計について語りあうこともなかった。こんな状態で社会に出て給料が貰えるのだろうかとも思った。

　建築の教科で数学にいちばん近いのは構造かなと感じていた。構造の担当は廣川誠三郎先生。東大を1924（大正13）年卒業、ドイツに留学して帰ってこられた先生だったが、講義は古典的、1930年代初頭のドイツでの理論の解説に力が注がれていた。Gelenk Zug（連動鎖）などの話は何に使うのかよくわからなかったが、のちに異形ラーメンの解法に東大の小野薫教授（1903 - 1957）が応用されているのを知った。

　クラス定員30名のうち、私と同年で陸軍幼年学校、海軍兵学校予科で学んだ3名を除くと、すべて20歳前後の軍関係の学校を経て来た人だった。この年代で4歳も年が違うと相手はまったくのオジサン、大人と子どもで、なかなか友人関係をつくれなかったが、大建設計の社長になった海軍経理学校出身の吉田周さん、海軍機関学校出身で中部電力の原子力部長を務めた水野教広さんは5歳年上だったが終生の友人となった。

　卒業の前年、1948（昭和23）年は不況だった。就職は城戸武男建築事務所を希望したが採用の余裕がないということで諦めた。しかし、城戸先生はその後なにかと眼を掛けてくださった。

3 村野藤吾の現場｜1949〜1955

松永徳昌（まつなが・とくしょう）
1900年生まれ／1923年 名古屋高等工業学校卒業／木子幸三郎建築事務所を経て、1925年 名古屋高等工業学校助教授／1934年 同教授／1946年 染木建設／1955年 松永建築事務所設立／1964年逝去

染木建設への入社

鉄骨と鉄筋コンクリートの講義をしていただいたのは、染木建設から名工専に非常勤講師として出講されていた松永徳昌先生（1900 - 1964）で、終戦までは教授をされていらした。先生は1923年（大正12）年の名古屋高等工業学校（名高工）卒業で2年後輩の染木建設の染木正夫社長に常務として迎えられていた。私は卒業（1949/昭和24年3月）と同時にこの会社に入社して工務部に配属されたが、建築はいうまでもなく、社会一般についての知識もあやふやなまま入ったから、部内設計室勤務となった。

ここで驚いたのはそこには大量の図書が整備されていたことだった。たぶん焼け残った古書店から集めたものだったのだろうが、学会の論文集、数種の建築雑誌、欧米の書籍、雑誌等々、特にドイツのものが多かった。最初に読んだ『Die Methode der Festpunkte』（Erunst Suter著、1932年 初版）は現在でも改訂版の購入ができるようだ。ドイツの書籍の息の長さにはまったくの驚きだ。

今はもう知る人はほとんどいないのだろうが、『建築世界』という雑誌には当時の学会をリードした浜田稔（1902 - 1974）、武藤清（1903 - 1989）、谷口忠（1900 - 1995）、小野薫（1903 - 1957）らの構造学者が、お互いにクイズを出し合い、それをいかにスマートに解くかを競うコラムがあった。この記事は、私がこのあと構造にのめり込むひとつの端緒になった。一方では、確か『Pencil Point』といったドロー系の雑誌もあって、線描を練習した記憶がある。あまりにも何も知らなかったことからだろうが、1949（昭和24）年4月からの半年間、よくこれらの本を読むことだけに集中させてもらえたものだと思う。松永先生にはまったく感謝のほかはない。

村野藤吾の現場

10月も末になって、現場に出ろということになった。行ってみたらそこは村野さんの「丸栄ピカデリー劇場」（1949/昭和24年竣工、1962/昭和37年取り壊し）の現場だった。

村野事務所の担当は、一番弟子の近藤正志さん（1916 - 不詳）。芝浦（東京高等工学校）を出て35歳くらいだったと思う。そこで私はまず鉄骨を担当した。松永先生の講義をうけた下地もあり、この時にはさらに図書室にあったブライヒの『Stahlhochbauten』（鉄骨構造）にはひと通り目を通していたので、臆せず鉄骨工場に出かけた。ところが、鉄骨の新材が入らず軍需工場の解体材を使うことになっていたのだ。鉄骨のリベットをガスバーナーで吹き飛ばしてバラバラにし、それを組み立てる。リベットの穴を避けて組まないといけないから非常に難しい。現寸場にいって現寸に合わせて鉄骨を切った。名古屋での鉄骨工事戦後第1号とされている。

「丸栄ピカデリー劇場」は、当時珍しいリバースフロア。床が舞台から逆に下がっていく。椅子が後ろに傾くから、スクリーンがよく見えるというものを村野さんが設計した。その模型もつくった。現在のような材料はないから、ボール紙で形をつくっておいて、それを軸にして油粘土を張り付けた。1週間ほどかかった記憶がある。村野さんはそれを眺めて「こことそこを直して、もっとラフな感じを出すように」などいろいろ指示をされた。そういった詰めの設計の手法をここで学ぶことができた。あと、色に対する村野さんの執念は凄かった。ベニヤ板に色を塗らせて職人さんに現場で持たせて、1時間でも2時間でも腕を組んで考えている。ペンキの職人さんが閉口して、「先生、もういいかい」と悲鳴を上げるほどだった。ゴミ捨て場にいって、いろいろ探りながら「この石の光った所がいい。この色だ」と。しかしこれは難しかった。竹中の技術者の話では、現場で「この柱をとってくれ」とか言われたということもあったようだ。

丸栄ピカデリー劇場（1949/昭和24年、設計：村野・森建築事務所）

村野藤吾（むらの・とうご）
1891年 佐賀県唐津市に生まれ、福岡県北九州市で育つ／1910年 福岡県小倉工業学校機械科を卒業後、八幡製鐵所に入社／1911〜13年 2年間にわたる従軍／1913年 早稲田大学理工学部電気工学科に入学／1915年 建築学科へ転科／1918年 27歳で卒業、渡辺節建築事務所に入所／1921年 アメリカ出張／1929年 渡辺節建築事務所を退所し、村野建築事務所開設／1930年 欧米を視察旅行／1949年 村野・森建築事務所に改称／1955年 日本芸術院会員／1967年 文化勲章受章／1984年逝去

工務部は、施工図を書き、現場を見る仕事。施工図である現寸図を書く。そして、それを近藤さんに見せて、また直して書く。村野さんが来て、4Bの鉛筆で直す。線が太いからどこで寸法とるのかわかりにくい。村野さんが繰り返し直して、清書してというやりとりは何回もあった。村野さんのやり方というのは面と面を直線で絶対にぶつけない。必ずワンクッション置いて他の面に遷るというやり方をする。村野さんの設計はどれを見ても見切り方がそうなっているし、いちばん印象的なことだった。はじめは現場に行くのはなんとなく嫌だったが、村野さんとの現場は凄くいい勉強になった。

　1950（昭和25）年になって、「丸栄ホテル」の工事が始まった。「丸栄百貨店」の北館を改修してホテルにしようとするものだった。この建物は「旧十一屋百貨店」の5階建ての旧館と7階建ての新館からなっていた。旧館は1921（大正10）年に竣工したものだったが、地下1階部分の柱2本に大きくせん断亀裂が入り、大梁との接合面が開いていた。1948（昭和23）年に開設されたばかりの建設省建築研究所の指導を受けながら、焼けビル補強ということで処理したが、今考えると1944（昭和19）年の昭和東南海地震の被害だった可能性が濃厚だ。

4　構造設計に専念した時代｜1956〜1964

松永建築事務所へ

　1955（昭和30）年ごろ、松永先生が事務所を開かれることになって、そちらに移った（1956/昭和31年）。松永先生が開いたのは構造専門事務所だった。この時、やはり染木建設にいた神藤勤君（名工大1期生、1929 - 2015）も参加した。彼とはその後、彼が亡くなるまで60年以上行動を共にすることになった。時には意見の異なることもあったが、得がたい、よき相棒だった。

　事務所の開設当時は、松永先生の名高工の先輩や、友人、教え子が仕事の面倒をみてくださった。伊藤鑛一さん（1900 - 1987）は歳は松永先生と同じだが学年は2年先輩だった。ともに鈴木禎次さん（1870 - 1941）にしごかれた仲間だったと聞いている。鈴木禎次さん時代の初期の建築科は、3年生になると備えられた製図版の数が減り、成績が下位だと進級ができなかったとの伝説めいた話を聞いた記憶がある。また、丸栄の現場で左官の親方から聞いた話だが、鈴木禎二さんが現場に来て気に入らないところがあると、塗ったばかりの漆喰の壁にステッキでバッテンをいきなり書く。現場では評判だったという。

　松永建築事務所で10年間、大手事務所から地元中堅事務所まで、10社を超える事務所の構造実施設計を経験した。大手事務所の場合は、構造計画はほぼ設定されて、その点では面白味は少ないものの、規模の大きさ、特殊な構造、新しい構法が適用されるなどの点では、技術を磨くのにそんなに不満を感じることはなかった。1物件ごとに1カ所は新しい解析手法を開発することに心がけた。事務所経営の立場から考えると、よくこんなことを松永先生は許してくれたものと思う。中にはこの解析手法が、相手先の担当者になかなか理解されず説明に苦労したこともあったが、それが次の仕事に繋がったこともあった。

　当時取り上げた梁柱接合部パネル、柱の軸方向変形、地盤と構造物の連成変形解析などの問題は、建築学会でもそのあとかなり遅れて提起された事項だった。日本が急速に経済成長を遂げた時代と重なってシェル、大スパンアーチ、サイロ、大型クレーンを含む大規模生産施設、高層ビル、地下構造物など、いまから考えるとよくこんなにバラエティに富んだ仕事ができたものと思うし、相手先の優れた技術者とのやり取りは、時には独善的に陥りがちな考え方を正すのに大いに役立った。

伊藤鑛一（いとう・こういち）→p.36
鈴木禎次（すずき・ていじ）→p.7

5 マトリクス研究と翻訳

――構造力学はいつ勉強されたのか

　名工専で廣川先生の講義も受けたけれども、始めたといえるのは染木建設の図書室を見てから。多くの文献の中から日大の斉藤謙次さんの論文「不規則な剛節ラーメンに対する組織的解法」（学会論文1935年2月）を見つけた。その翌年、東大生産技術研究所の田中尚さんの「ベクトル解析を応用せる不静定ラーメンの解法」（学会論文1950年2月）が発表された。何れも小野薫教授のお弟子さん。これは他の論文とは何か違うと感じたが、当時の私の能力では、理解しきるのにどちらも1年近くかかった。その後、松永建築事務所で構造設計を始めるようになって、実施設計にこの論文を応用して、いろいろな形の骨組みを解くことを考えはじめた。斉藤さんの解法は実はマトリクスの演算を表形式で行っているのだ、ということに気がつくのは5、6年後のことだった。

　1940（昭和35）年ごろ円筒シェルを設計していて、ドイツのテキストを読んでいたとき、シェル本体と縁梁の境界を合わせる条件式を作成する段階の解説は、かなり迂遠な手法だなと思った。座標変換マトリクスを使えばもっとスマートに計算できるのではないかと疑問をもった。そこで名工大図書館（このときには当然のことながら、かなり整備されていた）で改めて内外の多くの論文を調べてみた。結果わかったことは、欧米では、応力解析の電算化を見据えて、マトリクス、トポロジー、ホモロジーを応用した解析手法が、まさに一般化されようとする段階にあるということだった。一方わが国では国内でマトリクス構造解析関係の論文を発表していた研究者はそんなに多くはなかった。さる著名な研究室が『DER BAUINGENIEUR』に掲載された論文を下敷きにした研究を提出したが、マトリクスの初歩的演算でミスを犯すというような時代だった。

――戦後まもなくのシェル構造というのは丹下健三さん（1913 - 2005）と坪井善勝さん（1907 - 1990）の「愛媛県民館」（1953年）が思い出されるが、坪井さんとは、やりとりがあったのか。

　まったくなかった。私がやっていたのは主として球形シェル、円筒シェルで、全体の面積は大きかったが、個々の単位面積は600㎡くらいで小さいものだった。坪井さんに直接お目にかかったのはずっと後の1985（昭和60）年前後だったと記憶している。名工大の学生が坪井さんの講演会を企画して、当時光鯱会（名工大建築同窓会）の支部長をしていた私のところへ資金の援助を頼んできたことがあった。坪井さんはそのときミノル・ヤマザキが設計した滋賀にある「神慈秀明会神殿・教祖殿」（1988年）の柱脚のところを非常に丁寧に解説し、曲げ変形だけでなくせん断変形を考慮することが重要と強調された。このあと納屋橋（p.125）のたもとにあった老舗の料理店で、鳥すきを一緒につつきながら、超高層のチューブ構造で生ずるせん断ずれも同じ配慮が必要だというようなことで話がはずんだ。その後は親しくお話できるようになった。

　この時よりずっと古い話になるが、1961年ごろ丸善の輸入洋書カタログでA. S. Hall、R. W. Woodhead著の『FRAME ANALYSIS』という本を見つけた。直感的に何か面白そうと感じて取り寄せてみた。やはりマトリクス構造解析を扱っていた。一通り読み終えてから、宮崎俊二先生（1921 - 1964、名工大教授、坪井研出身）にこんな本があるとお話した。翻訳してみたらという話になって出版社は宮崎先生が交渉してくださった。1964年に宮崎先生、松永先生が相次いで亡くなられたため、纏めの作業はかなり遅れたが、宮崎先生の坪井研での兄弟子にあたる田治見宏先生に校閲をいただいて上梓することができた。内容の難易はともかく、マトリクス構造解析でハードカバーの解説書では日本で最初のものとなった。

――『骨組みの解析』（コロナ社、1967）という本を出版された。

坪井 善勝（つぼい・よしかつ）
1907年 東京生まれ／1929年 東京帝国大学工学部建築学科入学／1932年 東京帝国大学大学院入学／和歌山県営繕技師、九州帝国大学助教授を経て、1942年東京帝国大学第二工学部建築学科教授／1949 - 1968年 東京大学生産技術研究所第5部教授／日本大学教授、株式会社坪井善勝研究室設立／1990年逝去

『骨組みの解析』コロナ社、1967年

原著者は技術者の経歴を持つ研究者で、そのせいでもないのだろうが、かなり多くのミスがあって、その訂正のやり取りに、EメールどころかFAXもない時代で時間を取られた。

名古屋地盤図

——**1967**（昭和42）**年から、名城大学と名工大で非常勤講師をされているが、構造を教えられていたのか。**

名城大学では初めのころは、建築構造特論、マトリクス構造解析、後には鉄筋コンクリート構造など。名工大では地盤工学。これは名古屋の地盤の話をしてほしいということからだった。

1960年代に入って、日本建築学会東海支部で、東京、大阪に続いて名古屋地盤図をつくろうという話が出た。新設されたばかりの名古屋大学（名大）建築学科に京都大学から移ってこられた横尾義貫先生が主導された。編集委員は名大土木学科の植下協助教授、名城大学の桑原徹助教授、同じく堀内孝英助教授（いずれも当時）と私、ともに35歳前後。体力と気力があった。数年の間、植下さんからは地盤、桑原さんからは地学を学ぶことができた。

校正は何回も徹夜になった。引用した理科年表の地震記録には、実際には存在しない年月日があった。記録された地方では、都からの改元の情報がかなり遅れて伝わってくることがその原因ということがわかった。古文書を扱う専門家に言わせれば、ごく当たり前の話かもしれないが、私にはきわめ新鮮な発見だった。

『名古屋地盤図』コロナ社、1969年

6 構造だけでは難しい

松永建築事務所から河合松永建築事務所に

1964（昭和39）年の暮れに松永先生が亡くなられた。翌年（1965/昭和40年）1月、株式会社松永建築事務所として、神藤君と共に再出発した。

——**3年後に河合松永建築事務所を設立しているが。**

構造をずっとやっていて、面白くはあったが、事務所経営の立場に立って考えてみると、（当時の）名古屋ではなかなか知的再生産のためのゆとりが出ないなと感じていた。新事務所設立の1年後、日建設計名古屋事務所の副所長を最後に定年退職された河合功さん（1912 - 1975）が、河合建築事務所を立ち上げられた。私たちと河合事務所は当初から協力関係を持っていたが、結局河合さんが意匠を、私が構造を担当し相乗効果を上げようということになって、1968年（昭和43）に河合松永建築事務所を設立した。ここで私は副所長の立場で、河合さんから組織事務所の経営の仕方を学ぶことができた。

1975（昭和50）年河合さんが亡くなり、私が所長を引き継いだ。所員は多い時で30人弱、だいたい20人前後にとどめた。大学から推薦されて入所を希望する学生も多かったが、全体に目が届き、あるていど自分でも直接仕事に関わることができる範囲としてこの程度にとどめた。

——**どういう関係のお客さんと、どういった仕事をしたのか。**

河合さんと事務所を始めたときは、河合さんを知る人が民間、役所の上層に多かったのでそこにアプローチした。当時の役所には構造の技術者が少なかったので、構造を売りとしてまず構造で入り込み、そのあと徐々に一般設計を受注するようになった。

佐久間達二さんとの仕事

1964（昭和39）年に佐久間達二さん（1917 - 2009）は郵政省をやめて、事務所（永設計事務所）を開かれた。郵政の課長をされていた時、私の友人がその下で構造をやっていて、「特殊な構造があるが相談にのってくれ」と電話がかかってきた。研修所をつくる話で、RC造で21m角

河合功（かわい・いさお）
1912年生まれ／1933年 名古屋高等工業学校卒業／千葉県建築課を経て1939年長谷部竹腰建築事務所、1943年住友鉱業株式会社、1949年日本建産業株式会社（現、日建設計）／1966年 河合建築事務所／1968年 河合松永建築事務所／1975年 逝去

佐久間 達二（さくま・たつじ）
1917年 会津若松市生まれ／1919年以降名古屋に在住／1935年1月から3年あまり結核療養生活／1938年 名古屋高等工業学校入学／1941年12月繰り上げ卒業／1942年 逓信省に入省、吉田鉄郎の下に所属／1945年 名古屋通信局勤務／1953年 愛知県文化会館コンペ三席／1957年 名古屋郵政局建築部設計課長／1964年 郵政省退官、永設計事務所開設／1972〜78年『C&D』代表／1978〜80年 旧・日本建築家協会東海支部長／1981〜84年 愛知建築設計監理協会会長／2002年 事務所閉鎖／2009年 逝去

　の部屋に中に柱を立てないというもの。当時はこんな規模でも一工夫が要った時代だった。斜め格子を提案して、だいたいの断面のスケッチをした。この建屋は佐久間さんの後任の課長のもとで実施設計され完成している。

　そんな関係もあって、佐久間さんが事務所をつくられてからは構造をお手伝いした。これは楽しかった。佐久間さんはまず構造の話をする。スケッチのやり取りが何回かあって、お互いに納得してから設計が始まる。「玉泉寺観音堂」（1971年、静岡県富士市）や「光清寺本堂」（1971年、岐阜県羽島市）はそんなふうにしてできた。

　あるとき某役所から設計コンペの指名が出た。佐久間さんの事務所と私たちの事務所が5社くらいの中にはいっていた。役所に行って、「佐久間さんの構造を私がやるので連名で提出したい」と申し入れたが受け入れてもらえなかった。結果は思いもかけず、私たちの案が通ってしまった。なぜ佐久間案を超えて採用されたのか未だにわからないが、そのあと佐久間さんから「大塚さんも意匠をやったらどうだ」と勧められた。これが契機で設計一般にも積極的にかかわるようになった。

豊橋美術博物館

——1979（昭和54）年に「豊橋市美術博物館」で中部建築賞を受賞されている。

　このときは、館内を右回りの一筆書きの鑑賞ルートで巡れることを念頭に置いて平面を計画した。また設備設計にも力を入れて中部電力から省エネルギー優秀建築賞もいただいた。特に収蔵庫の定温保持にエネルギーの消費を抑える工夫をしたことが評価された。

　中部建築賞の審査には、静岡の針ヶ谷正作さん（1908 - 1990、JAA東海支部長を務められた）と佐久間さんが来られ、貴重な講評をいただくことができた。

——そのあたりから、博物館、美術館のような仕事が多くなったのか？

　多くなった。公共では「豊橋中央図書館」（1982年）、「田原博物館」（1997年）、「名古屋市演劇練習館（アクテノン）」（1997年、p.121）など。名古屋の小さな民間の博物館の仕事では、施主が名古屋市に相談に行ったら私を紹介してくれたこともあった。そのように仕事が繋がっていった。

コンピューターの利用

　1969（昭和44）年、日立からHITAC10というミニコンが発売された。メモリーは1語16ビット4KでフォートランⅡが走った。電動タイプライターで紙テープにパンチしたデータを入力するという方式だった。当時500万円したそのミニコンを買って、プログラムを開発しはじめた。1年後名城大学から特異な才能を持った学生が入所してきて、プログラムの開発にはずみがついた。後に名大大学院に進み名城大学教授になった村田賢君で、建築学会のコンピューター関係の委員長を務めたりして、大いにその才能を発揮した。彼の研究室で開発した「SPACE」という構造解析システムは内外の大学で利用されている。

　1975（昭和50）年には「DEMOS」に切り替えた。電電公社が設置するDIPS-1という大型コンピューターとモデムでつないでオンライン利用ができるシステムで、すでに（1971/昭和46年）運用されていて、その利用が全国的に広がっていた。1978（昭和53）年の宮城県沖地震の被害を踏まえて、名古屋市をはじめ県内、県外の役所から、学校や公営住宅などの振動解析を委託されることが多くなった。DEMOSの振動プログラムにミスがあり、何回流しても結果がおかしく、所員がノイローゼになりかけたこともあったが、バグの位置におよその見当がつき、電電公社の担当者に指摘して解決したりした。出力の量が多く、計算センターの能力に支障が出そうになったこともあった。

豊橋市美術博物館（1979/昭和54年、設計：河合松永建築事務所）→p.190

田原町（現田原市）博物館（1997/平成9年、設計：河合松永建築事務所）

7 JIAと建築家

ディテールへのこだわり

　1987（昭和62）年日本建築家協会（JIA）の東海・北陸支部長の職に就いたとき、鬼頭梓さん（1926 - 2008）や、内井昭藏さん（1933 - 2002）と昵懇にしていただいた。これは非常に幸いなことだった。鬼頭さんは前川國男さん（1905 - 1986）の建築家職業倫理の考えを引き継いだ人。その考え方に惹かれた。内井さんには直接「世田谷美術館」（1986年）を案内していただき、そのディテールに感動した。プラハの「スメタナホール」を見た時と同じような衝撃を受けた。

——ディテールとは人が触れるような細かい部分をどうつくるという意味か。

　そう。村野さんはホテルのベッドの高さにもものすごく拘る。椅子の座も低くつくる。意識していても自分ではなかなかできない。

——丹下健三さんに「君はアーキテクトなのかエンジニアなのか」と問い詰められたという話があったが。

　問い詰められたというほどではないが、咄嗟のことで、後から考えて、ずいぶん大胆な返事をした。「クリストファー・レンだって、元は天文学者ですよ」と。丹下さんは内心ちょっと呆れたようだった。そうはいったものの結局は構造の魅力を捨てることはできなかった。

事務所協会との対立と、愛知設監／JAA

——新日本建築家協会の（JIA）では初代の支部長だった。

　初代というか、旧・日本建築家協会（JAA）の最後の支部長（1986/昭和61年）をしていて、日本建築設計監理協会連合会（設監連）と共にJIAを設立する方向に意見をまとめる努力をした。1987（昭和62）年に幹事長の藤川壽男さん（1934 - 2014、後に愛知工業大学教授）をはじめとする支部会員の強力な支援を得てJIAを無事立ち上げることができた。

——それ以前のJAAと愛知設計監理協会（愛知設監）、それと愛知県建築士事務所協会（愛知事務協）はどのような関係だったのか。

　歴史を語ると非常にややこしい話になる。

　1972（昭和47）年秋、愛知県登録の建築設計事務所を網羅した業務団体を設立しようとする動きが顕わになった。世に「愛知方式」といわれたが、当時、設計監理業務法を検討していたJAAは、建築士法の抜本的改正という問題を棚上げしたままでの、専業兼業を問わない建築設計事務所の団体（建築士事務所協会）の設立に対しては、強烈に反対していた。愛知方式を主導したのはその数年前JAAの東海支部長職にあった人物だった。「事務所協会に入らないと役所の仕事がやれないぞ」という脅かしめいた発言も出て、JAA東海支部の会員にも揺れる人が出てきたが、多くの会員はこれに反発した。JAA本部からも会長はじめ、論客会員の圓堂政嘉さん（1920 - 1994）ほか数名が訪れ、支部会議室で絶対反対を声明した。

　愛知事務協は結局翌年（1973/昭和48年）に発足した。1975（昭和50）年には全国建築士事務所協会連合会（全事連）は社団法人化を達成し、建設省住宅局建築指導課はその育成を図りはじめた。JAAはこの措置に対し明確な反対を表明して、専業設計事務所の団体設立を進めた。これが日本建築設計監理協会連合会（設監連、1975/昭和50年設立）と、その傘下の単位会で、建設省の行政指導に対するはっきりとした反対意思の表示だった。JAAと事務所協会との対立はここに明確になった。

　愛知設監は少し間をおいて1983（昭和58）年に設立され、同時に設監連に加入した。初代会長は城戸武男さん（1899 - 1980）、2代目に黒川巳喜さん（1905 - 1994）、3代目は佐久間達二さんが就任された。当時、建設省から出向してきた愛知県建築課長の愛知設監に対する態度は異

クリストファー・レン（1632 - 1723）
イギリスの天文学者、建築家。1666年のロンドン大火で焼失した「セント・ポール大聖堂」をバロック建築として再建（1675～1710年）。

日本建築家協会（JIA）
The Japan Institute of Architects
1947（昭和22）年に設立された日本建築設計監理協会が、1955（昭和30）年の世界建築家連合（UIA）への加盟に伴い、1956（昭和31）年に改組・改名して日本建築家協会（旧・日本建築家協会、JAA）となった。その後日本建築設計監理協会連合会（設監連、1975/昭和50年設立）と共に、1987（昭和62）年に新団体、新日本建築家協会を設立。1996（平成8）年に名称を日本建築家協会に変更し現在に至る。2013（平成25）年に公益社団法人に移行。

常なほど冷たかった。会を法人化しようという話はまったく受け付けなかった。この状況を知った愛知県選出の横山利秋代議士は1982年（昭和57）年2月、国会で建設省住宅局長を追及した。

この直後にJAA会長に就いたのは圓堂政嘉さんだった。建築設計団体間の軋轢を解消することに建設省と水面下でどんな話し合いがあったのだろうか、1979（昭和58）年2月に伊豆の「川奈ホテル」で開かれたJAAと設監連の士法問題についての合同会議の最終日、圓堂さんは、横山代議士の国会質問の影響を取り上げ、愛知設監のとった行動に強い疑問を投げかけると共に、設監連事務局の内部事情に介入するような発言をした。さらに「社団法人は官僚機構の周辺にある。衛星団体としての性格を持つ」と。

会場に緊張が走った。当然のことだが、愛知設監の会長だった佐久間さんは「世の中には忘れっぽい人がいる。10年前名古屋に来て事務所協会設立反対を叫んだのは何だったのか」と、大論争になった。

登録建築家とは

——大塚さんはJIAの登録建築家になっているが、ならない人もいる。

建築設計をするということは、自分では一生かかっても蓄えられないような費用を対象にするわけで、現在わかっていることは、できるだけ吸収しておかねばならない。その観点では、登録建築家に義務づけられている研修時間はまったく意味がないとも考えているが、身を律する意味もあって登録している。このあたりになると登録するかしないかは人それぞれの考え方があると思う。

——JIAとしては会員が増えないところで行き詰まっている。

どの会も減っている。構造技術者協会も3,900人くらいまでなっているが、研修会など実に活発に動いているように思う。最近JIA設立当時の記録を整理したが、実に多くの会員がそれぞれ会員確保に努力していたのがわかる。設立当時、丹下会長が入会者の年齢構成を見て、20年後にはこの会は危ないのではないかと、危惧されていたのが現実になってきている。「入会して何のメリットがあるのか」と問われることが多いが、「メリットは入会して、活動の中で自ら生み出すもの」と説得できるかどうかが決め手になると思う。

——一級建築士も減っているが。

試験が難しくなっているのだろう。資格取得を目的とした学校で受験準備をしないとなかなか合格しないということを聞いている。建築士の資格を取ったからといって直ちに設計ができるわけではないが、建築のそのものが高度化してきていることから基礎知識としての試験も難しくなるのは自然の成り行きだと思う。

JIAの東海支部事務局に、古い第2版の『広辞苑』がある。JAAの時代、支部に井上正一さんという理論派の会員がいて、「広辞苑の建築家の定義が違っている」と岩波に申し入れた。当時の広辞苑には建築家という項目がなく、建築士の項目に「建築士の資格を持った建築家」という説明だった。それは逆であると捻じ込んだのだ。第4版までは曖昧な定義で、第5版からそれらしき説明になっている。岩波に言わせると、世の中に一般的に使用されていないと、項目としては挙げないとの回答だった。建築家というのは一般の人から必要とされていないのかとも思った。事務局の広辞苑は、その時編者のご子息の新村猛さんから贈られたものだ。

クライエントいう言葉がある。クライアントとは「専門的なサービスを受ける人」という意味。これは専門的なサービスを受けることに意義を持つ人がいるということになるが、日本にはそのような意識が少ない。建築家自身は「専門的なことをしている」という自覚を持つ必要がある。それだけの専門知識を人に与えるということは自分自身相当の覚悟を持って、努力と勉強をしなければならない。ここに登録建築家の意義があるのではないか。　　　　（おおつか・かずみ）

名古屋圏をめぐる建築家像──インタビュー ❷

鋤納 忠治

すきのう・ただはる
1931年9月22日 大阪府豊中市生まれ
1950年 京都工芸繊維大学入学
1954年 京都工芸繊維大学卒業後、日建設計入社
　　　　名古屋事務所
1967年 伊藤建築設計事務所設立に参加
1973年 同、取締役
1981年 同、代表取締役社長
1997年 同、代表取締役会長
2001年 同、取締役相談役
2009年 同、特別顧問
1974年〜1988年 名古屋大学工学部非常勤講師
1979年〜1982年 豊橋技術科学大学非常勤講師

撮影：建築メディア研究所

1 建築学科に進むまで | 1931〜1950

空襲の記憶

1931（昭和6）年9月22日、大阪府豊中市に生まれた。当時の住所は豊中市本通2丁目13番地。最近行ってみたが当時の面影はまったくなかった。

旧制中学校の2年生になった1945（昭和20）年6月7日、豊中にB29の空襲があって、家の北側の道路に1t爆弾が落ちた。両親と祖母が家にいて、母が祖母を防空壕に入れて自分が入る瞬間に爆弾が爆発した。そのせいで母は左耳が聞こえなくなったが命はとりとめた。その日私は勤労動員で池田の山で飛行機を隠すため⑺のトンネルを掘っていたが、豊中に爆弾が落ちたことを聞いて、トラックに乗せてもらって戻ってきた。産業道路で降りて歩いていくと爆弾がたくさん落ちていた。家の前まで歩いていくと、建具や壁がすべて吹き飛ばされて柱と梁だけの建方のような状態のわが家があった。家の前の道は両側が桜並木になっていて固い道路だったので、爆風が横に飛んで家が飛ばされたのだ。そのときの光景は忘れられない。

当時同級生の家が近くにあって、そこはお医者さんの家だったので鉄筋コンクリートで頑丈な防空壕をつくって有名だったが、そこに爆弾が直撃して、同級生はいなかったので助かったが家族は全滅だった。コンクリートで防空壕をつくっても安心できない。戦時中は生き延びるかどうかは運がいいか悪いかと考えるしかなかった。

その1週間後に本通3丁目から西にかけて焼夷弾が落とされた。焼夷弾の方が一帯の家が燃えてしまうので被害が大きい。6月7日は近くの伊丹空港への流れ弾という説だった。当時は今のような救援活動も何もない。被害証明が渡されただけだった。以後は住むところもなく、親戚を転々として暮らしていた。8月15日は放送があるというので学校に行き、中庭でゲートルを巻いて正座をして玉音放送を聞いた。

豊中高校から京都工芸繊維大学へ

旧制中学の4年生になった1947（昭和22）年に学制改革があって、豊中中学はそのまま豊中高等学校となり、翌年、新制高校2年生に編入となった。高校では体操部に入っていて授業が終わってから日が暮れるまで運動場にいて部活動をしていた。3年になると同級生が体育館からいなくなり、みんな受験勉強を始めていたが、私は12月まで遊んでいた。

高校時代の友人の父親が大阪市の建築課の建築技師で、1930（昭和5）年に行われた名古屋市庁舎のコンペ「名古屋市庁舎懸賞設計」で4等か5等に入った人だった。それが当時の『新建築』に掲載されていて「これが親父の作品だ」と見せられた。それが私の建築との出会いだった。後で分かったが、そのコンペで伊藤鑛一（後述）も佳作に入っていた。

当時担任だった重本長生先生の奥さんの父親が京都工芸繊維大学の前身の京都高等工芸学校の1期生だったこともあり、重本先生から勧められて京都工芸繊維大学の建築学科を受験することにした。

試験は5教科（国語、英語、数学、物理、歴史）あって、それとデッサンと進学適正検査の7つを700点満点で点数の多い人から取るという方式だった。5教科は不出来だったが進学適正検査ができて、デッサンがうまかったので受かることができた。豊中高校から京都工芸繊維大学に行ったのは私ひとりだった。京都の北の果てにある大学を誰も知らなかった。

1950（昭和25）年4月に京都工芸繊維大学に入学。建築学科の同期は30人だった。入学すると1年生からいきなり設計製図。白石博三先生の製図課題で住宅の図面を描く課題で、どの建築家の作品を選んでくるかというのがまず大事な問題だった。フランク・ロイド・ライトか

名古屋市庁舎設計競技

名古屋市庁舎設計懸賞図案募集は、1930（昭和5）年1月15日正午に締め切られ、全国各地から559通の応募があった。一等の賞金は五千円。二等銀賞は二千五百円。三等銅賞は五百円。この懸賞図案は、主催者側が、平面図を提示した上で、建物の設計を競うというもので、こうした設計競技がほとんどない現在ではやや理解しにくい。募集要項の東洋趣味という規定が効果を持ったようで、応募案を見ると、帝冠様式のものが多い。一等金賞の平林金吾（1894-1981）は、愛知県西春日井郡豊山村（当時）の出身。東京高等工業学校卒。
（瀬口哲夫『ARCHITECT』「故郷に錦を飾った建築家・平林金吾」より）

ル・コルビュジエの住宅はいいが、それ以外を持っていくとなかなか通らなかった。自分は違うものを描いていた気がする。

2 京都工繊から日建設計へ｜1950～1954

大学生活

　大学へは吹田の家から通っていた。国鉄吹田駅から京都駅まで行って、東山線と烏丸線が循環する市電に乗って松ヶ崎で降りて大学の南門から入った。家から大学までは1時間半くらいかかった。私は子どものときから季節の変わり目に必ず風邪を引く。高等学校のときもそれで進学できるかできないか非常に苦労した。大学ももし4年で卒業できないとまずいので、3年で選択科目を全部とった。4年生は1年間だけ松ヶ崎の友だちの家に下宿させてもらった。4年生は、あと卒業設計ぐらいなので、1年間ずいぶん遊ぶことで活躍した。

　同級生の親に関西交通というタクシー会社をしている人がいた。大阪から通っていた3人がモニターに雇われた。その会社のタクシーを拾って乗って、お金を払って降りる。それを記録して、会社に報告するとタクシー代を返してくれる。なので、京都の関西交通のタクシーには無料で乗れて、ずいぶん遊ぶことができた。

　平安神宮の東のいわゆる「祇園甲区」というところに、黒田さんという裏千家の五指に入るという偉いお婆さんの先生の家があった。建築家にはお茶が必須だという理由で、そこで1年間お茶を習った。また、四条河原町で同級生の父親が工務店をやっていて、祇園河原町界隈の仕事を手広くやっていた。それでその友だちはお茶屋に顔が利いた。昼間お茶屋に行くと芸妓さんはセーターを着ている普通の女性で、暇だから学生の相手をしてくれて、お好み焼きとかを焼いてくれた。それ以上のことはしていない。京都は夏休みになると、学生が地元に引き上げて誰もいなくなるので、大事にしてもらえた。

　金閣寺が燃えたときがあった。その日は、たまたま大阪からきている友だちと3人で金閣か銀閣のどちらかに行こうといっていた日だった。金閣は遠いからまずは銀閣に行こうとなって、銀閣に行ったその晩に金閣が燃えた。その当時タバコを吸っていたので、よかったなと言っていた思い出がある。

　製図室が居場所で、徹夜するのが得意だった。あるとき徹夜していたら京都駅が燃えた。南の空が空襲のときみたいに赤く染まって、大騒動だった。

白石先生

　ウィリアム・モリスの研究者として知られている白石博三先生（1915 - 2003）は、英語が得意だった。京都大学の建築を出て、南満州工専の教授を経て京都高等工芸学校の先生になって終戦を迎える。戦後、京都高等工芸学校が国立の新制大学として残れるための活動を一生懸命やられたと聞いている。京都で2、3の建築の設計もされていたが、京都工芸繊維大学で一生を終えた人。当時、京都工芸繊維大学にいた人は白石先生の影響は大きかったと思う。

　当時の建築工芸学科の先生は白石先生と大倉三郎先生（1990 - 1983）。大倉三郎先生は、建築学科の学科長だった。あとは、構造が高原道夫先生と松岡理先生。設備は石原正雄先生。建築史は藤原義一先生（1898 - 1969）で、中村昌生さん（1927 - 2018）が助手だった。構造の松岡先生は名古屋大学に建築学科ができたときに名古屋に来られた。

白石博三（しらいし・ひろぞう）
1915年 神戸生まれ／1937年京都大学工学部建築学科卒業 建築学専攻／南満州工専教授、京都高等工芸学校教授、京都工芸繊維大学工学部教授を歴任／京都工芸繊維大学名誉教授／2003年歿／主著：『ウィリアム・モリス』1954年、彰国社、『ラスキンとモリスとの建築論的研究』1993年、中央公論美術出版／訳書：『モダン・デザインの展開　モリスからグロピウスまで』ニコラス・ペヴスナー著、1957年、みすず書房

そのころの海外の建築情報

　新しい建築の情報はほとんどなかったが、建築の雑誌はアメリカの『Architectural Forum』とかフランスの『L'Architecture d'Aujourd'hui』、1946年1月に復刊した『新建築』くらいだった。学内の図書館にはあまり行かず、なぜか海外の雑誌は京都や大阪のYMCAで読むことができた。そこには京都大学の学生等も来ていた。

　私はつむじ曲がりなので、人がいいと思うものにはあまり興味がなかった。マルセル・ブロイヤーが好きだった。あとはオスカー・ニーマイヤーが出てきたころ。フランク・ロイド・ライトとかル・コルビュジエはもう卒業だと言っていた。

現場実習

　京都工芸繊維大学では3年生の夏休み中に1カ月間の実務実習が必修だった。実習先は自分で探し、吹田にある村野藤吾さんの設計の関西大学の竹中工務店の現場に30日間世話になった。現場では職人さんたちから「竹中の養子さん」と言われた（現場では実習生は養子さんと呼ばれていた）。ある時、荷物の受け取りをやらされた。大きいボルトが何十本か入荷して、サインしてそれを受け取った。帰る時間になって私を指導していた若い現場員に報告すると、「受け取りをした時に、ボルトの本数をちゃんと数えたか」と言われた。「数えてない」と言ったら「数えてこい」と言われた。夜の暗い中、油でベトベトになりながらボルトを数えた。「残材を片付けて」と言われて、適当に並べてシートをかけて「終わりました」と言ったら「自分の品物だったら、そんなことで済ませるか。もっと縄をかけるとかして、綺麗にして片付けなさい」と言われた。これもまたひとつひとつ綺麗に並べ直した。

　竹中工務店会長の竹中藤右衛門さんが現場にきた時に、落ちている釘を拾って「この釘1本いくらですか」と聞かれたが誰も答えられなかった、という逸話を聞いていた。そんなわけで、藤右衛門さんが現場にくる前日は1日仕事なしで整理整頓だった。1日仕事が無駄になると思ったが、そんなことは誰も考えていなかった。30日の実習を終えて、所長さんが手紙を書いてくれて、竹中工務店の本店に持って行ったら「ぜひ採用するから、竹中へ来なさい」といわれた。しかし、私は設計事務所に行くつもりだといって断った。

日建設計への就職

　3年で実習をしていたころは呑気だった。就職を考えはじめたのは4年の夏休みのころだったか。当時、日建設計（当時の社名は日建設計工務）の設計担当役員だった山根正次郎さん（1912 - 2006）が白石先生と親しかったらしく、毎年夏休みに大学に来て、学生の製図を見て行かれるという話を聞いた。そこでピックアップされたらしく日建設計を受験した。面接で「君は設計をやろうとしているが、建築意匠学が丙だ」といわれた。「それは森田慶一先生の授業で、試験は『虚と実について述べよ』というものでした」といったら「それならいい」といわれた。森田慶一先生（1895 - 1983）は有名な京大教授で、建築の哲学者だった。

　その年は日建設計には京都工芸繊維大学から3人受けて2人が受かった。もうひとりは長男だった。「君は次男だから2、3年名古屋に行ってこい」といわれた。妙な理屈だと思ったが、世の中とはそういうものかと思って従った。もしかして名古屋に行った方がのびのび仕事ができると思ったのかもしれない。

名古屋の印象

　学生のときに友だちと八ヶ岳に行ったことがあって、その時に夜行列車に乗り換えるときに、名古屋で降りて栄の辺りまで歩いた記憶があるが、それくらいで、名古屋には縁もゆかりもな

丸栄百貨店（1953/昭和28年、設計：村野・森建築事務所）2018年6月末閉店。→p.129

八勝館（御幸の間、1950/昭和25年、設計：堀口捨己）→p.147

名古屋テレビ塔（1954/昭和29年6月、設計：内藤多仲・日建設計工務）。→p.124

長谷部鋭吉（はせべ・えいきち）
1885年 北海道札幌生まれ。山形県を経て東京で育つ／1909年 東京帝国大学工学部建築学科卒業、住友総本店に入社／1933年 住友合資から5万円の出資と29名の移籍を得て（株）長谷部竹腰建築事務所を設立し、竹腰健造と共に常務取締役に就任／1944年 住友土地工（株）に営業譲渡し、竹腰健造が専務取締役、長谷部が取締役に就任／1945年 住友土地工務を日本建設産業（株）と改称し、新たに商事部門を増設（現在の住友商事の前身）し、竹腰健造が社長、長谷部が取締役に就任／1947年 竹腰健造が公職追放／1950年 同社建築部が分離独立して日建設計工務株式会社が発足、顧問に就任／1960年 逝去

かった。

　就職に向けて1954（昭和29）年の3月末に名古屋に入った。「丸栄百貨店」（p.129）と「八勝館」（p.147）は日本建築学会賞受賞作品ということで、まずは丸栄百貨店に行き、屋上に登ってぐるりと回りを見渡しても何もなかった。そのときに「名古屋テレビ塔」の4本足が立ち上がっていて、まだアーチがつながっていなかった。後にテレビ塔の写真展で昭和29年の時という写真を見たら、まさに私が見た状態だった。そのころ丸栄百貨店より高い建物は市内になかったと思う。これも近く建て替えられることになっている。遠い風景だけが今と同じだった。8階の食堂で中華そばを食べた記憶がある。

　テレビ塔が建てられていたのは、まさに焼け野が原の中、計画道路としてあった久屋大通公園の真ん中だった（久屋大通開通は昭和38年の1963年で、テレビ塔の9年後）。これは面白いなと思った。

3　日建設計での仕事｜1954～1967

入社当時

　1954（昭和29）年に入社したときは、先輩の設計した栄町の角に計画したビルのパースを画いた。初めての設計の仕事として記憶にあるのは、岐阜相互銀行神田町支店。岐阜駅の駅前通りのウナギの寝床のような細長い敷地だった。計画案を説明したら、名古屋事務所の次長だった二見俊一さんに「学校を出てきて初めて設計するのに銀行の支店の金庫にあるマンホール（非常用金庫扉）なんてなんで知っているのだ」といわれた。学生時代に設計の課題で「銀行支店」があった。そのころニューヨークのニューヨーク・ナショナル・シティ・バンクという五番街にあるガラス張りのゴツい金庫扉が通りから見える建築があって、銀行支店がどうなっているかはそれを見ていた。それ以後、銀行の支店をたくさんやらされた。そのうちに、「東海銀行本店」の話になる。

伊藤鑛一さん

　入ったときは伊藤鑛一さんは専務取締役名古屋事務所長だった。1年ぐらいして、副社長になって大阪に行った。大阪から私に色々指示がくることになるが、それは後の話。名古屋に行ったのは、伊藤さんが私に目を付けて引っ張ったのかと思う（後々になって判ったことだが、山根さんと伊藤さんとは信頼が厚かったようだ）。

日建設計の仕事

――レビューには伊藤鑛一さんが来るのか。

　伊藤鑛一さんは、そこまではしなかった。図面（設計）を見るのは次長の二見俊一さんで、名古屋事務所には次長が4、5人いて、二見さんはそのひとり。東大の建築を出た優秀な方だったが、東京事務所に転勤されて、その後、早く亡くなられた。

　そのころは計画案ばかりやらされていた。計画案をつくってパースを画いた。実施設計は全然やらなかった。現場もほとんど見ていない。日建設計名古屋事務所は分業で工事監理は監理部が担当した。私は基本設計をつくったら終わりで、すぐに次の設計に取りかかった。

　そのころは日建設計の創業者のひとりである長谷部鋭吉さん（1885 - 1960）に、大事な設計を阪急宝塚線の清荒神にあった自邸（昔の『新建築』に載っていた）まで持って行って見てもらっていた。

たまたま私が大阪出身だったからか使者に使われていて、そのついでに実家にも立ち寄ることができた。長谷部邸では家には上げてもらえず、庭に回らされた。縁側にいくと座敷で製図板に向かって、長谷部さんが図面を画いていらした。

東海銀行の浄心支店は私が担当したが、ファサードのエレベーションを長谷部さんに画いてもらった。中身の設計はこちらでやる。長谷部さんが画いたスケッチをもらってきて、それを元に図面を引く。その当時流行ったコンクリートブロックを積み上げた外観だった。その図面を私が画いた。次長だった小縣好市さんがそれを見て、「このコンクリートブロックはひとつひとつ大きさが違うのか」と言った。はじめはどういう意味か分からなかったが、要するに私が書いた1/100の図面が下手だったということ。今だとCADで正確で面白くない図面を画くことができる。そのときは、感じが分かればいいと思って、少し濃淡をつけて書いたりした。

東海銀行の本店 社内コンペ

「東海銀行本店」（「三菱UFJ銀行名古屋ビル」、1961年）を、名古屋事務所でやることになった。そのときは伊藤鑛一さんは副社長になって大阪に行っていて、山根正次郎さんが名古屋事務所の所長になっていた。

東海銀行本店の計画案は、名古屋事務所で3案出した。東大の建築を出た柴田修さんという方が1案。もう1案は長谷部鋭吉さんが、プランはないが広小路通から見たファサードを画いた。私が長谷部さんのところに行ってスケッチをもらってきて、清書して出したと思う。

私も計画をしてみろと言われて、当時は都市計画道路だった砂利道の錦通とメインの広小路通を両方メインとして通り抜けのプランを出した。構造は高田十治さん（内藤多仲さんのお弟子さん）と相談した上で大スパンの案を出した。クライアントである東海銀行頭取だった鈴木享市さんが、これがいいと言って私の平面計画が採用となり、基本計画は私が全部やった。ただ、エレベーションは山根正次郎さんが直接画いた。私も画いていたのだが、山根さんが自身で綺麗なエレベーションを画かれた。当時、山根さんは日建設計のデザインの頂点にあった人で、たまたま名古屋事務所長として、東海銀行本店も担当された。

――チームで設計したということか。設計者は誰かになるのか。

当時の日建設計では、設計者が誰かは社内では誰もが判っているがそれをあまり表には出さない風潮があったと思う（ジャーナリズムに取り上げられるようになったのは、林昌二さんだけでしょう）。

東海銀行本店の場合は実施設計に入って、もちろん私も参加しているが、そのころの私には実施設計のチーフになるだけの能力はなかった。

伊藤鑛一さんとの関係

伊藤鑛一さんは副社長になって大阪に行って、ほどなく社長になった（1958年）。ある意味ワンマン社長だった。札幌の北海道庁の仕事とか、西鉄福岡駅の仕事を取ってくると、私を呼び出してその仕事に行かせた。立場とか関係なくやらされたので、やりにくい部分もあった。若造だったが所長も所員もいる福岡事務所にある日突然呼ばれて、西鉄福岡駅の百貨店と駅舎を設計するように言われ、施主の人たちに紹介された。計画図面を画いて、あとは福岡事務所の蒼々たる人たちが実施設計をした。

そのとき名古屋工業大学出身の高橋博久さん（1935 -）が日建設計福岡事務所に構造担当として来ていた。ふたりで下宿して、毎晩一緒に暮らして設計をしていた。その仕事をしているときに結婚したので、高橋さんとは下宿を分かれて、仕事終わるまでは旅館で暮らしていた。高橋さんと私とは4〜5歳違うが、切ってもきれない仲。後のち佐久間達二さん（1917 - 2009）が亡くなったとき、高橋さんと共に追悼の本『建築家 佐久間達二の夢』を出版した。

東海銀行本店（「三菱UFJ銀行名古屋ビル」、1961/昭和36年、設計：日建設計工務）。→p.135

佐久間達二（さくま・たつじ）→p.27

『建築家 佐久間達二の夢』株式会社エルイー創造研究所、2010年7月、企画：鋤納忠治・高橋博久

伊藤鑛一（いとう・こういち）
1900年7月1日 三重県桑名市生まれ／1919年 名古屋高等工業学校入学／1922年 名古屋高等工業学校建築科卒業、竹中工務店入社、大阪に勤務／1923年 東京に転勤、鈴木禎次設計の松坂屋の震災復興を担当／1924〜38年 名古屋の松坂屋臨時建築部に入り、鈴木禎次（技師長）の下で名古屋、上野、大阪、銀座等の松坂屋店舗の設計監理を担当する／1939年 長谷部・竹腰建築事務所に入り、設計係長として軍需工場等の設計を担当。昭和17年ごろから大阪を拠点としながら名古屋出張所長となる／1944年 長谷部・竹腰建築事務所は住友土地工務株式会社に吸収される／1946年 会社は日本建設産業株式会社となり、名古屋支店次長として名古屋を拠点とする／1950年 建築設計部門が住友の商事部門と別れて日建設計工務株式会社を設立。取締役名古屋事務所長となる／1957年 副社長となり名古屋を離れ大阪本社へ／1958年 社長となる／1967年 日建設計工務株式会社を退き、株式会社伊藤建築設計事務所を設立／1981年 同社取締役会長／1987年 逝去

名古屋市商工会議所→p.125

――計画と構造が共に仕事をするやり方は、日建設計の伝統なのか。

私はそうやっていた。駅のプラットフォームなんかカーブしていて、そこに屋根をかける。絵は描けるけど、メンバーを決めていくとか、具体的なことは構造担当者と協議しないと決められない。

――鋤納さんは伊藤さんに腕を買われていたと。

何を買われたのかはわからないがそうだと思う。別の仕事をやっていてもすぐ行けとなって、言われたら行くしかなかった。とにかく、異色の扱いだった。

当時の日建設計名古屋事務所について
――鋤納さんが入られたころの日建設計名古屋事務所はどういう状況だったのか。

人数は30人ぐらい。そこから増えていった。日建設計は計画案をどんどんつくって、実施設計を別会社の日泉事務所にやってもらった。監理は日建設計の職員がやった。そのうちに、東京では外注事務所の方が力をつけて、下請けの仕事はやらない事務所になったところが出てきたりした。とても人数が足りなかった。

――それだけ仕事が多かった。

「岐阜県庁舎」（1966年竣工）の仕事を取ってきたのは多分、伊藤鑛一さんだと思うが、私が指名を受けて設計をやった。竣工式のときに、当時会長だった伊藤鑛一さんと社長の塚本猛次さん（1910 - 2001）も来ていて、伊藤さんは、「思うようにできましたが」と言われた。また、「マリオンの寸法よかったですか」という難しい質問をされた。伊藤さんはいつもデザインに対しての考えがあり、ちゃんと見てくれているのだなと感じた。塚本社長からは、「名古屋事務所にはこれで大きい仕事がなくなるよ」ということを言われ、びっくりした。実はそのあと、「名古屋商工会議所」はあったのだが。

――商工会議所が済んだころになると、大きな仕事はすべて終わっていたということか。

「名古屋商工会議所」（『新建築』1966年10月号）も私が担当して、1967（昭和42）年9月に竣工した。それを最後に、1967（昭和42）年12月1日発足で伊藤さんは伊藤建築設計事務所を立ち上げ、私も誘われて参加した。

4 伊藤建築設計事務所 1967〜

近来の設計界の快挙
――伊藤鑛一さんからは、どういうお話があったのか。

伊藤さんからは直接話はなかった。もと伊藤さんの下にいた名古屋事務所の次長（だったと思う）の小縣好市さんと島田幸信さんのふたりが一緒に来る予定だという話が、島田さんからあった（伊藤さんと私は歳が31年離れていて、私と伊藤さんの真ん中に島田さんがいた）。私はまだ若手で（14年目だった）、日建設計である程度のポジションもありよい仕事もあったから、辞める気など全然なかった。しかし、名古屋事務所で公私とも色々と世話になっていた島田さんからの話とあって、私としては断れなかった。人間には自分の意志ではどうすることもできないことがあるものだと、この時思った。

同じ年、山下寿郎設計事務所が分裂して日本設計事務所（現、日本設計）ができた。それを聞いた西沢文隆さんが、「近来の設計界の快挙だ」と言ったという話がある。

5人衆

　1967年の伊藤建築設計事務所設立のときは、「若手5人衆」（世間ではそう呼ばれていた）がいた。私と、後に東京事務所を起ち上げた織田愈史、歳の順に高木淳一郎、森口雅文、渡辺誠一の5人。それまで互いに話し合ったわけではなかった5人が、それぞれ自分の意思で伊藤事務所に集まった。

　当時、名古屋の設計界では色々いわれた。「将校ばっかり集めて戦争ができるか」とか、「いずれは分裂するのでは」などといわれた。私はこの時、これは運命だと思って、この5人の結束を何が何でも固めていこうと決心した。口には出さなかったが、心に決めた。そういう決意で伊藤事務所をやってきた。

――伊藤事務所の安定感は、名古屋経済界とのつながりや信頼が継続したからだと考えていいのか。

　それを頼りに伊藤さんは独立した。しかし9年目に伊藤さんはくも膜下出血で倒れてしまう。闘病生活の後、数年で奇跡的に快復したが、辞書のAとかBとかの項目が抜けているような状態だった。色々なものが部分的に記憶の中で出てこない。

　伊藤さんが倒れた後も、数年間は事務所は惰性で動いていた。伊藤さんは社長を島田さんとかに譲る気がなく、新人も採用せず人事はそのまま凍結していた。事務所がよく保っていたなと思う。対外的には、仕事は皆でしっかりやっていたので、迷惑を掛けるようなことはなかった。だからこそ5人衆の結束が固まって伊藤さんに対抗していた。森口さんなんて急先鋒だった。

――発足6年目の1973（昭和48）年に鋤納さんは取締役に就任。5人衆の中では鋤納さんだけが取締役だったのか。

　そのときはそうだった。ただ伊藤さんの病床で、私が「後の人たちを取締役に、あなたから指名してくれ」と頼んだ。それでやっと若い人たちを役員に指名してくれた。波乱の事務所だった。ただ対外的には、仕事は順調にというか、途切れなく皆で力を合わせてやってきた。それは最初の10年のうちに世間の信頼が得られていたからだと思う。

社長時代

――1981（昭和56）年に伊藤鑛一さんが会長に退いて島田幸信さんと鋤納さんが代表取締役になり、1983（昭和58）年には鋤納さんが代表取締役社長に就任された。

　事務所設立後16年目の1983年3月から16年間社長をやっていた。伊藤建築設計事務所では個人の鋤納忠治は出さないようにした。社長が個々の仕事を担当することはしないようにした。個人事務所の所長は当然やるけれども、私は自分が表に出て設計をやることは極力控えた。だから、社長になってから私が直接担当したものは「ツインアーチ138」（1995年）くらいで、あえて作品といえるものは特別ない。

5　C&D、中部建築賞、JIA

C&Dの活動

　雑誌『C&D』（1969年創刊）は私にとって大きな出来事。『C&D』をつくった杉浦登志彦（1934 - 2007）は、『週刊中部建設新聞』（1964年創刊）という新聞を発行していた人。建築界だけで集まっていても文化にはならないので、芸術界を含めて面白そうな人を集めて、グループ（名古屋CDフォーラム）をつくって雑誌『C&D』を出そうとなった。C&Dというのは、ABの次だから三流、四流といっていた。本当は、クリエイトとデストロイということだ。創刊号に携わったメンバーは、

ツインアーチ138（1995/平成7年、一宮市、設計：伊藤建築設計事務所）→p.210

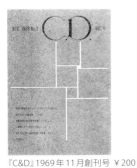

『C&D』1969年11月創刊号 ￥200
発行者：C&D同人（代表）杉浦登志彦
責任編集：（代表）広瀬一良
　　　　五十嵐昇、池崎敏郎、井上正一、岡本英造、鋤納忠治、杉浦登志彦、平子勝、福井稔

広瀬一良（ひろせ・かずよし）→p.46

広瀬一良さん（1919 - 1999）が代表で、佐久間達二さん（1917 - 2009）、五十嵐昇さん（1923 - 1994）たちがいて、私がいちばん若かった。ひとつ年上に名工大を出た岡本英造さんという人がいたが、杉浦さんと喧嘩別れをした。どちらも喧嘩早い人だった。私も杉浦さんとしばしば議論したが、七合目か八合目までは意見が合うけれども、それ以降は段々合わなくなる。「杉浦さんは鉛筆を持ったことがない人だからダメだ」というと、彼は猛烈に怒った。杉浦登志彦は、ずいぶん建築設計界に貢献した人だと思っているが、言うことが激しいので若手の多くは反発した。私ともよく喧嘩になった。杉浦さんは1934（昭和9）年生まれで、私が3つ年上。私の方が碁が強かったので、最後は言いくるめた。

『C&D』は、ろうそくの火が消えかかっているような感じだが、連綿と続いていて、今は瀬口哲夫先生が代表で、小田義彦社長が編集委員をやっている。私は今ではいちばん年上になった。杉浦さんは2007年に亡くなられた。杉浦さんがつくった『週刊中部建設新聞』は、『中部建築ジャーナル』、『建築ジャーナル』となって今に続いている。いちばん古株は、西川直子さん。今は西川さんが杉浦さんの遺志を継いでいる。

中部建築賞

杉浦登志彦さんは「中部建築賞」（1969/昭和44年設立）を設立するのにも大いに活躍した。中部建築賞の設立を働きかけたのは丹下健三さんと同期の建築評論家、浜口隆一さん（1916 - 1995）。賞の設立の3年くらい前から浜口さんが何かの用事で頻繁に名古屋に来ていた。その度に杉浦さんは日建設計にいた私を呼び出した。日建設計はそんな外部活動を嫌う会社だった。だから、コソコソと抜けていって会合に出ていた。浜口さんが、建築界を盛り上げるためには賞を出すのがいちばんだと言った。杉浦さんがその言葉を受けて、中部の建築界だけでなく、自治体や財界も巻き込んで中部建築賞という賞をつくり上げた。第1回中部建築賞は入賞10点、入選21点で、1969年の年末に表彰が行われた。

—— 中部建築賞の運営は。

中部建築賞協議会というのができて、そこがやっている。それは浜口さんの提案。それで杉浦さんが動いて、名古屋の大御所といわれている丹羽英二さん（1897～1980）とか、黒川巳喜さん（1905～1994）とか、その辺に全部話をまとめてつくった。最初のころは東京の建築家たちは中部建築賞なんて問題にしないといって誰も応募しなかった。10年ぐらいたって、全国から応募が来るようになり、全国的に活躍する人の名前も入ってきた。浜口隆一さんは偉い人だなと思う。今では中部建築賞は全国的に定着している。『C&D』と中部建築賞の設立に尽力した杉浦登志彦は中部の建築界にかなり貢献したと思う。

—— 杉浦さんは名古屋に文化を構築しようとする思いが強かった方なのか。

どういうわけか分からないがそうだった。もともと『建設新聞』に勤めていた。大須事件で刑務所に入っている。それで共産党活動からは引いた。しかし思想の基本は変わらなかった。マルキシズムの勉強を徹底的にしていた。そういう議論になると誰も敵う人はいない。

—— 戦後、宮内嘉久さん（1926 - 2009）らの左寄りの人たちが建築の理論をリードしてきた流れがある。そういう流れのおひとりということか。

私は違うと思う。宮内嘉久さんとはあまり共鳴していなかった。むしろ違う考えだった。思想を超えて浜口隆一さんには共鳴していて、彼は浜口隆一さんの言うことだったら聞いた。鬼頭梓さん（1926 - 2008）にも傾倒していた。宮内さんとかとは違って、もっとリベラルだった。建築家を一生懸命世の中に認めさせようとしていたけれど、ちょっと最後になると違っていたが、JIAとは歩調を合わせていた。僕は大した人物だったと思うけど、嫌っている人も多かった。

中部建築賞銘板

杉浦 登志彦（すぎうら・としひこ）
1934年 名古屋市生まれ／1964年『週間中部建設新聞』を名古屋市で発行（1969年に『中部建築ジャーナル』に、1988年に『建築ジャーナル』に改め全国誌に）／1964年『C&D』を創刊／1969年設立の中部建築賞の設立に尽力／2007年逝去

建築批評

『C&D』とかJIA東海支部機関誌の『ARCHITECT』に、かなりたくさんの文章を書いた。吉村順三さんの愛知県立芸術大学ができたときに、『新建築』に建築批評を書いた。書いたのだけど、恥ずかしかった。その後、毎月の「月評」を書いてほしいと頼まれたが断った。建築作家であって建築評論はできないと言った。山下設計名古屋支店の設計部長を務めていて、山下設計が日本設計と分裂したときに独立した平子勝さん（1926 - 1977）という人に、「建築の批評なんてあり得ない、建築の作家だから批評なんてやるべきでない」といわれて、それに同調した。平子勝さんは早くに脳腫瘍で亡くなってしまった。平子さんは名古屋大学で非常勤をしていたので、その後を受けて、柳澤忠先生（1931 - ）から頼まれて、私が名古屋大学の非常勤をその後14年間（1974〜1988）やることになった。

JIA

旧日本建築家協会（JAA）は設計事務所のボスが加入している団体だと思っていたのでよく知らなかった。ある日、伊藤鑛一が私を旧家協会に入れた。入ってすぐに新日本建築家協会（JIA、1987年設立、1996年に日本建築家協会に改称）に変わったのでJAAの名簿に私の名前は入っていない。JIAになったけれども設計の仕事をやっていて、あまり関係していなかった。それがJIAの1990年度の理事選挙で、あまり皆が気に入ってない人がひとりだけ立候補していて当選することになりかけた。ある日突然、杉浦さん、広瀬さん、藤川壽男さん（1934 - ）とか数人が事務所に押しかけてきて、理事に立候補してくれと言ってきた。ちょうど昼休みだったので、事務所の人と相談できないまま承諾を迫られ、締切日のその日に立候補した。そうして杉浦さんが選挙事務長をやってくれた。静岡と岐阜の有力事務所を連れ回らされて、その時に静岡で「企業組合」という形態の設計組織をつくっていた針谷正作さん（1908 - 1990）にも会った。ちなみに、杉浦登志彦は、針谷さんに共鳴して「建築ジャーナル」を「企業組合」にしていた。

理事になって東京の理事会に出たときに旧知の林昌二さん（1928 - 2011）がJIAの第3代会長になった。理事会に出席することで鬼頭梓さん（1926 - 2008）や、地方の建築家の理事さん30人ぐらいと交流ができた。毎月発行されていたJIA東海支部機関誌『ARCHITECT』（1988年創刊）に、私が理事会レポートを書くようになった。『ARCHITECT』は他の支部にも配布しているので、他支部の理事さんが次の理事会で感想を言ってくれる。これは書きがいがあった。そんなこともあって各地の建築家と仲良くなれた。建築家協会というのは意義のあるものだと分かった。地方にはそれぞれ立派な建築家がいることも知った。JIAで私自身は高められた。

代表作

──鋤納さんの代表作は？

建築家・鋤納忠治と言われるといまだに違う気がする。今までずっと設計事務所という組織の中で仕事をしてきているので、鋤納忠治という名前で設計をしたわけではないし、発表したこともない。そういう意味では自分の作品は自邸（自邸＝スキナヤ、『新建築』1975年8月号）ぐらいかなと思う。

自邸＝スキナヤ（鋤納自邸）→p.154

名古屋人

──豊中生まれで京都経由で名古屋に来て、今は名古屋人となった。

15年か20年ぐらいだったが、はっきり自分でもわかっていない。名古屋の悪口が言えるようになって、自分で名古屋人になったと思った。よそ者が地域で悪口は言えないよ。

（すきのう・ただはる）

名古屋圏をめぐる建築家像──インタビュー❸
森 鉦一

もり・しょういち
1932年8月30日 名古屋市生まれ
1952年 名古屋工業大学入学
1956年 同卒業後、黒川建築事務所入所
1973年 株式会社黒川建築事務所取締役
1982年 同代表取締役
1990年 社団法人日本建築家協会愛知地域会会長
2004年 黒川喜洋彦が株式会社黒川建築事務所代表取
　　　　締役就任し、森鉦一は代表取締役会長就任

撮影：建築メディア研究所

1 建築家を目指すまで

1932（昭和7）年8月30日、名古屋市で生まれた。家庭の事情や当時の社会情勢から小学校だけでも住居を5回、学校を4回転校した。学校の成績は体育がまったくだめだったが、その他のの成績はまずまずだったと思う。実際によく病気をしたため、先生から虚弱児童に見られていた。得意なことは今でも続けている絵画や工作などの物をつくることだった。

1944（昭和19）年、国民学校（小学校初等科）の6年に入る前後に空襲が激しくなってきて、家の近くにも爆弾や焼夷弾が落ちてくるようになった。古い東海道沿いの名古屋市南区の呼続という町に住んでいたが、近くに爆撃を受け、父親の故郷である飛騨金山へ縁故疎開をして、父親だけが名古屋に仕事で残った。

田舎に疎開しても勉強は二の次で、毎日勤労奉仕の連続だった。山の中から鉱石を運んだり、植林したりと、大人の代わりにいろんなことをさせられた。田植えや松の木から樹脂を取ることや、桑や麻の皮を剥いで繊維を取り出すことなどあらゆる作業をした。終戦の年に小学校の卒業を迎えた。進学するために疎開先から岐阜県武義中学校を受験するが失敗した。受験生の回りを帯刀した配属将校が闊歩するという異様な雰囲気の元で行われた試験であった。

終戦後にすぐに名古屋に戻った。そして、名古屋の国民学校高等科1年を終えて、1946（昭和21）年に、実業学校の商業科（愛知県立商業学校）を親の勧めで受け、入学した。

1947（昭和22）年から順次、現在の学校制度に切り替わるという大きな変革があった。当時は中学は5年間であったが、新制で中学3年、高校3年となり、学校も統合され、男女共学など根本的に教育のシステムが変わった。高校の併設中学というかたちで、普通科と商業科が併設されていた。旧制の生徒がいなくなるまで、そのまま高校に移行した。高校1年の時はまだ商業科にいたが、商業方面に向かうことに馴染めなかった。親の反対を押し切って高校2年で普通科に変わり、その後受験体制に入った。

——普通科に変わる理由としてどのような将来を目指されていたのか。

とにかく商業以外をやりたかった。ものをつくるというイメージはあった。焼け野原の風景を見て育ってきたので、街の復興に役立ちたいという思いもあった。

中学の時は、内向的で自分から積極的に物事に向かう性格でなかったが、先生方に可愛がってもらった。当時、社会が戦後の混乱期であるため修学旅行などの行事がなかった。不憫に思ったのか、夏休みに声をかけてもらい、2、3回京都、奈良へ旅行に連れて行ってもらった。歴史の先生がリーダーになり、先生3人、生徒10人総勢13人の旅であった。終戦の翌年、食料は無論、文化的なものにも飢えていた時代であり、国宝級の建物を泊まり歩く旅は刺激的であった。これが私のその後の方向付けをする原点になっていると思う。また、小学校時代からものづくりが好きだったこともあり、理工系の中でも文系の要素がある建築を目指した。

中学校での関西旅行。醍醐寺五重塔前にて。

（特記なき写真提供：森鈕一・黒川建築事務所）

2 名古屋工業大学｜1952〜1956

名古屋工業大学に入学

1952（昭和27）年に名古屋工業大学（名工大）に入学した。名工大は1949（昭和24）年に、名古屋工業専門学校（名高専、名古屋高等工業学校から1944年に改称）ほかを母体に、同じ場所に開校していた。大学は戦災で校舎が焼けたため、RCの建物が2、3残っているだけだった。あとは、

仮設建築のような質素な校舎の中で勉強した。建築の歴史や意匠関係では、竹島卓一先生（1901 - 1992）がいらした。中国建築史の第一人者と言われており、法隆寺の国宝保存工事の事務所長をしていた。それから、城戸久先生（1908 - 1979）というお城の研究者がいらした。全国でお城の建築にいくつか関わった人。そういう人たちの講義が印象に残っている。あと環境工学の渡辺要先生（1902 - 1971）や小島武男先生が印象に残っている。設計の指導はそうした建築史や環境工学や構造の先生が兼務していた。外部から佐久間達二さんほかの実社会で活躍されている方が講師でみえていた。

同期生は40名で、当時設計に進んだのが9人、役所が5人、教師が3人、ゼネコンへ20人くらい進んだ。設計事務所に行ったのが比較的多い年だったと思う。

影響を受けた建築家

学生時代はあまり作品や建築家について話をした記憶がない。個人的にはミース・ファン・デル・ローエやワルター・グロピウス、ル・コルビュジエは、機能主義や合理主義に基づいて設計をし、近代建築をリードしていたので惹かれたが、それと傾向が少し異なるフランク・ロイド・ライトや、国内では白井晟一（1905 - 1983）にも強く惹かれた。

——そういう情報はどこから得られたのか。

主として出版物からだったが、内外の雑誌から新しい情報を得ていた。単行本では、ル・コルビュジエのいくつかの著書、『モデュロール』（1948年、美術出版社、1953年）、『輝く都市』（1935年、丸善、1956年）、『伽藍が白かったとき』（1937年、岩波書店、1957年）等を貪るようにして読んでいた。海外のものは、「名古屋アメリカ文化センター」（ACC）で見ることができた。これは連合国総司令部民間情報教育局から米国国務省に移管された図書館で、当時としては珍しい開架式であり、自由な雰囲気だった。場所は丸の内三丁目で、今はカトリックの教会が建っている。実作品はあまり見に行かなかった。まず身近にそういう建築が少なかった。

——名古屋で戦後、建築として最初にできたのは何だったのか。

現存しないアントニン・レーモンド設計の外資系の銀行建築（「ニューヨークナショナルシティバンク名古屋支店」、1952年）が在学中にできた覚えがある。それから、「丸栄百貨店」（1953年、設計：村野森建築事務所）ができた。

——学生時代の名古屋でいちばんの繁華街は。

戦前からの繁華街だった栄、大須は空襲で焼け野原になったが、私が入学したころは、終戦から7年経っていて、ちょうどそのころから復興も軌道に乗り、栄地区は商業、娯楽の中心地として機能していた。当時はなにかというと栄周辺へ繰り出すことが多かった。今はその賑わいを名駅周辺に取って代わられようとしているが、これからは両者が競合していくのではないだろうか。改築前の「愛知県文化会館」（1955年、設計：小坂秀雄）、NHKの「名古屋放送会館」（1955年）、「名古屋テレビ塔」（1954年、設計：内藤多仲・日建設計）は在学中にできた。

佐久間達二（さくま・たつじ）→p.27

ニューヨークナショナルシティバンク名古屋支店（1952年、設計：アントニン・レーモンド）

丸栄百貨店→p.129

名古屋テレビ塔→p.124

3 黒川建築事務所へ ｜ 1956〜

——黒川建築事務所にに行かれたのはどなたかの推薦があったのか。

材料学の木沢久兵衛先生から推薦を受けた。設計をやりたいということで、設計事務所に行きたいと思っていたので、そういう意向が先生にも伝わっていた。

——初めから設計事務所指向だったのか。

ゼネコンに入っても設計にいけるかどうかはわからないので、設計事務所へ行こうと思っていた。

――40人の中で9人が設計に進んだとのことだが、他の方はどういう事務所に行ったのか。

日建設計、安井設計、大建設計、城戸事務所、中建築設計、浜田設計、入江・三宅設計等に就職した。

――当時黒川建築事務所はどういう規模でどういうことをしていた事務所だったか。

今と同じ鶴舞にあった。事務所ができたのが終戦の翌年の1946（昭和21）年。まだ焼け跡の雰囲気が残るなか、木造モルタル塗り、セメント瓦葺きの質素な事務所がポツンと建っている感じだった。黒川巳喜所長が愛知県庁営繕課の技師を退いてから、高野精密という会社に行って、終戦と同時に退職して事務所を始めた。退職金の代わりに木材をもらい、その木材を使って事務所を建てた。当時の社会情勢もあって質素な建物だった。

スタッフは自分や所長を含めて当時8人だった。所長からの直接指導を受けながらひとり1物件を担当していた。当時はトレーシングペーパーで鉛筆書きなので、四方に余白がある。そこにびっしりと細かい指摘を書きこまれ、その指示を見ながら訂正をしていた。7〜8年そのようにやっていて、その後は比較的自由に仕事を任されるようになった。

――その間はどのようなプロジェクトに携わったのか。

所長が役所出身なので7、8割程度が官庁関係の仕事だった。所長が社会的な役割も持って奔走していたため、実務になかなか手が回らない状況もあって、私が入ってから7、8年ほど経つと、かなり所員に任されるようになった。所長は多忙な中を縫うように設計活動を行っていた。建築主の信頼には全力で応えること、機能・構造・意匠のバランスのとれた設計を

黒川巳喜（くろかわ・みき）
1905年 愛知県蟹江町生まれ／1927年 名古屋高等工業学校建築科卒業後、愛知県営繕課技手／1940年 同技師／1944年 高野精密／1946 黒川建築事務所開設／1968年 社団法人日本建築家協会東海支部長／1972年 株式会社黒川建築事務所代表取締役／1994年 逝去

長男・黒川 紀章（1934 - 2007）、次男・黒川 雅之（1937-）、三男・黒川 喜洋彦（1943 -）

黒川巳喜先生のこと

多弁を弄せず不言実行の人であり、またズバリ直言の人でもありました。その反面、時として軽妙洒脱な面があり、洒落っ気とか機知を大事にした人でもあったと思います。

黒川巳喜を語るとき欠かすことのできないのがその余技です。趣味の幅はたいへんに広く、お茶を始めとして絵画、俳句など多方面に亘っています。分けても絵画は若いときに画家を目指したこともあるとのことで、油絵から始まり日本画、墨絵、俳画と一生続けていました。

また俳句は、ねんげ句会やホトトギスの同人として活動し、晩年は花鳥風月の世界を楽しんでいました。そして俳人として、失われていく故郷の風情をせめて文学碑の形で残したいという気持で、住まいと背中合わせの鹿島神社の境内に、18年をかけて25基の句碑による文学苑を完成しました。現在この文学苑は他に例がないものとして、つとに有名とのことです。

先生の葬儀も終わり、喪主の黒川紀章さんと菩提寺へ御礼の挨拶にうかがった時のことです。座敷に通されて床の間を見ると、一幅の俳画が掛かっていました。それは先生の作品でした。

　　着流して二河白道（にがびゃくどう）を涼しげに

住職から二河白道の説明を聞きながら、この辞世の句ともとれる俳句や読み手のことなど、3人でひとしきり話し合ったことを思い出します。

（森 鉦一）

しないといけないことや、技術の裏付けで綿密な設計をしないといけないということを実務を通して自然と汲み取ってやっていた。主義主張を強く言う人ではなかったが、自然に伝わってくる感じだった。

──黒川巳喜さんは俳句を読む文化人でもあった。

特に晩年は俳句に精を出していた。絵画は学生時代からしていて、一時は画家になろうと思ったと冗談めかして言っていた。油絵から始めて晩年には水墨画や俳画をやっていた。やると決めたら何事も一生懸命打ち込む方であったと思う。

──雑誌等で影響を受けた建築家は。

当時活躍していたモダニズムの建築家である丹下健三さん(1913 - 2005)、坂倉準三さん(1901 - 1969)、吉村順三さん(1908 - 1997)、前川國男さん(1905 - 1986)たちの作品を通して勉強していった。丹下さんの「広島ピースセンター」(「広島平和記念資料館」1955年)や「香川県庁舎」(1958年)には非常に感銘を受けた。

3 事務所の継承

──1973年に事務所は株式会社となり黒川さんが代表取締役になって、森さんが役員になられた。

それまでは黒川さんの個人の事務所としてやっていた。

──株式会社になるあたり規模も大きくなったか。

正確に覚えていないが20人くらいいた。

──その時期に代表的な作品はどのようなものがあったのか。

事務所の仕事は官庁関連が多かったが、私は割と民間の仕事をしていた。黒川所長が実力以上に私をかってくれたため、ついつい長居してしまい役員になり、出るに出られないようになった。役所の仕事と民間の仕事を並行して担当した。

1950〜60年代は地元の大手企業の福利厚生施設を担当していた。九州方面から若い人たちが名古屋の企業へ集団就職をし、その人たちが入る独身寮や共同住宅、それから健康保険組合の会館や保養施設をやっていた。70年代になると、地方の役所、庁舎や公民館、コミュニティセンターを継続してやるようになる。1カ所出入りすると、その間にどこかの役所の方が見学に来られたとニュースをすぐに聞かせてもらえる。それでその役所に行くと仕事がもらえるというように、今の公共建築の設計者選定から考えると透明性がないような、しかし信頼関係で仕事が生まれるようなかたちだった。そういう関係で尾張地域、三河地域などの庁舎、公民館、教育施設、福祉施設等をやっていた。

──その役所への挨拶には黒川さんと一緒に行かれるか。

最初のうちは一緒に行くことが多かった。しかし、所長もいろいろと飛び回っていて多忙なため、徐々に任されるようになっていった。

80年代にはそういう公共建築の一環で学校もいくつかやらせてもった。当時は学校建築というと当たり前のようにハモニカスタイルが明治時代以降のやり方だったが、ぼつぼつオープンスクールと言われるかたちが出てきた。

1980年初頭、愛知県でも東浦町にオープンスクール(「東浦町立緒川小学校」1980年)ができた。全国的にオープンスクールの色が濃くなってきた時代だったが、稲武町（現・豊田市）でも町長が音頭をとってオープンスクールをやりたいという話が出て、オープンスクールを研究してくれと依頼され、東京へ行ってオープンスクールの講習を受けたり、実作品も見に行って、初めて

D社健康保険組合犬山保養施設（1960/昭和35年、設計：黒川建築事務所）。

森さんによる同スケッチ。当時発売されて間もないフェルトペンで画かれている。

稲武町統合小学校（1982/昭和57年、設計：黒川建築事務所）。

大府市大倉会館（現大府市歴史民俗資料館）（1980/昭和55年、設計：黒川建築事務所）→p.203

江南市民文化会館（1982/昭和57年、設計：黒川建築事務所）

オープンスクールをやった（「稲武町統合小学校」1982年）。

　それをきっかけにあちこちでオープンスクールに携わることができた。設楽町や三重県でもやっている。（「東員町城山小学校」1988年、「設楽町田口小学校」1990年）。それから名古屋市でもオープンスクールを2000年以降にやっている。

代表取締役に

――1982年に黒川さんを継承して代表取締役になられた。80年の最初に戻るが、「名古屋市芸術創造センター」のコンペで佳作になられた。これはかなり話題になったのではないか。

　少し不本意なところもある。当時名工大の工藤国雄先生が審査をされて、入選しているが、少し中途半端だったなと思っている。

――「大府市大倉会館（現大府市歴史民俗資料館）」は『新建築』に掲載されている（1980年10月号）。

　大学の研究室から話があって、関係者が3つぐらい出した案の中から選ばれた。敷地は大倉公園の一角で、郷土資料館と中央図書館と福祉会館の3つが入る複合施設だった。

――その設計を担当されている。

　私が代表に就任する直前で、手応えを感じた作品だった。3つの複合した機能をふたつに切り離して三角形が対峙したような形。三角形の接合点をゲートにして公園に導入するというその辺の構成が狙いだった。

――その当時の作品で「江南市民文化会館」（1982年）がある。

　これはプロポーザルというより、指名コンペで地元の設計事務所と大手の設計事務所など8社ぐらいの中から選ばれた。

――大手というと日建設計も入っていたか。

　入っていたと思う。指名を受けたからには全力で取り組んでいたが、規模も大きいし、内容も内容であったのでまさか1等になるとは思わなかった。

――黒川建築事務所は構造や設備部門も抱えているのか。

　構造も設備も外の事務所と連携してやっている。

――仕事の進め方は？

　人数がだんだん増えてきて、ある程度組織化しないと仕事もうまく進まないので、大きくはチームをふたつにして、10人ぐらいずつに分けた。30人ぐらいの時もあったが、その時は3、4チームに分けたこともあった。チームごとにチーフがいて、仕事を振り分けた。あとはチーフと直結しながら会議をして進めていく形だった。

――仕事はどのように獲得したか。

　「江南市文化会館」で1等になった前後で、プロポーザルや指名コンペが増えた。そこで幾つかの仕事を獲得するようになった。毎年、文化施設や福祉施設や教育施設を獲得している。

4　JIA愛知地域会と『ARCHITECT』

――1990年に日本建築家協会（JIA）愛知地域会の会長に就任されている。

　JIAには、旧建築家協会（JAA）から入っているが、新日本建築家協会になった時に愛知地域会設立の発起人としてお膳立てされ、否応なしに第2代の会長に就任し、次は東海支部の支部長だと言われていた。

　JIA東海支部の機関誌である『ARCHITECT』はその2年前に創刊されている。機関誌の発行

JIA東海支部機関誌『ARCHITECT』1988年10月創刊号

にはいろいろと経緯がある。機関誌を編集する愛知地域会のブリテン委員会は、鋤納忠治さんが最初の委員長だった。委員会が基本方針を立ててこれでやりたいと言ったところ、当時の支部長が委員会に任せっきりにしない、事前に編集内容について支部の役員会にかけてほしいと主張した。そこで委員会の独立性が認められないのであれば、鋤納さんが委員長を降りることになった。当時私が副部会長だったが、ブリテン委員長不在のまま編集責任者となり、鋤納さんの基本方針を受け継いだまま第1号(1998年10月号)の刊行にこぎつけた。

1号は東海支部の機関紙として出たのだが、経費や人の問題等で2号から42号までは愛知地域会の機関紙になった。しかし、支部の中で、会員の唯一のつながりの拠り所だから支部の機関紙に戻して欲しいという強い要望があり、1992(平成4)年4月号(第43号)からまた支部の機関紙に戻った。

──その後はブリテン委員会の独立性が担保されたのか。

それ以降ずっと発行責任者は支部長だが、編集責任者は別に掲げてやっている。2号以降は森口雅文さんがブリテン委員長に就任して、明確な編集方針のもと刊行され、その後は代々の委員長に引き継がれて今日まで続いている。

──愛知地域会の後、東海支部の支部長にはならなかったのは。

1990(平成2)年にJIA愛知地域会の会長をやったあと、1993(平成5)年に胃の手術を受けた。自覚症状はなかったが、検査を受けたらすぐに手術しないといけないと言われた。晴天の霹靂だった。胃の3分の2を切り取られ意気消沈した。

地域会の会長の後で、支部長という予定があった。手術の関係もあって健康に自信をなくしてしまい、辞退してしまった。

──それだけ設計実務を直接見ていた。

代表なので事務所のことは身体のことを言っていられない状況が当然あった。ある程度やらないと気が済まない気質でもあったと思う。

影響を受けた先輩

先輩のことでいえば、私よりひと回りほど上に広瀬一良さん(1919〜1999)という建築家がいらした。広瀬さんは黒川さんとも関わりが深く、黒川さんが広瀬さんの人柄や能力を非常にかっていた。広瀬さんはこき使われたと言っていたが、団体活動をする上で広瀬さんを信頼し重用していた。そういうことがあって今度は私が広瀬さんにJIAの活動で声を掛けられるようになり、こき使われる立場になった。広瀬さんは人柄が非常に温厚なのだが、建築フリークで、若いころから設計一筋であった。団体活動をお手伝いしている間に時どき事務所にうかがうと、いつも作業着を鉛筆の粉で真っ黒にしたままで対応された。本当に設計が好きなのだと感銘を受けたものだった。

JIAの活動はもちろん、名古屋市のいろんな委員や、地元の文化人の集まりでの文化活動にも熱心だった。

広瀬 一良(ひろせ・かずよし)
1919年 名古屋生まれ／1937年 名古屋高等工業学校入学／1940年 名古屋高等工業学校卒業、環境衛生研究所に助手として就職／1942年 入隊／1946年 復員、広瀬商会勤務／1951年 廣谷嘉秋と中建築設計事務所を共同創設／1957年 名古屋工業大学50周年記念講堂コンペに入賞(1959年竣工、2015年解体)／1969年 雑誌『C&D』初代代表。中部建築賞設立に奔走／1972年 旧・日本建築家協会東海支部長／1987年 1978年に創設された愛知県地区設計監理協会会長に就任、同年 新日本建築家協会設立に際し、同協会解散／1999年 逝去

5 地域に根差す

──黒川建築事務所は今ご子息が継いでいるが、森さんは長い間設計事務所を背負っていて、設計事務所のあり方についてどのように考えられているか。

地域に根差した事務所というところが大切だと思う。地域に限定する必要はないが、地域に

根ざして活動する建築家が重要だと思う。大手の支店事務所と地元の事務所では当然役割が違うので並存していければいい。

——名古屋に生まれて、ずっと名古屋の事務所を続けられてきたが、東京に行こうという気持ちはなかったか。それから黒川建築事務所から独立しようと思わなかったのか。

東京志向は特になく、名古屋で落ち着こうという気持ちでやってきた。独立は何度か機会があったが、所長の信頼に応えるという気持で、続けてくることができたと思う。

——**黒川巳喜さんは森さんに事務所の継承を委ねた。森さんは黒川さんの三男の黒川喜洋彦さんに事務所を継承された**（2004年 黒川喜洋彦が株式会社黒川建築事務所代表取締役就任）。

自然の流れで大政奉還してバトンタッチをした。設計事務所の社会に対する姿勢というものを黒川巳喜さんはしっかりと考えていたのだと思う。師には及ばないながらも私も成り行きにさからわない生き方を選んだのだと思う。

（もり・しょういち）

名古屋圏をめぐる建築家像——インタビュー❹

森口 雅文

もりぐち・まさふみ
1937年1月12日 京都市中京区生まれ
1956年 京都工芸繊維大学入学
1960年 日建設計工務入社、名古屋事務所勤務
1967年 伊藤建築設計事務所の設立に参加
1998年 JIA東海支部愛知地域会会長
2000年 JIA東海支部支部長、JIA理事
2001年 伊藤建築設計事務所代表取締役社長就任
2011年 同、代表取締役会長就任、
　　　　代表取締役社長に小田義彦就任
2017年 同、取締役会長

撮影：建築メディア研究所

1 京友禅の家に生まれて

父親は人間国宝

　生まれたのは1937（昭和12）年1月12日。日中戦争が始まった年に京都に生まれた。職を得て名古屋に来るまで20数年間は京都にいて、それからはずっと名古屋にいる。

──京都のどちらのご出身か。

　中京区で二条城のすぐ東側。友禅やその関連の職人さんがたくさん住んでいた職人処。父（森口華弘）も友禅の職人で、戦後いち早く京都の友禅の復興を目指し、日本の伝統工芸の保存と発展に力を注いだ。晩年（1967/昭和42年）には重要無形文化財保持者として友禅の人間国宝に認定された。2008年に98歳で亡くなった。

　私は長男で、弟と妹がひとりずついる。明倫幼稚園から龍池国民学校に入った。当時京都でも家族疎開が頻繁で、爆撃を受けた時のことを考えて親族のいた伏見へ疎開し、小学校2年生で深草国民学校に転校した。そこからまた集団での学童疎開と縁故疎開の行先が偶然同じで、小学3年生で京都の郊外の長岡（現長岡京市）にあった長法寺国民学校に転校した。終戦でまた、伏見の深草小学校に戻る。私たち小学3年生は学童疎開の最年少だった。

　明倫幼稚園（RC造、平屋）は現在も明倫消防分団詰所・同自治会館として利用されており、市の重要な近代建築のひとつとされているが、その向かいにある同時期に建築された明倫小学校の本館（1931/昭和6年、RC造）はコンバージョンされて、「京都芸術センター」（2000年）になり登録有形文化財になった。私が通っていた龍池国民学校（旧龍池小学校講堂：1928/昭和3年、本館：1929/昭和4年、共にRC造）もコンバージョンされて「京都国際マンガミュージアム」（2006年）となり、これも登録有形文化財になった。

　その後、両親の勧めでキリスト教系の同志社中学・高等学校に進学した。当時の中学校は今出川にキャンパスがあり、国指定重要文化財になったチャペル（同志社礼拝堂、設計：D.C.グリーン、1886年）を日常的に使っていた。

　振り返ってみると、知らないうちにそういう貴重な建築の環境で育ってきたといえる。今でも「京都国際マンガミュージアム」に行くと、階段やホールでは未だに小学校時代の残像が目に浮かぶ。

──お父様について。

　職人の世界では長男が跡を継ぐのが常識となっていたが、父は昔から職業に関しては「誰もが初代であり、生涯現役」を標榜していて、一度も友禅をやれとはいわれなかった。建築とよく似ているが、友禅も分業で細分化されている。しかし父はデザインから全行程を自分でこなすオールマイティの工芸家だった。私もさすがに直接施工には手出しはしないが、建築の最初から最後までお世話させていただくという建築家の仕事は親譲りかと思っている。

──森口さんも小さいころから絵を描いたりされていたのか。

　絵を描くことや工作が好きだった。少し算数ができて、国語が苦手な子どもだった。

──当時、お住まいになっていたのは京都の町屋だったのか。

　今でも残っていて、弟（森口邦彦、友禅の重要無形文化財保持者）が跡を継いで使っている。家は大正時代のものといわれそんなに古くはないが、間口が5間、奥行き20間の仕舞屋。1階が住まいで、2階は長い反物を伸ばすのに最適な工房として使っている。中庭（坪庭）を挟んで離れのある世にいう鰻の寝床である。

同志社礼拝堂。

京都国際マンガミュージアムとなった旧龍池小学校。

（特記なき写真提供：森口雅文、伊藤建築設計事務所）

建築との出会い

――建築との出会いはいつか。

　高等学校2年で肺結核にかかった。特効薬ができていたので亡くなる心配はなかったが、それでもかなりのショックで闘病のため1年半学校を休んだ。その間、手を動かすことが好きだったのでせっせとスケッチをし、本を読んで、将来のことを思索する貴重な時を過ごした。中学以来、絵画部で一緒で、私より1年先に京都大学の建築に進学した太田昌和君（後に東京都建設局技監）がお見舞いにきてくれたときに建築の話を聞いて、建築という選択もあることに気づいた。色々と悩み、3年生になってそろそろ進路を決める時期に、父が懇意にしていた染織工芸研究家の明石染人さん（1887 - 1959）の紹介で、京都工芸繊維大学で建築史を教えていた藤原義一教授（1898～1969）と面談した。具体的に何を聞いたかはっきりとは覚えていないが、その結果、京都工芸繊維大学の建築にしようと決断した記憶がある。京都大学にも建築があり、学校からは成績からすれば京都大学でも大丈夫と言われたが、京都工芸繊維大学で教えてもらえることや、同校に進学した先輩たちの生き様を見て、京都工芸繊維大学に決断した。

2　京都工芸繊維大学 ｜ 1956～1960

学生生活

　京都工芸繊維大学に入学したのは1956（昭和31）年。学生のころから住宅よりも大規模なプロジェクトをやりたいと考えていた。建築工芸学科は、入った時は27人、卒業する時は29人と少人数であった。香港からの留学生がひとりと、女性がひとりいて、建築で初めての女子学生だった。当時は、52年の破防法と60年安保の間で、学生運動をした覚えがない。真面目な学生生活を送っていた。

　大学は1回生から専門科目があり、ひとり1台ずつ製図板が与えられた。大学の生活は製図室を中心に回っていた。将棋や碁をやるのも製図室だった。1、2回生の製図室は昔の道場を真ん中で仕切った殺風景なところだったが、学年が上がるごとに本館のRC造の教室に変わってよくなっていった。当時読んでいた雑誌は、『建築文化』と『新建築』、『国際建築』、日本建築協会の機関誌『建築と社会』など。海外の雑誌では『ラルシテクチュール・ドージュルドゥイ（L'architecture d'aujourd'hui）』というフランスの雑誌。第二外国語をせっかく習うのだからと、「関西日仏学館」で学校の授業以外でもフランス語を習いに行って、同誌をサラサラと読めるようになったらいいなと思っていた。ちょうどイブ・モンタンの「枯れ葉」が流行っていたころで、原語で枯れ葉を口ずさんでいた。「関西日仏学館」（アンスティチュ・フランセ関西 京都、1936/昭和11年、RC造、レイモン・メストラレが原図を描き、木子七郎が設計図を引いた）も登録有形文化財になっている。何となく優れた建築に惹かれる定めがあったと思う。

――学生同士での建築についての議論があったか。

　みんなで建築雑誌にたかって見ながら、いい悪い、好き嫌いとあまり建築論にはなっていないが、貪るように見ていた。

――海外の建築家への注目は。

　特に好んで見たのはミース・ファン・デル・ローエやSOM事務所の作品に惹かれた。日建設計に入ってからもずっとそういう作品が好きだった。フランク・ロイド・ライトの作品にも関心はあったが、自分が惹かれたのはそういう作家だった。

関西日仏会館（現、アンスティチュ・フランセ関西 京都）。

真珠ヶ島綜合計画建築作品展（京都市美術館、1959/昭和34年）。

恩師

　学生時代、3回生の時に、建築家で当時教授だった大倉三郎先生（1900-1983、後に京都工芸繊維大学学長）の勧めで、三重県の鳥羽にあるミキモト真珠島の総合開発計画をクラスの有志で取り組んだ。おそらくミキモト真珠会社に話をつけていただけたものだと思う。成果品は、1959（昭和34）年5月23〜25日に、京都市美術館で「真珠ヶ島綜合計画建築作品展」として展覧会を開催した後、納品した。その時に卒業されて日建設計に入っていらした先輩の鋤納忠治さんも見に来て下さったのを覚えている。

　当時の先生は、同志社中学の大先輩である大倉三郎先生、白石博三先生（1915 - 2003）、助教授の相川浩先生（1924 - ）、岡田光正先生、構造の高原道夫先生、松岡理先生。設備は名古屋で活躍した建築家の佐久間達二さんの同級生である石原正雄先生。石原先生には名古屋に行くならぜひ佐久間さんを訪ねろと言われた。建築史では藤原義一教授（1898 - 1969）、中村昌生さん（1927 - 2018）が講師だった。

　学生のころから何とか実際の設計をしたいという思いが強く、3回生から4回生にかけて、先生方が取り組んでらした「明石市立天文科学館」（1960年、設計：建築研究協会、登録有形文化財）や大谷大学の図書館（「至誠館」、1961年）の実施設計の仕事を、アルバイトと称して、友人と少しお小遣いをいただいてお手伝いをしてその気になっていた。

現場実習

　大学の時は実習が必修だった。3回生と4回生の2度、1カ月ほど実習に行った。1回目は縁戚の人からの紹介で大成建設の「大和銀行池袋出張所」の新築工事の現場に行った。この時は父の友人の家に下宿した。その時は施工も面白いなと感じた。2回目は学校からの紹介で竹中工務店の「関西電力本社」の現場に行った。所長は石河（いしこ）さんといい、その後竹中工務店の役員になられた。1カ月、現場の釘拾いをしながら色々な仕事をした。終日、大工の釘袋を腰に下げさされ、釘を拾って歩いた。現場の打ち合せにも参加させてもらった。そこでは設計者も発言するが、さまざまなことが安全とコスト優先に決まっていた。施工会社の設計部の立場をまざまざと見せつけられた。その後、大成と竹中から就職のお誘いを受けたが、設計事務所に行くことを決めていたので辞退した。関西電力本社の現場を見ていて、いつかこのくらいの建物を仕切ってやってみたいと思った。

日建設計の採用試験

　4回生となった1959（昭和34）年の夏、実習が終わったすぐ後に日建設計（当時の名称は「日建設計工務」）の採用試験があった。日建設計の専務だった山根正次郎さん（1912 - 2006）が白石博三先生と懇意にされていて、白石先生から日建設計の試験を受けてはどうかと言われた。規模としては申し分がなかったので喜んで受けに行った。しかし日建設計は慎重で、完治していても肺結核を患っていたことが引っかかり、私ひとりだけ別の日に大阪市中央区北浜の「住友ビル」（1926年）に行き、最上階の診療所で精密検査を受けた。事なきを得て、無事入社するのだが、身体検査のことより、建物を見て、すごいなという印象を受けた記憶が残っている。

　──卒業した29人はどちらへ。

　29人のうち、10人が設計事務所、10人がゼネコン、他が公務員や材料メーカーに行った。売り手市場の年だった。

　──ゼネコンは設計部か。

　鹿島建設や大林組、竹中工務店に行った人で設計部に所属していた人もいたが、清水建設や大林組に行った人たちは施工の部門だった。

3 名古屋へ ｜ 1960〜

日建設計名古屋事務所
──勤務地が名古屋事務所になったのは。

日建設計の面接の時にちょうど伊藤鑛一さんが社長だった。星野哲之助さんという方が会長で、勤務希望地を聞かれ、どこでも忙しいところがいいと言った。東京が忙しくなる寸前で、当時は名古屋が忙しかった。したがって名古屋との出会いは日建設計の社内人事で決まったといえる。しいていえば東京か名古屋かなと思っていて、大阪には魅力を感じていなかった。

──1960（昭和35）年、日建設計に入社され、名古屋に実際に行かれた時の印象は。

まだたくさん建てる余地があるなあと思った。名古屋に来る前年の1959（昭和34）年9月に伊勢湾台風が名古屋を襲った。日建設計の名古屋の寮に入っていた大学の2年先輩で、卒業設計を手伝った高木淳一郎さんへの陣中見舞で、災害の後の名古屋に来た覚えがある。

当時の日建設計は職員が全員で500人ぐらいで、名古屋には60〜70人。外注事務所を含めると100人ぐらいだった。今は東京に本社があるが、当時は大阪にあって、東京はこれから忙しくなるといわれていたころで、あと九州の福岡、北海道に事務所があった。

驚いたことに職員組合があった。職員の待遇改善を求めて、スト権を確立して闘争していた。そしていきなり評議員に選ばれて、職員組合の運動に参加した。参加している人はよく考えると事務所をどうしようかと真剣に考えていた人たちで、その後、執行委員長や組合役員経験者が歴代の社長や役員になっている。個人のことはともかく、少しでも事務所をよくしようという風潮だった。

当時の初任給は14,000円で、スト権を確立して闘争した秋には17,000円になった。

──他の建設会社はどのくらいもらっていたのか。

ゼネコンは同じくらいもらっていた。設計事務所はもう少し悪かったが、日建設計がダントツではなかったように思う。

日建設計での担当作品
──日建設計で携わった作品についてお聞きしたい。

7年8カ月、日建設計でお世話になった。いろんなプロジェクトに関わったが、プランを提示され明日までにエレベーションを頼むとか、とにかくバラバラな頼まれ方が多かった。自分のやりたいことを言えばやらせてもらえる環境ではあったが、最初から最後まで関わることは少なかった。

強く記憶に残っているのは東新町の「中部電力本社」（1963/昭和38年）。鋤納さんと同期の横浜国大卒の高橋威さんがチーフで、担当者のひとりとして竣工するまでご一緒させていただいた。西側の300人ほど入る小ホールを全部任された。

それから「名鉄バスターミナルビル」（1967/昭和42年、p.115）が印象深い。岡部幸蔵さんという早稲田大学出身の方がチーフで、上からホテル、オフィス、名鉄の本社、バスターミナル、銀行、商業施設と当時では珍しい複合ビルであった。ホテルとターミナルは別の人が担当して、あとは私が担当した。大学を卒業して6、7年でそういう大役を任せてもらった。

このプロジェクトは名古屋鉄道の土川元夫社長の四高時代の級友であった建築家、谷口吉郎さん（1904-1979）と、小坂秀雄さん（1912-2000）が設計を監修されていた。基本設計に基づいた実施設計の図面を持って東京に行き、先生の指示を受けて帰り、図面を修正するということを何度か繰り返した。設計の指導だけでなく、設備、構造、コスト、メンテナンスを含め、

中部電力本社（1963/昭和38年、設計：日建設計工務）

名鉄バスターミナルビル（1967/昭和42年、設計：日建設計工務、設計監修：谷口吉郎、小坂秀雄）→P.115

総合的に意見をいただけた。建築家の役割に感心し、そうあらねばという強い印象を受けた。

──谷口さんにはスケッチなどを描いてもらったのか。

持って行ったものに対して赤を入れられた。谷口先生にスケッチをいただいて実施設計したのは名鉄の役員室ぐらいで、基本的にはこちらで用意したものを見てもらうスタイルだった。岡部さんと行っては赤を入れられ、それを修正しては持って行くということを繰り返した。非常に勉強になった。

──日建設計では設計担当者は基本的には基本設計だけで実施設計はやらないということだったのか。

本人の意思次第でやる場合もある。私は、これはという仕事に関しては実施設計までしたいと申し出た。その場合も、実施設計を担当する人や関連会社の人たちと組んでやるのが基本だった。

仕事が細分化されていたので、パースばかり画かされていた人もいた。私も何度かパースを画かされたが、幸いなことに自分の設計したものに限られていた。当時レンダリングは独立した部門ではなかった。

4 伊藤建築設計事務所の設立に参加｜1967

1950〜60年代の名古屋圏での主要プロジェクト

名古屋テレビ塔（1954年）→p.124
CBC本社（CBC会館）（1954年）→p.134
東海テレビ本社（1958年）
東海製鉄（1958年）
名古屋城天守閣（1959年）→p.138
東海銀行本店（三菱UFJ銀行名古屋ビル）（1961年）→p.135
東邦瓦斯本社（1962年）
中部電力本社（1963年）
愛知県西庁舎（1964年）
名古屋市西庁舎（1966年）
名古屋商工会議所（1967年）→p.125
名鉄バスターミナルビル（1967年）→p.115

「来いとは言わないけど、来るなら拒まない」

1967（昭和42）年ごろになると、1950〜60年代の名古屋圏におけるビッグプロジェクトがほぼ終わり、社内でも人事異動があり、東京や大阪に転勤になる人が続出した。若手の職員の気持は不安定な状況であった。

そんな1967年の秋に鋤納さんから「伊藤鑛一さんが名古屋で事務所を立ち上げる、私は行くことを決めたと」言われた。実は鋤納さんと私の間に高木淳一郎さんという方がいて、彼も既に伊藤建築設計事務所に行くと決められていた。「来いとは言わないけど、来るなら拒まない」と言われた。名古屋で7、8年仕事をして名古屋もいいところだと感じていたし、お客さんとのつながりもできていたのと、既に参画を決めた人びとの顔ぶれを考えて、行こうと決心した。大学の推薦で日建設計に入ったので、行く前に白石博三先生を訪ねて伊藤建築設計事務所に移る相談をした。そして父にも連絡し、双方の了解を得て行くことを決めた。

日建設計から伊藤鑛一さんを含めて意匠、構造、設備、積算の担当の10人が独立した。そのほかに当時の東海銀行から総務がひとりと、名古屋商工会議所から監査役ひとりを加えた合計12人で1967年12月1日に伊藤建築設計事務所が創業した。その後、日建設計を定年退職した構造、設備、監理の担当者が何人か参画した。

──当時の日建設計名古屋事務所は規模が小さくなったのか。

当時日建設計の社内では、名古屋はいずれ事務所でなく支所になるなど、いろんな風評が立っていたが、当時発表されていた事務所縮小案はすぐに撤回されたようであった。

30数年後、日建設計と初めてJVを組んで仕事をした時に、日建設計に残った人に聞くと、当時は、新事務所のことよりも、どうして自分に声が掛からなかったか、という悔しさがあったようだった。

辞めるときにいちばん困ったのは、中部電力の研修センター総合開発を担当していたので、どこへ断りに行くか困った。当時関わっていた方への説明がいちばんやりにくかった。しかも新しくできる会社は中部電力に株を持ってもらっていたので、なおさらであった。

中日新聞本社→P.134

伊藤建築設計事務所のクライアント

――聞きにくいが、お客さんも持って行ったのか。

それはなかった。ただ、鋤納さんが基本設計を担当していた「中日新聞本社」は基本設計を日建設計と伊藤建築設計事務所がやって、実施設計から日建設計がやった。12月に始まって、翌年の春までは中日新聞の基本設計を手伝った。設立後、クライアントから話があったものは別にして、具体的に持って出た仕事はなかった。

――伊藤建築設計事務所にはどのようなクライアントがついたのか。

東海銀行、中部電力、東邦ガス、名古屋鉄道、松坂屋のいわゆる「名古屋の五摂家」が伊藤建築設計事務所の株の半分を持っていて、特にその中の東海銀行、東邦ガス、中部電力、名古屋鉄道が仕事を下さった。また、そういうところが株を持っているということが事務所の信用につながった。それと、伊藤鑛一さんが日建設計の名古屋事務所長をしていたので当地に顔が広かった。

――日建設計と伊藤建築設計事務所で仕事のやり方が変わったか。

意匠は、鋤納さんと、名工大出身の織田愈史さんと高木淳一郎さん、そして私、構造は渡辺誠一さんがいた。この5人が単独やペアを組んで対応していたので日建設計のころとそんなに変わっていなかった。

――伊藤建築設計事務所では名古屋でこんなことやろうという思いやビジョンはあったか。

設立以来今も社訓や社是は一切ないが、伊藤鑛一さんや鋤納さんが、口では言われないが身をもって示されていたといえる事務所の姿勢を、私が社長になった時に整理して5つの項目にまとめた。

1. クライアント、お客さん第一。2. 本業を重視する（当時色んな設計事務所が開発や不動産業に手を出し、お金儲けをしていたので）。3. 技術を磨くと共に、倫理観を持つ。4. 少数精鋭（ギリギリの人数でギリギリまで頑張る。外部は使っても人数はなるべく増やさない）。5. 継続と継承（人を育てる。事務所を存続させる）。

このことは昨年（2017/平成29年）に創立50周年を迎えたときにも、小田社長とも確認し合ったことである。

――地域の設計事務所として動くと、全国展開する事務所としてもっと大きく仕事をするのかどちらに焦点を絞ったのか。

どちらとも言えない。東海銀行から東京に事務所を開いたら東京の仕事を出すといわれた。だから設立の翌年（1968/昭和43年）には東京に事務所を出した。当初は3人ぐらいしか行ってないが、全国展開を狙うには、東京に事務所を出さないといけないと伊藤鑛一さんは気づいていた。今は東京25人、名古屋45人ぐらいのバランスで推移している。東京には仕事がたくさんあるが、仕事が来るとは限らない。人と人の繋がりがいちばん大きい。

――地域に拠点を持つ設計事務所の役割は何か。

中京テレビ放送が、1968年に中京ユー・エッチ・エフ・テレビ放送として創立されて以来、私はずっと出入りしていて、テレビ局以外にスキー場やゴルフ場の開発も全部やらせてもらった。中京テレビの初代社長は鈴木亨市さんという元東海銀行の頭取だった人。鈴木社長から今7代目の日本テレビ出身の小松伸生社長までお付き合いがある。そういうクライアントとのつながりが私の巡り合わせだった。

ただ事務所としては、担当する人を変えないのも難しい問題がある。トラブルでも起こすと、断続するというリスクがあるので、組織としては2重の構えが必要であり、その点は心がけている。

5 組織事務所の代表として | 2001〜2017

——伊藤鑛一さんから鋤納さんに社長が変わったのが1983（昭和58）年だったが。

鋤納さんが1997（平成9）年まで社長をされ、その後、織田愈史さんが着任。私が社長になったのが2001（平成13）年。伊藤建築設計事務所が1967（昭和42）年に始まってから34年目だった。社長になってまず鋤納先輩から脅かされたのは、「企業30年説」だった。30年経った時に残っている企業はわずか5%だという説で、かなり緊張した。しかし、その結果、30年の歴史を踏まえて次のようなことが成し遂げられた。

——まず、自社ビルを建てられた。

中京銀行から桜通の一等地に2階建ての支店を建てて欲しいと依頼があったが、31mのスカイラインの揃った立派な敷地に2階建ての銀行はないと思う一方、前からどこかに本社を建てたいという思いがあったので共同ビル（「桜通ビル」）を提案した。土地は銀行から借りることとして、下4層は銀行、上4層は自社。自社分の1層はテナントに入ってもらっている。2002（平成14）年に竣工、35年間の借家住まいから解放された。

桜通ビル（2002/平成14年、設計：伊藤建築設計事務所）。中京銀行との共同ビルとして、上4層を伊藤建築設計事務所の自社ビルとした。

2003（平成15）年、品質マネジメントシステムのISO9001の認証をとった。先に述べた事務所の5項目や仕事のやり方はどこにも書いてなかったので、ISO9001は自分の事務所はこんな仕事ができるという世間への約束事みたいなものと思って挑戦した。ISO9001の取得はコンサルに頼めば1,000万円かかると言われたが、取得するプロセスが大事なので、JIAから紹介を受けて、日本建築センターの指導で3年かけ、自力でISO9001をとり、やっと世間に品質ということでお約束できた。自分たちでつくったので、よその内容と少し違うかもしれないが、現在でも有効に使っている。

時間外勤務手当は伊藤鑛一の時代から懸案の問題だったが、2005（平成17）年に裁量労働制を採用した。これも割合早い時期に、監督署から時間外勤務について注意勧告を受けたのを機会に、役所の担当者から懇切丁寧に教えていただきながら取り入れた。

2007（平成19）年に環境マネジメントシステムのISO14001を取得した。これで品質と環境に関して世間に何かしらのお約束ができた。30年危機説を打破するためといっても、30年の歴史がなせる技だった。これで40年目になった。

——その間、設計事務所のあり方は変化があったか。

どうしてもプロジェクトが重なって、監理を専門の人に任すこともあるので皆無とはいえないが、現場監理は設計した人間が担当するように心掛けている。効率だけ考えれば別の人が出たほうがいいとわかっているし、時間もお金もかかるが、なるだけ現場は設計した人間が行くとお客さんにも表明している。竣工後もその人の責任でいろんな問題に対処してもらうようにしている。

6 JIAの活動、教育、社会活動 | 1990〜

——JIAの活動が名古屋とどのように関わりを持つか。

職能団体加入の歴史を振り返ると、JIAより前に、いちばん古いのが『建築と社会』を出している日本建築協会。日本建築協会は関西だけだが、当時、卒業設計コンクールをやっていた。それにぜひ応募したいと思って学生の時に準会員になり、卒業設計では入選している。今は

名誉会員として在籍している。日本建築学会には支部共通の設計競技がある。それに応募するために大学を卒業した1960（昭和35）年に入会して、しばらく東海支部の設計競技に首を突っ込んでいたが、支部入選止まりだった。JIAは1987（昭和62）年の新日本建築協会ができた時に入会したが、3年間は何もやっていなかった。黒川建築事務所の森鉦一さんが初代の愛知地域会のブリテン委員長だったころに、次期の委員長の要請を受けたのがJIAとの関わりの最初だった。1990（平成2）年に『ARCHITECT』を編集するブリテン委員会の委員長を森さんから引き継いだ。1998（平成10）年に愛知地域会の会長、続けて東海支部の支部長、本部の理事を経験した。

　JIAで活動をしていた中で大きな課題だったのが、公益社団法人を取るまでの法人化の問題。CPDを立ち上げること。それと登録建築家の制度をつくること。あと、UIAの名古屋誘致で、結果は失敗に終わったが、東京誘致につながったので決して無駄ではなかったと思っている。その後、名誉会員に推挙された。

　日ごろはクライアントとの接点はあるが、同業者や世間がどう思っているかはわからない。建築の世界という限られた範囲内でも勉強ができるということで、若い人にも職能運動に出るように勧めている。以前に、伊藤鑛一さんからは、職能活動は建築の勉強にはならないが、人と人の付き合いができるからということで、仕事の合間を縫ってでも行けと言われていた。いろんなことにちゃんとした見方ができる人だと思っている。

名古屋の設計事務所団体

── JIAの他に、名古屋の設計事務所の会があるが、これは名古屋の独自の会か。

　（一社）名古屋建築設計研究会（NSK）といって、名古屋に本社がある専業の設計事務所の代表者の会で名古屋独自のもの。支店事務所は入っていない。

── 伊藤建築設計事務所から見て仲間なのか、ライバルなのか。

　仲間でありながらライバルでもある。ただ、もともと名古屋市の仕事を協力してやるための会として発足した。一時期、名古屋市の仕事の応札を誰もしなくなったことがあり、なんとか地元の名古屋の事務所に協力して欲しいとの要請により組織された。今は愛知県と名古屋市ともに営繕部門が窓口で定期的に意見交換会をしている。個別の事務所では言いにくいいろいろな意見を会としてまとめ、フランクに意見交換し、お互いの関係をきちんとするという姿勢は認められている。年に1回必ず実施。会員には前もって何を聞いて欲しいかアンケートをしている。今41事務所の代表が集まって、ただ仕事のことだけでなく、会員の受注した県や市の設計や監理料の統計を取り、県と市と会員に公表してその改善を図る一方、事務所の継承、建築家賠償責任保険や、職員の勤務や待遇についての問題を研究したり、見学会、講演会を開催している。2019年1月には、初めて会員の作品展を開催した。

教育と社会活動、建築家会館

　1981（昭和56）～89（平成元）年に名古屋大学で非常勤講師をしていた。佐久間達二さん（1917-2009）が担当されていた建築エレメントという講座のあとを9年間担当した。1991（平成3）年から1994（平成6）年までの4年間、同学の設計製図で柳澤忠先生のお手伝いをした。中部電力の「建築設備電力委員会」が1984（昭和59）年に発足し、名工大の宮野秋彦先生の推薦で入会した。最近、「エネルギー設備活用研究会」と名前が変わったが、今でも相談役をしている。その後発足した、東邦ガスの「環境エネルギー研究会」にも所属。それぞれ中部電力や東邦ガスが電気やガスをどううまく使っていくかを提案できる組織として、地域貢献につながると思い参加した。その他、クライアントの不動産賃貸業の株式会社御幸ビルディングの社外取締

株式会社建築家会館

建築家会館は、建築家の活動拠点とするために、また幅広い分野の方々との交流の場の建設を目指し、180名余りの建築家の有志によって設立された。

1961年 会社設立。前川國男が初代社長／1968年 建築家会館（本館）竣工／1971年 JIA建築家賠償責任保険取扱開始／1972年 健保会館（現JIA館）竣工／1986年 大江宏第2代社長就任／1988年 横山公男第3代社長就任／1992年 JIA所得補償保険・傷害総合保険取扱開始／1996年 大宇根弘司第4代社長就任。健保会館取得（JIA館と名称変更）／2002年 南條洋雄第5代社長就任／2008年 「建築家会館の本」シリーズ発行開始。JIA館1Fに「建築家クラブ」完成／2010年 野生司義光第6代社長就任。ＪＳＣＡ構造設計賠償責任保険取扱開始／本館1F「建築家会館クラブ・バー」リニューアル。

（株式会社建築家会館ホームページより要約）

建築家会館の企画で刊行してきた「建築家会館の本」シリーズ。
写真は、建築家会館の本 1『建築家の自由 鬼頭梓と図書館建築』鬼頭梓＋鬼頭梓の本をつくる会編。
これまで10冊が刊行されており、本書はその新しいシリーズとして企画された。

中京テレビ放送本社、放送塔（1969/昭和44年）

中部電力一宮営業所（1970/昭和45年）

中京テレビ放送新館（1979/昭和54年）

愛知県赤十字血液センター（1989/平成元年）

愛知県旭高原少年自然の家（1990/平成2年）→P.187

中部電力旭名東営業所（1992/平成4年）

役を2005（平成17）年から引き受けている。建築以外でも人のためになり、自分の勉強にもなると思い、お手伝いしている。

JIAが入居している「建築家会館」を所有する株式会社建築家会館の取締役を10年務め、建築家会館の持株会の監事も11年経験。今春（2018/平成30年）から小田義彦社長に後をやってもらっている。

——建築家会館の持ち株会の会員は。

限定でなく、どんどん増やしている。まだまだ、事情により建築家会館が持っている株があるのでそれをさばかないと株式会社としては不健全である。株は額面で買って額面で買い戻すことを原則として、その間一切株の配当はなし。日本建築家協会の支援あるのみである。

中部建築賞の受賞

——中部建築賞を多数受賞されているが、会長として自信作は。

事務所としての受賞であるが、私が主体的に建築家としての役割を果たした作品は、1990（平成2）年の「愛知県旭高原少年自然の家」、1992（平成4）年の「中部電力旭名東営業所」が挙げられ、「中京テレビ放送」は1969（昭和44）年の本社と放送塔と1979（昭和54）年の新館でも受賞している。そして、1989（平成元）年の愛知県の瀬戸にある「愛知県赤十字血液センター」。少し古いが、1970（昭和45）年の「中部電力一宮営業所」がある。

自分の作品という言い方は難しいが、中でも創業から最近まで、総括責任者として関わってきた中京テレビ放送の関連の施設は自分の子どものように思っている。

7 生涯建築家

名古屋に来たのは会社の人事だったので、特別選んだわけではないが、いいところで過ごせたと思っている。だが言葉は京都弁のイントネーションが取れない。子どもが小学校に行き始めた時にちゃんとした名古屋弁を使うので、自分も直そうとしたが、心の中では言葉は国の手形と、京都弁でいいなと思っていたので、結局直せずじまいだった。最近不評の名古屋弁に比べて、名古屋に来たころに街で聞いたおばあさんの言葉が、京都弁と同じぐらい柔らかい綺麗な名古屋弁だったのが懐かしい。

今、この歳になっても現役で仕事をやらせてもらっていることからいうと、技術はいつまでも新しい技術を持っていたい。倫理観も持っていたい。正しい技術と倫理観を持って、生涯現役を目指し、父の年まで仕事していたい。建築の場合それが成り立つかどうかわからないが生涯ちゃんとした仕事をやっていきたい。公言ははばかるが、いかにたくさん失敗したかが人間を肥やしてくれると思う。成功した例はすぐ忘れるし、毒になっても薬にはならない。失敗した時、悔しい思いをしながら修復を図った時に人間は伸びるといわれる。若い人が決定的な失敗をしないように直前で助けるのが、今の私の役目であると思う。失敗しないようなやり方を上手に伝えられるといいなと思う。

（もりぐち・まさふみ）

名古屋圏をめぐる建築家像──ディスカッション❶

名古屋圏という地域からの発信

若山 滋 （建築家、名古屋工業大学名誉教授）

笠嶋 淑恵 （建築家、笠嶋設計工房主宰）

伊藤 恭行 （建築家、シーラカンス・アンド・アソシエイツ、名古屋市立大学教授）

若林 亮 （建築家、株式会社日建設計執行役員）

加茂 紀和子 （建築家、みかんぐみ共同主宰、名古屋工業大学教授）

（発言順）

　1950年前後生まれのふたりと、1960年前後生まれの3人の、名古屋から発信する5人の建築家に話をうかがった。5人のうち、愛知県出身は笠嶋さんで、現在名古屋を拠点として設計活動をしているのは若林さんと伊藤さんである。また、全員が名古屋以外で建築の教育を受けている。それぞれ異なる名古屋との距離と、異なる世代の建築家像を明らかにする中で、名古屋という地域性を照らし出すことを狙いとした。

1　若山滋──建築・著作・教育

わかやま・しげる
1947年1月19日 台湾生まれ
1969年 東京工業大学建築学科卒業
1974年 東京工業大学大学院建築学科修了
1974年 株式会社久米建築設計事務所勤務
1983年 名古屋工業大学助教授
1989年 名古屋工業大学教授
2011年 名古屋工業大学名誉教授
2011年 中京大学客員教授
2011年 放送大学客員教授

若山──1947（昭和22）年1月19日生まれ。生まれたのは台湾の花蓮港という東の方の都市で、日本に近かったので、いちばん初めに日本の植民地にされた。父が土木の水力発電の仕事をしていて、引き上げが遅かった。母は命と引き換えに私を産んだ。生まれて3カ月で神戸港で日本の土を踏んだ。父の郷里である岐阜に行き、父が東京で仕事を持って太田区で育った。数学が得意で、理系に進んだ。父は土木だったが、建築の方がかっこいいと思った。美術家の篠田桃紅（1913-）が叔母で、丹下健三さん（1913-2005）と仕事をしていたから、高校時代から丹下健三という名前は知っていた。次に覚えた建築家はアントニン・レーモンド（1888-1976）。名前が印象的だった。

篠原一男はル・コルビュジエが嫌い

若山──1965（昭和40）年に東京工業大学の建築に入った。力学が好きだったので構造に行こうと思ったが、小池という悪友が丹下健三やフランク・ロイド・ライトみたいにならないと面白くないといい、それに引っ張られて、建築家という意識が芽生えた。丹下さんの「国立代々木競技場」（1964年）の吊り構造が印象的だった。それからライトの「落水荘」（1935年）にちょっと憧れた。

4年生の時は違う研究室だったが、大学院から篠原一男さん (1925 - 2006) の研究室に入った。当時、篠原さんはライトが好きで、ル・コルビュジエが嫌いだった。篠原さんは天邪鬼で、丹下さんが都市の理論を住宅に当てはめた時、住宅は都市とまったく関係なく成立すると言った。また、みんなが小さな家を設計している時に、住宅は大きいほうがいいと言った。丹下さんが伝統を語った時、伝統は出発点であっても回帰点ではありえないと言っていた。篠原さんは伝統から出発し、最も遠いところに駆け抜けた。作品だけでなく社会に対するスタンスや、言動の鮮やかさに影響を受けた。

工業化構法を研究

──博士課程は篠原先生ではなかった?

若山──当時私は、時代は工業化に向かい、住宅はシステム化し産業化され、いずれ篠原さんや清家清さん (1918 - 2005) の時代は終わると思っていた。プレハブをやると言ったら、後藤一雄先生 (1913 - 1996) のところに行けと篠原さんと清家さんに言われた。後藤先生は後藤慶二 (1883 - 1919) の息子で、もともと木構造の先生だった。すごく才能がある方で、ディテールの設計からやる。年寄りの先生だったので可愛がってもらった。設計もやりたかったが、博士課程まで行って、工業化構法の論文を書こうと思った。ちょうど東大の内田研に剣持昤さん (1938 - 1972) という方がいて、工業化構法の先鋭的な論文を書いていて影響を受けた。アルバイトで忙しく、あまり論文が書けなかった。学園紛争もあって学校が閉鎖された時があった。篠原先生は学校に来なくていいと喜んでいたが (笑)。

ヨーロッパに旅に出た。4カ月間ヒッチハイクをしながら放浪した。ヨーロッパの街をフラフラ歩いて、煉瓦と石が積み上がってできている街に圧迫感を感じた。それは時間の重みなのだと気付いた。歴史が街になっていた。日本の建築は木造で軽くて燃えるので、そういう圧迫感を感じないのだと思った。これが私の建築論の原体験になっている。

システマティックな方法が目標だった

若山──1973 (昭和48) 年に大学院を辞めて、久米設計 (当時は久米建築事務所) に飛び込んだ。当時久米設計では「芦屋浜高層住宅プロジェクト」のコンペを抱えており、工業化構法の建築がわかる人を求めていた。そこでちょうど私がいたので、明日から来いと言われ、すぐにコンペに駆り出された。関わった工業化部門では1番だったと内田祥哉さん (1925 -) に言われた。

コンペの後、大学の教務課から途中で辞めると困る、3月まで学費を払ってくれと言われていたので籍が残っていた。久米設計の永井賢城社長が、学校に戻って学位を取って来い、基本給は出すからと、太っ腹なことを言ってくださった。それで大学に戻って学位を取り、その後、久米設計に行き普通に仕事をした。

──久米設計ではどのような仕事を担当されたのか?

若山──大きい仕事ばっかりをやらされた。日建設計の林昌二さん (1928 - 2011) が『SD』の特集 (空間と技術 日建設計・林グループの軌跡 SD別冊 No.3、1972年) に載り、その林グループのシステマチックな方法が目標だった。英語が少しできたので海外も任された。「ミャンマー中央農業開発センター」のほかアフリカでもやった。海外は若くても自由にやれるので面白いなと思っていた。

ものを書く建築家に──執筆活動を開始

若山──設計でものすごく忙しいころに、今でも不思議なのだが、夜や土日に文章を書き始めた。なぜかというと、博士課程まで行って論文を書いていたのと、ものすごく本を読んでいた。

雪のアムステルダム・『建築へ向かう旅』後半に登場。

(pp.60–63 特記なき写真提供:若山滋)

『建築へ向かう旅──積み上げる文化と組み立てる文化』
（1981年、冬樹社）

　ヨーロッパの建築について、建築が積み上がって、都市が積み上がっているというのは、文化が積み上がっていることだと。我々が勉強したユークリッドとかアルキメデスとかピタゴラスも全員古代ギリシャの人で、そこにガリレオとかニュートンに積み上がっているという論理。一方、日本文化というのは、中国からきた文化を組み替え、ヨーロッパからきたものも組み替えてきた。組み立て組み替えの論理であると。文化と建築というのを合わせた。そこに、「壁の建築」と、「屋根の建築」というのも持ってきた。壁は人を隔てるもので、屋根は人をまとめるもの。そういう理屈をたてて本にした。（若山）

図面ばかりだと欲求不満だったことと、周りが図面ばっかり引いている人だったので、ディテールも知らないし、この世界ではもたないなと思った。ふと、どんな人間に将来なろうかと考えた時に、清家さんや篠原さんがよく文章を書いていたので、物を書く建築家になりたいと思って書き始めた。それまで技術論文を横書きで書いていたのを、400字詰めの原稿用紙に縦書きで万年筆を使い、辞書を引きながら書いた。理系から文系に切り替えるのはすごい決心だった。

　1976（昭和51）年の『建築文化』の懸賞論文が「風土と建築」というテーマだった。旅行の時のことを題材として書いて応募したら、最優秀賞をいただいた。賞金が30万円だった。山本学治さん（1923 - 1977）、清家清さん、尾島俊雄さん（1937 - ）が審査員だった。自分は才能があるぞと思った（笑）。原稿を当時東工大の助教授だった江藤淳さん（1932 - 1999）のところに持って行った。そして北洋社という飯田橋にある出版社に預けた。彼の『こもんせんす』（1975年）という本を出しているところだった。北洋社の編集長に焼鳥屋に呼ばれ、これでは話にならないが、書き続けてみてはどうかと言われた。

──最初の著書について。

若山──ある時、元北洋社の若い編集者から電話がかかってきた。新宿のタキザワという喫茶店で会って、書いていた原稿を渡した。すごいスピードで原稿を読んで、「本にします」と言われた。彼はその時、冬樹社という神田の歴史のある出版社に勤めていた。何回も書き直しをさせられた。『建築へ向かう旅──積み上げる文化と組み立てる文化』（1981年、冬樹社）というタイトルにした。この本はものすごく評価された。週刊文春が見開き4ページの対談の特集を組んでくれて、ほとんどの新聞雑誌に載って、朝日新聞は「天声人語」に載せてくれた。一躍著名人になったような気分だった。

「不二の一文字堂」

若山──ちょうどそのころ、叔母の篠田桃紅が山中湖に山荘を建てるから設計してくれと頼んできた。「不二の一文字堂」（1980年）という小さい建築をつくった。

　32歳ぐらいのころでピークだった。本は評価されて、作品は『新建築』に載って（1981年2月号）、どちらも才能あるぞと思った。しかし、若気の至りで天狗になっていた。自分なりに反省することも多い。仕事がたくさんきていたので、こなそうとする癖がついていた。物も書かないといけないので、早く書いた。その後、本も何冊か出して、設計もいくつかしたが、自分としては『建築へ向かう旅』と「富士の一文字堂」を超えるようなものができない状況が続いた。出版社から、「処女作超えるのは至難の技だ」と言われて、その時は「そんなことない」と思っていたが、歳をとるにしたがって、それをヒシヒシと感じた。

名古屋工業大学へ──「製図室はアジトのように使わせる」

若山──1983（昭和58）年、36歳のときに、名古屋工業大学に呼ばれた。滝口さんという運動部（空手部）の先輩が名工大にいて、そのつながりで有無を言わせずだった。学位をとったのも構造の先生のところだったので、構造の先輩にすごく可愛がられていた。名工大では、設計ができるということで、製図の指導を頼まれた。当時、名工大には設計ができる先生がいなかった。工藤国雄さんが前にいたが突然アメリカに行ってしまって空いていたのでその代わりだった。当時、内藤昌さん（1932 - 2012）という歴史の偉い先生がいた。なかなかたいへんな人だったが、私を評価してくれて、「こいつにやらせてみよう」といって、任せてくれた。製図室を改造して、製図室で製図をするようにした。それまでは、製図の時間しか空けず、17時になったら鍵が閉められるような状態だった。「製図室はアジトのように使わせる」と言って変えていった。

不二の一文字堂（1980年）

名古屋駅前プロジェクト

愛知芸術文化センター→p.125

『「家」と「やど」──建築からの文化論』
(1995年、朝日新聞社)
『万葉集』から始まって日本文学に出てくる最大の言葉が「家」、そして「やど」。「やど」というのは、元は旅の宿のことじゃなく家のことを「わがやど」とした。これらは同意語。ところが、家は「人」の空間で「やど」は草花の空間。家は社会に繋がっていて、やどは社会から遊離したプライベートな美意識の空間。だから和歌の中では、ずっと「やど」が使われている。アララギ派までそう。明治維新の後まで和歌の中では「やど」。宿という言葉に込められた日本人の家社会から離脱したい願望。隠遁思想みたいなものが感じられる。そういう本を書いていた。(若山)

西尾市岩瀬文庫 (2002年) →P.200

こんなに古い建築ばかりで、チャンスだ

若山──古いビルばかりだなというのが1983 (昭和58) 年に名古屋に来たときの第一印象。その時に、東京の編集の人が名古屋にきて、「こんな古い建築ばかりで、チャンスだね」と言われた。それで、名古屋駅前がすべて超高層になるビジョンをプロジェクトとして学生たちと描いた。毎日新聞が大きく取り上げてくれた。そのプロジェクトには名古屋市も乗りかかった。トヨタの東和不動産の社長だった神尾隆さんが気に入って、よく講演をやらされて、「このプロジェクトはやるべきだ」という機運があった。未だに超高層の足もとをペデストリアンデッキで上を繋ぐという案は持っているが、全然進まない。その理由のひとつがトヨタとJR東海が喧嘩したこと。本当は、あそこはブリッジで繋ぐはずだった。

　名古屋で最初に関わった大きなプロジェクトは、名古屋大学教授の柳澤忠さん (1931 -) が主になってやられていた「愛知芸術文化センター」のコンペ (1987/昭和62年、竣工は1992/平成4年) の委員。東大の先生ばかりでいちばん下っ端だった。計画学者ばかりのチームでやると計画学的な建築しかできないと思い反旗を翻して、柳澤さんにだいぶ睨まれた。最初私は国際コンペを主張したが、県の市野さんというトップの方に「東京でもやってないし、国際コンペはできない」と言われた。じゃあ2段階にしてくれといった。2段階ならアトリエ事務所も応募できる。それは面白いということになった。ところが、最初の1段階で選ばれたのが、大谷幸夫さん以外は9社全部ゼネコンだった。10案のうち竹中工務店は3案入っていた。お約束通り竹中工務店だと思いきや大成建設が通った。

文学の中の建築

若山──設計をしたかったが、あまり仕事がなくて、内藤昌さんに言われて研究に精を出した。研究にはふたつの大きな柱がある。ひとつは「世界の建築様式の分類と分布」。世界中の風土的なものや建築以外の資料も探して、それを分類して分布を調べるという比較文化論に繋がるもの。もうひとつは名古屋にきてから変わったことをやろうと思って、「文学の中の建築」をやる決心をした。一大決心だった。どこから始めようということで『万葉集』から始めた。古典文学から文学に出てくる建築の言葉を拾っていった。その後、近代文学の方向にシフトしていった。古典文学の研究なんて現代社会に必要とされてないと気づいたけれど、遅かった。

　一方で、久米設計にいた学者だったので、組織とか財界に受けがよかった。あまり左翼的なことを言わない、建築はどんどんついくったほうがいい、反対するのはおかしいと。そのころ名古屋大学にいた月尾嘉男さん (1942 -) と一緒に企業の顧問になって、料亭とかクラブにもよく行っていた。バブル時代だった。ちょっとまた天狗になった。中日新聞が私の連載をよく載せた。『建築へ向かう旅』を読んだテレビ愛知の記者が来て、対談番組をつくりたいから相手は誰がいいかと言われて「司馬遼太郎がいい」といったらそれを組んでくれて、37歳のときに司馬さんと1時間番組をもった。非常に幸運だった。テレビやラジオにもよく出て、名古屋の著名人になった。とにかく忙しかった。講演やシンポジウム、役所の会議もあった。身体がもたなくなった。ある時決心をして、すべての委員会を断った。名古屋市に怒られて、「今後一切名工大に委員を要請しない」と脅された。

　その後整理をして、ちゃんと本を書こうと思った。そこで書いたのが『「家」と「やど」──建築からの文化論』(朝日新聞社、1995年) だった。

　『建築へ向かう旅』と『「家」と「やど」』が、多く本を書いたけれど自分の中でいちばん重要な2冊。建築専門誌にはほとんど書いていない。建築界から外へ向けて、文藝春秋とか講談社、朝日新聞などから本を出すという珍しい書き手になっていった。

名古屋工業大学正門（1996年）→p.168

東邦ガス緑浜工場（2000年）

40代からの設計活動

若山——作品としては、40歳を越してから、東邦ガスに頼まれた「緑浜工場」（2000年）。「名古屋工業大学正門」（1996年）。そして『新建築』にも載った「西尾市岩瀬文庫」（2002年、『新建築』2003年4月号）。これらが名古屋における3つの代表作。それぐらいしかきちっとした作品がない。プロジェクトは大学で学生と一緒にやっていたので、設計をやりたい人は私の研究室にきた。今、多くの卒業生は設計事務所やゼネコン設計部に行っている。

名工大を辞めてから「THE PAGE」というYahoo!が設営するニュースサイトに書いてくれと言われて、「都市化の残像」という建築論を連載 (https://thepage.jp/series/471/) している。編集者に気に入られて「ニュースの文化力」という連載もやっている。ここでは「安倍政権の大和心」とか「冬のオリンピックにおける地政学」とか、建築からくるニュースに絡めた文化論を書いている。建築からどんどん離れている。建築界から外に発信するというのが『建築へ向かう旅』以来のスタンスだ。

2 笠嶋 淑恵
——どう見えるかから、どう感じられるかへ

かさじま・よしえ

1950年1月29日 名古屋市生まれ
1972年 日本大学理工学部建築学科卒業
1972 - 74年 坂本鹿名夫建築研究所
1974 - 78年 市浦都市開発建築コンサルタンツ
1978 - 79年 ウシヤマ設計研究室
1979年 笠嶋建築工房設立
1983年「濃尾平野の家」中部建築賞住宅部門入選
1989 - 95年 中部建築賞住宅部門入賞
1993 - 94年 中部建築賞一般部門入賞
1991 - 96年 名古屋工業大学非常勤講師
1992 - 2002年 大阪芸術大学非常勤講師
1993 - 2000年 椙山女学園大学非常勤講師
1995 - 97年 三重大学非常勤講師
1998 - 2000年 名古屋大学非常勤講師
2001年 - 愛知淑徳大学非常勤講師
2003 - 08年 名古屋芸術大学非常勤講師
2003 - 12年 名古屋市立大学非常勤講師

独立するために名古屋へ。宮沢賢治に心酔する2人の先生

笠嶋——1950（昭和25）年1月29日 生まれ。父が国鉄の土木系技術者で、生まれたのは名古屋大曽根の官舎。その後、岡崎、岐阜県の中津川、そして父の実家のある稲沢、長野県上諏訪、長野で中学生。高校入学時に名古屋に戻って来た。周辺に、山並み、森、湖、河の景勝地が控える地域拠点都市を巡って育ったので、清涼で表情豊かな自然に浸ると生き返る。名古屋でも八事の興正寺の雑木林、熱田神宮の森の中をよく散策する。対極にある、多様な人びとが行き交う都市的な環境と、ニュアンスに富む自然の中に身を置くギャップを行き来するのが自分に合っている。そういう育ちが、敷地の渾然一体としている多様な性格を読み解く感度と、それを探る好奇心とを育んだと思う。建築を構想する時も、その場所が持つ多様な自然的要素と、人工的要素である建築空間とが相乗効果を生み出すことが私の一貫するテーマ。

上諏訪での小学4、5年生のころ、担任の野池先生は、下校前に「目をつぶって」と言って「セロ弾きのゴーシュ」（宮沢賢治）や「清兵衛と瓢箪」（志賀直哉）等を毎日少しずつ読み聞かせた。私の内に物語の情景がいきいきと浮かんだ。宿題はなく、図書館の本を借りて、感想文を書くことがその代わりだった。図画の時間に、クロッキーを描かせたり、「絵具ケチケチ作戦」などと、生徒それぞれに軽妙な寸評をする。生徒の詩やカットを詩集『中央線』に編集していた。

当時私は腺病質の虚弱児だったので、「蓼科保養学園」（篤志家の医師、小澤侃二氏により設立、上諏訪市に移管）で夏の3カ月を過ごした。蓼科湖に近い高原の別荘地。最初は親と離れるのが寂しかったが、終わるころにはそこが別天地になった。上諏訪の小学校の教員ふたりが起居を共にし、勉強を教えて「山の分校」のようだった。その時の小松三郎先生からは、地蜂採りや白樺の枝のこけしづくりを伝授された。、宮沢賢治に心酔するふたりの先生と、「ニュアンス豊かな抽象感覚世界」を共有したことが、後に多くの示唆を得るルドルフ・シュタイナー人智学と通底している。リベラルな家庭環境で育ち、自由学園創立者の羽仁もと子に心酔していた母の想いも、創造行為の背景として私の精神世界に影響をもたらしていると思う。

甦る日々 名古屋都市部編（1980年、久保田鉄工住宅設計競技3等入選案）

名古屋の桜の名所、山崎川沿いに、桜並木の景観資源価値を最大限引き出す地域コミュニティーの型の提案。道路に向けて開放可能で、近所の子どもや大人が気軽に出入りできる1階に「散らかしっ放しにしても良い家族共用のワークショップに、必要最小限化した個室ブースを散在」2階は「桜並木への眺望が売りの、来客も招ける、整然と維持されるLD」防火装置の上も「桜を愛でるルーフテラス」。（笠嶋）

濃尾平野の家 上：東側外観、下：内部主空間

変形寄棟の大屋根と東側前面道路に沿って長く伸びるギャラリー。「濃尾平野ののっぺりとした広がりにシンクロする長屋門の現代版」塀を巡らすことなくプライバシーを守り、絵画を展示するギャラリー「ウィークデイのコンパクトな暮らしと、居場所をいろいろ変えて、ゆったり寛ぐ、ウィークエンドの暮らしの両立」空間構成をそのまま反映した「意図的な空間と表裏一体を成す木架構/鳥居型架構の進化型」。

大屋根の内側に深い軒下の縁側テラスを食い込ませ「くびれによって、場の差異が生まれる"人を包容する空間"」2/3層上って中間階があるスキップフロア、棟の位置がずれて4つの屋根面勾配が異なる変形寄棟、梯子を水平に架けたような合成梁"鳥居型架構"は、2/3+1/3のスキップフロア床レベル変化に応じて、欄間、窓、地窓に変化する横連続開口になる、これによって大屋根は浮遊。（笠嶋）

(pp.64-66 特記なき写真提供：笠嶋淑恵)

高校生のころには建築に決めていた

──建築との出会いは？

笠嶋──建築を選んだのはかなり早い。小学校入学のころに父が自宅をつくった。その時職人さんの仕事を見て、モルタル掻き落としをやらせてもらった。物ができ上がっていく過程をじっと飽かずに見ていた。創る側になろうと決めていた。父は、名工高在学中と運輸省時代にインドネシアで仕事をしていた時に、オランダ人の家に住んでいた。私が改築設計（「空 国府宮」、1991年）する前の家には、ガラリ窓や刳形付き羽目板張りの壁などのデザインがところどころにあった。建築好きで、たびたび家に手を入れた。建築家の作品集を図書館で借りてきて、パースを描いたりプランを練ったりしていた。建築の設計は私に向いていると思っていた。母は、ファッションデザイナーが向いていると思っていたようだ。高校に行くころには建築に決めていた。

──1968（昭和43）年に日本大学理工学部建築学科に入られた。

笠嶋──高校は瑞穂区の県立瑞陵高校（杉原千畝氏の母校）。そのころは安保の影響もあり、政治や社会にも関心があった。大学1、2年生のころは学園紛争の只中。建築より都市景観や現代美術に目を向けていた。3、4年になると、同期の佐藤義信さん（東京芸大大学院を経て、日建設計）が建築学会のコンペに入賞して学内でプレゼンテーションを自主企画、大いに刺激された。劇場建築で功績のある本杉省三さんも同期。私も建築に身を入れ始めた。エジプト、ギリシャを経て、イタリア、ドイツを巡る建築学科企画の建築見学旅行に参加した。就職にあたって設計事務所に決めて調べたが、女性に門戸を閉じる事務所の話が周辺にあった（私自身は門前払いを受けてはいないが）。

坂本鹿名夫事務所から市浦事務所へ

笠嶋──1972（昭和47）年に大学を卒業。円形校舎で知られる坂本鹿名夫さん（1911 - 1987）を紹介され、面接を受けた。自宅兼事務所の建築は、RC化粧打ち放しに木製のダブルスキン、RCキャンティーレバーの段板、まさに現代建築。玄関ホールの壁には、国立国会図書館コンペ入賞作の模型が掛けられていた。放射状に長短の分棟が伸びる意欲作に魅せられて、入れてもらおうと決めた。当時、学習院、村上市庁舎、大垣精神病院、妙高高原温泉病院等の設計が進行していた。付属看護婦宿舎などの小さな建築の基本設計を任された。

入所2年目に、第1次オイルショックで仕事が激減し、市浦事務所（現、市浦ハウジング＆プランニング）へ若手3名が出向に出された。所沢基地跡地計画の住棟配置のラフモデルスタディをしていたところ、小林明さん（当時東京事務所長、その後社長、会長を歴任。第一工房高橋靗一さんの義弟、私が出会ったスーパー包容力ふたりの内のひとり）に評価されて入所。市浦事務所は、同世代も多く、マレーシアからの国費留学生が集合住宅計画の研究をしていたり、事務所OB、外部事務所の出入りも多い雰囲気がいい事務所だった。

──市浦事務所で学んだことは？

笠嶋──市浦先生は、「うちの事務所は大学院だと思ってくれ」という考えで、次世代集合住宅モデルの研究・開発を主業務としていた。ご自身がアカデミックで、毎週月曜日の技術職員全員参加のミーティングでは、すべての仕事を担当者が説明し市浦先生と簡潔に質疑応答していた。プロジェクトの第1段階では、小林さん、担当室長、若手2、3名のチームで各自がラフプランをつくり、チームで検討する。その折に示される小林さんの初期構想スケッチに学ぶところが多かった。当時すでに独立されていた山田正司さん（山設計工房創設者）のチームで、中層住棟と高層住棟を並列配置した所沢市街地住宅の計画のブロックプラン担当。山田さんのパースには、多彩な人物、多様な暮らしが表現されていて独特だった。「群馬県営下細井

やまさと保育園保育主室 第一期改修

無性格な箱を「ファンタジーに浸りきれる、柔らかく守られた"開放性の保育主室"」と「朝夕のお祈りや机上劇の為の"内向性のお話しコーナー"」からなる「大家族の家のような3、4、5歳児混合の縦割り保育空間」玄関ホールに、親のお迎えを待つ洞穴コーナー「階段の2段目を緩い円弧状に迫り出した長大ベンチ」親と保育士、親同士が気軽に腰を下ろし言葉を交わす場に、小舞台にもなる。廊下とウッドデッキを小路のように緩やかに結び、そこに家のポーチのようなアルコーブ。運動意識に働きかける「踏面を変えた階段」。（笠嶋）

幼児劇場 第5期遊戯室を改修

「意識の焦点をつくる」がテーマ。ヴァルドルフこども園には遊戯室はない。幼児にとって劇やオイリュトミーを演ずることは見せるためではなく「他の人物や社会を想像し模倣する総合体験」保育室は日常生活空間、劇場は特別な時の空間。扉を開けると自然に意識が向かう焦点を「両端がわずかに内側に折れる、屏風のような緩いカーブ壁」「3段階に傾きを変えて降りる天井」「空間に奥行を生む3本の円弧状の列柱」によって醸し出す。（笠嶋）

いきいきタウン大府 2つの核施設（1992年 手前 空を孕む波 奥 地に還る波）

「生命リズムを暗示する波型をモチーフとした未来に対して希望を感じる新鮮な形態を、馴染みの深い材料でつくる」「道路沿いを低く抑え、周囲の住宅とスケール感を合わせる」「高齢者ばかりが集中しないように、多世代の近隣居住者とのかかわりを随所に仕掛ける」「道や緑地に伸ばした触手や直交する壁によって、道路沿いの各所に人の溜まりを仕掛ける」「建物を道路に対して15度振り、幹線道路沿いの歩道空間が広がったり狭まっ

団地」では、中層住棟に沿う団地内主道路から、各低層住棟ゾーンへ枝分かれする箇所ごとにプレイロットを配し、それによって散策ルートに広がりと窄まりをつくり、そこがまた居住者の溜まり場となるという私のブロックプランが採用された。ランドスケープデザインも、造園家の大石憲治郎さんから専門知識を学びながら担当した。結婚後も市浦事務所では、旧姓の六鹿（むつが）で仕事をしていた。

市浦先生はアメリカ在住経験や海外でのハウジングプロジェクト経験も豊富で、コモングリーンを日本に紹介した人ではないか。集合住宅群計画でコモングリーンを中心において、住戸を囲むグルーピングを市浦事務所では必ず採用していた。「浦安タウンハウス」でも、建築デザインへのこだわりはあまりなかったが、まちなみへの貢献、緑の景観と建築の絡み方という点では功績が高いと思う。市浦先生は前川國男さんと親しく、同じ集合住宅の中に事務所があったのでよく行かれていたようだ。あの世代の社会的使命に共感する。

納得できる保育園と居住環境を求めて名古屋へ

笠嶋──市浦事務所は就業環境としても良かった。結婚し、長男の保育園問題に悩みがあった。面接を受けた横浜の某保育園は小学校を小さくしたような冷たい建築で、私の子どもが1日の大半を過ごすことは、理想の建築を目指す自分に許せなかった。大同大学（当時は大同工業大学）に教職を得た夫が名古屋で保育園を探してくれて、後に園舎の改修設計を手がけることになる「やまさと保育園（当時は「ベビーホーム太陽の家」）」に出会い、（価格面で）名古屋ならば文教地区に集合住宅の住戸を購入できたので1978（昭和53）年に名古屋に戻って来た。

──名古屋ではどのような活動をされたのか？

笠嶋──名城大学で教鞭を取られていた牛山勉さん（1935 - 2002）の事務所（ウシヤマ設計研究室）に入った。牛山さんに勧められて第1回読売新聞住宅設計競技（1978年）に応募した。独立前に、建築家としてのスタンスを明らかにしようと、過去10年間の主要建築雑誌に掲載された住宅を調べ、コンペ応募案のテーマを考えた。「Passive solar（夏には涼しい日陰に、冬には温かい陽だまりになる、自然に逆らわない家）」、「Double-income 2kids（ひとりでこもる場があると同時に、皆で憩う場が屋内から屋外にわたってある、住まうことを楽しむ家）」「Ecology（家を取り巻く環境の質をレベルアップする、自然と共存する家）」とした。表彰式後の懇親会で審査員の林雅子さんから、「あなたの案は1等を争っていたが半地下室がRCで木造というコンペ条件に反していると土壇場でひっくり返され、佳作になった」と言われた。そこで欲求不満があり、久保田鉄工住宅設計競技（1980年）に応募。市浦事務所で進めていた防火壁をボックス状にし敷地境界線に配置して宅地規模に差をつけた「防火装置付き宅地分譲計画」を踏まえた案を、山崎川の桜並木を眺められる川沿いに蛇行して連続する集合住宅「蘇る日々」として応募した。この案も東京芸大案と上位を争い3位。大同工業大学の笠嶋泰ゼミと共働設計し応募した「生山分譲住宅設計競技」（愛知建築士会主催、1981年）では、「ライトウェルのある集合住宅、3階建てスキップフロア住戸長屋型、コモングリーンを中心にグルーピング」で入選した。

1979年29歳で事務所開設

──ご自身の事務所は？

笠嶋──事務所を開設したのは1979（昭和54）年9月。29歳の時だった。名古屋には独立するために戻って来た。ウシヤマ事務所在籍中に、文学・美術に親しむ叔父（県立高校の物理教師「空築込」1971 - 73の施主）の紹介で、RCの住宅の設計を受注した。主に夜、図面を描き、事務所開設と同時に着工した。

「濃尾平野の家」（1983年）の施主は、叔父夫妻の友人だった。音楽を好み、趣味で油絵を描

たりする、リニアオープンスペース」それを、敷地南東の溜池公園に至る、散策路やジョギングコースと絡めた。(笠嶋)

空を孕む波／大府市いきいきプラザ　動ゾーン→p.203
道路沿いに、誘い込み策として「道行く人から中での軽スポーツ活動等がよく見える動ゾーン」と「茶道、絵画など趣味的な行為の場として、緩衝緑地に大きく開放する静ゾーン」を通り庭のような空間を挟んだ構成。内に、人を包容する大きな懐を作り、道に向けて低く伸びていく、S字型大断面集成材による木架構シェルターを動ゾーンに架け、両端は、歩道沿いに大きな軒下空間として開放。静ゾーンには緩やかな片流れ屋根を架け差異化。(笠嶋)

地に還る波／大府市デイサービスセンター　主空間
従来の高齢者施設併設型ではなく、住宅地の中心に独立設置するモデルケース。我が家で過ごしているような"くつろぎの空間"がテーマ「高齢者は、高齢者によって支えられる」「外部感覚(人智学では、5つの外部感覚と7つの内部感覚、合計12感覚)が鈍るので、朝昼夕の時間の経過を太陽光の変化で感じ取れること」高齢者に対する人智学の示唆から、南側緑地に向けた連続大開口。主室は、医務コーナーやカフェカウンター付アイランド型配膳コーナー、寛げる畳スペース等でくびれをつくり、連続大開口に沿って東西に長く延び、開口に向かって段々に天井が高くなる、性格の差異を付与したワンルーム。付き添いの家族の居場所づくり、親しみが涌く仕掛けとして随所にアルコーブ。機械浴室は、ガラスブロック長大カーブスクリーンでサンルームのように、一般浴室はサンクンガーデンに面する幅広で低めの開口、湯上りに涼むアトリウム。内部の随所からスタッフが建物内を見通せるように、廊下と併行するリニア吹抜。受付・事務空間はハーフオープン(笠嶋)

き、美術作品も収集、クリスチャンで自宅で宗教上の集まりを催す、広い人脈を持つ多忙な事業家だった。敷地は、愛知県一宮市の南東の繊維団地に近い区画整理が終わった交差点の北西の角。周囲は未だ田畑が多く残っていた。この仕事以降、構造実施設計の大半は堀内征弘さんにお願いしている。

やまさと保育園──「どう見えるかから、どう感じられるか」がテーマに
──「やまさと保育園」の改修設計をすることになったのは？

笠嶋──長男を預けた託児室「太陽の家」が名古屋市の認可を得て、1980(昭和55)年4月に「やまさと保育園」になった(3年後に長女も入園)。そのころからシュタイナー幼児教育をとり入れ始め、初代園長の後藤淳子先生(私が出会ったスーパー包容力ふたりの内のひとり)はもとより、順次保育士を西ドイツのヴァルドルフ子ども園に短期実地研修に派遣していた。高橋寛子さん(高橋巌とルドルフ・シュタイナー研究所共同主宰)が各地で実施していた「シュタイナー幼児教育研修講座」の中部圏の会場になった。人智学研究者の高橋巌さん(慶應大学教授)や西ドイツからシュタイナー教育専門家を招聘した教育講座も開かれるようになった。園舎新築後7年を経ずして、初代園長が園舎の内部空間をシュタイナー人智学幼児教育理念に基づく空間(理念と環境は不可分)に改修することを決断された。設計依頼を受けて1986(昭和61)年9月に高橋寛子さんのリストアップによる人智学に基づく施設(ヴァルドルフこども園6カ所、障害児教育施設、人智学医療施設、看護士養成学校、キリスト者共同体司祭養成学校)を空間体験するために、シュトゥットガルトへ向かった(その後もヨーロッパの人智学建築・都市を訪ねている。1998年には主に人智学高齢者施設。2002年にエコオフィス、エコハウス、ヨアヒム・エブレ氏と面談。2007年にはミラノ工科大学と大同大学との国際交流授業の仲介)。事前の資料調査ではわからなかった「壁の肌色ピンクのモヤモヤ塗り」、「幼児の柔らかい体には柔らかい空間」といったニュアンス豊かな効果は、体感して初めて得心した。この視察を踏まえて「どう見えるかから、どう感じられるか」をテーマ(これ以降の設計すべてに一貫)とした。保育園を開園しながらの改修工事で、予算ができてから次を実施したので、1986(昭和61)年の第1期から、2006(平成18)年の第6期(装置化したお話しコーナー。家具工事で製作)まで断続的に続いた。

大府市いきいきプラザ／大府市デイサービスセンター
──大府市の公共施設を設計されている。

笠嶋──地域社会で高齢者をサポートする居住環境整備事業「(仮称)いきいきタウン大府」の政策策定のための調査・支援を、市浦都市開発建築コンサルタンツと笠嶋泰が担当し、その中心に企画されたふたつの核施設(「空を孕む波／大府市いきいきプラザ」と「地に還る波／大府市デイサービスセンター」)を、「コミュニティーを仕掛け、醸成する建築／コミュニティ建築の型」として、私が建築設計とランドスケープデザインを担当した。

これは長寿社会の到来を見越し、当時、国が全国15カ所で推進した「生涯学習のむら」に指定された愛知県の第1弾「いきいきシルバー居住計画」として定住志向の核家族、親子世帯／同居・近居、高齢者世帯の混在を図った。未来に対して希望を感じる新鮮な形態(生命リズムを暗示する波型をモチーフ)を馴染みの深い材料でつくる、道路沿いを低く抑え、周囲の住宅とスケール感を合わせる、高齢者ばかりが集中しないように、近隣居住者との関わり合いを随所に仕掛ける、道や緑地に伸ばした触手や直交する壁によって、道路沿いの各所に人の溜まりを仕掛ける、ふたつの建物をそれぞれ道路に対して15度振り、幹線道路沿いに広がったり窄まったりする歩行者空間のリニアオープンスペースをつくり、道行く人と内部空間で活動する人びととの視線が絡み合い、誘い込むことを図った。それをさらに、敷地南東に整備する既存のため池に至る散策路やジョギングコースと絡めたものだった。

3 伊藤恭行——名古屋発の建築

いとう・やすゆき
1959年5月5日 神奈川県生まれ
1984年 東京大学工学部建築学科卒業
1985年 シーラカンス一級建築士事務所共同創設
1988年 東京都立大学工学部建築学科助手〜97年
1994年 東京大学大学院博士課程修了
1997年 名古屋市立大学准教授
1998年 株式会社 シーラカンスアンドアソシエイツ (C+A) に改組
2005年 CAn（改組）
2011年 名古屋市立大学教授

映画監督、農業、あるいは建築

伊藤——1959（昭和34）年5月5日神奈川県生まれ。ずっと横浜で育った。母親が愛知県犬山近くの出身で、愛知県は縁がない土地ではなかった。子どものころから里帰りで2週間ほど来ていた。柏森駅が最寄りの五条川に近い大口町。小学生のころは、1週間もいると名古屋弁を話していたような子ども時代だった。

　小学生のころに、入学したときは木造だった校舎が6年間いる間にRCに建て替わる時期だった。工事をずっと見ていて、物ができるのってすごいなと思った。それが原風景になっている。あとは、大阪万博（1970年）も強く印象に残っている。

　建築を目指したのは高校生のとき。当時、映画がとにかく好きでマニアだった。日本で公開されていた映画をほとんど見たのではないかというぐらい。本当は映画監督になりたかった。たまたま、通っていた学校が神奈川県の進学校の栄光学園で、学年の半分が東大に行くような学校だった。そのころ3つなりたいものがあった。ひとつは映画監督。もうひとつは農業が面白そうだなと思っていた。そしてあとひとつが建築。映画監督はなり方がわからなかったので、農業にしようと思った。私は浪人しているが、1年目は東京大学の農学部がある理科二類を受けている。受かっていたら、農業をやっていた。浪人した夏休みに、建築かっこいい、モテるかもしれないという不純な動機で建築にした。入ったら、いきなり建築にハマって、それ以降はブレずに、未だに面白くやっている。

ポストモダンが嫌いだった

——影響を受けた建築家は？

伊藤——東京大学に入学したのは1978（昭和53）年。当時、東大は槇文彦先生、香山壽夫先生と、生産技術研究所に原広司先生がいらした恵まれた時代だったので、もちろん強い影響を受けた。今みたいに情報が多くなかったが、当時日本の雑誌だと『a + u』の特集が出ていたルイス・カーンとアントニオ・ガウディに圧倒的に惹かれるものがあった。大学院の時に仕事もあって初めて海外に行って、その時はアメリカでカーンを見て、ヨーロッパもスペインに行って、ガウディだけは絶対見ようと思って行った。

　大学院に入るぐらいから、ノーマン・フォスター（1935 - ）が新しい建築として出てきた。もうひとつ別の系統で、ポストモダンのマイケル・グレイヴス（1934 - 2015）とかロバート・ベンチューリ（1925 - ）がいたが、自分は本当にポストモダンの建築が嫌いだった。こんなことやるなら、建築なんてやりたくないと思っていたときに、フォスターや、レンゾ・ピアノ（1937 - ）とリチャード・ロジャース（1933 - ）が出てきて、こっちだと思った。やっとジャン・ヌーヴェル（1945 - ）が紹介されて、「アラブ世界研究所」（1987年）ができたころだった。これは見に行かなきゃいけないと思って、次に海外行った時はパリに行った。その後は、「カルティエ現代美術財団」（1994年）ができた。ジャン・ヌーヴェルは、テクノロジーを使いながら色っぽい建築をつくる。やっぱりこっちだなと思った。かなり影響を受けている。

原広司の衝撃

伊藤——原広司（1936 - ）の衝撃はすごかった。大学院で原先生のところに行った時に、グラーツを初めとする海外の展覧会のためのプロジェクト「影のロボット」（グラーツでは「A Message from

大阪国際平和センター（ピースおおさか）(1991年)

千葉市立打瀬小学校 (1995年)

愛知淑徳大学9号棟 (2004年) →p.170

高志の国文学館 (2013年)

尾鷲小学校・尾鷲幼稚園 (2012年)

北方町庁舎 (2017年)

（pp.68-69上 特記なき写真提供：伊藤恭行、CAn）

East Asia シェルター内縁日『1984』」、1984 - 86年）を研究室でやっていて、ちょうど大学院1年のころだった。加茂さんもお手伝いにきていて、学生時代から知っている。その時に、原先生がテーブルの上に1.8mのT定規を置いて、端からすごいスピードでスケッチを書いていた。呆然とするほど早くて綺麗だった。その時、この線で行ったら自分は絶対に勝てないと思った。

その後「ヤマトインターナショナル」(1986年) ができた。こんなの真似してはいけないと。これについて行ったら身を誤ると。自分は技術的に裏付けのある建築をやりたいと思い始めた。カーンと、原先生はインテリアにいろんな光を混在させることを自覚的にやっていて、それは今でも自分の中の重要なエレメントになっている。

1985年 シーラカンス設立
伊藤——私は一度も設計事務所に勤めた経験はない。大学院生の博士1年のときにシーラカンスという事務所を始めた。何も知らなくて始めたので、最初の住宅の現場に行った時に、「先生、この図面はアルバイトに描かせたんですか」といわれた。本当に恥ずかしいくらい何も知らなかった。ひとつ現場をやって、建築がどういう順番でつくられるのかを身体の中に叩き込んだ。当時、最初は住宅とか集合住宅など、民間の仕事だったのが、30代はじめのころにコンペで大阪の「大阪国際平和センター（ピースおおさか）」(1991年) があって初めて公共建築をやった。その後、都市計画から関わっていた「千葉市立打瀬小学校」(1995年) をやって、若手の事務所だけど公共建築の経験があるという実績ができた。その後、コンペとかプロポーザルに出せる機会が増えてこれまで30年ほどやれている。

——シーラカンスの始まりについてお聞きしたい。

伊藤——亡くなった小嶋一浩 (1958 - 2016) は、私が修士1年になったときに博士1年だった。私が浪人したり留年したりしたので、歳は小嶋がひとつ上。原研究室の「影のロボット」のときは、小嶋がトップで、堀場弘 (1960 -)、工藤和美 (1960 -)、日色真帆 (1960 -) が下について、小島の指示で働いていた。加茂さんのように他大学からも結構いろんな学生が来ていた。その時に、小嶋が実家の「氷室アパートメント」(1987年) という処女作をやることになって、私も住宅の仕事を2軒、たまたま知り合いから受けていた。初めての仕事で2軒をひとりではできないので、1軒は小泉雅生 (1963 -) にやってもらった。ほとんど同じ時期に3つの住宅規模をやることになった。

原先生に話をしていたら、ひとりで1作品をやっても注目されないけど、3つまとめて発表する機会があれば、注目されるきっかけになると言われた。じゃあ事務所をつくっちゃおうかという話になった。それで当時大学院生だった日色、堀場、工藤も一緒に事務所をつくろうとなった。今と違って緩い時代で、一級建築士さえ取れば誰でも事務所を開くことができた。そうやってシーラカンスが生まれた。

——当時ユニット派は、横浜国立大学出身の3人のワークショップ（谷内田章夫・木下道郎・北山恒）が嚆矢だが。

伊藤——僕らにとっては、ワークショップと設計組織アモルフがロールモデルだった。

1998年 名古屋へ
伊藤——1997 (平成9) 年に名古屋にきた。柳澤忠 (1931 -) 先生がきっかけ。その前は、東京都立大学（首都大学東京）建築学科の建築計画の研究室、上野淳先生という今は学長をされている方の助手をしていた。学位論文も助手をやりながら書いて、事務所もやりながら、続けていた。30代の終わりごろに柳澤先生に名古屋市立大学で芸術工学部という新しい学科をつくるから来ないか、というふうに誘われて、声がかかったときには断らないほうがいいなと思い、行く

愛知淑徳大学8号棟（2000年）→p.169

ことにした。いま一緒にパートナーをしている大同大学教授の宇野享（1963 - ）が岐阜の出身で、ふたりでこっちにいるなら、東京と行ったり来たりするよりは、名古屋でもうひとつ拠点をつくった方が仕事をしやすいのではとなった。それで20年前の1998（平成10）年に、名古屋で事務所を開くことにした。

東海圏の仕事で、東海の建築家として認知してもらえたのは、「愛知淑徳大学8号棟」（2000年）という細長い建物をやったときだった。あれで仲間にいれてもらえたかなという感じだった。

若林──はじめてお会いしたのは、その見学会の時だった。

伊藤──設計事務所という中小企業のオヤジであることを自分ではすごく大事だと思っている。スタッフの福利厚生や経理も人任せにしたくないので、全部自分でやっている。仕事は公共が多く、個人のクライアントはあまりいない。ほとんどプロポーザルやコンペで得た仕事だ。東海圏の仕事だけが多いわけではない。富山の「高志の国文学館」（2013年）、「尾鷲小学校・尾鷲幼稚園」（2012年）、宇野が岐阜で「北方町庁舎」（2017年）など、東海圏ではそれなりの規模のものはやっているが、仕事はチャンスがあれば、どこででもやるというスタンスだ。

4　若林亮──あり方を形にする

わかばやし・まこと
1961年3月1日 石川県生まれ
1981年 石川工業高等専門学校建築学科卒業
1983年 豊橋技術科学大学建設工学課程卒業
1985年 豊橋技術科学大学大学院修了
1985年 株式会社日建設計勤務
2001-2003年 名古屋工業大学非常勤講師
2006年 豊橋技術科学大学非常勤講師
2006年 名古屋大学非常勤講師

若林──1961（昭和36）年3月1日生まれ。石川県の山中温泉に生まれた。両親はともに温泉宿に勤めていて、兄の年齢も少し離れていたこともあり、遊び相手がおらず、家でひとり広告の裏に絵を描いて遊んでいた。絵を描くことが好きだったのが建築に進む最初のきっかけになったと思う。山あいのまちだったので、四季の自然の移り変わりなどが原風景になっている。

建築を目指したきっかけは、中学3年生の時。普通高校に進学しようと思っていたのだが、ある朝先生から石川工業高等専門学校の受験案内が来たと言われ、友だちと違う進学もおもしろいと思って先生のところへ行くと、高専は機械、電気、土木、建築とあるが何を受けるのかと聞かれ、機械は冷たいし、電気は見えないし、土木という体つきではないし、と消去法で建築を選んでしまった。高専から建築を始めたので15歳の割と早い時期に設計製図、2点透視のパースの描き方など基礎はしっかりと教えてもらった。

1981（昭和56）年に、高専の5年生の時に、大学の編入試験を受けようとした。当時、建築系で編入学を受け付けていた豊橋技術科学大学行くことにした。高専時代はあまり建築家について語ることはなく、大学に行って初めていろんな建築家のことを知った。

──学生時代に影響を受けた建築家は？

若林──強いていうと、リチャード・マイヤーの建築に憧れた。高専時代の研究室の先生で、京大を出られて現在、愛知淑徳大学にいらっしゃる垂井洋蔵先生から教えてもらった。プロポーションが綺麗だし、真っ白で軽快で大好きだった覚えがある。

日建設計名古屋事務所をベースに

掛川市庁舎（1996年）

若林──豊橋技術科学大学の大学院を出て日建に入社したのは、1985（昭和60）年。1年間、東京で研修をして、途中、大阪オフィスに在籍していた時期があるが、基本的に名古屋をベースに仕事をしている。仕事を始めたころはバブル全盛の時代で、当時28歳の時に「掛川市庁舎」（1996年）の担当をさせていただいた。昔、林昌二さん（1928 - 2011）が28歳の時に旧掛川市庁舎を設計されていて、それで名古屋で28歳は誰？となり、自分が担当することになった。

打ち合わせに行くと、当時の榛村純一市長が、「市役所は公共建築なのに市民のためにで

きた市役所を見たことがない。日建設計には市民のための市役所をつくって欲しい」と言われた。バブル全盛の時代で装飾過多な建築が多い中、市長の言葉はとても新鮮に感じたことを覚えている。

　そこで林さんと色々考えて、階段状のアトリウム、職員の働きが見えるオープンな庁舎、縦割り行政をなくす外廊下式の執務室を考え提案し、一方で円形議場は、みんなが車座になって議論できる形と、市長からの提案を形にしたものだった。

　「あり方を形にする」ということを林さんや榛村さんに教えてもらった。この建築観は今も大事にしようと考えている。

若山──林さんは昔、機能から入っていったけど、掛川の時は大胆な意匠を目指したように聞いている。

若林──丸い議場の屋根は、10案ぐらい持って行っても林さんにダメと言われ、林さんがその場で考え、鉛筆で、横からみたら丸、正面から見たら三角、真上から見たら四角のシェルというスケッチをして形が決まってしまった。

笠嶋──議場の向こうにこんもりした緑があるが。

若林──元々、敷地にはし尿処理場があってそれを囲っている小高い山があった。元々の地形と緑を活かしながら、それをある程度整地して建物をはめ込んだ。掛川市からは無理して山の地形や緑は残さなくてもと言われたが、なんとか残してもらった。

ふたつの小学校

瀬戸市立品野台小学校（1999年）→p.171

若林──次に担当したのが「瀬戸市立品野台小学校」（1999年）。ハモニカ型に教室が並ぶのではなく、そこに暮らす児童がみんな顔を見合わせられる図式はどのようなものかと考えて、真ん中に「多目的ひろば」があり、それをすべての教室とガラス張りの職員室が囲む平屋建ての小学校ができた。掛川市庁舎の時に市民のための庁舎をと考えたように、家のように皆がひとつになる小学校をと考え、あり方を形にすることを展開した。

　その次にやった「高山市立南小学校」（2004年）では、品野台小学校のように皆がひとつになる図式、あり方を中庭を囲んで低学年と高学年が見合うような構成でつくろうと考えた。

若山──面積が狭いところだが緻密に詰まっている。プールを2階にすることで解決している。

若林──ヒノキの小屋を表した木造校舎だけど、管理棟は鉄筋コンクリートで、職員室の屋上にプールを設けた。余談だが、プールを2階レベルの屋上に設けると覗かれることがなく、グラウンドの砂埃が入らない。あとプール下のピットが下階の屋根裏の空気層になるので断熱効果が高い。

高山市立南小学校（2004年）

あり方を形に

若林──そのあと、名古屋で商業施設の「ラシック（栄三丁目ビルディング）」（2005年）を担当した。街と商業がどうあるべきか考えて、一般の閉じた箱状の商業施設ではなく、ガラスで外から中が、中から外が見える商業をつくった。あと、建物の中に街をつくりたいというのがクライアントの意向もあって、吹き抜けを2、3層ごとに途中で切って、上に昇るたびに表れる景色が変わるようにした。これも街に対する商業施設のあり方、商業空間のあり方を形にするデザインだと思う。

　あと、変わった建物では「モード学園スパイラルタワーズ」（2008年、p.115）。あれは名工大出身の右高博之さんと担当した。提出の3日前までは塔が3本立っていただけのデザインだったが、それを右高さんが「若林さん捻ってみませんか」と言い出して、3日でなんとか1次提案に出すスパイラル状の捻じれた形ができた。

ラシック（栄三丁目ビルディング）（2005年）→p.130

モード学園スパイラルタワーズ（2008年）→p.115

モード学園スパイラルタワーズ模型

提案した時は構造もエレベーターの位置もわからない状況だった。でも、なんとかあの形をつくろうと、構造や設備を考え、いろんな機能を詰め込んで、クライアント、設計者、施工者の皆が力を合わせてできた建物だった。

バブル時代の日建設計名古屋

──日建設計に入られた時はバブル時代。名古屋事務所はどんな様子だったか？

若林──人によると思うが、私の場合、設計をまとめる主管の下で先輩がつかなかった。その分かなり自由にやらせてもらって、たくさん失敗もしたが、面白いこともできた。今は部長が設計のまとめ役でその下の主管の元で、新人は複数の担当者の中で頑張るという風になった。あの当時のような自由さが少なくなってきたかもしれない。

──設計部に分かれていなかったのか？

若林──私が入ったころは三浦忠誠さんという部長がいて、大きなひとつの部だった。その後、その下で主管だった石田好さん、高山順行さん、南石周作さん、佐藤義信さんが部長になり、いくつかの部に分かれた。

──最初の部の時の人の構成は？

若林──設計部は20人強だったと思う。今は40〜50人ぐらいいる。名古屋に来た当時は1フロアに意匠、構造、設備、監理、工務もいた。今はさすがにフロアが分かれているが、他地区に比べて名古屋はアットホームな感じで、それはこれからも大切にしたいと思う。

5 加茂紀和子──クロスアポイントメント教授

かも・きわこ
1962年11月18日 北九州市小倉生まれ
1987年 東京工業大学建築学科卒業
1987年 東京工業大学大学院建築学科修了
1987-1992年 株式会社久米建築設計事務所勤務
1992年- セラヴィアソシエイツ設立
1995年- みかんぐみ共同設立
1997-2002年 千葉大学非常勤講師
2004-2016年 ICSカレッジオブアーツ講師
2008-2012年 昭和女子大学非常勤講師
2008-2015年 東京理科大学非常勤講師
2015年- 名古屋工業大学教授

宇宙星人の住み処

加茂──1962（昭和37）年11月18日、小倉で生まれたが、父の仕事の関係で物心ついた時は東京の郊外にいた。初め小金井にいて、幼稚園のころから成城の方に移った。当時、成城には建築家の作品が多く、丹下健三の「自邸」（1953年）を、"どうやら有名な建築家の家らしいぞ"と友だちと覗きにいったり、近くの崖線に建つ「成城の住宅」（1973年、設計：篠原一男）は、施工中から見ていたが、ずっと打ち放しの斜面のままで…。とても家とは思えなくて、どんな人が住んでるのかと想像を膨らませた。また「玉川高島屋S・C」（1969年）ができたころで、バスに乗って母と買い物に行くのが楽しみだったが、その車窓から、丘の上に「起爆空間」（「試みられた起爆空間」、1966年、設計：林泰義、1985年取り壊し）が見えたときにはとても興奮した。なぜなら、それは「ウルトラセブン」の宇宙星人の基地だったからだ。と、こんな経験を幼少期にはしていたが、だからといって建築家になりたいなどとはまったく思わなかった。

高校3年生の進路選択で、単に理数系科目が得意だったからという理由で理系に進んだ。そのころ、理系の女子は薬学系という感じだったので、自分もそうなのかなと思った。しかし、たまたまテレビで観た新薬の開発のドキュメンタリーの中で、無造作にネズミに発ガン性物質を注射する映像が流れ、こういうことをするのはムリと思った。志望が定まらないまま、受験間際となって、本屋で『モダンリビング』誌を立ち読みしたときに衝撃をうけた。なんてかっこいいんだろうと。小さいころのわくわく感が蘇ってきて、自分もこういう住宅をつくりたいと建築学科へと進む決意をした。

東工大に入学すると、篠原一男教授（1925-2006）がいらして、あの「成城の住宅」の建築家に直接教えをいただくことができるなんて、とても不思議だった。当然建築学科は課題で大変

日仏学院リノベーション（1992年）

NHK長野放送会館（1997年）

愛・地球博「トヨタグループ館」（2005年）外観

愛・地球博「トヨタグループ館」ディテール

（pp.72–73 特記なき写真提供：みかんぐみ）

だったけれど楽しかった。そのまま大学院、坂本一成（1943 - ）研究室へと進学した。修士課程では研究室でコンペに取り組むことが多かった、「湘南台文化センター」、「日本火災海上軽井沢厚生寮」、「第二国立劇場」等々、次々と延々とスタディでの議論、プレゼンテーション作業で研究室全体が盛り上がり、それがとても刺激的な日々だった。

バブル時代、事務所設立

加茂──1987（昭和62）年に久米建築事務所（現：久米設計）に入社した。入社した時には若山先生は既に辞められていたと思う。久米にいたころはバブル時代のまっただ中で、相当数の案件が動いていたから、以前は便所と階段を描けるようになるまでひたすら図面作業というのが常態だったのが、新米でも3,000m²ぐらいのビルであれば計画から現場までひと通り担当としてやれるチャンスをいただけた。もちろん上司がちゃんとみてくれる安心感のもと、わからないことだらけで必死で、寝る時間を削って働いた。そしてよく遊んだ。金曜に徹夜して、早朝出発で日帰りスキー、次の日出勤というようなこともしばしばだった。また、1989（平成元）年に留学生だったマニュエル＝タルディッツ（1959 - ）と結婚した。タルディッツは東大の博士課程にいて、ふたりで設計コンペをやったりした。終電で家に帰ってそれからコンペ。とにかく体力はあった。忙しかったけれど、同時に楽しかった。そのうち、タルディッツに仕事の依頼があったりして、独立してやってゆけるのではないかと勘違いして（?）1991（平成3）年末久米を退社し、1992（平成4）年にセラヴィアソシエイツという設計事務所を設立した（セ・ラヴィは「これか人生さ！」というフランス語の決まり文句）。アパートや個人住宅の仕事などをやっていたが、1993（平成5）年に「日仏学院」（1951年、坂倉準三設計）の改築計画の話をいただいた。まだバブル最中であって、日仏学院校舎を取り壊して、大型の開発計画がディベロッパーから提案されている時に、施主のフランス政府は、「ル・コルビュジエを引き継ぐ坂倉の建築を残さなければならない」として耐震補強をして改修して使い続ける結論に至ったのである。日本ではリノベーションという言葉もなじみのないころであり、その可能性と面白さを初めて知った。

そうこうふたりでやっているうちに研究室のOB会があり、曽我部昌史（1962 - ）と竹内昌義（1962 - ）と再会した。皆それぞれの道を歩き始めたころだったが、なにか一緒にできるチャンスがあればいいねと話した直後、「NHK長野放送会館」（1997年）の設計コンペがあった。夜な夜なうちに集まって議論を重ねつくり上げた案であった。1995（平成7）年1月、模型撮影を終えた朝に阪神淡路大震災が起きた。東京の方も少し揺れ、目眩がしたのかと思った。そして、このコンペで最優秀案として設計者選定を受けることとなった。

──みかんぐみはこのコンペをきっかけに設立したのか。

加茂──設計JVでなく設計事務所とすることを求められたこともあり、3月に設立した。その事務所登録をしに行った日が3月20日で、地下鉄サリン事件が起こった日だった。バブル崩壊、震災、テロという激変の時代の中でのみかんぐみの設立であり、その後、ユニット派として批判する声もあったが、建築家の職能が多様化し、建築家像が変化する発端だったと思う。

愛・地球博「トヨタグループ館」

加茂──「非作家性の時代」にという論考をみかんぐみの名前で出し、みんなで語る、みんなでつくる建築のあり方を標榜し、イベント空間やインスタレーションを含めた建築の枠が広がる仕事が増える中、「愛・地球博」（2005年日本国際博覧会）の「トヨタグループ館」の仕事の機会をいただいた。自然の叡智というテーマでこそあれ、環境保全やサステナビリティと相反する万博建築をどうつくるのかということ、未来のモバイルカーが走り回る巨大なコロセウムをどのようにつくるのか。イメージではなく事実としてのリサイクル、リユースを建物として徹底さ

せるということは必須だった。そして、グループ企業のトヨタホームが軽量鉄骨のプレファブ住宅であったことがヒントとなった。この住宅部材で構成して、会期後は数十戸の住宅にリユースされるというストーリーだった。残念ながら最終的には住宅部材を使用することはできなかったが、パビリオンの構成部材をリユース可能な状態で組み上げるというコンセプトはそのままに、C型チャンネルに穴を開けないで組み合わせる接合方法を検討して組立足場のように外殻をつくり、その内側に再生ダンボールにラップを張った材で壁面をつくる計画とした。

　この時、名古屋にはじめて来た。だが名古屋駅からすぐ地下鉄に乗って現場行き、そのまま帰るという感じで、街を知ることもなく、栄がどこにあるのかわからなかった。

伊那東小学校＝建築ワークショップ

加茂――同じころ、「伊那東小学校」（長野県伊那市、2009年）の設計が始まった。公共建築のあり方を考えたいという伊那東小学校の職員の方がJIA相談したことで、公立の学校建築としては異例のQBS方式（資質評価方式）による設計者選定が行なわれ、そこにはワークショップによる設計が求められ、作品実績とインタビューによって、みかんぐみ＋小野田泰明（東北大学教授）が適任設計者として選定された。みんなでつくる建築の本領発揮と張り切って、足繁く東京―伊那を往復したが、みかんぐみとしても初めての学校建築の設計であり、氷点下になる極寒冷地の建築も初めてだったので、私たちは注意深く話を聞き、情報を集め、ワークショップや職員ワーキンググループでの議論を重ねた。結論としては、ひとつの建築理論ですべてをつくるのではなく、街をつくるように調整しながら、継承し、展開し、その場所らしさをつくっていく建築となった。

名古屋工業大学へ

加茂――その後、「ミッドランドスクエア」（p.115）の地下店舗の設計の仕事で、名駅周辺は分かるようになった。2012（平成24）年から名古屋工業大学に呼んでいただいて3年間非常勤講師を勤めた時は鶴舞公園に詳しくなった。そしてご縁をいただいて、2015（平成27）年からクロスアポイントメント教授として赴任することとなり、週に2日、名古屋に来ているが、ずいぶん名古屋に詳しくなり、そして中部東海からの視点を持つようになった。大学では実践的な建築を教えるという立場にあるが、私にとっては、学生と一緒に考えるいい経験を得ながら、建築学再入門というところである。

伊那東小学校（長野県伊那市、2009年）

ミッドランドスクエア →p.115

6　名古屋を拠点とすること

コンパクトシティ名古屋

――名古屋を拠点として活動するメリットは？

伊藤――東海地区の仕事をするのと、東海地区に仕事場があるかは別の話。その場所の仕事をしなくてはいけないと思っていない。たまたま仕事している場所が名古屋であるだけ。名古屋は、自分にとっては魅力のある場所。すごく住みやすい。暑いですけど。かつて東京で仕事をしていて大学も東京で教えていたので、住んでいるところと事務所と大学を回るのに1日4〜5時間、車を運転していた。半分が移動の時間だった。名古屋は大都市で基本的なものは何でも揃っていながら、すごくコンパクトに暮らせる。大学から家まで歩いて10分かからない。事務所と大学も30分ぐらいだし、歩いても1時間。生活が楽になったし、かといって三

大都市なので田舎町でもない。美味しいものも食べることができて、選択肢もたくさんある。今、僕にとっては東京を拠点にするというのはストレスだ。

若山──東京は家賃も高いし、スペースも狭くなる。

伊藤──名古屋より小さい都市になると、またストレス。いろんなことの選択肢が少なくなる。名古屋だと海外に行くのも楽。

加茂──東京はどこまでが東京かわからない。それに対して名古屋は分かりやすい。また、東京にいると遠く感じていたが、名古屋にくると、岐阜とか富山が近く感じる。意外と奈良にも1時間でいける。名古屋の人がここを日本の中心と思うのは分かる。

若山──京都、奈良、伊勢とかにもすぐ行ける。

笠嶋──歴史的都市と近いのが名古屋圏の特徴。飛鳥奈良時代からの歴史がある地方拠点都市もある。曽祖父の代には、文化人の交流も活発だったようだ、それ故に文化的な素養の高い人が結構いる。クライアントの周辺にもお茶人とか国学者や書道の達人が多い。

若山──名古屋ではお茶文化は強いものがある。

笠嶋──そういった人たちが、よきクライアントたり得ていると思う。名古屋を拠点として良かったことは、ひとつは「やまさと保育園」の初代園長（スーパー包容力のひと）とめぐり逢えたこと。そして名古屋を拠点としていると、比較的近いところで敷地条件が緩やかで、多彩な表情を見せる素朴な自然があるところで建築をつくれる。「2つの空」（愛知県小原村、1994年）や「紀重 空を把む触手」（愛知県藤岡町、1991年）の施主は、活動領域は広いが里山で暮らしたい、あるいは、里山にも拠点が欲しいというような「都市と山間の2拠点居住」志向。私も岐阜県下呂市にアトリエ・アーカイブがあり、都市との2拠点居住を1996（平成8）年以来実践している。都市近くの山間に拠点を持とうとする文化的意識の高いクライアントと巡り会えたことが幸いだと思う。

7　名古屋の設計界

名大派、名工大派、名城派

──名古屋の設計界の構図についてうかがいたい。

笠嶋──語れるほど知らないが、名古屋の設計界は、「名大派」と、「名工大派」、「名城派」みたいな構図があると感じていた。私は大学が名古屋じゃないから、外から見てだが。

若山──歴史的な経緯を説明すると、名古屋工業大学（名工大）は、元は名古屋高等工業学校（名高工、1905/明治38年に設置）という旧制高等教育機関だった。東大（1873/明治6年の工部省工学寮造家学科が前身）に次いで、建築の高等教育機関としては日本でふたつめだった。

　名古屋大学（名大）の建築学科は戦後かなり経って1963（昭和38）年に設置されている。名城大学（名城）に建築工学科が置かれたのは大学ができた1950（昭和25）年。1973（昭和48）年に建築学科になった。

　名工大には、明治時代末から建築家、建築関係の技術者を輩出し続けているという誇りがある。最初の教授の鈴木禎次（1870 - 1941）の弟子には、名古屋圏で活躍した建築家の他に、中村順平（1887 - 1977）や松田軍平（1894 - 1981）といった広く名が知られている建築家がいる。中村順平は素晴らしいボザール流の絵を描く建築家。目黒にある「旧朝香宮邸」（1933/昭和8年、現「東京都庭園美術館」）をやった宮内省内匠寮の技師、権藤要吉（1895 - 1970）も名高工出身（1916/大正5年卒）。ボザールの装飾的建築の伝統は名工大にある。

　名工大の建築史の教授だった内藤昌（1932 - 2012、東京工業大学卒）さんは僕が入った時はすご

主な高等工業学校

名古屋高等工業学校のほか、東京工業大学の前身、東京高等工業学校（1901年設置）に建築科が設置されたのは1908（明治41）年。京都工芸繊維大学の前身の京都高等工芸学校（1902年設置）には図案科が設けられ、武田五一が1903（明治36）年に赴任した。

かった。「最近は名大にやられている。名大なんて新しい学校なのに、けしからん」と言っていた。そのころは、名古屋大学は計画系が全員東大、構造系は全員京大と、はっきりしていた。一方当時の名工大は東工大が圧倒的だった。東工大と東大と京大という三つ巴の争いだった。柳澤忠さん（1931-、東京大学卒）は名古屋大学の教授（1975年）になって、名工大があまりにも伝統意識が強かったのでそれに対抗したような感じだった。

名工大と建築家

「旧春田鉄次郎邸」→p.144

笠嶋——白壁にある「旧春田鉄次郎邸」(1925/大正14年)や「春田文化集合住宅」(1928/昭和3年、1932/昭和7年、2013年解体)を設計した武田五一は名工大と関係があるのか。

若山——武田五一は名工大の校長をやっていた（1918/大正7年～1919/大正8年）。その後、京大で建築学科を創設する（1920/大正9年～1930/昭和5年まで京都帝国大学建築学科教授）。

——若山さんが名古屋にいらしたころに活躍していた建築家は？

広瀬一良（ひろせ・かずよし）→p.46

若山——名古屋の建築家で外してほしくないのは、広瀬一良（1919-1999）さん。私が名工大に来た時は、名古屋の建築家のまとめ役だった。名工高出身だが、柳澤さんとも仲がよかった。当時は、瀬口哲夫（1945-）さんが豊橋技術科学大学にいて、北原理雄（1947-）さんが名大にいた。広瀬さんに飲み屋で、瀬口さんや北原さんと仲良くしろ、内藤さんや柳澤さんみたいに喧嘩しちゃだめだよと言われた。すごくいい人だった。建築家の雰囲気を持っていた。もうひとり名古屋で重要な建築家が城戸武男（1899-1980）さん。城戸武男建築事務所は多くの建築家を輩出している。

城戸武男（きど・たけお）→p.14

笠嶋——牛山勉さんも城戸事務所出身だった。

長野出身で、宮本忠長さんの高校の同期、平子勝さん（1926-1975）。湯田中温泉の老舗旅館「よろづや本館」(1969年)は、共同設計によるもの。宮本さんの方がサブだったと主は言われた。「愛知こどもの国」(1974年)等レベルの高い仕事を遺されて、1975年に急逝された。同世代では、尾崎公俊さん（19??-）が平子事務所出身。

若山——名高工を出ている建築家の性格というのは、いわゆるボザールとか図面を描く教育を受けて、そのなごりがまだ残っていた。建築の新しいプロトタイプを積極的に生み出すという感覚はあまりなくて、昔ながらの味わいのある空間を設計するところに留まっていた。私は東京では林昌二さんをモデルにしてやっていて、新しい方向ばかり見ていた。名古屋は古き良き建築家の雰囲気が残っていた。時代が戻ったような感覚を受けた。

——若山さんはそれを変えようとされた。

若山——ただ、僕がやってきたことで反省していることがある。CADを取り入れてダイナミックな設計をさせて、細かいことは気にするなといった。そして自分が組織にいたから、優秀な人はみんなゼネコンや大手組織事務所に行かせた。優秀な人をそういうところに送り込むことを頑張っていた。みんな結構優秀で今や部長とかになっている。でも学生時代クリエイティブで優秀だった人が組織の中で上手くいかないケースも出てきた。そういう人は、アトリエ事務所の方が向いていたかなと思った。

8　名古屋建築の背景

モダンアートと建築

笠嶋——牛山勉さんの事務所は画廊の奥にあった。桜画廊というのが名古屋でモダンアート

を扱い出した先駆けだった。

若山──桜のおばちゃん（藤田八栄子 1910 - 1993）って有名だった。桜画廊は藤田さんが亡くなるまであった。

笠嶋──現代美術作家が出入りして、談論していた。名城大学系では、酒井宣良さん（1945 - 2008）は「伝統と現代の融合」を目指していたと私は理解している。新田鷹雄さん（1944 - ）とかが名城大学出身の方だった。新田さんは現代的な建築のつくり方をしている人。今井裕夫さん（1946 - ）は東京藝大の天野太郎さんの研究室を出られている。そのあたりは、古い潮流とは決別している人たち。名城系は仲が良くて、横のつながりが強くて情報交換もされながら物をつくっているという雰囲気があった。高崎正治さん（1953 - ）も名城大学の牛山勉の教え子。牛山さんは、いろんな建築をつくっている人で、カラーがあってないような人。教育者としては教え子たちを鼓舞している。現代アートの作家たちとも親しくしていた。名大系でデザイン志向の人は、構造家の佐々木睦朗さん（1946 - ）と同期で親友の杉山一三さん（19?? - ）、黒川哲郎事務所に勤めていたことがあって、東京の建築家人脈とつながりを持っている。

若山──名古屋は現代アートと建築がつながっているところがある。

笠嶋──桜画廊のおばちゃんが仲介していた。

名古屋のクライアント

若林──日建設計ではトヨタグループをはじめとする愛知、名古屋のものづくりの本社や生産施設を多く設計させてもらった。そこには絶対に華美装飾はない。名古屋のものづくりの会社の風土はそうだったと思う。必要なこと以外にはお金を掛けず、確実で堅実でとにかくしっかりと工期内、予算内につくることが使命。それがひとつの名古屋の文化だと思う。愛知県の建築家は、地道にやっている人がたくさんいると思う。そういう文化の中で育ったので、質素な材料だけど綺麗なプロポーションつくろうという風に頭が向く。

伊藤──日建設計のように全国展開している事務所でも、大阪や東京との違いは感じるか。

若林──やはり地区によって違う。どんな仕事でも、名古屋は経済的条件が厳しい方だと思う。

笠嶋──それは、よく分かる。華美じゃなく堅実。

若山──安藤忠雄さんが、大阪の財界人に気に入られて仕事がどんどんきたみたいなことは名古屋にはない。

加茂──一方で若林さんの「モード学園スパイラルタワーズ」（2008年）とか、「名古屋市科学館」（2011年、設計：日建設計）の球とかも名古屋の特徴と思えるが。

若林──モード学園の谷まさる学主（1936 - ）も、名古屋出身です。

加茂──堅実でいきながらも、見せ場はつくると。

若林──谷学主の場合は、建物を若者を育てる大切な空間でもあり、特徴あるデザインが大きな意味を持つと考えていらっしゃるから、あのような発想が出てきた。でもお客さんには堅実な人が多いかもしれない。

若山──東邦ガスの工場をつくったときも、コストが全然かかってないのにコストがかかっているように見えるのが困ると言われた。

公共の発注者

──発注者の自治体はどうか？

笠嶋──発注者である自治体が、自前の建築文化を育てる気があまりないのではないか。

伊藤──周辺自治体は相当いいと思う。ただ、私は名古屋市立大学の教員だけど、名古屋市は難しい。

モード学園スパイラルタワーズ →p.115
名古屋市科学館→p.125

若林──1986（昭和61）年に名古屋に来て、久屋大通公園とか地下鉄の出入口とかを設計させてもらったけれど、当時の名古屋市の担当の人たちはみんな熱かった記憶がある。

笠嶋──それは日建という看板があるからでは。

若林──そうではない。今はわからないけど、営繕の人が若い新人の自分に分からないことを色々と教えてくれた。営繕がすごく力を持っていた。「こんなことやったら事故が起きるからダメだよ」と怒られたりした。

伊藤──最近10年ぐらい富山で仕事しているが、富山は公共建築でいいのがいっぱいある。先週長崎にいったけど、長崎も、日建設計の県庁とか、隈さんの美術館とか。名古屋より小さい経済圏に良い公共建築がたくさんある。しかし名古屋では、海外や他の地域から来た建築家を案内する時に、市内には連れて行ける公共の現代建築がない。結局、「豊田市美術館」（1995年、設計：谷口吉生／谷口建築設計研究所）や岐阜の「みんなの森 ぎふメディアコスモス」（2015年、設計：伊東豊雄建築設計事務所）に行くことになってしまう。

豊田市美術館 →p.181

笠嶋──名古屋は中途半端な規模ということもある。より小さい規模の市は市長の権限で動かしやすい。たとえば、長岡市長（森民夫、1949 -）は、若いころ市浦事務所で机を並べていた人だが、東京大学建築学科を出ているので建築・都市景観にも理解が深く、市庁舎「アオーレ長岡」（2012年、設計：隈研吾建築都市設計事務所）をつくった。市長がその気になってリスクや責任を背負わないとだめだ。

若林──それは掛川市庁舎の設計のときに思った。トップが新しい風を吹かせないと、下の誰もついていかない。

稲沢市庁舎 →p.213

笠嶋──1970（昭和45）年にできた「稲沢市庁舎」は濃尾平野にすごく似合っている建築。京都の設計事務所ゲンプラン設計。父方の実家が稲沢（飛鳥時代からの尾張の中心、国府所在地）で、学生時代にできたが、突破力のある市長がいるのだなと思った。

──都市の規模の影響はあるのでは。

伊藤──規模だけとはいえないと思う。名古屋はこれだけの経済圏があるのだから、市長がその気になればできる。

9 名古屋からの発信

暗黒時代

──若手の座談会（p.82参照）での話題だが、名古屋の「暗黒時代」という話題が出た。80年代後半から90年代に学生時代を送った若手にとって、名古屋は情報発信がなく内にこもっていたと感じていたようだ。建築家同士の交流もあまりなかった。

若山──その時代はバブルもあって景気がよく、名古屋は仕事があって、みんな事務所がそこそこやっていけた。そんなに頑張って発信しようなんて思っていなかった。それが暗黒だということだろうか。

笠嶋──大きな注目は浴びていないが、私は1980年代後半から90年代に作品を建築専門誌に発表していた。その後も、『クライス』（日本アントロポゾフィー協会造形芸術部門年報、石川恒夫編集）に2回。『COSTRUIRE』（Luca Maria Francesco Fabris編、ミラノ工科大学）に、2004年、2006年、2009年、2010年に作品を発表した。その他、南山大学教育学部心理人間学科の研究者（「2つの空」の施主とその同僚）と論文を発表している。

　私はR.シュタイナー人智学を個人的に学んでいる。その人脈から、上松祐二研究室（早稲

大学）に在籍していた石川恒夫さん（前橋工科大学、日本人智学協会造形部門代表）からの要請で、ゲーテアヌム（スイス）で開催された建築展「ルドルフ・シュタイナーの建築衝動と20世紀におけるその実現」（2000年）に2回出展した。

石川さんが企画した「第1回現場セミナー」（2006年）は、「やまさと保育園」と「聖テレジア幼稚園」（2001年 改修）が会場となって私が講演し、建築関係者ばかりでなくシュタイナー教育実践者も参加されていた。

やまさと保育園主催、あるいは協賛で開催された展覧会「ユネスコ・シュタイナー教育パネル展」（2005年）、「ルドルフ・シュタイナー展黒板ドローイング展」（ワタリウム美術館、1996 - 97年）では会場構成・展示を担当した。

私は複眼の建築家でありたいと、以前書いた。過去、現代、未来社会の問題・課題にも目を向けつつ、目の前の固有の敷地や人、暮らしが抱える課題にも「核心思考」をもって取り組みたい、というのが私のスタンス。建築界に限定して発信するのか、もっと広い、あるいは、異領域に向けて発信するのか、いわば関心領域の広さの違いだと思う。そういう意味でいうと、個人的に世界に発信している人たちは、研究者や企業家の中に多いのではないか。個々の発信が建築界で評価されているかどうかではなく、見ているところが違うように感じる。暗黒というのは疑問。視野が狭いのではないか。

──若山さんからも建築界ではなく、それ以外の世界に発信するという話があったが。

若山──それは重要なところ。日本の建築界って産業界から仕事を受けるのが大事なのだけど、建築家は『新建築』にすごく意識が向いている。

笠嶋──『新建築』が象徴的なのだけど、文化の一極集中になりかねない。視野と意識も多拠点じゃないと、文化的には貧困だ。社会全般にわたる世界的な潮流「diversity / 多様性」にも逆行する。地縁よりは問題意識が優先するかもしれない。

若山──笠嶋さんがさきほど話した宮沢賢二のような人の話とつながっているなと思ったことがある。この間、岡崎市出身の建築家、都市計画家の津端修一（1925 - 2015）さんの最晩年を追ったドキュメンタリー映画「人生フルーツ」（2016年、監督：伏原健之）を見た。津端さんは、レーモンド事務所を経て、日本住宅公団に1955年の発足と共に入社。「阿佐ヶ谷住宅」など公団の最初期の団地を手掛け、晩年は自らが計画・設計に携わった「高蔵寺ニュータウン」の一画で広いキッチンガーデンのある小さな家で夫婦で暮らしてきた。映画は津端さんが90歳でなくなる前後の2年間追ったものだったが、その生き方が、日本住宅公団が昔目指したつくり方や、市浦さんなんかともつながっていく。そいうところを、色んなところに発信する名古屋の母体性があると感じた。

──1980年代は奥ゆかしく名古屋を掘り下げているが、その中で培われてきたものを表現することも、今の時代なら受け入れてもらえるのではないか。

若山──都市と建築の地方性とか風土性を考えると、たとえば安藤忠雄のようなパワーは大阪からしか出なかったと思う。渡辺豊和とか出江寛も、大阪の風土の、そして対東京の根性から出てくるものがある。北海道でも毛綱毅曠とか、五十嵐淳とか、北海道の風土を作品に感じる。そういう風土性というのが名古屋から建築として出てこないだろうか。名古屋だから、こういう建築だ、というのはきっとあるのだろう。

「人生フルーツ」公式サイト
http://life-is-fruity.com/

2018年8月2日。CAtオフィスにて収録。

長島町通より名古屋市科学館を見る

名古屋圏をめぐる建築家像——ディスカッション ❷

2000年代に名古屋圏で設計活動を開始した5人の建築家が語る名古屋の今、そして未来

伊藤 孝紀　（建築家、名古屋工業大学准教授、TYPE A/B、モデレーター）
米澤 隆　　（建築家、大同大学専任講師、米澤隆建築設計事務所）
生田 京子　（建築家、名城大学准教授、STANDS ARCHITECTS）
吉村 昭範　（建築家、D.I.G Architects）
岩月 美穂　（建築家、studio velocity）
（発言順）

　この座談会では、主に2000年代に名古屋圏で設計活動を開始した、現在、30〜40歳代の建築家5人が、それぞれ何を考え、どのような活動をしているか、そして将来に向けてどのような可能性を考えているかを話しあった。それぞれが、なぜ名古屋で建築に関わっているかを語り、名古屋について考えることによって、次の世代に繋がる断片が見えてくるのではないか。

（伊藤 孝紀、モデレーター）

1 絶望の名古屋、希望の名古屋

名古屋で建築を学んでも、ここでは建築家になれないと思うぐらい絶望的だった（伊藤）
名古屋のよさはほどよいスケールとニュートラルであることによる居心地のよさ（米澤）

伊藤——私は三重県で生まれて、名古屋の大学と大学院を出て名古屋工業大学で働いています。私は在学中の1994年から設計活動を始めていて、現在は設計のほか、企業や店舗のブランディングや都市デザインを行っている。1993年に名城大学に入ったときは、名古屋で学び、名古屋で活躍している建築家はほとんどいなかった。当時『新建築』も名古屋に取材に訪れることは少なく、『新建築住宅特集』の掲載作品もほとんど見ることがなかった。名古屋で建築を学んでも、ここでは建築家になれないと思うぐらい絶望的だった。

米澤——僕は京都出身です。名古屋との縁は成り行きというところが大きい。そもそも、1年間限定の浪人期間の場として名古屋を考えていましたが、暮らしてみると愛着をもつようになり、名古屋工業大学に進学することになり、そこでも人にも環境にも恵まれ12年間も在籍することになりました。年々この地との様々な結びつきが強くなり、今ではどっぷり浸かり名古屋を拠点として活動するようになっています。一方で、伊藤さんの言われる絶望感というものは感じていませんでしたし、僕たちの世代にとってはおそらくピンとこない。

伊藤——だいぶ状況が好転していたのだと思う。私が活動を始めた1990年代は、宇野友明

撮影｜建築メディア研究所

いとう・たかのり
1974年10月17日 三重県桑名市生まれ／1994年 TYPE A/B 設立（2005年〜有限会社タイプ・エービー）／1997年 名城大学理工学部建築学科卒業／2000年 北山創造研究所／2007年 名古屋市立大学大学院芸術工学研究科博士後期課程満了／2007年 名古屋工業大学大学院工学研究科 准教授・博士（芸術工学）／2027年リニア中央新幹線の名古屋駅・西エリア デザインアーキテクト／JIA東海支部
主な作品：「lots Fiction」（2008年、『新建築住宅特集』2009年8月号、中部建築賞2009）、「aoihana」（2013年、『新建築住宅特集』2014年5月号、日本建築学会作品選集 新人賞2015）、「FUJISAN」（2015年、『新建築住宅特集』2016年9月号）、「JPタワー KITTE名古屋」（2016年、『新建築』2016年10月号、中部建築賞2017）、「クリばこ」（2018年、『新建築』2018年9月号、愛知まちなみ建築賞2018）

よねざわ・たかし

1982年8月17日京都府生まれ／2007年名古屋工業大学工学部卒業／2014年名古屋工業大学大学院工学研究科博士後期課程修了／博士（工学）／現在、米澤隆建築設計事務所主宰、大同大学専任講師

撮影｜建築メディア研究所

主な作品：「公文式という建築」（2011、SDReview2008入選、AR Awards 2011 Highly commended、JCDデザインアワード2012　金賞＋五十嵐太郎賞、THE INTERNATIONAL ARCHITECTURE AWARD 2013、日本建築学会作品選集新人賞2015）、「Glass Pavilion」（2013、U-30 Glass Architecture Competition 最優秀賞）、「福田邸」（2013、AR House Awards2015 Shortlisted、JIA東海住宅建築賞2015 優秀賞）、「「つくる」と「生まれる」の間」（2014、SDReview2014 入選）、「空き家再生データバンク」（2015、SDReview2015 入選）、「白と黒の家」（2015、JIA東海住宅建築賞 2017 奨励賞）

いくた・きょうこ

1971年1月5日 東京都生まれ／1993年 早稲田大学理工学部建築学科卒業／1995年 早稲田大学大学院理工学研究科修了／1995-2001年 株式会社大林組東京本社設計本部勤務／2002-2003年 デンマーク王立アカデミー建築学校客員博士課程に留学／2005年 名古屋大学環境学研究科都市環境学専攻博士課程修了／2005-2007年 名古屋大学工学研究科助手／2007-2008年 名古屋大学工学研究科助教／2008-2010年 名古屋大学施設計画推進室准教授／2008年〜 建築ユニット「STANDS」設立／2010年〜 名城大学理工学部建築学科准教授／JIA東海支部

撮影｜建築メディア研究所

主な作品：「forest bath」（2008年、『新建築住宅特集』2011年11月号、グッドデザイン賞2012）、「名古屋大学南部食堂」（2008年）、「月灯りの移動劇場」（2016年、グッドデザイン賞2017）、「まわり土間の家」（2017年）、「ものづくり創造拠点 SENTAN」（2017年、『新建築』2018年4月号）

さん（1960年愛知県生まれ、1990年に事務所開設）、服部信康さん（1964年愛知県生まれ、1995年事務所開設）、シーラカンスアンドアソシエイツ名古屋（CAn、2005年に名古屋事務所開設、伊藤恭行さんは1959年神奈川県生まれ、宇野亨さんは1963年岐阜県生まれ）の世代がまだ雑誌などに出てくる前の話。それが2000年代には好転していた。

米澤——確かに状況が変わった中で活動させていただいていると思う。上の世代の建築家が工務店を育て、その工務店が若手の建築家を育ててくれる。上の世代が悪戦苦闘して状況を好転してくれたおかげで、良い循環がおこり、次の世代への継承が行われようとしている。

伊藤——米澤さんは、たとえば、東京の大学に行く機会があれば行ってしまう？

米澤——名古屋だけというような強いこだわりはなく、関西でも活動していますし、関西も名古屋も東京もフラットに考えています。名古屋はほどよいスケールとニュートラルさがあり、地理的にも日本の中心に位置し交通の便もいいですし、活動の拠点として適していると感じています。名古屋にももちろん素晴らしい歴史がありますが、僕が生まれ育った京都ほどのコンテクストからくる厳格な縛りはなく、実験性を伴って仕掛けていくことができる場ともとらえています。

伊藤——私は名古屋にこだわって活動している。名古屋は耕しがいのある荒野というイメージ、プラス思考が基盤となっている。

2　名古屋のターニングポイント

NAC、彼らは先輩のような存在（生田）
2000年を超えるまでは暗黒だったが、その後大きな変化があった（伊藤）
僕が学生のころから現在に近い状況があった（米澤）

生田——私は埼玉の出身で、早稲田大学を出て、ゼネコン設計部に勤めていました。名古屋に来たのは、私も成り行きも大きかった。大学は歴史研究室で、そのまま大学に残ろうかなと思った時期もあったが、いちど社会に出ようと思い就職した。名古屋に来たきっかけは寿退社で、名古屋大学に入り直して博士課程に進んだ。名古屋に今後も居続けると思う。

　私が名古屋に来た2001年ごろは、すでに伊藤さんが言われるような絶望感はなかったと思う。そのころNAC（Nagoya Architectual Conference、名古屋建築会議、2002年設立）があって、伊藤恭行さん宇野亨さんのシーラカンスのおふたり、名古屋大学の恒川和久さん（1964年愛知県生まれ、1996年名古屋大学助手、現在同准教授）、愛知淑徳大学の清水裕二さん（1966年新潟県生まれ、1999年愛知淑徳大学専任講師、現在同教授）も参加していた。名古屋の建築界に来たときに知り合ったのがたまたまNACだった。まだみなさん若かったので、今より自由に「どんぐりひろば」などの活動をされていた。彼らは先輩のような存在。それから、2004年ごろになって吉村昭範さんたちが活躍されてきて、お話しを聞きに行ったりプロジェクトを見に行ったりしていた。

伊藤——五十嵐太郎さん（1967年パリ生まれ、2002〜2005年 中部大学講師、助教授）が数年名古屋にいらしたこともあって、急に名古屋から建築文化を発信する環境ができた。

米澤——NACという大人の集まりと同時に、その下部団体にあたるFLATという学生の集まりがあった。その動きが今の建築学生団体NAF（NagoyaArchiFes、2003年創設）の活動にもつながっていっている。学生たちの集まる場も、そのころからでき上がっていた。僕はFLATのメンバーではなかったが、学部生としてイベントにたまに行っていた。あとは、FLATが主宰する東海地区卒業設計展の「dipcolle（ディプコレ）」（第1回は2002年？）に出展したりもしていた。そう考え

よしむら・あきのり

1975年 愛知県生まれ／1998年 早稲田大学理工学部建築学科卒業／2000年 早稲田大学大学院理工学研究科修了／2000〜2004年 鈴木了二建築計画事務所勤務／2005〜2018年 D.I.G Architects（吉村昭範＋吉村真基）共同設立／2018年〜 D.I.G Architects（＊吉村真基 独立）／大同大学非常勤講師、愛知工業大学非常勤講師、JIA東海支部

主な作品：「M HOUSE」（2009年、『新建築住宅特集』2010年9月号、愛知まちなみ建築賞2012）、「フクシマモデル」（2009年、『新建築』2010年4月号、SDレビュー2008 SD賞）、「K HOUSE」（2011年、『新建築住宅特集』2012年7月号、中部建築賞2012）、「Sunlight of Calm」（2011年、愛知まちなみ建築賞2010）、「杜のひかりこども園」（2014年、『新建築』2015年4月号、愛知まちなみ建築賞2017）

いわつき・みほ

1977年6月22日 愛知県生まれ／2000年 工学院大学卒業／2002年 工学院大学大学院修了／2004-2005年 石上純也建築設計事務所勤務／2006年〜 studio velocity（栗原健太郎＋岩月美穂）共同設立／2010年〜愛知産業大学非常勤講師／2012年〜椙山女学園大学非常勤講師／2013〜2016年 金城学院大学非常勤講師／2015〜2016年 愛知県立芸術大学非常勤講師

主な作品：「愛知産業大学言語・情報共育センター」（2013年、『新建築』2013年7月号、JIA新人賞2016、日本建築学会作品選集新人賞2016、グッドデザイン賞2015、日事連建築賞奨励賞2015、第9回愛知建築士事務所協会建築賞優秀賞2015、第47回中部建築賞2015）、「都市にひらいていく家」（2013年、『新建築住宅特集』2014年1月号、愛知まちなみ建築賞2014、日本建築学会作品選集新人賞2016、JIA東海住宅賞優秀賞、すまいる愛知住宅賞2014）、「連棟の家」（2016年、『新建築住宅特集』2016年9月号、すまいる愛知住宅賞2018、おかざき景観賞2018）／「まちに架かる6枚屋根の家」（2016年、『新建築住宅特集』2016年7月号、すまいる愛知住宅賞2017愛知県知事賞、愛知まちなみ建築賞2017、日本建築学会作品選集2018）、「美浜町営住宅河和団地」（2017年、『新建築』2017年8月号、グッドデザイン賞2018）

ると僕が学生のころから現在に近い状況があった。

伊藤──2000年超えるまでは暗黒だったが、その後大きな変化があった。清水さん、恒川さん、伊藤（恭行）さん、宇野さん、五十嵐さんが現れた時期が名古屋のターニングポイントだった。

3 温室としての名古屋

名古屋は温室のような環境だと感じている（吉村）
絶望から希望への転換には、メディアの役割も大きかった（米澤）

吉村──私は生まれが名古屋で、名古屋工業大学の近くに住んでいた。東京に行きたくて、東京の大学に行って東京の事務所で働いていた。その後、独立するために現実的な理由で実家のある名古屋に戻ってきた。NACの周辺の方にも、名古屋で建築家として活動するのは厳しい環境だといわれていたが2005年から独立した。現在10年活動してみて、実作の建築をつくるという観点でみると名古屋は温室のような環境だと感じている。クライアントの数と建築家の数を考えると、東京に比べるとそこまで激戦区ではないし、経済的なゆとりもあり、土地の大きさもある程度大きくて、厳しいコンテクストもなくつくり上げることができる。実際生活する上でも、暮らしていて不都合が特にない。でもその環境が本当にいい環境なのかは、これからも考えていかなければいけない。

伊藤──そういった意味で、クライアントはどうだったのか。エッジが効いている建築を受け入れてくれるという意味なのか、お金や広い土地の面なのか。

吉村──両方とも前向きなクライアントが多かった。それを生かせるかは建築家次第ではあるが良い環境だった。

米澤──名古屋の建築界における絶望から希望への転換には、メディアの役割も大きかった。「大改造!!劇的ビフォーアフター」（朝日放送テレビ、2002年にレギュラー放送を開始）や、『カーサブルータス』（1998年に『BRUTUS』の増刊として誕生し、2000年より月刊誌）などの影響で、クライアントの建築に対する意識が高まった。デザイナーズハウスに憧れる方も増えた。クライアントである一般の方にはメディアの全国的な影響もありつつ、建築界においてはNACの活動によって耕されたという両極面で変化していったという実感がある。

4 名古屋圏を拠点とすること

最終的には帰ってきて名古屋や岡崎をよくしていきたいと思っていた（岩月）
名古屋に戻って来た同世代が非常に多い（伊藤）

岩月──私は岡崎市出身で、学生のころから名古屋には大須や栄に遊びに来たりしていた。その当時は、名古屋の街は、かっこいいなとは思えなかった。東京は、青山や原宿に多くの人がいて、魅力的なものがたくさんあった。最終的には帰ってきて名古屋や岡崎をよくしていきたいと思っていたけれども、東京に出たいと思った。

それから大学で学んでいきながら、今一緒にやっているパートナーである栗原健太郎（1977年 埼玉県生まれ）と出会う。大学の卒業設計は優秀作品に選ばれたが、あくまで学内の評価で終わっていた。そんな時、アイデアコンペに応募し1次審査を通過すると、他の大学の人と関わ

studio velocity（岩月美穂）の仕事

「Roof」あいちトリエンナーレ 2013（2013年、岡崎市）
『新建築』2013年12月号

愛知産業大学言語・情報共育センター（2013年、岡崎市）
『新建築』2013年7月号→p.193

都市にひらいていく家（2013年、名古屋市）
『新建築住宅特集』2014年1月号→p.157

美浜町営住宅河和団地（2017年、愛知県知多郡美浜町）
『新建築』2017年8月号

（写真提供：studio velocity）

ることができ、授賞式では建築家の方にも会って話すことができて、とても多くの刺激を受けた。そのような連続で、設立されたばかりの石上純也さん（1974年神奈川県生まれ、2004年事務所設立）の事務所にふたりで入った。そこでミラノサローネのインスタレーションに携わらせていただいた。建築をつくるとか、住宅を建てるだけでなく、環境や現象をつくる楽しさや可能性を教えてもらった。若い時は、住宅も大きい建物も、なかなか頼んでもらえないと思うが、そういった部分なら自分たちにもチャンスがあると感じて独立した。

伊藤——2006年に、栗原さんとstudio velocityを岡崎市で設立された。

岩月——最初は、東京で独立することも考えたが、土地も高いし、家賃を払うのに一生懸命になってスタディができない。いい建築をつくるには、どれだけぽっかりと空いた時間をつくり、スタディに費やすかが重要だと石上事務所時代から思っていた。たまたま私の実家に空き家があったので、空き家を住まい兼事務所にして家賃も気にせず使うことができた。その最初の作品として事務所の内装をリノベーションしたものが「SDレビュー」に当選した。はじめは、インスタレーションとかリノベーションをやっていたけれど、名古屋や岡崎は子どもも多くて、土地柄的にも家族になったら土地を買うことや、親や祖父母から土地を引き受ける循環があり、土地をもともと持っている人が多い。チャンスに恵まれて住宅がつくれるようになった。

　それから、大学の非常勤講師をやらせてもらうなかで、大学の施設を設計した。これからも名古屋や岡崎を拠点にしていきたいと思っている。余裕があれば東京にも事務所を持ちたいと思っていたが、そこまでしなくても、いい循環ができて雑誌にも取り上げられるようになった。その過程では、つくった建築について議論をさせていただき、批評されることもあった。そんなことが勉強になって、方向性を考える指標となった。

伊藤——メディアには建築家がそれぞれアプローチをしていて、その積み重ねによって名古屋が成熟していった。また、名古屋に戻って来た同世代が非常に多いので、点が線になり面になっていた。私が仕事を始めた当初は、同世代といえば吉村さんの印象しかない。今気づくと、たくさんの同世代が名古屋圏で活躍している。

5 引っかかり

自分の住んでいた街をみると、建築として全然「イケてない」なと思った（吉村）
名古屋の人って名古屋に対してなにか引っかかるような感覚がある（生田）
引っかかりと自由度のバランスがいいのが名古屋（米澤）

吉村——岩月さんに共感する部分としては、大学のころに実家に帰省したときに自分の住んでいた街をみると、建築として全然「イケてない」なと思った。なんとかしたいなと大学生ながらに思った。

生田——埼玉出身の私からみると、名古屋の人って名古屋に対してなにか引っかかるような感覚があると思う。自分の育った街としての認識がある。東京の人は都市が大きすぎて、スケール感的に引っかかりを持っているか怪しい。私も埼玉出身ですけど、あまりにもベッドタウンなのでそこまで引っかかりを持ちづらい。引っかかりを持ちやすいスケール感なので気になるのかなと思う。

米澤——引っかかりと自由度のバランスがいいのが名古屋。僕の妻の実家は埼玉県所沢市のニュータウンにあるのですが、歴史が浅く、計画的に急速的にできた町ということもあってか、引っかかりが少ない。妻の兄は、実家とは別に東京で家を建てているので、継続されないか

米澤隆建築設計事務所の仕事

公文式という建築（2011年、京都市）
『新建築』2011年9月号

Glass Pavilion（2013年、東京都）

福田邸（2013年、関市）
『新建築住宅特集』2014年7月号

海の家、庭の家、太陽の塔（2018年、知多市）『新建築住宅特集』2018年10月号→p.208

（写真提供：米澤隆建築設計事務所）

もしれない。一方、僕の実家がある京都を考えてみると、この地に室町時代から一族が代々住み続けてきたというような話があり、簡単にその地を離れるわけにはいかなくなる。名古屋はその中間で、京都ほどの縛りはなく、ニュータウンほどコンテクストが弱いわけでもない。そういった意味で豊かな建築を生み出す土壌としていいのかもしれない。

　子どもが大きくなったことを理由に、家も土地も売って、土地を買い替え新たに家を建てるという依頼があって、そのスタンスの軽さに驚いたことがある。けれども、同じ地域に住み続けたいというこだわりはある。土地には縛られ過ぎずも、地域への思い入れはあるというほどよい関係性を感じた。

伊藤——改めて名古屋の建築を見ていると、歴史的なものが結構多くある。多いのは寺社建築で、愛知県でお寺がいちばん多いのが名古屋だ。お寺が多いということは、人びとが地域に愛着があり、小さなコミュニティがあるということだと思う。

6　ワイワイ／ワチャワチャから発展していくこと

周囲の環境が、どんどん活動を広げてつなげていってくれた（米澤）
ジェネラリストになる方が、この地域では皆を繋げる潤滑油（伊藤）

米澤——先ほど、名古屋との縁は成り行きであると話したが、そんな成り行きを展開させていく土壌が名古屋にはあると感じている。それも、自分の意思を超えて、どんどん環境に巻き込まれていって思いもよらない方向に向かっていく。2002年に大学に入学し、学生時代は学内にとどまらず活発に活動をしていて少々目立つ学生だった。といっても楽しんでいただけなのですが。そんな中、とある大工さんと出会い、住宅の設計の機会をいただく。それがなんとか竣工すると、それを施工してくれていた職人さんからさらなる設計の依頼を受け2作目を、それを見聞きした近所の方から3作目をといった具合に展開し、大学院1年生のころには5つの設計プロジェクトを抱えることになっていた。こうなると僕ひとりの手には負えず、後輩たちを巻き込んで「米ゼミ」という設計勉強会を開催することになる。そんな中、若手建築家の登竜門といわれるSDレビューに入選させていただき、それを契機に建築家として設計事務所を主宰して活動していくことを決断する。学生たちとワイワイ、ワチャワチャ盛り上がって活動していると、それをまちづくりに生かしてほしいと声がかかる。そうこうしていると「米ゼミ」から優秀な学生が何人も育ってくるようになり、大学教員へと展開してくことになる。今では、建築設計やまちづくりのみならず、企業と研究室が協働して新たな建築の可能性を探求したり、中部地区の65人の学生たちと「みなとまち空き家プロジェクト」に取り組んだりなどもしている。僕としては目の前のことに懸命に取り組んできただけなのに、周囲の環境がどんどん次のステージに引っ張っていってくれ、新たな挑戦すべき課題を与え続けてくれる。

伊藤——それってすごく名古屋っぽいと思う。たとえば、東京だとコンペを取っても次がないから困るみたいな話を聞く。名古屋が温室という意味では、ワチャワチャやるとか、声を上げて活動すると、次の機会へと繋がっていく。

米澤——東京だと専門、細分化し過ぎているという印象です。まちづくりにしても空き家再生にしても、僕の専門のど真ん中ということではないが、興味はあるしやれなくもない。そういうことを引き受けていくとスキルが身についていきどんどん活動の周縁が広がっていく。スペシャリストというよりもジェネラリスト的なふるまいが求められる。

伊藤——悪く言うと、人材がいないからなのか。

STANDS ARCHITECTS（生田京子）の仕事

forest bath（2008年、長野県北佐久郡）
『新建築住宅特集』2011年11月号

月明かりの移動劇場（2016年、愛知県）

まわり土間の家（2017年、岐阜県美濃加茂市）

ものづくり創造拠点 SENTAN（設計協力）（2017年、豊田市）『新建築』2018年4月号→p.179

（写真提供：STANDS ARCHITECTS）

生田──狭い世界っていうことはある。

伊藤──ジェネラリストの必要性は、すごく感じている。スペシャリストになるよりも、ジェネラリストになる方が、この地域では皆をつなげる潤滑油になれるのではないだろうか。

7　コマコマ／チョコチョコ──小さなことから

やっていることは、そんなに「ザ・建築」じゃない（生田）
まちづくりの社会実験を小さなことから展開していきたい（岩月）
信用金庫や地銀が動くというのは地方らしいところ（伊藤）

生田──私はコマコマやっている。研究室活動として、中川運河で移動劇場や屋台を設営してみたり、豊田市で内装デザインなどもした。今も吉村さんの奥さんのおかげで、半田市亀崎地区にジワジワ通っています。やっていることは、そんなに「ザ・建築」じゃない。新城市の山奥にいって、子ども塾と関わって、建築というほどではないけれど、コマコマしたものをやって、意外と長く付き合って行く。名古屋のど真ん中ではないけど、愛知県の中でやっている。愛知には、そのような活動を許容していく豊かさや土壌もあって、同時多発的にコマコマやっている。

伊藤──建築にはならなくても、建物以上に大切なことや意義のあることもあると思う。

生田──たとえば、亀崎では最初は全然ダメで、地域の方にやりたいことを提案しても、話は聞いていただけるけど、ずっと受け入れられずだった。そうしていくうちに、学生が住民の方から駄菓子をもらってくるとか、おばあちゃんと話こむとか、住民と打ち解けて行った。それがチョコチョコやらせてもらうきっかけになった。そんな学生の中から吉村さんたちよりもさらに若い世代が出てこようとしている。彼らも小さなことからやり始める。そういった小さな第一歩になる柔らかさがある。

米澤──生田さんの活動って教育的な意義が大きいなと思う。そのようなコマコマっておっしゃったスケール感とかプロジェクトの性格が人を育てるし、実際育っている。

伊藤──学生が参加できるような活動や、産学連携できる場所があるのは大きいと思う。多くはないけど余力がないわけじゃないから、コマコマしたことの予算は付けてもらえる。

岩月──岡崎では以前から活躍している建築家の方々と一緒に、「図書館交流プラザ りぶら」で展示会をやらせていただいた。そういったところから住宅をつくるきっかけもあり、岡崎景観審議会の委員に選ばれたこともあった。また、岡崎の「おとがわプロジェクト」という、川沿いを良くしていくまちづくり活動にも参加して、岡崎で活躍しているまちづくりのNPOの方や地元で活躍されている建築家の方々と話し合いながら一緒に提案をしたこともあった。ただ、建築家としてどのような立ち位置で岡崎の歴史的まちづくりに関われるかという点が課題だ。プロポーザルも提案したが、あまり受け入れてもらえなかった。

伊藤──そういうときにコマコマとはできないのか。

岩月──乙川河川敷で地産材のヒノキを使った縁台「乙床 -otodoko-」という家具で人びとの居場所をつくる試みをしている。以前、リバーフロント部会時に提案した「街歩きが楽しいまち」岡崎を目指して、このような社会実験を広く展開していきたいと考えているが、河川敷での制約をどうクリアするかなど、課題は多い。

伊藤──岡崎にある企業との連携は。

岩月──岡崎信用金庫主催で、「鈴木禎次賞」の受賞作品＆学生作品展示会が行われている。学生作品展示では、名古屋工業大学の夏目欣昇先生が中心となり学生たちの卒業設計に対し

D.I.G Architects（吉村昭範）の仕事

M HOUSE（2009年、名古屋市）
『新建築住宅特集』2010年9月号

K HOUSE（2012年、長久手市）
『新建築住宅特集』2012年7月号

Sunlight of Calm（2012年、名古屋市）

杜のひかりこども園（2014年、豊田市）
『新建築』2015年4月号→p.182

（写真提供：D.I.G Architects）

て建築家が個人賞を選んでいる。鈴木禎次が設計した「旧岡崎銀行本店（岡崎信用金庫資料館、p.193）」という空間のなかで地元建築家の横山正登氏の声かけにより、岡崎出身の私たちと、Eurekaの稲垣淳哉氏とで審査員をした。そういうところに、一般市民の方や行政の方を呼んで、勉強会等を広げていきたいなと思っている。

伊藤──信用金庫や地銀が動くというのは地方らしいところ。東京だとメガバンクしかない。そんななかで、仕事や地域の活動をされているところはバランスがいいなと思う。

8　JIAでの活動

行政の方には、なぜ名古屋はコンペとかプロポーザルがないのかと聞く（吉村）
名古屋では、比較的同じレベルで付き合うことができる（伊藤）

吉村──団体としての活動は公益社団法人日本建築家協会（JIA）。今まで関わってきたのが「JIA東海住宅建築賞」（2013年創設）と、行政の方、組織設計事務所の方と、アトリエの方の意見を聞くレクチャーイベント。共通して思ったのが、情報の吸収の仕方に特徴があると思っている。

　住宅建築賞は作品の順位をつけるだけじゃなく、その公開審査は議論の場になっている。自分の作品が、どう評価されるのかが全国で活躍されている建築家の方々に意見を聞けるというのが大きいと思っている。最初は、何かの組織が賞をあげるというわけじゃなくて自分たちが立ち上げたグループ賞をつくるという話もあったけれど、それで本当にオーソライズされるのかという話もあったので、結果としてJIAということになった。

伊藤──そういう意味では建築家協会という存在は大きかった。既存の組織をうまく利用しながら、名古屋版にして自分たちの使用しやすいマニュアルに仕立て上げたという面もある。

吉村──JIAも支部にはスケールの良さがある。東京だと大御所が多くいて、それに従わないといけない雰囲気があるが、名古屋には若手のやりやすさがある。同じように、レクチャーイベントの方も、行政の方とか皆さんの意見を聞いてみたいと思ってやっている。よく聞くのは、建築家が行政の方から信頼されていないとか、ワークショップ（WS）がいいとか。でも、それがどうして行政の方から信頼されていないのかとか、なんでWSがいいのかが分からない。じゃあ実際にWSをやっている人に、どうやっているのかとかを聞く。その時は東畑建築事務所の方に話を聞いた。名古屋は組織事務所も、支店なので割とざっくばらんに色んな話が聞ける。行政の方には、なぜ名古屋はコンペとかプロポーザルがないのかと聞くと、どのような事情があるのかを教えてくれる。それは意義があることだなと思う。

伊藤──組織設計事務所は東京だと200人以上の所員がいても、名古屋支店は10人前後が多い。そのためアトリエと規模感がそこまで変わらなくて、組織でも顔が見える。比較的同じレベルで付き合うことができ、お互いに批評しあえるのがいい。

9　アートイベントの中のアーキテクト

建築に捉われない分野を横断した活動が今後大切（伊藤）
アーキテクトという立ち位置を明確にしているのが名古屋（米澤）
アートと街の活動があることが、どんどん名古屋圏が元気になっている要因（岩月）

TYPE A/B（伊藤孝紀）の仕事

lots Fiction（2008年、三好市）
『新建築住宅特集』2009年8月号

aoihana（2013年、三重県桑名市）
『新建築住宅特集』2014年5月号

ROYAL COUNTRY CLUB（2014年、豊田市）
→p.187

FUJISAN（2015年、名古屋市）
『新建築住宅特集』2016年9月号→p.163

（写真提供：TYPE A/B）

あいちトリエンナーレ

あいちトリエンナーレは、2010年より3年ごとに開催されている国内最大規模の国際芸術祭。開催目的として以下が掲げられている。①新たな芸術の創造・発信により、世界の文化芸術の発展に貢献する。②現代芸術等の普及・教育により、文化芸術の日常生活への浸透を図る。③文化芸術活動の活発化により、地域の魅力の向上を図る。
（「あいちトリエンナーレ2019」ホームページより）

伊藤──昔、岩月さんと初めてお会いしたのは「なごやデザインウィーク」（NDW、2007年に、建築家、デザイナー・インテリアショップが中心となり設立。2011年まで開催）だった。当時、建築家やデザイナーの集まりはあったが閉鎖的に感じていた。アートをやっている人や、デザイン、まちづくりなど、いろんな職種との引っかかりをつくっていきたいと思いNDWの創設に関わった。NDWは、2011年で終わってしまったけれど、建築に捉われない分野を横断した活動が今後はより大切だと思う。

岩月──独立したころからインスタレーションに興味があって、西浦温泉パームビーチの砂浜でインスタレーションを2回やらせていただいた。そこから五十嵐太郎さんが芸術監督を務められた「あいちトリエンナーレ2013」（2010年から3年ごとに開催される国際芸術祭）も作家としてやらせていただいた。NDWからあいちトリエンナーレに繋がっていると思う。トリエンナーレでは岡崎が会場になって、衰退していた街にあるデパートの屋上に若い人たちが集まったことが街づくりの一環としても貢献できたのかなと思った。トリエンナーレでは、愛知を拠点に活動するアーティストの杉戸洋さんと親交ができて、「豊田市美術館」での杉戸さんの個展（2016年、「こっぱとあまつぶ」）に関わらせていただいた。2019年もあいちトリエンナーレがある。

米澤──日本の各地で開催されている地域密着型のアートフェスにおいて、アーキテクトという存在が位置づけられていることが珍しい中、あいちトリエンナーレもそうですし、名古屋の港まちを舞台にした音楽と現代美術のフェスティバル「アッセンブリッジ・ナゴヤ」（2016年スタート）では、フェスティバルとして一過性のものとして終わってしまうのではなく、フェスがもつ非日常性を利用してアートや音楽の力により実験的に建築や町に普段とは違った見え方、使い方を与え、それを建築によって日常へと接続させることを目的にアーキテクトとして活動させていただいている。

岩月──そういうアートと街の活動があることが、どんどん名古屋圏が元気になっている要因に感じる。

伊藤──名古屋では、アートやデザイン活動、街づくりでも、アーキテクトという立ち位置があり、エッジがたてられる土壌が生まれつつある。それはいろいろな要素がうまく重なり合っている。ワイワイやっている活動が続いているのもあるし、いろんな主体やプレーヤーが連鎖しているのもある。そういった繋がりが名古屋らしい。

10　教育への視点

実際にクライアントに見せる模型をつくってもらうことで学校の課題とは違う刺激を与えたい（岩月）
設計を教える人はトッププレーヤーであるべき（伊藤）
独立しよう、自分らしさを発揮しようとする学生が多い（生田）
「楽しさ」、「成長」、「社会的なつながり」の3つが必要（米澤）

伊藤──教育の側面の話もしたい。学生たちにどんなことを伝えようとしているか。

岩月──学生には設計している現場を見に行くとか、そこで手伝ってもらうことで、大工さんと話すとか、実際にクライアントに見せる模型をつくってもらうことで学校の課題とは違う刺激を与えたい。そのような経験があることで、イメージが明確になり、将来の進路にもつながることはある。岡崎で事務所をやっているが、名古屋からもさまざまな学校の学生が事務所にきてくれるので、そういう場があることが学生にとっていい経験になると感じる。

米澤──名古屋圏にstudio velocityという建築家がいることで、学生にとっては憧れの対象

を身近に感じることができる。さらに学生が体験できる豊かな建築を地元で実現していること自体、教育的効果として大きい。

伊藤──大学で設計を教える人はトッププレーヤーであるべきだと考えている。暗黒時代のプロフェッサー・アーキテクトは名古屋工業大学の若山滋先生ぐらいで、ほぼ皆無に等しい。学生たちもプロが投げる球を見て、自分たちもこのくらいを目指さないといけないと肌で実感するのと、メディアで見た球をなんとなくこのくらいの速度だろうなと想像するのはまったく違う。だから、大学でも建築家としての思考や姿勢、振る舞いを見せることが大切だと感じている。

生田──私の大学は学生が多く、研究室に30人ほどいる。ひとつの作品に対して30人が3つアイディアを出すと90個のアイディアが出る。学生にとってはすごく過酷なことで、自分の案が選ばれる確率は1/30とちょっとしたコンペ状態になる。私の研究室では、大学院を卒業後半数ぐらいが、半年近くアトリエ事務所で見習いをし、その後正式に入っている。独立しよう、自分らしさを発揮しようとする学生が多いことが名古屋に来て驚いたこと。それを応援したいし、学生が独立した時にその人たちが続けていけるような状況をつくっていく必要があると感じる。

米澤──僕は学部、修士、博士を合わせて12年間と長く大学に在籍していたこともあり、学生時代から名古屋工業大学の後輩を中心に学生たちを集めて個人的に「米ゼミ」という勉強会を主宰してきた。研究室とは異なり強制力が働くわけではないので、やりたいというモチベーションを喚起させるためにも楽しくなければいけなかった。しかし楽しさだけでは、いずれ虚しさが訪れてしまうので、成長するということが必要でした。さらに継続を図るためには自身に閉じず他者に開くこと、社会的なつながりが必要だと考えた。「楽しさ」、「成長」、「社会的なつながり」の3つが必要であるというのが僕の教育において大切にしているポイントで、逆にこの3つがあれば大体うまくいくなという実感があります。展覧会への出展作品や建築の設計、制作なども「米ゼミ」の学生たちとワイワイやったりする。生田先生はコンペ的に競争原理を用いられているとのことでしたが、僕はそのオルタナティブとして、競争に勝ったひとりの案に収束させるのではなく、学生たちのアイディアを並列に多重人格的に重ね合わせ、異なるキャラクターが共存することによって生まれる豊かさということに挑戦してみています。学生たちひとりひとりの特性を引き出しプロジェクトに接続させていく。この経験から「同時多発的建築」という建築家としてのマニフェストに繋がっていった。教育から設計手法にフィードバックしていく。

伊藤──競争心が少ない名古屋的コミュニティのような感じもする。もっとそれぞれがライバル視しなくていいのだろうか。

米澤──チーム内では共闘することによる切磋琢磨を狙い、チームの外を対象として競争心を用いる。いずれにしろ、みんなで力を合わせてつくりあげることを大切にし、そのプロセス自体を建築化してしまう。

岩月──米澤さんは下の世代を底上げして名古屋を盛り上げている。

11 住宅作家からの脱却

自分のつくっている建築に対してちゃんと思想を語れるように（吉村）
住宅や商業という枠組みをあまり意識せず空間を考えていきたい（岩月）
まだ見ぬものへの憧れはある。前人未踏を目指したい（米澤）
アクションとリアクションが重なることがこの地域の良いところ（伊藤）

伊藤——われわれの世代はどういう位置付けなのだろうか。

吉村——名古屋で上の世代の活躍されている方は商業系が多い印象である。われわれの世代は主に住宅をやっている人が多い。住宅を作品にできる人がたくさん出てきたという時代だと思う。ただ、モノをつくることに専念していて、それを言葉にして論として組み上げていく人が少ない。名古屋の地域性や建築、自分のつくっている建築に対してちゃんと思想を語れるようになるとこの世代が充実していくと思う。

伊藤——客観的に見ると、上の世代が商業建築に携わる方が多く、名古屋を商業建築のメッカにした時代があった。その文脈をわれわれ世代ももう少し引っ張ってもいいのではないか。民間企業へアプローチした方がもっと仕事の幅が拡がると思う。

岩月——岡崎で美容院と店舗付き住宅をしていたのでそこから発展して、最近富山県で住宅とサロンとオフィスの複合施設の依頼があり、住宅以外もできてきている。住宅も含めた複合的な機能の建築をつくることで、小さな街のような状態が生まれ、住宅や商業という枠組みをあまり意識せず、空間を考えていきたいと思っている。

米澤——まだ見ぬものへの憧れはある。前人未踏を目指したい。それは未知の世界なので言葉を先行させず、結果として生まれてくるものに振り返って言葉を与える作業。あまり構えないというのが流儀かもしれない。スペシャリストよりもジェネラリストとして、新たな課題を引き受け活動を展開していく中で、これまでの活動との間に化学反応のようなものがおこり新しいものが生まれる。それは、カレーうどんであり、みそかつであり、あんかけスパゲティのようなものであるかもしれない。

伊藤——全国的にわれわれの世代を見ると、中村拓志さん（1974年生まれ、2002年事務所開設）や谷尻誠さん（1974年生まれ、2000年事務所設立）やトラフ建築設計事務所（2004年設立、鈴野 浩一1973年生まれ、禿 真哉1974年生まれ）など、デザインの幅が広いのが特徴だが、名古屋は住宅建築にこだわっている建築家が多く、それを打破しようと言いたい。私は積極的にプレゼンするように心掛けている。そこでダメだったとしてもそれを聞きつけた人が話を聞きたいといってくれることがある。アクションとリアクションが重なることがこの地域の良いところだ。

12 未来へ——30年後へのタイムカプセル

巻き込み巻き込まれつつ領域を拡大させ文化や歴史へと接続させたい（米澤）
できるだけ自由で、他者とつながるきっかけとなる建築をつくる（岩月）
日本全国や海外へと外に広がっていく建築を名古屋から（吉村）
つくりたいところだけに専念していくことは自分らしくない（生田）
挑戦者であり開拓者であることを大事に（伊藤）

米澤——フェスがキーワード。ワイワイ、ワチャワチャが日常をかき混ぜ、異なった人、こと、ものの接続を組み替える。何がおこるかわからないから不安でもあるが、何がおこるかわからないからこそ面白い。そんな中で、変わらないものと変わるものを大切にし、その時その時が常に過渡期であり続けることを意識し新旧が交り合うことにより生まれる豊かさを次なる創造へと継承し循環させ続けていきたい。前人未踏を目指しその過程で生まれてくる新しいものを未来のスタンダードとし、その歩んできた痕跡が文化や歴史となるように、いろんな人や事象を巻き込みつつ、周囲環境に巻き込まれつつ、その領域を少しずつ拡大させ、一歩ずつを大切に歩み続けていきたい。

岩月——どれだけ人の動きや出来事を想像できるかが、建築をつくる上で大切だと思っている。子どもを育てていると小学校に行く機会が多くて、お母さんたちと話す機会が増えたり、子どもが水泳の大会に出れば競技場の空間を体感したりできる。そんなひとつひとつの経験を大切にしながら、よい建築をつくっていきたい。大学の施設では、学生がどんな風にそこで過ごしていたり、何が起こっているのかを毎週のように見ることができ、自分が設計した建築をずっと見ていられる幸せを感じる。今はスマホなどで簡単に他者とつながれる時代。同じようにできるだけ自由で、他者とつながるきっかけとなる建築をつくることができれば、周辺や街がよくなっていくと思う。

吉村——私は最初に言ったように名古屋は温室だと思うので、温室に向けてふたつベクトルがあると思う。温室の中で成熟したものをつくることがひとつ。よい建築ができるポテンシャルがある。名古屋に現代の村野藤吾のような魅力的な建築家が現れるとすごいと思う。逆に、温室の中ばかりでは腐っていく怖れもある。日本全国や海外へと外に広がっていく建築を名古屋からつくっていくことが大切だし、自分も目指していきたい。

生田——私は自分の立場が3重人格になっているなと思っている。つくりたいものをつくる自分と、設計者選定などの公共の場、そして教育という3重人格の中にいる。つくりたいところだけに専念していくことは自分らしくないと思う。

伊藤——私は挑戦者であり開拓者であることを大事にしたいと思う。戦えるところとは率先して戦っていきたい。一方で、市民参加のまちづくりでは、みんなの意見を混ぜながら握手させていく潤滑油になるのも建築家の役割。まちづくりは互いに喧嘩すると進まないから、60点でもいいので仲よくして進めたほうがいい。ここでは仲人であれと思っている。今は教育者というより建築家として戦う姿を学生たちに見せていきたい。20年後には、挑戦者であり、開拓者であると共に、仲人に加えて、それまで培った経験を学生たちに伝えられる教育者が入り3重人格になれるように走り続けたい。

2018年7月4日。伊藤孝紀さんの事務所のある「クリばこ」にて収録。

名古屋圏の建築

「名古屋圏の建築」では、名古屋圏に竣工した建築作品を、歴史からみる時間軸と都市構造やまちづくり活動の視点、さらには地形や固有の風土からなる景観軸を包括的に加味しながら、体系的にまとめることを目指した。そのため、専門家によるコラムを交えて、名古屋圏の文脈を汲み取って建築作品を扱う「記録誌」としての意義を求め、さらに実際に建築を訪れるための建築ガイドとしての機能を持たせている。

過去から未来への時間軸

戦後から70年を超えて、戦災復興や高度成長期に建てられた建築作品のなかには、老朽化や用途変更のため消失していくものも増えている。特に、2027年のリニア中央新幹線開通に向けて大規模な再開発が予定されており、歴史的意義のある建築作品が、取り壊しか保存活用かの大きな転換期を向かえている。現存するものだけでなく、既に取り壊されたり、その時期が決まった建築作品にもフォーカスして記録した。

建築を読み解く都市構造

都市の成り立ちと構造に着目すると、いくつかの出来事に誘発された転換期（エポック）が見えてくる。国や行政の取り組みだけでなく、産業の変革、戦争や災害などの影響もあり、都市の様相は常に変化し、それが建築作品のあり方にも作用している。また、近年、まちづくりの営みや活動も盛んであり、大きな役割をもつ都市計画家やプランナーの存在と、建築家との関係を明らかにすることも重要な視点である。

地域を包括する景観軸

建築の設計は、対象敷地の地理的条件だけでなく、その周辺にある歴史的なまちなみや社寺仏閣、さらには河川や山間といった自然環境に加え、高速道路や橋梁といった土木構築物にも配慮する。建築を単体で紹介するのではなく、隣接する近郊の建築作品との関係性や、その地域にある社会基盤施設も並列に扱うことで、建築作品の意義を顕在化させたい。

地域固有の選定基準

「名古屋圏の建築──29の群景／360の建築」に掲載した建築作品は、学会や専門誌の評価に加え、作品賞の受賞を基準に選定した。「日本建築学会賞（作品）」を受賞した4作品や、『作品選集』（作品選奨を含む）に掲載された77作品、国内で最も古く継続されている建築専門誌『新建築』に掲載された145作品を取り上げた。さらに、この地域では、社会の発展に建築が貢献することを意図した「中部建築賞」が、50年にわたり継続されている。建築主、設計者、施工者の三者を賞する中部建築賞を受賞した153作品も対象としているのも、この地域固有の特徴である。

（伊藤 孝紀）

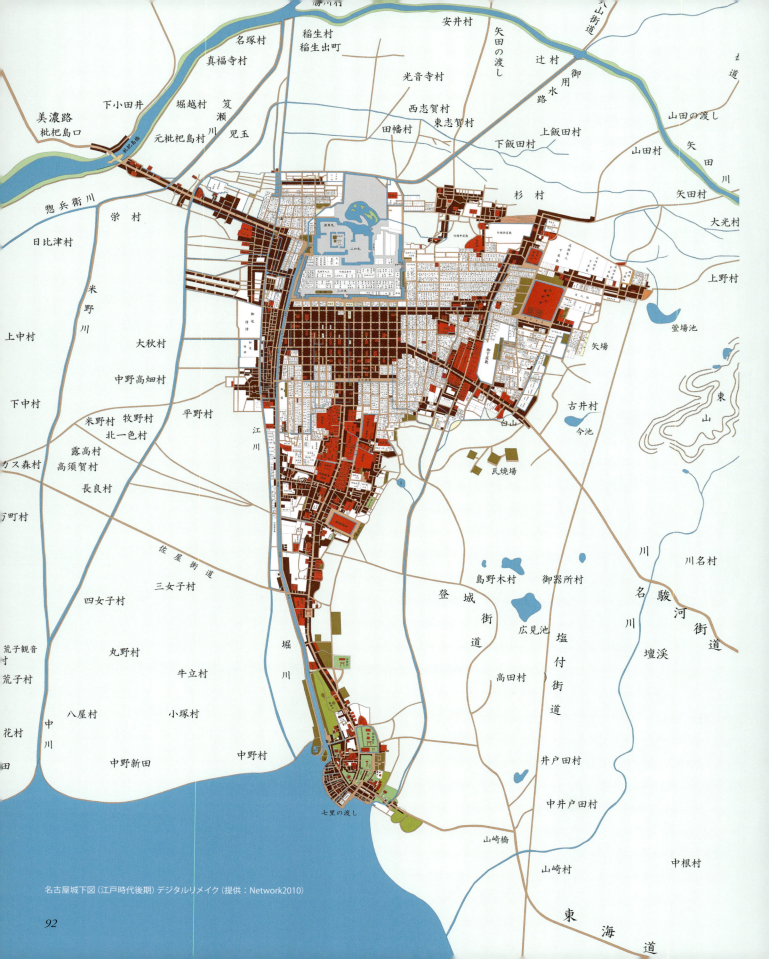

名古屋城下図（江戸時代後期）デジタルリメイク（提供：Network2010）

名古屋の都市構造とその成り立ち ❶
清須越から戦災復興後まで

井澤知旦（名古屋学院大学教授）

城下町の形成と清須越

　名古屋城下町の形成は、1610（慶長15）年の築城から始まる。それまでは清須が尾張の政治的経済的中心であった。関ヶ原合戦で徳川家は天下を押さえたとはいえ、西に豊臣政権が力を保持していたため、西国への防衛拠点が求められていた。清須は低湿地で水攻めにも弱く、大軍を集結する場所もないため、それらを解消する遷府場所として、3城跡の名古屋、古渡、小牧のなかから名古屋が選ばれた。

　名古屋城は熱田台地の北端に位置し、南端には熱田神宮が立地する。北側・西側とも湿地帯で攻めづらい場所である。城下町は清須越によって、120余の寺社、ほとんどの武家屋敷・町屋、橋や町名までも移転してきた。これ以外にも駿河越や京都越もあったが、清須越ほど大規模ではない。

　都市構造は名古屋城の南に碁盤割の町人地が、その南と東に接して寺社地が配置され、その周りを武家地が取り囲んでいる。本町通沿いの南寺町と飯田街道沿いの東寺町にそれぞれ50以上の寺社が集積しているのは、建物や境内地を兵士の駐屯場所に位置づけているからである。

　住区面積をみると、江戸・大坂・名古屋の三都の比較では、武家地と町人地が江戸と大阪の中間値的構成となっている。

　人びとの往来の主要往還（街路）は南北の本町通（5間幅）であり、城下と東海道宮宿を結ぶ。当時の物流は水運が主であるので、南北の堀川がその動線を担っていた。

江戸時代初期（1650年頃）の大都市の住区別面積比率

都市名	面積 km²	公家地 %	武家地 %	町人地 %	寺社地 %	空地等 %
江戸	63.42		68.9	10.6	12.4	8.1
京	20.87	3.3	5.0	40.1	14.0	37.6
大坂	14.16		23.7	52.3	8.3	15.7
名古屋	9.20		61.8	23.7	12.4	2.1

資料：内藤晶編著『日本名城集成 名古屋城』P.166、小学館、1985年10月。一部加工。

広小路 夜見世のにぎわい　本町通との交差点（『尾張名所図会』）。
出典 Network2010 http://network2010.org/article/22

四間道の今昔（左：『尾張名所図会』、右：現代）。

（写真・図版提供：筆者）

大火と都市計画

　碁盤割の街路（往還）は3間幅しかないので、相当建詰まっていた。よって、木造家屋で、火事になり強風にあおられると大火になる。万治の大火（1660/万治3年）では町屋2,247、武家屋敷120、寺院30が焼失したといわれ、焼失範囲は碁盤割（東側が中心）の6割強にのぼる。そこで堀切筋3間（排水路1間を除く）を13間に拡幅した。広小路である。

　広小路は江戸明暦大火（1657/明暦3年）後の都市改造を参考に、火除として整備された。碁盤割の中央でなく南限にあるのは、町人地と武家地の境に置かれたためであろうか。あるいは城下町の南下拡大の契機にするためであったのだろうか。1669（寛文9）～1729（享保14）年の60年間で市街地が54％も拡大した。広小路では後に数十軒の出茶屋、見世物、芝居小屋等が立ち並び、人びとが繰り出す繁華街に変化していった。これだけ大きな広場空間が城下町にはなかったためである。

　次に元禄の大火（1700/元禄13年）が発生し、町屋1,649、寺社15が消失したといわれる。堀川沿いの美濃路の1本西側の街路を3間から4間に拡張して四間道（p.122）と名づけた。

　これだけの幅員では防火帯の役割を果たせないが、片側に立ち並ぶ豪商の土蔵が防火性能を高めた。

吉田 禄在
(よしだ・ろくざい、1838 - 1916)
1838年尾張藩士の子として名古屋城下に生まれる／1878 (明治11) 年〜1888 (明治21) 年 名古屋区長／その後、名古屋実業界において活躍／1916 (大正5) 年没

尾張藩主宗春の登場と失脚

　1730 (享保15) 年、さまざまな曲折があって徳川宗春が7代尾張藩主に就く。その当時は徳川吉宗が8代将軍であり、財政難にあえぐ幕府にあって、緊縮政治・規制強化が行われていた。それに対し、宗春は政治方針として「温知政要」を公表し、法度は最小限にして規制緩和を行い、民衆が生活を楽しめば、消費が拡大し、経済も活性化するという考え方を打ち出した。

　この幕府と異なる宗春の元気政策のため、多くの職人・芸人が名古屋に集まり、商業・工業・サービスの一大盛隆をもたらしたが、これは長くは続かなかった。将軍吉宗と対立することで1739 (元文4) 年に失脚することになる。わずか10年の治世であったが、宗春によって「ものづくり名古屋」、「芸どころ名古屋」の礎が築かれたのである。

明治・大正の都市政策

　1868年、江戸から明治に時代が変わると、列強欧米に伍すべく、都市の近代化が進められていった。いわゆる国土 (都市) 基盤である道路と鉄道、港湾等の整備である。この名古屋も例外でなく、1886 (明治19) 年に東海道線 (武豊〜一宮) が敷設され、笹島に名護屋駅 (翌年に名古屋駅と変更) が整備され、アクセス道路として広小路通が延伸された。1895 (明治28) 年に関西線、1900 (明治33) 年に中央線が一部であるが開通する。当初、東海道線は中山道ルートの予定であったが、現ルートに変更させたことは、当時の名古屋区長、吉田禄在 (1838 - 1916) に負うところが大きい。

　これらの整備は陶磁器や繊維などの地場産業を大きく発展させ、物流基盤である港湾 (当時は熱田港) も1896 (明治29) 年から第1期築港工事が着手された。

　東海道線も中央線も旧城下町を取り囲むかのように周縁部に敷設されており、名古屋駅は市街地のはずれの低湿地帯 (笹島) に立地した。そのために、広小路通も13間幅員で西に延伸し、名古屋駅へアクセスする主要街路とした。

　江戸時代に広小路が整備されたのち、伝馬町などから店舗が移転していたが、名古屋駅とつながることでいっそうメインストリートの役割を担うことになる。それゆえ、「愛知県庁」、「名古屋市役所」、「名古屋商業会議所」、「日本銀行名古屋支店」などの行政機関が集積していくと共に、大正・昭和初期にかけて、伝馬町や茶屋町にあった銀行・保険会社のほとんどが広小路に移転していった。商業・金融の集積と西洋風の景観の形成によって、広小路通は近代化のシンボル軸を形成した。市電が広小路通を走ることによって、よりシンボル性が高まった。

近代化に向けた河川・公園・道路整備

　江戸時代の街をそのまま引きずって明治に入るも、密集した市街地では新しい都市基盤の整備は進まなかった。

　1880年代前半、精進川 (現在の新堀川) の氾濫に悩まされ、また太政官通達で本格的公園を整備するよう求められていた名古屋市は、愛知県令に建言するも予算がないことから実現しなかった。

　しかし、その20年後の1904 (明治37) 年に国が東京砲兵工廠熱田兵器製造所の設置を計画した。それを契機に、精進川の開削土砂を熱田兵器製作所に売却し、用地嵩上げと排水路を確保すること、さらなる残土を鶴舞公園造成に充てること、を市会で了承され予算可決された。1909 (明治42) 年に鶴舞公園 (31.9ha) が開設し、翌1910 (明治43) 年に新堀川 (5.7km) が竣工した。愛知県は鶴舞公園で地場産業の振興を図るイベント「第10回関西府県連合共進会」を1910 (明治43) 年に開催することを決定し、90日間で263万人の入場者を記録した。「熱田兵器製造所」の整備を契機に、精進川の改修と鶴舞公園の整備、産業振興イベントを同時に実現すること

土地区画整理事業等による市街地の整備状況
出典：名古屋市『名古屋新世紀計画2010』p.188、2000年11月

1926年都市計画街路及運河網並公園配置図
出典：(財)名古屋都市センター『名古屋都市計画史 図集編』p.58、1999年3月

名古屋都市計画区域内土地整理施行図と名古屋環状線・中川運河
出典：(財)名古屋都市センター『名古屋都市計画史 図集編』p.86、1999年3月、一部加工

ができた。

　他方、名古屋の南北軸は本町通があるが、主軸となるには幅員（5間）が狭かった。そこで1908（明治41）年に栄と熱田町を結ぶ南北の新主軸として大津通（幅員13間、延長8.8km）が整備された。それにより大きく変貌したのが大須であろう。1912年（明治45/大正元）に万松寺が寺領を商業地に開放したため、物販店、飲食店・料亭、芝居小屋、映画館、さらには古道具、古建具商が集積し、一大繁華街へと発展していった。

昭和の名古屋駅と都市基盤

　昭和戦前のエポックは「新名古屋駅」の設置であろう。東海道線の名古屋駅そのものが混み合い、関西線・中央線が乗り入れるため、当時の笹島の名古屋駅では対応できなかった。そこで北へ400m移動した現在の場所に、地上6階地下1階の東洋一と騒がれた新駅が設置された。完成が1937（昭和12）年である。新駅の移築に合わせて、アクセス道路として桜通（幅員50m）が整備される。広小路や大津通の2倍以上の幅員をもつ広幅員街路であった。

　この年（1937/昭和12年）は鶴舞公園の動物園が「東山動物園・植物園」として移設開園され、また「名古屋汎太平洋平和博覧会」が名古屋港（現港区港明・港楽界隈）で開催された年でもあった。90日間の開催で78日間480万人の集客があった。なお、関連してトヨタ自動車工業が豊田自動織機製作所から独立したのもこの年であった。

都市計画の母、耕地整理と区画整理

　土地区画整理事業は都市計画の母と呼ばれる。都市計画を実現するうえで汎用性と総合性に富んでいるからである。基本原理は、皆で土地を出し合って、道路や公園等の公共施設を整備する（公共減歩）と同時に、事業費も捻出（保留地減歩）することにある。従前の権利を従後の権利に置き換える換地という手法をとる。

　名古屋市は戦前より耕地整理・旧法土地区画整理を、戦後に新法土地区画整理を導入して、現市域の7割の都市基盤を整備してきた。

　耕地整理は字義通り農地整理なのだが、これを都市開発に応用したのが笹原辰太郎（たつたろう）（1861-1929）であった。彼は愛知郡長時代に名古屋の発展を見越して、大正大耕地整理事業（5千町歩構想）を計画し、都市基盤を整備しようと考えた。しかし、愛知県令に拒否されたため、愛知郡長を辞任し（1913年）、自ら東郊耕地整理組合を設立して、その長として実現に取り組んでいった。ここでの特質は、地主の賦課金のかわりに現在の保留地減歩の考え方を導入したこと、都市経営的観点から市電の敷設を検討したこと（道路幅員は確保したが実現せず）があげられ、これがその後の名古屋の区画整理事業が活発化する導火線となった。

　それを引き継いだのが、石川栄耀（ひであき）（1893-1955）であった。彼は1920（大正9）年から1933（昭和8）年まで都市計画名古屋地方委員会の技師として、名古屋の都市計画を主導してきた。「都市計画に王道なし、ただ区画整理あるのみ」という考え方に基づき、「名古屋土地博覧会」（1928/昭和3年、鶴舞公園、1万人来場）などを通じ、土地区画整理事業を積極的に普及し、名古屋郊外で実践してきた。

　1926（大正15/昭和元）年に名古屋街路網計画（延長50里、5〜6千万円の整備費用）を作成し、実現手法として土地区画整理事業を充てていった。その事業主体は民間組合施行とし、そのため保留地を高値処分できるよう、各種施設の誘致・交通機関の導入といった経営主義を貫いた。中川運河の開削、田代地区区画整理事業と東山公園用地の確保の連動化（1929/昭和4年）、名古屋環状線の整備など、区画整理を通じて実現していった。

戦災復興土地区画整理

太平洋戦争に突入すると、軍需都市であった名古屋は徹底的に空襲によって破壊された。38回にも及ぶ空襲で罹災面積は3,850haに達し、当時市域の1/4、主要市街地の1/2以上が灰燼と化した。

これまで密集していてほとんど手が付けられていなかった主要市街地に対し、名古屋市はいち早く戦災復興計画を作成し、復興土地区画整理事業3,452haに着手した。この陣頭指揮を執ったのが、内務省名古屋土木出張所長だった田淵寿郎（1890 - 1974）であった。技監兼施設局長として名古屋市に入庁し、のちに助役の任を担い、都市整備を推進した。

田淵復興計画の理念は、①全体を見ながら実施（横にらみ）、②8m以上の道路整備（碁盤割では15m、20mを交互に）、③市内通過鉄道は立体交差（金山・千種・鶴舞・大曽根等）、④学園（小学校）と公園（街区公園）の一体化、⑤防災上、中心部四分割（100m道路、新堀川沿15m道路）、⑥中心部の墓地の集約移転（平和公園）、⑦高速鉄道の整備、⑧名古屋港の拡張、⑨住宅地の確保であった。特に久屋大通（1.74km）と若宮大通（4.12km）の2本の100m道路は名古屋戦災復興のシンボルになっている。

また、市街地の278ヶ寺、18.7万余基を平和公園に集中移転したことも特筆される事業である。復興後の高度利用を前提とする市街地を勘案すると墓地はその阻害要素となり、経済的にも衛生的にも問題が大きいと判断したためである。

戦災復興後

今日の市街地の構造は江戸時代の碁盤割を踏襲しつつも、近代化に対応しつつ改造を加え、戦災復興によって現代都市にふさわしい都市基盤を有することとなった。

その後、地下鉄とそれと一体となった地下街の整備、都市高速道路の整備が進められ、名古屋の都市構造を変えていった。特に戦後合併した郊外部へ延伸する地下鉄や自動車専用道を、区画整理手法を駆使して実現していく様は、戦前の経験を踏襲している。

具体的には地下鉄東山線の星ヶ丘〜藤ヶ丘（4.4km）を延伸するにあたって、4つの民間組合が路線用地、駅前広場、車庫用地を無償提供することで実現にこぎつけた。車庫用地を提供した藤森東部組合は少ない保留地減歩で事業費を捻出すべく、保留地を駅前に集合換地させ、市街地住宅の誘致や商店街整備を進めていった。まさに都市経営であり、今でいうエリアマネジメントの先駆であった。

おわりに

名古屋の都市形成史の概略を述べてきた。江戸期の城下町を基本骨格として、近代都市への脱皮を図ってきたが、耕地整理・土地区画整理によって対応し、特に戦災復興では旧城下町エリアを中心に大胆に再生していった。まさに区画整理が都市計画の母であることを実践した都市である。戦後も地下鉄・地下街や高速道路、港湾の整備などが進められていったが、リニア新幹線の整備を除いて、概ね都市基盤整備の時代は終焉を迎えた。これからはこれまで蓄積した都市資産を有効に活用して、名古屋の都市活力を高めていく、まちづくりの時代に入ってきている。

（いざわ・ともかず）

市街地の墓地移転状況
出典：伊藤徳男『名古屋の街―戦災復興の記録』中日新聞本社、1988年7月

参考文献

新修名古屋市史編集委員会『新修名古屋市史 第3巻』名古屋市、1999年3月

新修名古屋市史編集委員会『新修名古屋市史 第5巻』名古屋市、2000年3月

新修名古屋市史編集委員会『新修名古屋市史 第6巻』名古屋市、2000年3月

内藤昌編著『日本名城集成 名古屋城』小学館、1985年10月

清須越400年事業ネットワーク編著『清須越：大都市名古屋の原点』清須越400年事業ネットワーク、2011年5月

名古屋市博物館編『大にぎわい城下町名古屋』2007年9月

（財）名古屋都市センター『名古屋都市計画史 図集編』1999年3月

戦災復興史編集委員会『戦災復興史』名古屋市計画局、1984年3月

佐々木葉「名古屋市の区画整理の礎を築いた人物笹原辰太郎について」『土木史研究講演集 Vol. 31』、土木学会、2011年6月

伊藤悠温「名古屋市平和公園墓地設立の経緯について」『国際広報メディア・観光学ジャーナル』18巻、北海道大学、2014年3月

伊藤徳男『名古屋の街―戦災復興の記録』中日新聞本社、1988年7月

井澤知旦「名古屋の都心空間の変容と地域まちづくり」中部都市学会『中部の都市を探る』pp. 287-303、風媒社、2015年1月

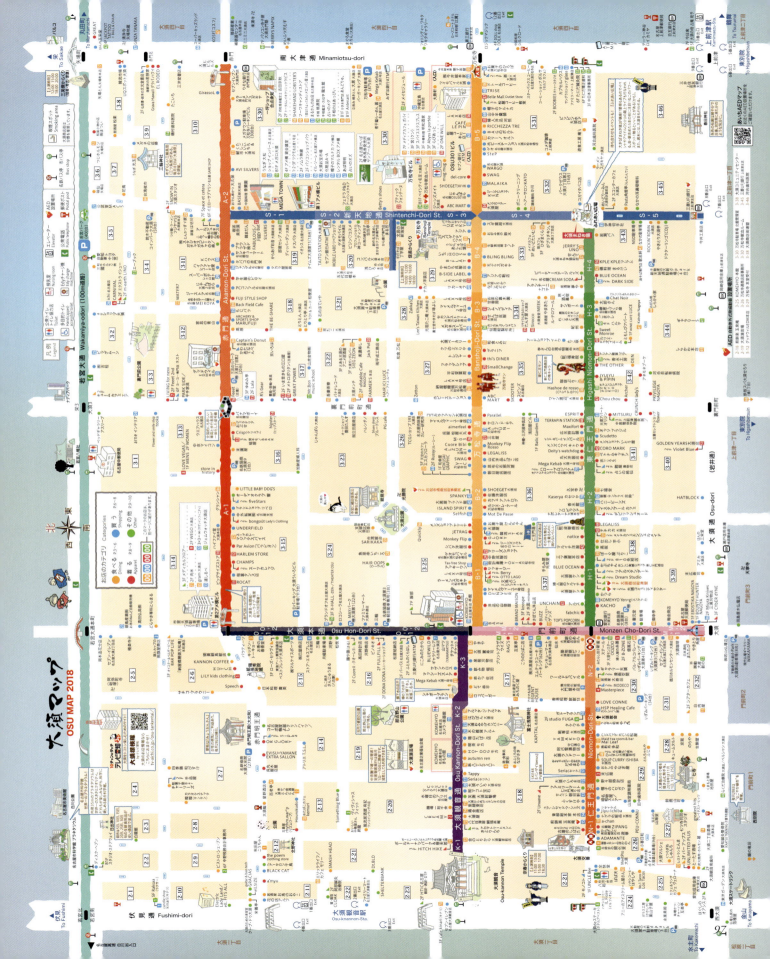

名古屋の都市構造とその成り立ち❷
建築を支える都市のフレーム

竹中 克行（愛知県立大学教授）

ふれあい広場と大須まねき猫。

前頁：大須マップ。名古屋大須商店街ホームページ（http://osu.co.jp/map/map.html）より。

名古屋市町並み保存地区

名古屋市が1983（昭和58）年より実施している「名古屋市町並み保存要綱」に基づき、有松地区（1984/昭和59年）、白壁・主税・橦木地区（1985/昭和60年）、四間道地区（1986/昭和61年）、中小田井地区（1987/昭和62年）の4地区が「名古屋市町並み保存地区」に指定された。

（図版提供：筆者）

都市の持続的空間文脈

　都市は生きている。自ら変化する営力を内蔵することが、都市であるための根本的な条件のひとつである。

　名古屋の大須商店街に漲る活気は、ショッピングモールの賑わいとは明らかに異なる。モールでは、経営会社の戦略によってデザインされ、選び出されたテナントが並ぶ。それに対して、商店街に暖簾をかけているのは、その場所に縁があって、または惹かれて商売を始めた人たちである。固有名詞をもつ土地と強固に、あるいは緩やかに結ばれた人びとの意思で生まれた空間＝社会の複合体であるところに、商店街の活力の源泉がある。

　大須に関してもうひとつ見落とせないのは、事業と担い手の両面で新陳代謝の回路が働いていることである。不動産所有者が事業からリタイヤした後、軒先を貸す意欲や仕組みをもたなかったため、衰退の一途を辿っている商店街は数え切れないほどある。都市空間はそれを有効利用できる人の手に委ねることでいきる。無数の意思と結ばれた空間こそが、モールとは違った商店街の特質である。

　地の縁を保持しながら代謝を繰り返すというのは、都市が生きつづける営為そのものである。空間が土地との繋がりを失って、容易にコピーできる商業モデルで開発されると、見かけだけ綺麗な抜け殻のイメージに陥ってしまう。必要なのは、土地と人の関わり、そしてそうした関わりを共にする人々の交点に成立する、都市の持続的空間文脈を見抜き、進化させるくとである。

　持続的空間文脈そのものを可視化することは簡単ではないが、そうした文脈の働きを支える物質的なフレームを特定することは可能である。以下、「都市のフレーム」をキーワードとして、名古屋の都市構造のなりたちを考えてみたい。

歴史的な町割

　都市のフレームをつくる各種要素のなかで、わかりやすいのは町割である。たとえば、名古屋市が指定する4つの町並み保存地区＝有松地区、白壁・主税・橦木地区、四間道地区、中小田井地区において、町並みを安定させている要因は何だろうか。歴史的な建築物が有する価値は指摘するまでもないが、より根本的には、都市空間における建築物の位置関係やボリューム感を規定する町割が重要である。上記の町並み保存地区では、前近代に形成された町割の多くが今日に継承されている。

　技術面の制約が厳しかった時代の人びとは、掘割を切って水を引くといった土木事業を行いつつも、既存の環境と折り合いをつけながら町をつくった。その好例は、徳川家が築いた近世名古屋城下町の空間構造に見ることができる。名古屋城を中心に上級武家地、町人地、中級武家地、寺町を配した逆三角形の城下町は、城主の膝元での商売繁盛をねらった政治的ビジョンの表れである。しかし同時に、関ケ原の方向を見通せる台地北西端の崖上を軍事上の

白壁の街路。

要諦とし、台地上の上級武家地と町人地を掘割で仕切るという、周到に練られた土地開発のプランでもあった。それは、既存の環境を利用し、一定の手を加えることで戦略的な利用価値を高める地政学的論理の表現にほかならない。

　台地の縁辺部に視線を向けてみよう。飯田街道や熱田から通じる街道が城下町にアクセスする地点には、防衛的意図をもって寺町が配置されている。現在の白壁・主税・橦木エリア（以下「白壁エリア」と記す）は中級武家地とされ、堀川端の四間道エリアには問屋・材木商などが立地した。

　白壁エリアは、大局的には安定した洪積層の上にあって、熱田台地の東端から大曽根面へ移行するゾーンに位置している。矢田川の旧河道がつくったとされる大曽根面は、熱田台地よりも数メートル標高が低い。ゆえに、ほぼ完璧にフラットな面をなす碁盤目の町人地とは違って、白壁エリアを貫く街路を歩くと、地形的な抑揚をはっきり体感することができる。このエリアに居を構えたのは、数百坪から一千坪ほどの土地を得た中級武士だった。町屋が軒を連ねる町人地とは対照的に、広い裏庭や桑畑を擁する敷地の中に屋敷がぽつりと建っている様子が想像される。そうした状況は、明治期になってもしばらくの間、大きくは変わらなかったようである（図❶）。

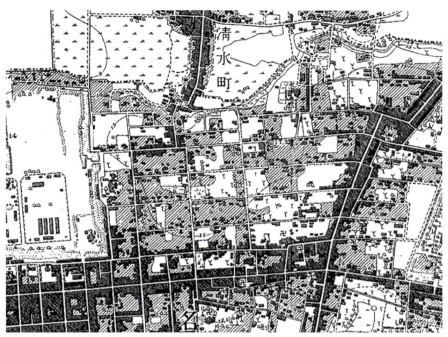
図❶　白壁エリア周辺（2万分の1地形図、明治24年測図）

　明治半ば以降、白壁エリアは、瀬戸・東濃産の陶磁器への絵付けを中核とする工業地区へ変貌する。そこにかつての武家屋敷に代わって姿を現したのが、絵付長屋や有力実業家の邸宅である。太平洋戦争に際しては、一部に空襲被害があったものの（現在の山吹谷公園付近など）、大部分の街区が戦火を免れた。このため、戦後は南北方向の道路が新設されるなどの変化を伴いつつも、町割の骨格が維持され、その中に多くの近代建築が残った。白壁町筋、主税町筋、橦木町筋といった近世の街路が現代の町名に継承されたことは、このエリアの集合的記憶にとって大きな意味をもっている。今日、地割の細分化を免れた白壁エリアの街区は、再び、高級宅地としての風格を放っている。在来種の樹木が目立つ家々の庭や大木に育ったクスノキが、前近代から連なるこのエリアの来歴を象徴する。

「第二の自然」──堀川と四間道

　町中を流れる川が少ない名古屋にあって、堀川と中川運河は貴重な水面である。

　名古屋城築城時に開削された堀川は400年余り、昭和初めの中川運河はまもなく築後100年を迎えようとしている。いずれも成り立ちとしては人工水路であるが、開削以来の長い時間を経て護岸地に大きな緑が育ち、名古屋の生態環境の一部をなす「第二の自然」ともいうべき存在になった。

　堀川は、名古屋城から熱田湊に至る台地西縁の傾斜地を掘り下げてつくった水路で、現在の猿投橋から河口までは潮が自然に出入りする感潮域をなしている。のちに庄内川から水を引き、堀川に接続する黒川（当初は御用水）が整備されたため、今日の堀川は、庄内川の支流を

四間道。→p.122

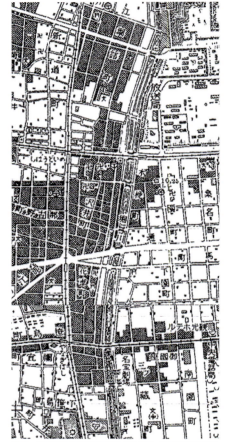

図❷　四間道周辺（2.5万分の1地形図、昭和22年四修）図中の「沢井町」付近が四間道エリアにあたる。

久屋大通公園と名古屋テレビ塔。

なす一級河川に位置づけられている。

　堀川を支持線として形成された四間道（しけみち）は、太平洋戦争時の激烈な空襲被害のなかで、幸運にも焼け残った数少ない都心エリアのひとつである。1947（昭和22）年の地形図を参照すると、いまだ復興ままならぬ「白地」地帯の傍らで、戦前から連続する四間道一帯の町並みが見て取れる（図❷）。消失を免れたがゆえ、戦後も区画整理の対象にならなかった四間道エリアは、前近代から続く路地と町家がつくる都市空間を器として、近年、古民家のリノベーションが盛んな流行りの町になった。

　近世に遡って四間道の空間の履歴を繙いてみよう。

　堀川を挟んで東岸には材木商や木挽職人の町が形成され、西岸は商人町として発展した。堀川は、熱田台地の西端をなす傾斜地の中ほどに掘られたため、水路に並行する南北方向の道は、西側のものほど低い位置にある。東岸に並行するのが木挽町通、西岸の川に近い位置を走るのが大船町通（美濃路）であり、もう一段下がった西側を四間道が通っている。大船町には有力商家の母屋や土蔵が立ち並び、四間道への接道面に石垣を積むことで、大船町通から連続する平地を確保した。今日に残る「伊藤家住宅」は、大船町通を挟んで堀川から四間道に至る空間の一体利用を体感できる貴重な例である。対照的に、四間道よりも西側の低地には路地網が形成され、そこに比較的簡素な町家が建った。

　元禄の大火（1700/元禄13年）後、防火対策として道路幅を2間から4間に拡大したというのが、四間道という名前の由来に関する俗説である。その真偽はともかく、1本の道のみを見ていたのでは、四間道エリアの空間＝社会のなりたちは理解できない。土蔵と町家がコントラストをなす四間道は、近年、散策のメインルートになっているが、元をたどせば大船町通の裏筋にすぎなかった。熱田台地西縁の地形的落差とそこに開かれた堀川をフレームとして、職業階層ごとに南北方向の帯状に形成された都市空間のあり方は、堀川を挟んだ都心エリアの今後を考えるうえで多くの示唆を与える。

時代を画したランドマーク──名古屋テレビ塔と名駅エリアの超高層ビル群

　名古屋のまちづくりは土地区画整理の歴史だといわれる。そもそも、近世城下町に敷かれたグリッドパターンこそ、土地区画整理の最初の野心的な試みではないか。もちろん、換地や減歩による地権者間の所有権の調整ではなく、事業を通じて生み出された空間のかたちを指してのことである。

　碁盤目という名古屋都心のいささか「単調」な空間にあって、町にメリハリを与え、人びとの知覚認知を支えてきたのが本町通や広小路といった基幹街路である。戦後の復興都市計画において、近世のグリッドの一部を再開発して「100m道路」としたことは、先見の明に富んだ選択だったと思う。既存のフレームを進化させ、次なる都市の共有像の形成にむけた下地を用意したからである。とりわけ、札幌や東京に先駆けて建設された「名古屋テレビ塔」（1954、p.124）は、戦後の名古屋を象徴するランドマークとして揺るぎない地位を確立した。そして、多目的利用が可能なパークウェイの空間と合わさることで、栄（さかえ）エリアに対して適度のキレを伴った眺望と共に、潤いの感覚を与えている。共同利用に適した空間的なゆとりを名古屋人の都心・栄が有する貴重な資産として進化させることが、次に述べる名駅（めいえき）エリアとの対比において大きな意味をもつのではないか。

　近世城下町の碁盤目に成立した栄と違って、名駅エリアは、1886（明治19）年に名古屋（当初は名護屋）駅が現在の笹島交差点付近に開業するまで、葦の生える湿地帯だったようである。交通革命が都市を変えた例は世界各地にみられるが、鉄道が生み出した中心性と商業集積という意味で、日本都市が経験した変化は傑出している。名駅エリアの形成・発展は、近代以降、

名駅通り。

人びとの生活行動と都市空間の編成を大きく規定した鉄道の働きと一体のものだったといえるだろう。

　名古屋駅は、関西鉄道（現在のJR関西線）の愛知駅開業、路面電車の開業（のちに廃止）、中央線乗入れ、地下鉄開業などを経て、ターミナル駅としての性格を強めてゆく。そして、1937（昭和12）年に現在の位置に移転したのちは、桜通を見通す駅前空間が整備される一方で、旧駅舎の土地が名古屋鉄道の乗り入れのために活用された。そうしたプロセスを経て獲得された21世紀の名駅の拠点性を象徴するのが、JRのツインタワー（「JRセントラルタワーズ」p.114）や規制緩和に伴って駅周辺に続出した超高層ビルである。

　たしかに、名駅エリアでも戦後の区画整理事業は行われたが、過去に駅舎が移動したことが影響して、駅に向かって収斂する一貫性のある街路デザインになっていない。かつての葦原に屹立するビル群は、鉄道駅を核とする莫大な運動エネルギーが名駅エリアにもたらした空間の姿かたちである。そしてそれは、交通のスピード上昇と結ばれた都市システムの上方再編を通じて、中京圏の交通網が集まる渦潮として、今後も求心力を強めてゆくであろう。そうしたなかで、巨大な鉄道インフラが有する空間的バリアの側面をいかに克服するかは、名駅エリアのまちづくりが避けて通ることのできない課題である。

積もりゆく都市のかたち——中川運河と八事の町並み

　全国的にも稀にみる大規模な名古屋の土地区画整理には、土地に刻まれた歴史の痕跡を消し去り、無機質な町をもたらした面がある。しかし、真新しい区画デザインであっても、時の経過と共に町のかたちとして蓄積されることはけっして珍しくない。そうした幸運が成就するために必要なのは、所与の生態環境に手を加える際に無理強いしないという、近世城下町建設との関係で述べた都市づくりの発想である。同時に、地域ネットワークの変化やその基盤にある技術の進化から次なる都市づくりの動機づけを吸収し、空間利用の新陳代謝をはかることも、都市が年輪を重ねてゆくために欠かせない条件である。

中川運河。篠原橋より北方向を見る。

　完成当時、東洋一と評された中川運河を例にとって考えてみよう。

　名古屋の初期の都市計画に指導的役割を果たした石川栄耀が回顧したように、各種の土地区画整理の中でも、中川運河で採用された運河土地式は、運河開削と低湿地の土地改良を同時に実現する、一石二鳥のユニークな方式であった。庄内水系の沖積低地にあって、とりわけ現国道1号線付近よりも南側は、新田開発を目的とする近世の干拓地を起源としている。このため中川運河は、干拓地をさらに掘り下げた細長いプールのような構造物になった。運河の水面が名古屋港の満潮時水面より2m以上低い位置に設定される一方で、開削土を両岸に盛ることで造成された土地区画は、運河の両側に並行する都市計画道路を背骨とする微高地をなしている。河川の堆積土がつくる自然堤防になぞらえるなら、「人工の自然堤防」と表現することができようか。

　低湿地の土地条件を大幅に改善したこの帯状の用地は、運河が提供する水運の便と合わさることで、工場や倉庫が建ち並ぶ名古屋の一大工業・物流軸になるものと期待された。

　中川運河の全通後間もないころの地形図（図❸）を参照すると、四女子や野立といった自然堤防上の古い集落が近代的な道路ネットワークに取り込まれる一方で、運河両岸に造成された短冊状の用地に工場が建ちはじめている様子がわかる。

　港方向に少し進んだところでは、近世の新田開拓に起源をもつ集落と運河開削時の土地区画整理で生まれた福船町が運河を挟んで位置している。陸域と水域の接線に介入する前近代からの人間の営みは、大規模な運河建設を可能にする近代的な土木技術を手にしたことで、名古屋臨海部の生態－社会関係に新たな均衡状態を生み出した。中川運河の物流軸としての

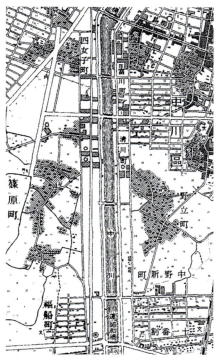
図❸　中川運河周辺（2.5万分の1地形図、昭和13年三修）

八事の町並み。

機能が失われてすでに久しい今日、1世紀近く前に創出された水陸の境界空間をリノベートする創造力が求められている。

最後に、中川運河とは対照的に丘陵上の住宅地として開発された八事エリアの事例に言及しておきたい。八事における宅地開発は、1923(大正12)年の八事耕地整理組合結成を皮切りとする。2年後には、都市計画愛知地方委員会の認可を受けて、都市計画法の適用による名古屋市初の土地区画整理組合が設立された。名古屋市営墓地(現在の八事霊園)や遊園地(のちに廃止)が位置し、都心から路面電車が通じる八事は、1920年代半ば以降、景勝地としての名声にあやかりつつ、風致重視の住宅地として開発されてゆく。

八事の宅地開発は、空間づくりに関するコンセプトの多くを都市計画愛知地方委員会幹事だった黒谷了太郎(1874-1945)の「山林都市」論(『山林都市』青年都市研究会、1922/大正11年)に負っている。イギリスの田園都市論の影響を受けた黒谷の構想を八事丘陵の開発設計として具現化したのは、明治神宮の造営にあたった経験を有する造園家の狩野力(1892-1934)であった。土地区画は、丘陵地の地形に適応しつつ、排水や地区間の連絡を考慮した道路網を基本にデザインされ、地割においても、谷間を細かく、尾根上を大きく取るなどの工夫が織り込まれた(図❹)。さらに、見栄えのよい樹木は極力保存するといった、植生環境への配慮がなされたという。

名古屋を代表する高級宅地としての八事のイメージは、力づくで地形を改変し、視覚を圧倒する建築デザインを導入することによって実現したものではない。丘陵地の抑揚に建築空間のスケールとリズムを合わせると共に、地形に寄り添う道路網によってアクセシビリティを保証し、その中にランドマークとなる施設を置く。八事の町並みが有する落ち着きと時間的な厚みの感覚は、変化を希求する人間の意思を原動力として、既存の環境と向き合い、その旨味を引き出そうとする構想力が残した賜物だったといえないだろうか。

(たけなか・かつゆき)

図❹　八事周辺(2.5万分の1地形図、昭和7年修正)

参考文献
石川栄耀『都市計画と國土計画』産業図書、1954年
竹中克行編著『空間コードから共創する中川運河──「らしさ」のある都市づくり』鹿島出版会、2016年
東京大学都市デザイン研究室編『図説　都市空間の構想力』学芸出版社、2015年
堀田典裕『〈山林都市〉黒谷了太郎の思想とその展開』彰国社、2012年
溝口常俊編著『古地図で楽しむなごや今昔』風媒社、2014年
K.リンチ『都市のイメージ(新装版)』岩波書店、2007年

円頓寺商店街の東側入口

名古屋の都市構造とその成り立ち❸

名古屋駅と栄の変遷と現在のまちづくり

伊藤 孝紀（名古屋工業大学准教授）

白い街
1967（昭和42）年
歌：石原裕次郎
詞：内村直也、曲：野崎真一

『色彩を持たない多崎つくると、彼の巡礼の年』
村上春樹著、文藝春秋、2013（平成25）年4月

都市再生特別措置法
平成14年法律第22号。
小泉内閣が発足した直後から国土交通省に都市再生本部が設置されて法案についての検討が始まり、2002年（平成14）4月に成立。2011（平成23）年2月に一部改正され、道路空間を活用してまちのにぎわい創出等に資するための道路占用許可の特例制度が創設された。

延藤安弘（えんどう・やすひろ）
1940年12月1日〜2018年2月8日／名古屋には1995年〜97年 名城大学建築学科教授、その後、2005年〜2012年愛知産業大学大学院造形研究科教授として在住／2003年より「まちの縁側育くみ隊」代表理事、2008年より名古屋錦二丁目「まちの会所」世話人代表を務めるなど名古屋のまちづくりに貢献。

（特記なき写真・図版提供：筆者）

「白い街」、名古屋で注目されるまちづくり──名駅と栄

　名古屋は、経済的にも元気で、住みやすい街とよくいわれる。その一方で、石原裕次郎に「白い街」と歌われたり、村上春樹に個性のない都市の舞台として扱われたり、無味乾燥としたイメージは固定化されているようだ。それを示す調査結果も出ている。
　2018（平成30）年9月に発表された名古屋市による都市ブランド・イメージ調査において、名古屋市は、全国主要な8都市（札幌市、東京23区、横浜市、名古屋市、京都市、大阪市、神戸市、福岡市）のなかで、「最も市民推奨度が低く、魅力に欠けるまちで、都市イメージが確立されていない」という不名誉な結果が示された。自分の住む街に誇りがもてない、控え目な名古屋人の性格が、そのまま数字に現れた結果だろう。
　ここからは、他都市に比べて市民主体のまちづくり活動に盛り上がりがないように推察されるだろう。しかし、現在、名古屋の都心部では、全国から注目される先駆的なまちづくりの試みがいくつもなされており、各地区が独自の活動を行っているのだ。
　名古屋駅地区（以下、名駅）を見ると、駅の東エリアには「国家戦略特区」に認定された「名古屋駅地区街づくり協議会」があり、西エリアには「名古屋駅太閤通口まちづくり協議会」、南エリアには「名駅南地区まちづくり協議会」がある。その周辺にも、複合施設「グローバルゲート」（2017、p.116）の完成によって2017（平成29）年10月に街開きした「ささしまライブ24まちづくり協議会」や、円頓寺商店街のリノベーションで活気づく「四間道・那古野まちづくり協議会」、あいちトリエンナーレのサテライト会場でもある長者町の「錦二丁目まちづくり協議会」などが盛んに活動している。
　他方、栄地区（以下、栄）を見ると、南エリア（以下、栄ミナミ）には名古屋で初めて都市再生推進法人に認定された「栄ミナミまちづくり会社」や、北エリアには、名古屋テレビ塔を中心に、その再建とP・PFI事業によって期待が高まる「NPO法人久屋大通発展会」、東エリアには池田公園を拠点とする「栄東まちづくり協議会」などが活発に活動しており、まさに群雄割拠といっても過言ではない。

リーマンショックと延藤安弘

　この機運の要因には、もちろん「都市再生特別措置法」の改正など法規制の緩和や行政による働きかけもあるが、名古屋においては、2008（平成20）年のリーマンショックが大きな転機だったと実感している。経済が順風満帆のなかでは気づかない、自らが考えて行動することの大切さ、利益だけでなく未来の街へ貢献する必要性を民間企業、市民ひとりひとりが実感する機会となったのではないだろうか。
　さらに加えるなら、住民参加のまちづくりを標榜し、実践し続けた延藤安弘（1940-2018）が、2003（平成15）年より名古屋に舞い戻ったことも大きな要因であろう。延藤の豊富な経験から織りなされる「幻燈会」に代表される物語の力が、長者町を中心に名古屋の街にも伝承されたと

名駅東エリア北側の高層ビル群。

JPタワー名古屋・KITTE名古屋。

JPタワー名古屋・KITTE名古屋のアトリウム。

名駅西エリアと名鉄再開発予定地。

名古屋鉄道の400mにおよぶ名駅大規模再開発ビジョン。

確信している。

ここでは、名古屋のまちづくり活動のなかでも、名駅と栄に焦点を当てながら、一歩先に進んでいる「名古屋駅地区街づくり協議会」と「栄ミナミまちづくり会社」の活動を中心に見ていく。

名駅の歴史変遷

名古屋駅は、中村区、西区、中川区の接点に位置している。

1886年（明治19）年5月に現在より南方200mの位置に開業。その後、駅の拡張に伴い1937年（昭和12）年に現在の位置に移設され、1日の乗降人数が約57万人ある交通拠点である。駅開業から約110年後の1999（平成11）年、「JRセントラルタワーズ」（1999年竣工・開業、p.114）の建設を機に、今ある名駅の姿になる（ギネス世界記録に登録されたが、定義の変更により現在は取消されている）。

その後、2005（平成17）年に開催された「日本国際博覧会」（愛・地球博）に向けて、金城埠頭のサテライト会場に向かう交通機関を整えるため「あおなみ線」が開通する。「愛・地球博」を追い風にして、「ミッドランドスクエア」（2006年竣工、2007年開業、p.115）と「名古屋ルーセントタワー」（2007年竣工、p.115）が、その後「モード学園スパイラルタワーズ」（2008年竣工、p.115）、「名古屋クロスコートタワー」（2012竣工）などが建設された。

2012（平成24）年夏、JR東海より2027年に「リニア中央新幹線」（リニア）が、名古屋・東京間において開業すると発表される。リニアの名古屋駅は、深さ地下30〜40m、面積3.5ha、東海道新幹線の改札を利用するとされ、既存新幹線との乗換えを容易な接続で可能にするという。2013（平成25）年秋には、環境影響評価（アセスメント）準備書で詳細な位置が示された。そのため、名駅周辺では、リニアの開通をにらんだ大規模な再開発が進行していく。

2015（平成27）年度以降、百貨店をはじめ商業施設やホテルなどが相次いで竣工。JR東海は約1,200億円を投じて、46階建て220mの「JRゲートタワー」（2017竣工・開業、p.114）を建設。三菱地所は「大名古屋ビルヂング」（2015竣工、2016年開業、p.115）を約50年ぶりに建て替え、34階建て190mのビルを新築。また、日本郵政と名工建設も41階建て201mの「JPタワー名古屋・KITTE名古屋」（竣工2015、開業2017、p.115）を開業。さらに、東和不動産が「シンフォニー豊田ビル」（2016竣工）を完成させた。概ね、名駅東エリアの北側は、大規模な再開発が竣工し、駅広場の空間再編とロータリーなど道路再配分を待つ状況である。

「名古屋らしい」大規模再開発

そのなかでも、私がアドバイザーとして関わった「JPタワー名古屋・KITTE名古屋」の開発では、「名古屋らしさ」を追求し、名古屋人の心を操り、愛着と誇りがもて、時には自らが主役となり、観光客へも「らしさ」が伝わる場づくりを目指した。

金シャチにも見られる豪華絢爛な「ゴールド」と、名古屋黒紋付染にみられる漆黒で深みある「ブラック」をテーマカラーに設定し、名古屋人なら誰もが知る「丸八」の意味を取り入れ、「無限の繋がりと末広がりに成長する力」をコンセプトとした。ブランド戦略として、コンセプトとテーマカラーが、アトリウムを中心とした空間演出やアート作品、サインや広報媒体、イベント内容へと一貫して展開させている。完成後も、市民の交流や発表の場となるよう「あいちトリエンナーレ」や「やっとかめ文化祭」のサテライト会場を担っている。

他方、名駅東エリアの南側では、三井不動産が地上20階建ての「（仮）名古屋三井ビルディング北館」を着工させ、2021年1月の竣工を目指している。

さらに、名古屋鉄道の大規模再開発が、2027年の完成を標榜し2022年度より建替え工事を始める予定である。オフィス、ホテル、レジデンスを中心とした用途に加え、高速路線バス

の集約化など利便性の向上を図る。南北400mに及ぶ新ビルの計画には、名駅近くにもつ4カ所（計約8千平方メートル）の土地を活用し、今後3年で約500億円、グループ全体で計画する成長への投資額（700億円）の7割超を充てるという。全国的にも知名度が高い「ナナちゃん」人形をシンボルに活かした創造的な交流空間がつくられ、名駅通だけでなく、栄へと賑わいを誘う「名古屋らしい」クリエイティブな開発を期待したい。

　名駅を概観すると、民間企業の大規模投資による再開発が続き、名古屋圏の自動車産業を中心とした高経済の維持と、リニア開通の旗印に向けた民間活力が、都市構造を支えている構図が見てとれる。

　他方、行政機関である名古屋市がどのように動いているのか見ていく。

50年に一度の大改造に向けて——名古屋市の取り組み

　2027年のリニア開通に向けた名古屋市が主導する名古屋駅の大改造計画が動き始め、2014（平成26）年6月に、名古屋市は「世界に冠たるスーパーターミナル・ナゴヤ」を掲げた「名古屋駅周辺まちづくり構想」を発表した。

　この構想を具現化すべく、2016（平成28）年3月より有識者によって構成された「名古屋駅周辺エリアにおけるトータルデザイン検討会議」（委員長：篠原修、副委員長：内藤廣・堀越哲美）が発足した。そこで示された「トータルデザイン指針」を基に、2016（平成28）年7月には、プロポーザル公募（駅構内や駅前広場の空間デザイン）により、名駅東エリアと西エリアのデザインアーキテクトと設計チームの選定が行われた。国際的かつ広域的な役割を担う駅機能の実現に向けたプロポーザルとして、土木・建築・広場空間やサイン計画など複数の専門分野による横断的なチーム体制が参加の条件であった。

　プロポーザルの結果、名駅東エリアの設計チームには「Team4N＋ESHG（日建設計＋ワークヴィジョンズなど）」が選定、名駅西エリアは「中央コンサルタンツ＋三菱地所設計＋タイプ・エービー」が選定された。そして、それらをまとめるデザインアーキテクトとして、東エリアは西村浩氏が、西エリアは私が選任された。

　2019年1月、名古屋市は約2年半の検討結果として、「名古屋駅駅前広場の再整備プラン（中間とりまとめ）」を公表した。名駅の歴史を振り返ると50年に一度の大改造計画になるであろう。

名駅西エリアの未来

　現在、名駅西エリアは、既存の新幹線や鉄道、地下鉄や地下街に加え、新しくできるリニア函体上部空間の利活用と周辺のまちづくり活動が繋がることを見据えつつ、未来に向けたデザインが描けるか試されている。それに加え、名古屋高速道路へのアクセス道路を駅広場に直結させることで、更なる利便性の向上と広域への機動性を高めつつ、街への景観に配慮したデザインを検討している。

　私の想いとしては、名駅西エリアは、交通拠点としての整備と、賑わい溢れる広場空間が共存し、駅の「裏」ではなく、駅の「顔」となるデザインを標榜したい。交通機能である観光バスと高速バス、タクシーなどを地下に集約することで、地上にはヒューマンスケールの設えがある広場が生まれ、既存の商店街や街へと繋がる潤滑油として役割を担うべきである。

　名駅西エリアには独自のアイデンティティがいくつもある。

　たとえば、全国の新幹線駅をみても、新幹線の姿が一望できる駅広場は他にはない。また、既存の商店街やまちづくり活動も盛んであり、アニメやアイドルを中心としたサブカルチャーの発信地とアジア的な個性ある店舗群が介在している。他方、伊勢神宮とも縁がある「椿神明社」を中心にいくつか由緒ある神社があったり、「太閤口」と呼ばれる由縁となる豊臣秀吉の生

名駅西エリアのプロポーザル提案。

名駅西エリアの街とのつながりイメージ※。

名駅西エリアの駅広場と開発イメージ※。
※図は、「名古屋駅駅前広場の再整備プラン（中間とりまとめ）」より抜粋。

家跡地があるなど、歴史文化が残る。

駅広場のデザインには、これらの特徴を顕在化すべく、新幹線を一望できるテラスや独自のカオス的な空気感をつくり出し、市民の誇りと観光客の心を操るよう、豊臣秀吉の馬印「千成瓢箪」をモチーフにしたデザイン展開も可能であろう。駅広場は、コスプレイヤーが集ったり、中部圏の特産品がならんだ屋台が連なったり、「千成瓢箪」のように、幾千のコンテンツが重なり合い、無限に拡がることで街へ賑わいを押し出すポンプ役となるべきだ。

その一方で、交通技術の発展を考慮すると、自動車は、オートメーション化とパーソナル化が進み、そのサイズや使用方法も変われば、タクシーやバスのあり方も同様であろう。そのため、未来の交通手段に対しては、どこの都市よりも先んじた、最先端かつ先駆的な技術のショーケースとなるような交通機能が必要である。

次なる20年、50年後を見据えると、名駅西エリアのデザインは、街の再開発を誘導する役割と、高速道路のアクセス道路が直結するなど交通結節点としての役割を担い、名古屋市全域さらには名古屋圏（中部8県）を牽引する玄関口となり、世界に向けた顔となるよう精進したい。

名駅東エリアのまちづくり——名駅街協の設立とその活動

名駅は大規模な再開発事業が多いため、一見すると、市民や来訪者が楽しめるサービスやイベントなど賑わいの演出がないように見える。大企業ばかりで、訪れる人の顔が何となく見えにくい。しかしそんな名駅にも、このような印象を一蹴するような「まちづくり」の活動が活発に行われている。

名駅東エリアでは、2008（平成20）年3月に設立された「名古屋駅地区街づくり協議会」がまちづくりを主導している。

現在、名古屋駅地区街づくり協議会は、清掃や違法駐輪対策の活動や緑化の維持管理、打ち水大作戦に絡めた夏のイベント、冬のイルミネーション等の企画・運営、行政と連携し地震・水害に対するエリア防災計画の策定や周知活動の推進、また街の目標像・将来像の共有化を図り、街づくりを一体的・効果的に推進することを目的とした「街づくりガイドライン」の策定など、地域活動から賑わいの創出や地区内の結束力を育む活動を行っている。

名古屋駅地区街づくり協議会設立以前の地域団体としては、1982（昭和57）年10月発足の「名古屋駅地区振興会」がある。

2006（平成18）年8月、その下部組織として位置づけられた「名古屋駅地区街づくり構想委員会」が、名古屋市の呼びかけのもとに発足する。しかしこの構想委員会は、振興会の参加団体が商業事業者が中心で、活動内容も商業振興の色が濃いものであったこともあり、設立協議期間を合わせ2年間にわたり議論されたが、2007（平成19）年3月に解散してしまう。だがその後も主体的な組織の必要性について声が上がったため、2007（平成19）年9月より、街づくり協議会の設立準備協議がスタートする。その後、5社が発起人となり、2008（平成20）年3月21日に名古屋駅地区街づくり協議会が任意団体として発足した。

活動を続けるなか、趣旨に賛同し、参加する企業が増え、設立時の地権者企業を中心とした29社から、2018（平成30）年4月には、正会員49社、賛助会員64社の構成となった。私も名古屋駅地区街づくり協議会のアドバイザー（2009年～2014年）として、また、まちづくりにおける社会実験の計画や調査検証など研究室と共に取り組んでいる。

2017（平成29）年度より名古屋駅地区街づくり協議会は、内閣総理大臣によって「国家戦略特区」に認定された。それにより、エリアマネジメントに係る道路法の特例を受けることができ、広告等について道路占用が可能となった。

具体的には、フリーWi-Fiや緊急情報の提供など多機能型の広告付き歩行者案内板や、市

「打ち水大作戦」の様子。

公開空地の利活用（ミッドランドスクエア）。

バナー広告の掲出とフラワーポット。

公開空地の利活用（大名古屋ビルヂング）。

広告付き歩行者案内板とおもてなし花壇。
（この頁の写真提供：名古屋駅地区まちづくり協議会）

の街路灯へのフラッグバナー広告や工事用仮囲いへの広告掲出が本格実施している。広告掲出によって得られた収益を、植栽帯の維持管理や歩道清掃など還元事業を実施することで、まちづくり活動の継続性を確保すると共に、活動の更なる発展を図る。国家戦略特区の認定は、名古屋駅地区街づくり協議会が中心となって社会実験を継続的に積み重ねてきた賜物である。

名駅西エリア、南エリアのまちづくり活動

他方、名駅西エリアでは、2012（平成24）年3月より「名古屋駅太閤通口まちづくり協議会」が発足し、名駅太閤通口から「椿神明社」を中心にした「椿地区」で活動を続けている。リニア函体上部空間を公園化するなどの提案を盛り込んだまちづくり構想に加え、毎年秋にはコスプレイヤーが集う「TUBAKIフェスタ」が継続的に行われている。車道を歩行者天国にする社会実験により、いくつかのステージがつくられ、地元アイドルやアニメの専門学生などが集い、活気づけている。

名駅南エリアでは、2012（平成24）年5月より研究会が発足し、2016（平成28）年10月に「名駅南地区まちづくり協議会」が設立された。街路灯を彩る「フラワーポット」の実施に加え、2019（平成31）年3月に、まちづくりビジョンを発表した。また、UR都市機構と私の研究室が共同研究を締結し、名駅南まち協と協働して、歩道上にカフェなど寛げるデッキスペースを設置するなど社会実験の計画も予定している。

栄ミナミ——国際デザイン都市と歴史継承

栄ミナミとは、広小路通の南エリアを指す。名古屋随一の目抜き通りである南大津通を中心とした繁華街である。ここ数年で、若宮大通を超え、大須地区とのイベント連携をするなど、その賑わいは拡大している。

栄ミナミのランドマークには、Nagoya（名古屋）、Design（デザイン）、Youth（若さ）、Amusement（楽しさ）、Parkの頭文字をとって名付けられた「NADYA park」（ナディアパーク）（1996）がある。名古屋市は、2008（平成20）年にユネスコ（国連教育科学文化機関）の「クリエイティブ・デザインシティ」に認定され、世界に認められた「デザイン都市」といっても過言ではない。ナディアパーク内には、その拠点となる「国際デザインセンター」が、1992（平成4）年4月に設立され、世界の主要な国際デザイン会議を誘致した実績をもつ。

また、ナディアパークの足下にある「矢場公園」は、地域の憩いの場であり、各イベントのメイン会場となるなど、催事開催には欠かせない多目的スペースとして活用されている。

都心部でありながら、歴史が継承された神社、寺院の数も多いのも栄ミナミの特徴。名古屋総鎮守と尊称される「若宮八幡社」や、名古屋市指定有形文化財に指定される「勝鬘寺」、寛永2年（1625年）創建といわれ東海山と称される「白林禅寺」などがあり、一歩足を踏み入れると、そこには都会とは思えない静謐な空間が広がっている。

特に若宮八幡社は、文武天皇朝である大宝年間（701〜704年）に現在の名古屋城三の丸の地に創建され、天王社（現在の那古野神社）と隣接していた。1532（天文元）年の合戦で社殿を焼失すると、その後、1540（天文8）年、織田信秀により再建される。1610（慶長15）年の名古屋城築城の際に現在地に遷座し、名古屋総鎮守とされ現在に至っている。そして、東照宮祭、天王祭と並ぶ名古屋三大祭のひとつ「若宮祭八幡社例祭」（若宮まつり）が、毎年5月15日・16日に継承されている。

例祭である若宮祭は、江戸時代には、名古屋東照宮の東照宮祭、天王社の天王祭とならんで名古屋三大祭とされ、特に天王祭とは同日（現在は5/15、16日）であったことから「祇園祭」と総称され、山車7両が神輿と共に名古屋城三の丸の天王社との間を往復し、名古屋城下の目

「国際デザインセンター」がある「ナディアパーク」。
→p.130

矢場公園、栄ミナミ音楽祭の様子。

若宮八幡社、山車が保管されている。

栄ミナミの「くの字」地形(左)。
ロゴマーク(右)。

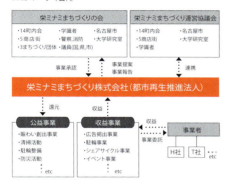

栄ミナミの事業スキーム図

歩道上のタッチパネル式デジタルサイネージ(左)。
プリンセス大通アーケードの車道上広告と「くの字」の街路灯(右)。

街路灯とナビライン。

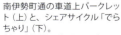

南伊勢町通の車道上パークレット(上)と、シェアサイクル「でらちゃり」(下)。
(上5点撮影：谷川ヒロシ)

プリンセス大通の車道上パークレット。

抜き通りであった現在の本町通を練り歩いた。現在、若宮八幡社には、山車一両(福禄寿車)があり、その山車を毎年8つの町内が順番に当番で奉曳している。今も残る山車と神輿が那古野神社との間を往復する由緒ある「若宮まつり」も、栄ミナミの歴史文化を現している。

栄ミナミまちづくり会社の設立と挑戦

栄ミナミでは、2016(平成28)年11月に「栄ミナミまちづくり会社」が設立され、2018(平成30)年2月に都市再生推進法人に指定された。

まちづくり会社の多くは、鉄道会社や大手デベロッパーが中心であるのが一般的だが、この会社は、14町内会と6商店街、3組織によって構成されており、行政による出資はない。まちづくり活動は、2007(平成19)年春から始まり、街中にステージが設置される「栄ミナミ音楽祭」や、町内会が中心に復活させた「栄ミナミ盆踊り@GOGO」、秋には名古屋B級グルメの決定戦「NAGO-1グランプリ」など、街を活気づける四季折々のイベントが企画運営される。

同じころ、長期ビジョンを見据えたマスタープランの作成にも取り組み始める。私の研究室と連携しながら、エリアの特徴を顕在化し、短期的な実現と長期的な目標を併せもったプランを描いた。栄ミナミを俯瞰すると「くの字」型に各通りが曲がっている特徴をモチーフとして、ロゴマークから街路灯など街の構成要素に展開できるデザインコードをつくった。

まちづくりにおけるデザインの統一は、利用者の視認性が上がり、街の景観調和と賑わいを生み、広告価値を高め、地域の誇りとなるプレイス・ブランディング(地区全体を総体としたブランド価値)を実現する。

歩道余剰空間の活用とパークレット

2013(平成25)年、1本の商店街路灯から始まり、現在では、南伊勢町通とプリンセス大通を中心に約150本の街路灯が実現している。2015(平成27)年に、歩道上の利用されていないオブジェや工作物を撤去し、歩道を拡げた。2016(平成28)年より、歩道の余剰空間を活用したさまざまな社会実験を実施している。具体的には、「歩道上のタッチパネル式デジタルサイネージ」の設置や、駐輪禁止地区の「有料駐輪システム」、「シェアサイクル・でらチャリ」の導入、商店街アーケードの車道上の広告掲出などである。その多くは全国初となる試みであり、社会実験を経て、栄ミナミまちづくり会社の収益事業となっている。

2017(平成29)年10月には、南伊勢町通で「ISEMACHI PARKLET」(イセマチ パークレット)を行った。全国初となる車道上のパーキングメーター(時間制限駐車区間)のスペースを活用した社会実験である。そこに駐輪スペースを設置することで、歩道上にある大量の駐輪を車道へ誘導でき、歩行目的のみの十二分な空間を確保した。さらに、車道上を走る自転車が走りやすいよう「ナビライン」を設置し、駐輪スペースは車道上からアクセスできるようにし、曖昧になりがちな自転車通行と歩行者の関係を明確にした。

パークレットの設置は、パーキングメーターの全面廃止と自転車の駐輪整備を目的に、自動車の駐車優先ではなく、歩行者が滞留でき、歩いて楽しい道路空間を目指して始められた。実際に、歩道上の放置自転車がなくなり、駐車へのクレームもない。街中にステージが設置される「栄ミナミ音楽祭」などイベントと連携して活用することで歩行者の利用が増加する。

基盤整備費は名古屋市、上物の工作物は栄ミナミまちづくり会社が負担し、沿道店舗が賃料を支払う仕組み。沿道店舗の賑わいが通りに滲み出すことで、街の活気につながる。2018(平成30)年度は、南伊勢町通では、複数箇所のパークレット常設化に向けた計画が進んでおり、プリンセス大通では、新たなパークレットの社会実験を展開した。特に、地先店舗との運営連携に加え、周辺店舗の広告掲出をするなど収益事業としての基盤を実践することができた。

栄ミナミと三蔵通。

凡例: ● デジタルサイネージ　▲ シェアサイクルポート　■ 有料駐輪場　■ プリンセス大通リアーチ広場　■ パークレット

名駅と栄をつなぐ、クリエイティブ構想

2015（平成27）年に、名駅と栄を中心とした、まちづくり関係者が集まり、「NAGOYA創造協議会」を立ち上げた。

同協議会では両地区をつなぐ「三蔵通」を軸に、産業都市である名古屋の未来像を描き、「機能価値」から「体験価値」を産み出すクリエイティブ産業に加え、それらを牽引するクリエイティブな人材が集積できる戦略を提言し、いくつかのプロジェクトを提案している。

三蔵通は、江戸時代に尾張藩が3つの蔵を所有していたことが名前の由来である。桜通や若宮大通と比べると車道の複線化がなく、車道幅に対して歩道幅が広くヒューマンスケールであり、曲がることのない真っ直ぐな形状が特徴である。また、個性化という意味では未だ空白地帯といえる。

そのため、NAGOYA創造協議会は、2015（平成27）年から、「NAGOYAクリエイティブフォーラム」を定期的に開催し、ゲストを招いて調査研究の報告や「観光政策」と「都市政策」を融合したデザインと政策提案を行うなど、創造的なアイデアが育まれ、「行為が重奏化する場」づくりを実践している。

名古屋の未来像

名古屋市の都心部には、大規模開発が可能なエリアも多いが、一方では、その周辺エリアは既存の建物が集積したまま取り残された状態になりがちである。既存の建物をリノベーションすることで、起業したい若者（スタートアップ企業）が集い共同で働けるコワーキングや、ライフスタイルを共有して住むシェアハウスなど、新しい価値を生み出すことができるだろう。

その拠点のひとつにすべく、2018（平成30）年3月に、名駅南エリアに位置する立体駐車場の一部をリノベーションし、名駅南地区まちづくり協議会と連携してクリエイティブラウンジ「クリばこ」（p.120）を開設した。若者を中心に、就労者や住民が増えれば、お洒落なカフェやレストラン、クリエイティブな人材が欲する店舗が自ずと集積し、名駅から栄へと歩いて楽しめるエリアリノベーションへと発展するだろう。

20世紀の巨匠、建築家ル・コルビュジエは、機能が積層した「輝く都市」を描いた。まさに名古屋の都市構造は、ターミナル駅（名駅）を中心に空港（セントレア）が近接し、上空には高速道路と人工地盤の公園（久屋大通公園）、地上には幹線道路、地下街と地下鉄、さらに地下には長距離輸送の大幹線（リニア）が具現化した輝ける都市のひとつのかたちであろう。しかし、これまでは、人間の行為を中心とした賑わいや営み、歩いて楽しめる視点や、五感で感じられる豊かさや快適さが希薄ではなかったか。

21世紀、名古屋の未来像には、市民が中心となった創造的なまちづくり活動の熱気が、観光客にとっての魅力となり、その活力がクリエイティブな人材誘致やクリエイティブ産業の育成へとつながる都市構造が求められている。これらを実現化することが、次世代を担う建築家の役割であろう。

（いとう・たかのり）

参考文献
『都市ブランドイメージ調査結果』名古屋市観光文化交流局、2018年9月
『名古屋駅周辺まちづくり構想』名古屋市住宅都市局リニア関連・名駅周辺まちづくり推進室、2014年9月
『栄地区グランドビジョン ～さかえ魅力向上方針～』名古屋市住宅都市局まちづくり企画部 都心まちづくり課、2015年6月
『名鉄 名古屋駅地区再開発 全体計画』名古屋鉄道株式会社、2017年3月
『2018年3月期決算 名鉄グループ中期経営計画 説明会資料』名古屋鉄道株式会社、2018年5月
『建築画報 MONOGRAPH JP TOWER NAGOYA』建築画報社、2016年7月 366号
伊藤孝紀『名古屋魂　21世紀の街づくり提言書』中部経済新聞社：2013年2月
『名古屋駅駅広場の再整備プラン（中間とりまとめ）』名古屋市住宅都市局リニア関都心開発連部リニア関連・名駅周辺開発推進課、2019年1月

名古屋圏の建築───362の建築｜29の群景(クラスター)

名古屋工業大学伊藤孝紀研究室

建築が織りなす名古屋圏の群景(クラスター)――――112

名古屋市中心部

Cluster 01：名駅・笹島・伏見｜高層建築の群景――――114｜map 117
Cluster 02：名駅・名城｜都市のシェア――――119｜map 120
Cluster 03：名駅｜リノベによる都市再生――――121｜map 122
Cluster 04：栄・久屋・錦｜繁華街のアイコン――――124｜map 127
Cluster 05：栄｜商業地帯の重層――――129｜map 131
Cluster 06：栄・久屋｜景観を創るワークプレイス――――134｜map 136
Cluster 07：名城｜名古屋城――――138｜map 127
Cluster 08：名城｜お堀内外の変遷――――140｜map 142
Cluster 09：白壁・主税・橦木｜和の白壁、洋の主税――――143｜map 145

名古屋市内

Cluster 10：鶴舞・八事・覚王山｜戦前ロマンスの大三角形――――147｜map 150
Cluster 11：星ヶ丘・東山・本山｜自然温室とランドスケープ――――153｜map 155
Cluster 12：熱田｜神宮と調和するオアシス――――156｜map 158
Cluster 13：名古屋港｜名古屋ウォーターフロント――――159｜map 161
Cluster 14：守山｜古墳を臨む景勝地――――162｜map 164
Cluster 15：名古屋市・愛知県｜社会を結ぶキャンパス――――165｜map 169/171

愛知県内

Cluster 16：長久手｜住まいの叡智――――173｜map 175
Cluster 17：西三河｜愛知のシリコンバレー――――178｜map 180
Cluster 18：豊田｜トヨタギャラリー――――181｜map 183
Cluster 19：足助｜足助百年の歩み――――184｜map 185
Cluster 20：西三河・東三河｜生業の宿る奥三河――――186｜map 188
Cluster 21：豊橋｜コンパクト・ジャンクション――――189｜map 191
Cluster 22：岡崎｜交錯するビスタライン――――192｜map 195
Cluster 23：三河湾｜三河リゾートの眺望――――197｜map 199
Cluster 24：西尾・碧南｜偉人にみる地域文化――――200｜map 201
Cluster 25：知多半島｜低層建築と水平線――――202｜map 204
Cluster 26：常滑・瀬戸｜焼物が醸す風景――――206｜map 208
Cluster 27：尾張｜港湾都市と伝統工法――――209｜map 211
Cluster 28：尾張｜バブルモダンを越えて――――212｜map 215
Cluster 29：犬山｜歴史遺構のアンサンブル――――216｜map 217

14 Columns

01 名古屋の地下街――――118
　向口 武志・池戸 昭文
02 円頓寺商店街のリノベーションと活動――――123
　市原 正人
03 芸術祭と建築「あいちトリエンナーレ」――――128
　武藤 隆
04 名古屋圏の商業建築とインテリア――――132
　加藤 和雄
05 名古屋渋ビル研究会の活動について――――137
　謡口 志保
06 名古屋城木造復元と本丸御殿――――139
　伊藤 京子
07 白壁地区の大正建築群――――146
　米澤 貴紀
08 名古屋圏の和風建築――――151
　三浦 彩子
09 覚王山の建築とまちづくり活動――――152
　橋本 雅好
10 都市・名古屋の発展とキャンパス建築――――172
　恒川 和久
11 名古屋圏の住宅建築――――176
　太幡 英亮
12 岡崎を中心とした参加型建築――――196
　三矢 勝司
13 名古屋圏における社会基盤施設――――205
　秀島 栄三
14 博物館明治村と展示建造物――――218
　柳澤 宏江

Data

01 地域別収録作品数――――145
02 地域・用途別収録作品数――――164
03 各賞・雑誌掲載/事務所・設計者別収録作品数――――191

路線図――――220

索引（五十音順、市町村順、設計者順）――――221

（p.114以降の特記なきテキストおよび写真は名古屋工業大学伊藤孝紀研究室による）

建築が織りなす名古屋圏の群景(クラスター)

名古屋圏に竣工した建築作品を、歴史的な時間軸と地形や景観、まちづくり活動など、包括的な視点から体系的にまとめることを目指した。そこで、名古屋圏の地域性を汲み取るために、行政区分にとらわれない29類型を群景(クラスター)として切り取る方法を探った。

何億年という地球の大きな営みの中で、人類が文明を拓き、文化と産業をつくり出し、その上で建築がつくられてきた。特に、明治から始まった建築家の誕生とその成果を俯瞰することによって、建築と名古屋圏の地域性が織りなす特徴が見えるのではないだろうか。この仮説に基づき、ここでは建築の特徴（外観や形態、用途など）に加えて、土地（地形の形状や土木構築物など）、歴史（産業や工芸、偉人など）、営み（イベントやアート、まちづくりなど）との関係性を読み解くことから、類型化を試みた。

名古屋圏のエリアを、名古屋市都心部、名古屋市（都心部を除く）、愛知県（名古屋市を除く）の3つのスケールに分けレイヤー状に整理した。掲載した地図は、地形が分かるよう建築の周辺まで範囲を拡げ、丘陵地や海岸線、河川や緑地帯、鉄道や高速道路の交通網などを記載して、起伏の変化（等高線）までわかるよう陰影を付けている。さらに、それぞれのクラスターが、携帯端末機器でも情報が閲覧でき、経路が表示されるように、QRコードを記載した。

和辻哲郎は「風土」とは、風の流れや気候の特徴が、その土地の個性を創り出し、雰囲気や匂いまで作用しているという。建築家がもつ観察眼は、対象敷地の条件だけでなく、周辺環境を踏まえた景観やそこに暮らす人びとの慣習や風習にまで向けられ、あたかも、地理学者か考現学者を彷彿させる。まさに、土地の精霊（ゲニウス・ロキ）までも顕在化させる建築家の力が、地域ごとに連鎖し、特徴ある29の群景（クラスター）を形成している。

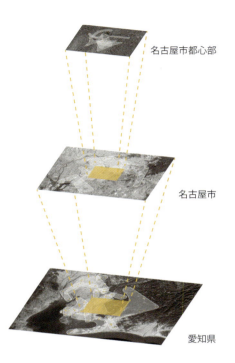

名古屋市都心部

名古屋市

愛知県

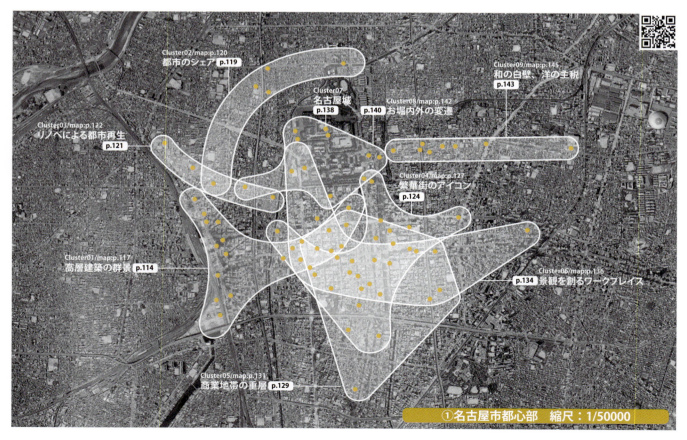

①名古屋市都心部　縮尺：1/50000

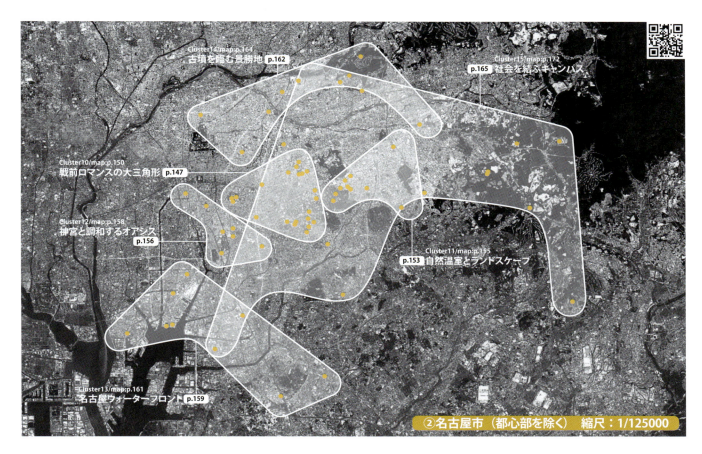

②名古屋市（都心部を除く）　縮尺：1/125000

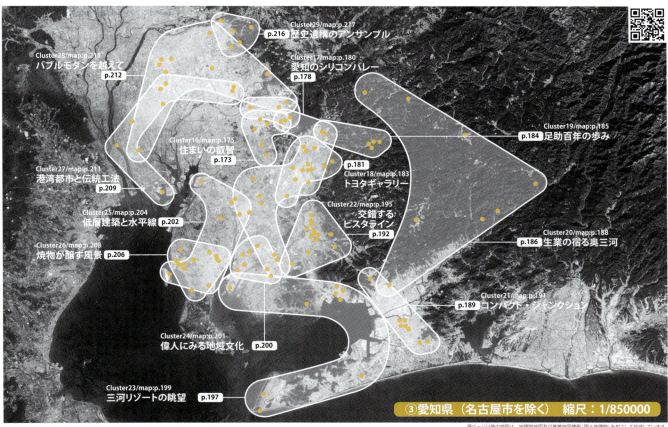

③愛知県（名古屋市を除く）　縮尺：1/850000

現ページ以降の地図は、地理院地図及び基盤地図情報（国土地理院）を加工して作成しています。

名古屋圏の建築　113

Cluster 01：名駅・笹島・伏見

高層建築の群景

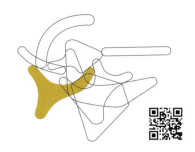

JRセントラルタワーズ
名古屋市中村区名駅1-1-4
設計：阪田誠造＋坂倉建築研究所、KPF、大成建設、東海旅客鉄道
竣工年：1999（平成11）
日本建築学会作品選集2002、第32回中部建築賞、第43回BCS賞、『新建築』2000.4
MAP p.117

21世紀にふさわしい新しいランドマークとして計画された、高さ245mの大規模複合超高層施設。低層部のデザインは、周辺建物との調和を考慮し、水平線を強調した基壇的構成となっている。高層部はホテルタワーとオフィスタワーの自立化を表現すると同時に、曲面とフラット面で構成する壁面に、リブを加えて垂直面を強調している。ガラス張りのスカイストリートと呼ばれる乗換階で動線を視覚化して、低層部と高層部の融合を図っている。

　このクラスターは、中部地方最大のターミナル駅「名古屋駅」を中心に形成されている。名古屋駅地区は、ものづくり中京圏の広域輸送拠点の機能を担うと同時に、「名駅」の愛称で親しまれている。
　1886（明治19）年に名護屋駅として、当時の広井村笹島地内に開設され、その翌年に名古屋駅に改称されている。駅舎の改築を繰り返しながら、1934（昭和9）年に名古屋市が「百万都市」を達成して以後、鉄道インフラの発展と共に駅前再開発が進んだ。1957（昭和32）年には、神田須田町地下ストア、銀座三原橋地下街、浅草地下街に続き国内4番目となるナゴヤ地下街（現サンロード）が誕生した。現在では9カ所の地下街が名駅周辺に広がっている。それぞれが独立して計画・増改築されたため迷える地下街となっており、名駅が「迷駅」と揶揄されることも少なくない。
　1974（昭和49）年になると、名古屋で初めて高さ100mを超える高層ビルとして住友生命名古屋ビル（1974、設計：日建設計）が誕生する。名古屋国際センター（1984、設計：日建設計）ができるまで、名古屋では最も高いビルであった。名駅の景観は、**JRセントラルタワーズ**（1999）建設を皮切りに著しく変貌していく。**名古屋ルーセントタワー**（2004）や、**ミッドランドスクエア**（2006）、**モード学園スパイラルタワーズ**（2008）などが建設されることで、高層建築が群れを成す現在の景観がつくられた。近年においても、**JPタワー名古屋**（2015）や**JRゲートタワー**（2016）、**グローバルゲート**（2017）といった新たな高層建築の参入によって、名駅のスカイラインは更新され続けている。
　1日100万人以上の利用者のある名駅では、賑わい創出や地区内の快適な環境整備といったまちづくりも活発である。2008（平成20）年3月に設立された「名古屋駅地区街づくり協議会」を中心に、違法駐輪対策や緑化の維持活動、公開空地を用いたイベント運営など、地区内の魅力をより向上させる活動が行われている。人びとを惹きつける場となる高層建築の建設と、賑わいを支えるまちづくりが並行して行われていることが、名駅が成長し続けるひとつの要因であろう。
　名古屋大都市圏の玄関口として高層建築群が見せる風景は、名古屋の象徴的なクラスターとなっており、そこには地下・地上を縦横無尽に駆ける人びとの賑わいが溢れている。

JRゲートタワー
名古屋市中村区名駅1-1-3
設計：大成建設、日建設計、ジェイアール東海コンサルタンツ、KPF
竣工年：2016（平成28）
第49回中部建築賞、第59回BCS賞、『新建築』2018.1
MAP p.117

JRセントラルタワーズに隣接する、商業・オフィス・宿泊施設などからなる複合施設。既存のJRセントラルタワーズとの一体運用により、利便性に優れた複合立体都市が形成されている。また、両建物の基幹動線を接続することで、地上の駅前広場とつながる立体的な回遊を誘発している。15階には、本格的な屋上庭園が配置され、環境面では、負荷低減、都市環境調和により、CASBEE名古屋Sランクが実現されている。

笹島より名駅を見る。高層ビル群によるスカイラインは、未だ発展途中である。

高層建築の群景 | Cluster 01

JPタワー名古屋
名古屋市中村区名駅1-1-1
設計：日本設計
竣工年：2015（平成27）
第49回中部建築賞、第59回BCS賞

MAP p.117

名古屋駅と直結するJRゲートタワーに隣接し、郵便局を中心に商業施設・オフィス・バスターミナルなどからなる大規模複合施設。3層吹き抜けのアトリウムには、巨大なゴールドの鯱をモチーフにしたオブジェを設置しているほか、メディア・アートを投映している。さらに、アトリウムだけでなく、随所に左官壁などのアートを取り入れていることが特徴である。温もりのある木調をベースとした上質な内装デザインが来館者を迎えている。

大名古屋ビルヂング
名古屋市中村区名駅3-28-12
設計：三菱地所設計
竣工年：2016（平成28）
日本建築学会作品選集2018、第48回中部建築賞、『新建築』2016.6

MAP p.117

半世紀にわたって駅前のシンボルとして親しまれた高層ビルを建て替えた大規模複合施設。「緑の丘に立つ大樹」をデザインコンセプトに、高層タワー外装には大樹の枝葉に見立てて水平日射遮蔽のための縦フィンをランダムに配置している。低層部屋上には一般の人びとに開放された緑豊かなスカイガーデンが整備され、自然の潤いがある都心の憩いの場となっている。また、旧ビルの部材を再利用することでビル名称と共に歴史継承が図られている。

ミッドランドスクエア
名古屋市中村区名駅4-7-1
設計：日建設計
竣工年：2006（平成18）
日本建築学会作品選集2009、第39回中部建築賞、『新建築』2007.4

MAP p.117

中部地方で247mと最高の高さをもつ、オフィスと商業・映画館からなる超高層複合施設。オフィス棟は、中高層部に外型展望施設と飲食施設、低層部にはカンファレンス施設を配置している。駅前の公共空間を補うように、地下と地上1階には歩行者自由通路や広場、吹き抜けが取り込まれている。5層吹き抜けのアトリウム空間を中心とした商業棟は、世界の有名ブランドショップを回廊式に配置し、水平方向へ人の動きを誘発する落ち着いた商業空間を構成している。

モード学園スパイラルタワーズ
名古屋市中村区名駅4-27-1
設計：日建設計
竣工年：2008（平成20）
日本建築学会作品選集2010、第40回中部建築賞、『新建築』2008.5、2009年度JIA優秀建築選

MAP p.117

名古屋モード学園、HAL名古屋、名古屋医専の3つの専門学校が集結する総合校舎。外観デザインは、「お互いに切磋琢磨する学生たちのエネルギーが、絡み合いながら上昇するさまざま」の表現として3つのスパイラルの形がとられている。そのスパイラルは、1階層が上がる度に1%縮小し、3度回転しながら積み重ねることで構成されている。それぞれの高さを低層26階、中層31階、高層36階と変えることで、見る方向によってさまざまな表情を見せる。

名古屋ルーセントタワー
名古屋市西区牛島町6-1
設計：日建設計
竣工年：2004（平成16）
日本建築学会作品選集2009、第39回中部建築賞、2008年度JIA優秀建築選

MAP p.117

商業・サービス機能と電力施設をもつ主用途オフィスの超高層ビル。上部に向かって徐々に細く緩やかな曲線を描くガラス面の外観は、電波障害対策の役割を併せもつ。また、中央部に柱のないコの字型の執務空間を合理的に配置することで、再開発ビルにありがちな機能や空間の不調和をなくし、シンプルな形態にまとめられている。地上部は、緑に覆われた広い公開空地がシンプルな形態をより際だたせている。

名古屋近鉄ビル 近鉄パッセ
名古屋市中村区名駅1-2-2
設計：坂倉建築研究所
竣工年：1966（昭和41）

MAP p.117

近鉄名古屋駅の上に建つ近鉄グループの商業ビル。「真珠の輝きと海の青さ」をテーマに、大スパンフレームや大型のガラススクリーンなどの先端技術を駆使して設計された。1階部分のピロティや、ピッチの異なるルーバーは、近代建築の巨匠ル・コルビュジエのデザインを彷彿させる。2007（平成19）年に改修された外壁は、リズム感を与えるランダムなサッシの配置やガラススクリーンなど、旧来の独特のデザインは生かしつつ、グレーガラスを透明ガラスに変更している。

名鉄バスターミナルビル
名古屋市中村区笹島町1-223
設計：名鉄不動産、日建設計工務、谷口吉郎、小坂秀雄、五井孝夫
竣工年：1967（昭和42）
第1回中部建築賞

MAP p.117

名鉄名古屋駅の上に建つ、宿泊施設・商業施設・オフィス・駐車場からなる複合施設。東洋初の本格的なバスターミナルであり、竣工当時は世界的に見ても同規模のバスターミナルは存在しなかったという。建物には、地下鉄や高速道路の柱として用いられている高硬度遠心力鋳鋼管（Gコラム）を採り入れるなど、土木構造物のような構造が特徴的である。

大手町建物名古屋駅前ビル（旧住友銀行名古屋駅前ビルディング）
名古屋市中村区名駅1-2-5
設計：日建設計工務
竣工年：1972（昭和47）
第4回中部建築賞

MAP p.117

広小路通と名駅通の交わる交差点に面して建つ複合施設。地下1階から6階までは商業施設とオフィス、7階から11階は駐車場などからなり、隣接する名鉄バスターミナルビルとも接続している。名駅通に面する建物の東面には、建物2階分に相当する高さのピロティが設けられており、歩行者通路や待ち合わせ場所にも利用されている。

Cluster 01 | 高層建築の群景

アムナットスクエア
名古屋市中区栄1-3-3
設計：三菱地所、竹中工務店
竣工年：1989（平成1）
第21回中部建築賞、『新建築』1989.6

MAP p.117

名古屋駅エリアと栄エリアを結ぶ広小路通沿いに位置し、オフィス、ホテル、店舗および新聞社からなる複合施設。高さ110.5mのホテル棟と64.5mの事務所棟のツインタワービルの形態となっている。建物の壁面は、広小路通から後退させ雁行したプロムナードや、それに連続して北西角に段状に広がる緑と光と彫刻の広場が配置される。ホテルのインテリアは心の充足をテーマに、温かさと気品のあるデザインとなっている。

名古屋観光ホテル
名古屋市中区錦1-19-30
設計：日本設計
竣工年：1972（昭和47）
第15回BCS賞

MAP p.117

地下鉄伏見駅の西側、錦通に北面して建つ高層ホテル。客室505室を主とする高層部、宴会場や店舗・食堂を含む中・低層部からなる。外観は、壁面を濃黄土色タイルを打ち込んだプレキャストコンクリートのカーテンウォールとし、上部17・18階をはね出して高層部を引き締めている。内部は1階のロビー・ラウンジをはじめ、各部が大きな柱割によって十分な空間を得ており、余裕ある交歓の場が形成されている。

名古屋インターシティ
名古屋市中区錦1-11-11
設計：日本設計
竣工年：2008（平成20）
第41回中部建築賞

MAP p.117

錦通と伏見通の北西角に建つオフィスビル。印象的な外観は、白いプレキャストコンクリートパネルとガラス面によって揺らぎが表現されている。低層部は、1階にはギャラリー、地下1階には店舗が入り、サンクンガーデンとして空間的に一体化されている。また、地下鉄駅と機能的かつ空間的にスムーズに連結され、発達した地下街と地上の接続という点で、名古屋都心での特徴ある事例といえる。

損保ジャパン日本興亜名古屋ビル（旧安田火災名古屋ビル）
名古屋市中区丸の内3-22-21
設計：黒川紀章建築都市設計事務所
竣工年：1989（平成1）
第22回中部建築賞

MAP p.117

桜通沿いに建つ、劇場とオフィスからなる地上20階、高さ80mの超高層ビル。19階には愛知人形劇センターによって運営される人形劇場「ひまわりホール」がある。広い公開空地を確保し、人形劇のリハーサルやイベントなどが開催されている。ロビーの踏み石・文様がグレーの多様な色調で、和風を基調としたデザインとなっている。外観は日光の当たり方により、表情が変化することを狙ったタイル仕上げとなっている。

ザ・コンダーハウス（旧名古屋銀行本店）
名古屋市中区錦2-20-25
設計：鈴木禎次、曽禰達蔵
竣工年：1926（昭和1）
名古屋市都市景観重要建築物

MAP p.117

広小路通に面して建つ旧名古屋銀行（三菱東京UFJ銀行の前身のひとつ）の本店ビル。外観は、正面を基壇部・中間層（2～4階）・上層（5階）という3層に構成し、中間層に6本のコリント式列柱を並べた、建設当時、世界的に流行していた銀行建築のファサードである。コリント式列柱および基壇部の外壁石張りは創建時から維持されていたが、それ以外の外壁は、戦後、塗装改修されていた。2018年の改修では、6本のコリント式列柱および基壇部を保存し、外壁の塗装改修を行った。

広小路クロスタワー
名古屋市中区錦2-2011
設計：三菱地所
竣工年：2018（平成30）

MAP p.117

広小路通と本町通が交差する地に建つ、銀行と商業店舗が複合した超高層ビル。隣接するザ・コンダーハウス（旧名古屋銀行本店の保存改修）と一体の再開発がなされた。建物の高さは約100mあり、伏見・栄地区のランドマークとなっている。内装と外装の縦ラインに、ビル名称にもある「クロス」がデザインされている。また、旧名古屋銀行本店ビルと隣接する低層部には列柱をモチーフとした門型のデザインを採用している。

グローバルゲート
名古屋市中村区平池町4
設計：竹中工務店
竣工年：2017（平成29）
『新建築』2018.1

MAP p.117

鉄道と高速道路によって切り取られた街区に建つ大型複合施設。デュアルタワー構成であり、タワー間に緑あふれる商業施設を配置することで運河に開いた象徴的なゲートとなっている。環境面では、緑化プランターや回遊式の庭園を設けることで、敷地面積の27％を緑化している。また、人の流れを入江状に貫入する外部空間から商業施設へ導くことで、路面店の雰囲気を演出している。

中京テレビ放送本社ビル
名古屋市中村区平池町4-60-11
設計：伊藤建築設計事務所、日建設計
竣工年：2015（平成27）

MAP p.117

1969（昭和44）年に昭和区高峯町にて開局した放送局の新社屋。新社屋は160mのガラス貼りのシンボリックな電波塔を備えると共に、災害時の防災拠点としての役割を果たしている。また、電波塔下部に内在するシースルーエレベーターは、刻々と様変わりする笹島地区の景観に彩りを与えている。エントランスホールには、マスメディアの発信性、デジタル化からイメージされる鮮明性を表出させるため、LEDによる光壁と9面マルチモニターが設置された。

Map 01：名駅・笹島・伏見｜高層建築の群景

Column 01

名古屋の地下街

向口 武志（名古屋市立大学芸術工学研究科建築都市領域准教授）
池戸 昭文（池戸建築事務所）

地下街と広幅員道路

「名古屋駅」と「栄」の地下街は、それぞれ日本最大級の地下街である。この充実ぶりは広幅員道路の多い名古屋の都市特性と深く関わる。法的に地下街は道路や広場にある道路占用物であり、広幅員道路が終戦早々に整えられた名古屋は地下街の発展に適した都市であった。

ふたつの地下街を歩くとそれぞれに異なる印象を抱く。種地となる地上道路の構成が影響しているようだ。道路が斜行する名古屋駅の地下は迷路のようであり、碁盤目状道路の栄には整然とした地下街が広がる。開発された時期の影響も大きい。それを時系列にひも解いてみよう。

軌道の上の地下街 1957（昭和32）年〜

1957年に名古屋初の地下鉄「東山線」の名古屋―伏見―栄間が開通して、各駅に地下街が設けられた。当時の地下鉄工事は地上からの露天掘りであった。名古屋駅と栄駅の地下街は軌道と地上との狭い隙間に設けられ、必然的に天井高の低い、軌道に沿った一本道の店舗街となった。図は名古屋駅の地下空間（地下街とビル地階）である。赤い部分が当初の地下街であり、軌道に沿って湾曲した主通路と分岐通路に立ち並ぶ店舗街であったとわかる。

この後、名古屋駅の地下街は急速に発展した。周辺ビルが地階にテナントを設け、地下街とを結ぶ小さな地下街を整備したのである。規制の乏しい黎明期、地下街とビル地階は混ざり合い、名古屋駅らしい複雑な地下空間が形成された。

整然とした大規模地下街 1966（昭和41）年〜

1966（昭和41）年、建設省は道路管理、防災・衛生、公共施設の整備制約の観点から地下街に制限を加える方針を初めて打ち出し、地下街の建設は地上交通の混雑を緩和するもの、つまり地下通路となり、地下駐車場を備えるものに限られるようになった。またさまざまな制約が課せられ、それまでのような安易な新設・拡張は難しくなる。

この時期、地下街は大規模化して、整然と店舗が並ぶショッピングセンターへと様変わりし、一方で地下街とビル地階とを隔てる区画は強められた。大規模地下街の新設は盛んに行われ、地下利用が遅れていた栄では1969（昭和44）年に都市計画事業として「サカエチカ」などが開業、地下街は一変した。名古屋駅でも1970（昭和45）年に「ユニモール」などが地下駐車場と共に完成、地下街の総面積は倍増した。

1973（昭和48）年に国の規制は強化され、地下街建設を強く抑制することとなったが、名古屋では都市交通の拠点整備にあわせた大規模地下街の建設が続き、1970年代には名古屋駅の「テルミナ」や栄の「セントラルパーク」、1989（平成元）年の桜通線開通では「ユニモール」拡張部が開業、今の地下街が完成した。

超高層化とつながり方の変化

2001（平成13）年に地下街に関連する国の規制は廃止され、自治体裁量の規制に緩和される。折しも名古屋駅では超高層化が進み、建て替えによりビル地階と地下街の連携は強められ、つながり方は多様化した。たとえば、地階にアトリウムを設け、地上階とつながる屋内地下広場としたり（図の緑の網かけ）、サンクンガーデンと半屋外の通路を緩衝帯として地下街と区画したり（図の青の網かけ）、ビル同士の地階をつないで、それらを回遊できる経路も生まれている（図中央下の環状の矢印）。

開業から半世紀が過ぎ、バリアフリー、省エネルギー、活性化など地下街が直面する問題は数多いが、「つながり方」を考えつつ、それら課題に取り組むべきであろう。地下街内の各部あるいは地上との相補的なつながりである。視覚的なつながりに加え、機能的な連担も肝心である。商業施設や駐車場に拘らない活用も検討すべきころ合いであろう。

（むかいぐち・たけし、いけど・あきふみ）

名古屋駅の地下空間（2018年7月の調査より作成）

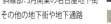

1957年ごろの絵葉書

Cluster 02：名駅・名城

都市のシェア

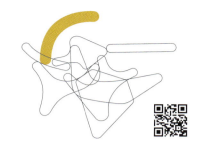

LT城西
名古屋市西区
設計：猪熊純・成瀬由梨＋成瀬・猪熊建築設計事務所
竣工年：2013（平成25）
日本建築学会新人賞2015、『新建築』2013.8

住宅街に立地する、社会人を対象とした13戸のシェアハウス。シェアハウスのプロトタイプとしての汎用性を考え、構造は単純な3,640mmのグリッドとし、個室が立体的に配置される。これにより、残余として生まれた空間の共用部に、異なる居心地の居場所が複数設けられている。それぞれの居場所には天井高や広さに変化が生まれ、入居者がひとりで過ごしたり、少人数で集まることができる空間がつくり出されている。

　近年、人口増大の影響から、限られた資本をシェアする時代へと移行しており、都市空間における公開空地、歩車共存道路、住居内部の共用スペース、広場、庭など公共空間のあり方が見直されてきた。このクラスターに属する**LT城西**（2013）や**LT城西2**（2017）、**クリばこ**（2018）といった建築にもみられるように、家族以外の他者と形成するシェアのかたちが、都市で模索されている。

　加えて、都市にある資源を共有する「シェアリング」が全国的に広がっている。シェアリングとは「わかちあい」という語源をもっており、環境学習や市民参加型のワークショップなどにおいても使用されている。ルームシェア、シェアハウス、シェアオフィス、シェアサイクル、カーシェアリングなど、モノ・空間・移動における多様なシェアリングにより人びとのライフスタイルが変化してきた。シェアリングは、都市を大きく変える可能性を孕んでいる。

　多くのまちが活性化に向けてまちづくりを行っているなか、名古屋においても持続可能なシェアリングに向けてまちづくりが盛んである。たとえば、栄ミナミ地区では、民間の「栄ミナミまちづくり株式会社」によって統一されたまちのデザインとエリアマネジメントが行われている。社会実験による事業の効果検証を積極的に実施しており、シェアサイクルやタッチパネル式デジタルサイネージ、パークレットといったまちのプラットフォームが実現されている。

　このように、都市の空間や資源をシェアリングできる拠点がまちに点在している。今後これらの点が線に、線が面になることにより、都市そのものがシェアリングで包み込まれるような、より広大なクラスターが創出されるだろう。

LT城西2
名古屋市西区
設計：諸江一紀建築設計事務所、鈴木崇真建築設計事務所
竣工年：2017（平成29）
『新建築』2017.8

南側に建つ1棟目「LT城西」と同じ施主による2棟目のシェアハウス。個室が雁行配置され、小さな庭が個室の周囲に分散されることで、個人の生活がまちと接点をもつ。1棟目の裏庭を2棟目で挟み込み、双方の中庭としている。また、内部は人が集まる楽しさとひとりになれる安堵感の両方を実現するため、分割された切妻屋根をそのまま内部で勾配天井としている。これにより、高さを活かした開放的な共用部と、低く抑えられた落ち着きのある個室がつくり出されている。

反対車線より「クリばこ」をみる。名駅と栄をつなぐ三蔵通に位置しており、名古屋の賑わいが交わる場所となっている。

Cluster 02 ｜都市のシェア

クリぱこ
名古屋市中村区名駅2-11-42
設計：伊藤孝紀／TYPE A/B
竣工年：2018（平成30）
『新建築』2018.9

MAP p.120

立体駐車場の5台分の駐車スペースをリノベーションしたオフィス兼クリエイティブラウンジ。駐車場の構造体に3.2mhのサッシ枠と耐火壁を建てて空間を構成しており、建築確認申請が不要となる、容易な利活用を可能とした。歩道に面する空間をクリエイティブラウンジとして開放し、奥には自動車斜路を利用し、建築・デザイン系のオフィスが入居している。また、西側で隣接する集合住宅のタイルと緑地を取り込み、屋内外をつなぐ光庭が配置されている。

tonarino
名古屋市北区名城1-4-1
設計：原田真宏＋原田麻魚／MOUNT FUJI ARCHITECTS STUDIO
竣工年：2017（平成29）
『新建築』2017.7

MAP p.120

Park-PFI事業（公共資産の民間による利活用）により建設された、レストラン、ランナー・サイクリストサポート施設などからなる公園内の複合施設。道路境界に沿って配置されており、大津通からも公園側からも視認性が高くなるように計画されている。平坦な名古屋の土地に都市の桟敷のような立体的な視点と関係性を与えると共に、観覧席ともなる大階段と商業施設で広場を挟むL字型の平面計画によりコミュニティを醸成している。

Map 02：名駅・名城｜都市のシェア

クリニックかけはし
名古屋市中村区稲葉地町2-16-8
設計：NTTファシリティーズ
竣工年：2013（平成25）
第46回中部建築賞

MAP p.120

市営住宅と幼稚園に隣接するクリニック。4つの白いボリュームで構成され、市営住宅に対して少しだけ角度を振った配置計画となっている。従来の病院建築とは異なり、診察室を中央に、待合室を外側に配置することで、患者は外の風景を臨む居心地のいい空間で過ごすことができる。また、西側にある保育園の側には菜園が設けられており、開放的に使えるようになっている。

JICA中部国際センター
名古屋市中村区平池町4-60-7
設計：石本建築事務所
竣工年：2009（平成21）
2010年度JIA優秀建築選、日本建築学会作品選集2011

MAP p.120

発展途上国からの研修の受け入れと、国際協力に関する情報発信・交流機能をもつ国際交流施設。宿泊室・厚生室をもつ宿泊棟と、展示施設・レストラン・セミナールームをもつ交流棟の2棟で構成される。宿泊棟は、全宿泊室を中庭「四季の庭」に向け、鉄道に面する側は円弧を描くガラススクリーンをもつ外部廊下で遮音することにより、自然通風・自然採光を積極的に行える構成となっている。交流棟は地場産業である常滑焼陶板の外壁で、低層部は屋上緑化されている。

nagono no mise
名古屋市西区
設計：ワーク・キューブ
竣工年：2017（平成29）
第49回中部建築賞
『新建築住宅特集』2017.4

戦前のまちなみが残る那古野の一角に建つ住宅。暮らしの本体である「クラ」と、ファサードに加えられた「ミセ」により構成される。隣接する古い町家は平入で格子戸をもっているが、この住宅は妻面を通りに向けている。奥の「クラ」は断熱性能や耐火性能をもった木造であり、外装は空やまちを映す硬いガルバリウム鋼板によって覆われている。また、手前の「ミセ」は「クラ」と同じ急勾配の切妻型ビニールハウスとし、通りに対してヒューマンスケールで柔らかい輪郭を示している。

名古屋のコートハウス
名古屋市西区
設計：保坂猛建築都市設計事務所
竣工年：2014（平成26）
第47回中部建築賞
『新建築住宅特集』2016.8

都心には珍しい平屋のコートハウス（建物や塀で囲まれた中庭をもつ住宅）。道路沿いには来客用緑化カーポートを配し、窓のない辛子色の外壁と白い軒が延びる静かに閉じた外観となっている。軒、ガラス、土間、それぞれのズレた境界により、内外が混じり合う平面計画となっている。玄関を入ると、中庭と屋内の境界面はすべてガラスで視覚的に開放されており、散りばめられたアルコーブと相まって居心地のいい空間が創出されている。

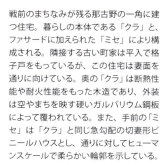

120

Cluster 03：名駅
リノベによる都市再生

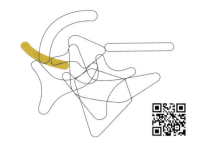

このクラスターには、**名古屋市演劇練習館**（1937）、**トヨタ産業技術記念館**（1994）、**ノリタケの森**（2005）などが属している。これらの建築には、既存の建築を用途変更して再生させることで、歴史的側面を残しつつ現代のニーズにも応答する、コンバージョンという手法が活用されてきた。

名古屋市演劇練習館は、名古屋市水道局所有の旧稲葉地配水塔が図書館に改修された後、現在は、名古屋市演劇練習館（通称：アクテノン）となっており、演劇をはじめ音楽、舞踊など、さまざまなジャンルの練習に利用されている。名古屋におけるコンバージョンの好例として注目を浴びており、地域のランドマークとなっている。一方で、ノリタケの森は、愛知県名古屋市西区に本社・工場を置く、世界最大級の高級陶磁器・砥石メーカー「ノリタケカンパニーリミテド」の赤煉瓦製工場建物群の跡地に建設された。地域社会貢献のために建設された広大な緑地公園、飲食店、美術館からなる複合施設であり、市民が憩い、文化を発信する緑の拠点となっている。近隣には、トヨタ紡織の工場建屋を流用したトヨタ産業記念館などと併せて、名古屋の産業集積跡地の近代産業遺産となっている。

また、都市部の歴史的景観を残したまちづくりも行われている。**四間道**は、名古屋市の「町並み保存地区」のひとつ。1700（元禄13）年の大火を教訓に、防火の目的と旧大船町商人の商業活動のため、道路幅を四間（約7m）へと広げたことに由来しており、商人の街の中心として栄えてきた。現在は近隣の円頓寺商店街において、空き家や古い建物などをコンバージョンすることで、**那古野ハウス**（2018）や**Lights Gallery Endoji Nagoya**（2016）といった隠れ家的な店が続々とオープンしている。郷愁を誘うレトロなまちなみは、名古屋駅から徒歩15分前後という立地により観光客にも人気のスポットだ。

このクラスターにみられる、リノベーションやコンバージョンが行われた建築やまちなみは、産業と文化の原風景を保存すると共に、新たな都市環境の核として後世へ伝承されることだろう。

名古屋市演劇練習館（アクテノン、旧稲葉地配水塔）
名古屋市中村区稲葉地町1-47
設計：名古屋市水道局、河合松永建築事務所（改修）
竣工年：1937（昭和12）、1995（平成7）
名古屋市都市景観重要建築物、土木学会選奨土木遺産
MAP p.122

都市化に伴う上水道供給を目的に建設された配水塔から、転用された演劇練習館。直径33mの円筒形水槽の外周に沿って建つ高さ20m、直径1.5mの円柱16本に囲われた独特のフォルムを持つ。建築当初は、配水塔として建てられ、1965（昭和40）年には図書館に、さらに1995（平成7）年には演劇練習館に改修された稀有な土木遺産である。公園の広い敷地と樹木によって、良好な景観がつくられ、地域のランドマークとなっている。

トヨタ産業技術記念館
名古屋市西区則武新町4-1-35
設計：竹中工務店
竣工年：1912（大正1）、1994（平成6）
日本建築学会作品選集1996、第26回中部建築賞、第5回BELCA賞ベストリフォーム部門、第48回BCS賞、名古屋市都市景観重要建築物
MAP p.122

豊田佐吉が織機の研究開発のために創設した試験工場の場所と建物を利用して建設された繊維機械と自動車を中心とした産業技術の変遷を展示する。木造トラス、煉瓦壁で構成されている試験工場は、産業考古学的にも、また建築史的にも高い評価を得ている。この建築群を貴重な産業遺産として保存、再生し、展示することにより「研究と創造の精神」と「モノづくり」の大切さを次代を担う若い人びとへ伝えていく博物館として企画された。

ノリタケの森より名駅をみる。煉瓦を再利用した窯壁が有機的に連なる。

Cluster 03 ｜ リノベによる都市再生

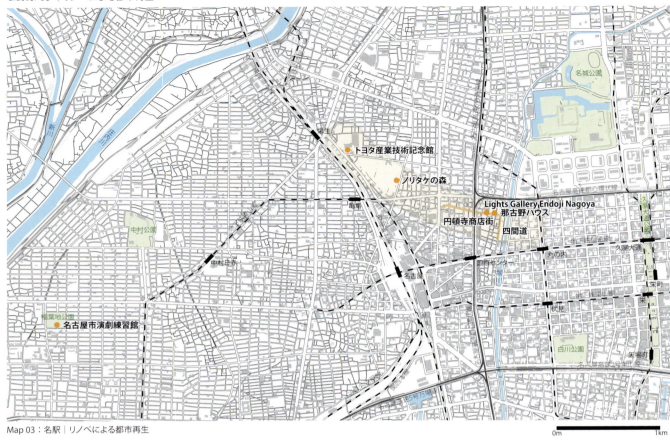

Map 03：名駅｜リノベによる都市再生

0m　1km

ノリタケの森
名古屋市西区則武新町3-1-36
設計：大成建設
竣工年：2005（平成17）
日本建築学会作品選集2007、第37回中部建築賞、第13回BELCA賞ベストリフォーム部門
MAP p.122

ノリタケカンパニーリミテドが、創業地で計画したコンバージョン施設群とランドスケープからなる複合施設。解体で大量に発生した煉瓦塊を擁壁として、ランドスケープの一角にデザインしている。また、敷地周辺は工場や雑居ビルなどが多く点在していたため、この敷地全体を「都市の森」の創出を強く意識して、緑豊かな都市公園として地域開放し、市民や野鳥の憩いの空間として提供されている。

四間道
名古屋市西区那古野1-36-13
設計：不詳
竣工年：1700（元禄13）

MAP p.122

名古屋の城下を流れる堀川の西側にある商人町。石垣の上に建つ土蔵群と軒を連ねる町家が通りに面して建ち並んでいる。名古屋城築城と共に始まった清須越しに伴ってつくられた。四間道は、1700（元禄13）年の大火の後、防火の目的と旧大船町商人の商業活動のため、道路幅を四間（約7m）に広げたため、その名前がついたといわれている。屋根の上に祀られた「屋根神様」の祠がある町屋も多く残っている。1986（昭和61）年に名古屋市の町並み保存地区に指定されている。

那古野ハウス
名古屋市西区那古野1-35-13
設計：市原正人+dero市原建築設計事務所
竣工年：2018（平成30）

MAP p.122

円頓寺商店街の入口に建つ、ゲストハウスとボルダリングジムの体験型複合施設。商店街にあるカフェレストラン&ゲストハウス「NAGONOYA」の別館として、かつて電器店だった店舗をリノベーションしている。資金調達にクラウドファンディングを利用して建設された。ラウンジはコミュニティスペースとして地域に開放している。また、近年増加する外国人観光客に向けて、オープンキッチンや薪ストーブオーブン、BBQ設備を完備している。

Lights Gallery Endoji Nagoya
名古屋市西区那古野1-11-4
設計：鈴木結加里+Trans⁺ Work
竣工年：2016（平成28）

MAP p.122

商店街の古民家を改築したギャラリー。1階はホワイトキューブのギャラリー空間であるのに対し、2階は改築前の面影を残した和のギャラリー空間となっている。また、1階の吹き抜け空間にも当時の梁や窓が残され、無垢な素材と調和した民家の面影が感じられる。ライティングによってさまざまな表情を見せる天井や壁面計画が施されている。開口や引手も通常より低く、女性目線で設計されている。グレーを基調としたモルタル仕上げのファサードが特徴である。

Column 02

円頓寺商店街のリノベーションと活動

市原 正人（有限会社DERO代表取締役、市原建築設計事務所主宰、ナゴノダナバンク代表）

　名古屋駅から徒歩10分ほどの場所にある、名古屋の3大商店街のひとつであった円頓寺商店街は、1960年代をピークに緩やかに衰退し、2007年ごろには店舗数がピーク時の半分以下になり、組合は解体の危機に瀕していた。しかし、残った店のほとんどが昭和の初め、またはそれ以前から営業を続けている老舗で、客の入りもよく、当時これらの店だけをみると衰退した商店街とは思えない状態だった。人通りのない閑散としたアーケードとは対照的に、繁盛する店の姿は、同じ場所で起きていることとは受け入れ難かったが、そのコントラストが面白く、私以外にもこの不思議さを感じてもらいたいと思ったのが、この商店街に深く関わるきっかけだった。

　私の地元にも、ご多分に洩れず衰退しシャッター通り化した商店街があった。それが再開発によりアーケードを撤去、新しい街路が整備され、モールと呼ばれるショッピング街として華々しく生まれ変わり、まちの再生への期待は高まった。しかし一方で再開発に対応できずに廃業や移転を選択する店も多く、結果として生まれ変わった新しいまちには、自分を育ててくれた店主はいなくなり、風景はなくなっていた。

　円頓寺商店街が衰退してきた理由として、公共交通機関の路線変更や廃止、大型店の進出、人口減少、後継者不足など理由は挙げられるが、やはりいちばんの理由は、これらの変化に店が対応しなかったことにある。都市の急激な変化を対岸の火事とし、じわじわと近づいている危険を感じ取れなかった店はなくなり、残った老舗は大きな改革はなくとも、時代の変化に合わせて少しずつ商品構成や客への対応などを変えてきたと聞いている。

　このように緩やかに衰退してきた商店街の再生には、地域の魅力までも取り去ってしまうような急激な変化を伴う再開発ではなく、衰退してきた歴史を逆に辿るような時間をかけた手法が求められる。緩やかな変化の中であれば、過去に生き残る知恵を持った老舗はその経験の上に、再び新しい流れに対応する術を生み出してくれる。

　繁盛老舗が残る円頓寺商店街の再生を行うにあたり、まず読み解いたのは、衰退の歴史の中で老舗は「なぜ残ることができたのか?」また、それが地域の中で「どのように利用され続けてきたのか?」を探った。その答えの中に老舗と同様に新規店舗が生き続けるためのヒントを見つけた。

　円頓寺商店街の老舗には特徴として一定の法則がある。それは、商品のオリジナル性と名物店主の存在である。老舗にはその両方もしくはどちらかが必ずある。客からすると、どちらもわざわざ足を運ぶ価値があり唯一無二の「店の売り」である。駅からの距離を考えてもこの立地で売りを持たない店へ足を運ぶ客は存在しない。2009年、空き店舗対策を行う「ナゴノダナバンク」を発足し、現在までに「店の売り」を持つ次世代の老舗候補を商店街とその界隈に約30店舗誘致し、円頓寺商店街には賑わいが戻りつつある。

　商店街のリノベーションは、まちの特徴を読み解き新旧が絶妙な関係を保ちながら、それぞれを引き立たせ、時には融合させて新しい魅力を創出するモザイク制作のようである。

（いちはら・まさと）

下：円頓寺秋のパリ祭で賑わう商店街。
右：個性ある店舗が客を集める。
（写真提供：筆者）

Cluster 04：栄・久屋・錦

繁華街のアイコン

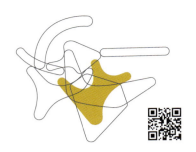

名古屋テレビ塔
名古屋市中区錦 3-6-15
設計：日建設計工務、内藤多仲
竣工年：1954（昭和29）
登録有形文化財

MAP **p.127**

久屋大通公園内に日本で最初に完成した高さ180mの集約電波塔。アナログテレビ放送終了に伴い、電波塔としての役割を終えた。地下鉄が真下を通過することに対応するため、四角溝桁式自立鉄塔で、塔脚部は脚を開いた形になっている。重心を下げるために、4本の脚を鉄筋コンクリートのアーチで結合して固めている。高さ90mに位置するスカイデッキやスカイバルコニーからは、名古屋市街のみならず、中央アルプスまで眺望が楽しめる。

　このクラスターは、栄を中心に栄東、栄ミナミ、久屋、錦と4つのエリアによって構成されている。それらのエリアは、数多のアイコニックな建築やモニュメントによって特徴づけられてきた。
　久屋大通公園にそびえ建つ**名古屋テレビ塔**（1954、以下、テレビ塔）は、名古屋最大のシンボルといっても過言ではない。日本初の集約電波塔として、空襲によって焼け落ちた**名古屋城天守閣**（1959）の復元よりも早く、名古屋の新しいランドマークとして建設された。以後、テレビ塔の周辺には、表情豊かな建築やモニュメントが数多く出現する。
　テレビ塔直下の久屋大通公園には、**久屋大通公園モニュメント**（1989）をはじめ、姉妹友好都市提携を記念してつくられた6つの広場により、戦後の栄が面的に彩られた。また、テレビ塔南東に位置する**オアシス21**（2002）は、テレビ塔と共に、栄周辺の景色を眺めるには絶好の場所となっている。2011（平成23）年には、1962（昭和37）年の名古屋市政70周年記念事業として建てられた**名古屋市科学館**（2011）がリニューアルされ、世界最大となる直径35mのプラネタリウムドームがつくられた。
　2010（平成12）年から、**愛知芸術文化センター**（1992）をメイン会場として「あいちトリエンナーレ」（p.128）が行われている。他会場として、オアシス21や**名古屋市美術館**（1987）も使用されており、国際芸術祭の活気はアイコニックな建築によってより高められている。3年に1度行われているあいちトリエンナーレは、回を重ねるごとに会場規模を拡大しており、会期中は名古屋市内のまちなかから名古屋市外の市町村にまで都市の祝祭に包まれる。
　タワーやモニュメント、特徴的なファサードなど、多様な様相を呈する栄の建築は、文化・商業・観光・娯楽の用途が混ざり合う名古屋のアイコンとしてクラスターを形成している。

久屋大通公園モニュメント
名古屋市中区栄 3-31-13
設計：日建設計
竣工年：1989（平成1）
日本建築学会作品選集1991、第22回中部建築賞

MAP **p.127**

第2次世界大戦後の戦災復興事業の一環として建設された記念モニュメント。公園の南方に位置する緑の丘に浮かぶモニュメントは、復興の歴史を現在から未来へと発信するものとして計画されている。地下鉄矢場町駅のコンコースレベルへ緩やかに降りる広場は、野外劇場としても利用できる。モニュメントの足元から人びとの流れがあることで、都市公園のにぎわいを創出するように考えられている。

テレビ塔とオアシス21を見る。共に栄を代表するランドマークである。

繁華街のアイコン｜Cluster 04

名古屋市美術館
名古屋市中区栄2-17-25
設計：黒川紀章建築都市設計事務所、名古屋市建築局
竣工年：1987（昭和62）
『新建築』1988.1

MAP p.127

白川公園内に位置する、中部地方で初の近代美術館。建ぺい率や高さの制約に加え、三角形の敷地形状に対し、1層を地下に埋込み、高さを2階建てに抑え、敷地形状に合わせた南北の主要な軸と北西に開いた副軸を設けることで解決した。「歴史と未来の共生」がこの建築の主要なテーマであり、内部のドア枠と窓には西欧の建築様式や江戸の天文図などが引用され、梅鉢の紋や茶室の模擬などが取り入れられている。

名古屋市科学館
名古屋市中区栄2-1701
設計：日建設計
竣工年：2011（平成23）
日本建築学会作品選集2014、第44回中部建築賞

MAP p.127

白川公園内に位置する科学館。四季折々の美しい公園から見える、大きな銀色の球体は内径35mのギネスに認定された世界最大のプラネタリウムドームである。特徴的な球体の下部はオープンスペースになっており、都市から公園へ誘う都市的なスケールをもった建築である。科学館であるということから、サーマルトンネル、太陽光パネル、風力発電など、デザインと一体化した省エネ技術が集約され、展示と共に高度技術を可視化した建築自体が展示物となっている。

オアシス21
愛知県名古屋市東区東桜1-11-1
設計：大林組
竣工年：2002（平成14）
日本建築学会作品選集2005、『新建築』2002.11

MAP p.127

公園、バスターミナルと商業施設を内包した立体型の複合施設。地区開発で生みだされた2haの敷地を利用して設けられた広場空間は、地下街や近隣施設と直結している。シンボルである「水の宇宙船」は、ガラスの空中遊歩道と水盤面で構成されており、隣接する久屋大通公園やテレビ塔が展望できる。水の宇宙船は季節や時間によってさまざまな色にライトアップされる。2017（平成29）年には「外国人旅行者が選ぶ夏のフォトジェニック観光スポット」の日本2位に選ばれた。

名古屋商工会議所
名古屋市中区栄2-10-19
設計：日建設計工務
竣工年：1967（昭和42）
第1回中部建築賞、第10回BCS賞、『新建築』1967.12、第15回BELCA賞ロングライフ部門

MAP p.127

伏見通（国道19号線）に面し、白川公園を望む街区の一角にあるオフィスビル。会議所部分と貸事務所、共用スペースで構成されている。敷地南側と東側にそれぞれ5mのオープンスペースを残し、植栽などにより緑化されている。また、基準平面は1.2mをモジュールとした耐震壁と、その中に囲まれた壁構造のサービスコアを配置するという平面計画と構造設計となっている。これらにより、コストを抑えながらスパン14.4mの室内空間を確保している。

納屋橋
名古屋市中区錦1
設計：不詳
竣工年：1913（大正2）
名古屋市都市景観重要建築物

MAP p.127

名古屋の城下町建設に際して浚渫された堀川に架かる広小路通の橋。老朽化により1981（昭和56）年に改築されており、この際、コンクリート造の橋台の間に水平の鋼鉄梁を架けた構造に変わり、幅員も拡大している。橋梁の最外側のアーチや欄干は改築以前のものを踏襲している。欄干の中ほどにある半円のふくらみの部分には、堀川を開いた福島正則を記念する中貫十文字の紋を透し彫りし、その横には、この土地に縁のある織田、豊臣、徳川の紋所をあしらっている。

愛知芸術文化センター
名古屋市東区東桜1-11-2
設計：A&T建築研究所
竣工年：1992（平成4）
日本建築学会作品選集1993、第25回中部建築賞、『新建築』1992.12

MAP p.127

「愛知県美術館」、「愛知県芸術劇場」、「愛知県文化情報センター」で構成される文化複合施設。地下2階から地上12階までの高さ50mの吹き抜けをもつアトリウム空間は、主要な施設を結ぶ回遊空間として、建物全体のロビーとなっている。また、白一色の内部に、ガラスのファサードから太陽光が射し込み、光と影の白の濃淡で透明な浮遊感のある空間をつくっている。

栄町の音楽ホール（宗次ホール）
名古屋市中区栄4-5-14
設計：團紀彦建築設計事務所
竣工年：2007（平成19）
『新建築』2007.5

MAP p.127

310席のクラシック音楽専用のホール。道路に面する1階に若干の商業施設と上層部に住居をもち、大半が音楽ホールが占めている。外形はホールの内部の気積を最大限獲得するためと、上部が道路斜線制限の影響を受けるために、アルマジロ型の地形的フォルムとしている。また、ホール内壁はコンクリート下地の上に厚塗りモルタル仕上げとするなど、極力硬い材料が用いられている。

青島設計社屋（旧矢崎総業名古屋AIS）
名古屋市中区大須4-14-51
設計：青島設計室
竣工年：1972（昭和47）
『新建築』1972.3

MAP p.127

電線やガス機器、空調機器などにいたる多品目を手がけるメーカーの自社ビルとして計画されたオフィスビル。前面ガラスカーテンウォールは、車の流れ、人の動きなどの都市環境を被写体としてとらえている。また、中央4本柱（Gコラム）を主体としたラーメン構造で構成し、正面カーテンウォールは傾斜したデザインの3角立体トラスとなっている。現在は設計者である（株）青島設計の本社として使用されている。

名古屋圏の建築

Cluster 04 ｜繁華街のアイコン

CHIPTOWER（旧伊勢木本社ビル）
名古屋市中区栄3-25-17
設計：竹山聖＋アモルフ
竣工年：1992（平成4）
『新建築』1994.5

MAP p.127
伊勢町通に面したテナントビル。当初は「Stairway to Heaven」と名付けられ、オフィスビルとして「天に向かう塔」をコンセプトに設計された。その後、屋上部分は鵜飼哲矢によって改修が行われ、現在は用途を変え飲食店となっている。正面は、直線的なファサードであるのに対し、裏から見ると曲線の構造が特徴的である。緑に恵まれた都心の閑静な立地において、周囲から独立しつつも溶け込むように構成されている。

HASE-BLDG.1
名古屋市中区大須3-5-13
設計：伊藤恭行・宇野享＋CAn
竣工年：2016（平成28）

MAP p.127
若宮大通に面する商業ビル。地上6階建てであり、各フロアは3分割できる平面構成となっており、最大18のテナントが入居することができる。大小さまざまなスケールの建物が建ち並ぶ大須のまちなみを反映するように、小さな空間から100㎡以上の大きな空間を備えている。これにより、テナントのさまざまな業態に合わせてフレキシブルに対応できる計画となっている。凹凸のあるファサードが特徴である。

名古屋市芸術創造センター
名古屋市東区葵1-3-27
設計：安藤洋・田賀幸子
竣工年：1983（昭和58）

MAP p.127
国道153号線の東側に面する、芸術文化活動のための施設。公開設計競技（1981年）により設計者が選定された。ホールや楽屋、練習室、リハーサル室の他に会議室・資料室などを設けている。外観は暗色のタイルを用いた大壁面を複雑に交差させることによって構成されており、重厚感がある。さらに平面計画は基本形を六角形とし、それを組み合わせることにより、ホールを中心に自由な空間を展開している点が特徴となっている。

ナゴヤドーム
名古屋市東区大幸南1-1-1
設計：竹中工務店
竣工年：1997（平成9）
第30回中部建築賞、『新建築』1997.4

MAP p.127
収容人員49,692人（アリーナ使用時最大）の多目的ドーム。単層ラチスドームとしては世界最大級である。その実現には多くの先端的な挑戦がなされており、大空間を持つ大型構造物にも関わらず、軽快な構造美を見せている。外観は球型のフォルムで高さを抑えると同時に、周辺に対しても相対的にスケールを小さく見せており、大空間建築のもつ威圧感が取り除かれ、周辺環境との共生に成功している。

愛知県歯科医師会館
名古屋市中区丸の内3-5-18
設計：山下設計
竣工年：2012（平成24）
日本建築学会新人賞2015、日本建築学会作品選集2015、第46回中部建築賞

MAP p.127
久屋大通に面する職能団体のオフィスビル。新しい型やプログラムの出現が難しいオフィスという用途にも関わらず、上階の各部屋と廊下の間仕切リガラスなどにデザインを施すことで、新しいオフィスのあり方を模索している。プロポーションは、東側前面の久屋大通公園や、隣接する日本家屋、寺社ともバランスがとられている。溶融亜鉛メッキの格子のファサードは、大きなボリュームにヒューマンなスケールを与えている。

生長の家 愛知県教化部会館
名古屋市中区大須4-15-53
設計：小場瀬令二
竣工年：1987（昭和62）
『新建築』1987.9

MAP p.127
公開設計競技により豊橋技術科学大学の学生を中心に設計された宗教施設。敷地形状に合わせたまちなみの軸と御本尊に向かって真北にむかう宗教の軸が6.5度ずれているところから、全体の平面計画を決定している。宗教の軸に対してはトップライトから光を注ぎ、また軸と直行する南側外壁には銅板を貼り、鳥居のような門を設けている。これに対してまちの軸には外壁に煉瓦タイルを貼り、まちなみとの調和を図っている。

サンシャインサカエ
名古屋市中区錦3-24-4
設計：日本設計
竣工年：2005（平成17）

MAP p.127
賑やかな大津通と錦通の交差点に位置する娯楽・服飾・食の3つの要素を複合した商業施設。建物側面には、「スカイボート」と称する直径約40mの観覧車が設置されており、栄の眺望や夜間のライトアップによる演出が特徴である。また、地下階は名古屋市営地下鉄の栄駅と直結する部分をバリアフリー化し、イベントスペースとして活用している。

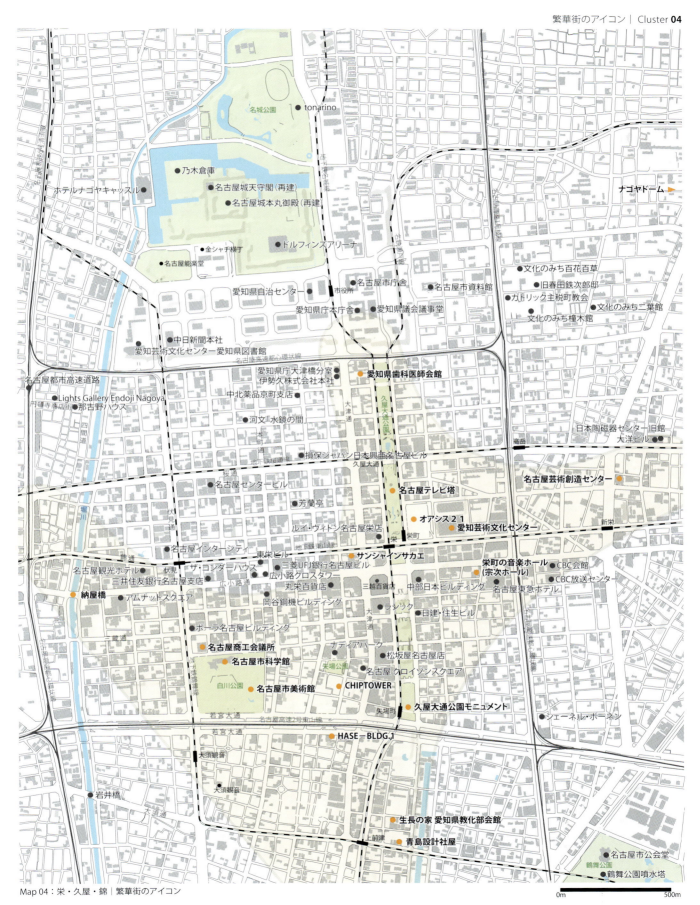

繁華街のアイコン｜Cluster 04

Map 04：栄・久屋・錦｜繁華街のアイコン

Column 03

芸術祭と建築
「あいちトリエンナーレ」

武藤 隆（建築家、大同大学工学部建築学科教授）

2010年より愛知県で3年ごとに開催されている「あいちトリエンナーレ」（以下、AT）は、現代美術と舞台公演の2本柱からなる国際芸術祭である。

美術館だけではなく、まちなかでも

初回のAT 2010では、「都市の祝祭」をテーマに掲げ、「愛知芸術文化センター」、「名古屋市美術館」、「長者町会場」、「納屋橋会場の東陽倉庫テナントビル」を主会場とし、その他に「名古屋城」、「オアシス21」などが使われた。

美術館だけではなく、まちなかでも展開するという建畠晢芸術監督の決断により、美術館でのホワイトキューブの展示と、長者町会場のようなまちなかでの展示とが共存するという、後の回にも踏襲されていくATの会場の決定的な特徴を生み出すことになる。

それらの展示をより効果的にするために、ATでは初回から「アーキテクト」と呼ぶスタッフを置いている。それは会場デザイナーとして会場構成をするのではなく、キュレーターチームの一員としてアーティストの作品がその場所においてより際立つように、展示空間として場所をどう変えていくのかを考えることを中心に、空間に関するさまざまな部分の役割を担ってきた。筆者が初回から3回を、山岸綾が2回目から2回を、栗本真壱と丸田知明が3回目を、それぞれアーキテクトとして担当している。

他都市への展開——名古屋、岡崎、豊橋

AT 2013では、「揺れる大地」というシリアスなテーマを掲げ、名古屋地区の「愛知芸術文化センター」、「名古屋市美術館」、「長者町会場」、「納屋橋会場」、「中央広小路ビル」、「オアシス21」、「名古屋テレビ塔」などが使われると共に、新たに岡崎地区として、「東岡崎駅会場」、「康生会場」、「松本町会場」が使われた。建築史家の五十嵐太郎が芸術監督となったことが、場所性をさらに強調することにもつながり、岡崎市という名古屋市以外の都市を会場とすることで名実ともに「あいちトリエンナーレ」となった。

AT 2016では、「虹のキャラバンサライ」というテーマのもと、名古屋地区の「愛知芸術文化センター」、「名古屋市美術館」、「長者町会場」、「栄会場」、「名古屋駅会場」などに加え、新たに豊橋地区として、「PLAT会場」、「水上ビル会場」、「豊橋駅前大通会場」が使われ、前回に引き続き岡崎地区として、「東岡崎駅会場」、「康生会場」、「六供会場」が使われた。テーマの通り愛知県内の3都市をまさに旅することとなり、地元の人ですら見過ごしてしまっている「地域の魅力」をアートによって提示し再発見されたり、それぞれの都市で「まちとアートのつなぎ手」ともいうべき人材が発掘されたりもした。

これから開催されるAT 2019では、名古屋地区の「愛知芸術文化センター」、「名古屋市美術館」に加え、新たに名古屋市内のまちなかとして「四間道・円頓寺地区」などが加わると共に、豊田市地区として「豊田市美術館」及びそのまちなかが使われる予定である。

まちづくりとの連携を

ATは、愛知県と名古屋市が主催ではあるが、まちづくり系の部局は関与しておらず、まちづくりやまちおこし的視点での会場決定ではなかった。とはいえ、もともと解体予定の空きビルや空き店舗を会場として選定していたことや、全国で開催されている他の芸術祭との違いからも、芸術祭と建築との関係に注目が集まった。これらはいずれも解体される前提の建物がまちなか会場の多くを占めており、持続可能性が高い建物ではないことや、回ごとに会場探しをせざるを得ないことなども、表には出てこないもうひとつのATの会場の特徴といえる。

将来的には、今までの特徴であるホワイトキューブ（美術館）とまちなか展開との共存は維持しつつも、消費的一時的に会場を使用するだけではなく、作品を常設化したり、用途変更や耐震改修を伴い将来的に使用し続ける展示会場を点在させたりすることで、もうひとつのATの特徴が生まれていくことを期待する。

（むとう・たかし）

上：AT 2010。愛知芸術文化センター・オアシス21。

上：AT2010。長者町ゑびす祭り。
下：同、長者町繊維卸会館。

上：AT2013。岡崎、松本町。
右：AT2016。豊橋、水上ビル。

上左：AT2013。長者町、中電本町開閉所。
上右：同、伏見地下街。

左：AT2016。名古屋市美術館。

（写真提供：筆者）

Cluster 05：栄
商業地帯の重層

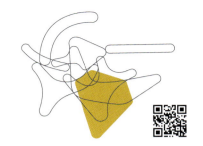

丸栄百貨店
名古屋市中区栄3-3
設計：村野藤吾・森忠一＋村野・森建築事務所
竣工年：1953（昭和28）
日本建築学会学会賞1953、『新建築』1954.4

MAP p.131

広小路通に面した商業施設。1956（昭和31）年と1984（昭和59）年に増築されている。1階店頭はオープンフロントとなっており、まちに開かれている。北側と東側は、細やかな縦格子デザインを採用しており、1枚の縦長すりガラスの表面には格子状の模様が施されている。西側にはモザイクタイルによる、壁画建築を全面に採用されている。2018（平成30）年6月に建物の老朽化により、閉店を迎えた。

　このクラスターは、通りを中心とした商業の賑わいによって特徴づけられている。江戸時代、名古屋城下の半数以上の家屋が消失したとされる万治の大火（1660）の後から、広小路通を中心に著しく発展してきた。広小路という名称は、かつて堀切筋と呼ばれた碁盤割の地域の南端を火除地として、約27mの幅員に拡幅したことに由来している。当時から広小路には、茶店や芝居小屋などが並び、城下一の盛り場であった。現在は、久屋大通に直行する栄のメインストリートとして親しまれている。

　一方、本町通は、名古屋城へと通じる道であるため、江戸時代は通り沿いに店を構えることが商人のステイタスとなっていた。本町通は、御園通から久屋通の南北11本の通り、片端通から広小路通までの東西9本の道で仕切られた碁盤割街区のほぼ中心を貫通している。

　その後、明治維新までは名古屋城にて政務が行われていたため、名古屋城南方に官庁や商業施設が集積した。1887（明治20）年に東海道線の名古屋停車場が笹島に開業すると、広小路は笹島駅まで延伸される。明治末には、江戸初期から茶屋町に店を構えていた、いとう呉服店（現：松坂屋）が栄町5丁目の市役所の跡地に移転し、名古屋で初めての3階建ての百貨店を開業したため、名古屋の賑わいが栄町地区に移ることとなった。

　戦後の発展を担う栄には、**丸栄百貨店**（1953）をはじめ、名古屋市内にある主要な百貨店「4M」（松坂屋＝Matsuzakaya、名鉄百貨店＝Meitetsu、丸栄＝Maruei、三越＝Mitsukosh）のうち名鉄百貨店を除く3つが集中しており、三越、松坂屋が建ち並ぶ大津通が商業の中心地となっている。道路幅が広く整備されていることを利用し、休日やイベント時には歩行者天国が行われる。また、1990年前後から現在にかけても、**ナディアパーク**（1996）や**ラシック**（2005）などの大型商業施設が地域の新しいランドマークとなり、高級ブランドの路面店である**ルイ・ヴィトン名古屋栄店**（1999）や、伝統工芸品の尾張七宝を専門に取り扱う**名古屋クロイゾンスクエア**（2002）など、多様な商業建築が創出されている。

　本町通を起源として、東西方向に広がったかつての商人の賑わいは、大津通に建ち並ぶ商業建築へと受け継がれている。このように、通りを中心に広がる商業の歴史が積み重なることで、クラスターが形成されている。

ルイ・ヴィトン名古屋栄店
名古屋市中区錦3-16-17
設計：青木淳建築計画事務所、LOUIS VUITTON MALLETIER,H&A
竣工年：1999（平成11）
『新建築』1999.10

MAP p.131

錦通と久屋大通に面して建つ高級ブランドの店舗。外観は、市松模様のパターンが重なり合って、その強弱によってできる第3のパターンであるモアレとして境界面がつくられている。ダブルスキンを採用しており、ディスプレイウィンドウや内照式のサイン、ロゴ、ポスターが、この隙間の空間に挟み込まれている。傘を差すための玄関のセットバック、地下の店舗へのトップライトもこの隙間の空間が利用されている。

商業ビル群をみる。市街地建築物法の絶対高さ規制により、軒高の整ったまちなみとなっている。

Cluster 05 | 商業地帯の重層

ラシック
名古屋市中区栄3-6-1
設計：日建設計
竣工年：2005（平成17）
第37回中部建築賞

MAP p.131

大津通と久屋大通の間に再開発計画によって生まれた商業・オフィスの複合施設。3つの吹き抜けを積み重ねてできた中央の空間は、パブリックスペースとしてふたつの通りを繋ぎ、通り抜けできる大通りとなっている。また、高層階の飲食店をアンカーショップとして、人びとを上階へと導く空間構成となっている。久屋大通に面するファサードはサッシ割りで白いガラスと透明ガラスによって構成され、最上階は大曲面のパラペットが特徴である。

ナディアパーク
名古屋市中区栄3-18-1
設計：大建設計、KMD、ダブルスマーケティング、名古屋市建築局
竣工年：1996（平成8）
第29回中部建築賞、第39回BCS賞、『新建築』1997.2

MAP p.131

地域活性化の拠点となる複合施設。並立するツインビルであり、若者の芸術文化活動の拠点としてデザインセンター、商業、業務施設を有するビジネスセンタービルとなっている。12階まで連続するアトリウムが施設全体の核となり、アプローチ空間を共有することで施設を一体化している。特定街区の指定を受け、指定容積率が900%まで緩和されている。周辺地域への風害、電波障害などの対策として、一部壁面を曲面化、傾斜をつけている。

名古屋東急ホテル
名古屋市中区栄4-6-8
設計：大林組、新井組
竣工年：1987（昭和62）
第30回BCS賞、『新建築』1987.11

MAP p.131

旧中京女子大跡地に建てられた大型都市ホテル。車回しピロティや、アトリウムラウンジを核とし、その周囲に利用客の回廊、宴会場などのスペース、サービス通路を順次積層させることで、利用客とサービス動線が完全分離型の空間構成となっている。利用客主体の内部空間は、街路から見えなくなる敷地特性のデメリットをホテル運営上のメリットに逆転させた発想となっている。

名古屋クロイゾンスクエア
名古屋市中区栄3-27-17
設計：竹中工務店
竣工年：2002（平成14）
日本建築学会作品選集2005、第35回中部建築賞、第46回BCS賞、『新建築』2003.2

MAP p.131

旧安藤邸内の蔵や庭を再生した商業施設。七宝の英語名「cloisonne」にちなんで名付けられた。創業130余年の老舗・安藤七宝店の建て替えと新規の事業展開としてテナントビルがつくられた。南北に長い逆コの字型の敷地が大津通に面することで、来訪者を建物内へ誘っている。北入口の正面には、既存建物である土蔵を改修した資料庫が残り、老舗の歴史が感じられる。南入口は2階建てのテナントの内部が見通せるガラスカーテンウォールとなっている。

中部日本ビルディング
名古屋市中区栄4-1-1
設計：竹中工務店
竣工年：1966（昭和41）
第1回中部建築賞

MAP p.131

久屋大通と広小路通に面する商業施設・劇場・結婚式場などからなる複合施設。中日新聞社の本社移転に伴う跡地開発として建設され、「中日ビル」として親しまれている。中日劇場や中日ドラゴンズの新入団選手の入団会見なども同ビル内で行われている。かつて回転レストランが営業していた名残りである、円盤状の構造物が特徴である。老朽化や耐震性の問題から2019（平成31）年3月をもって閉館する。

三井住友銀行名古屋支店（旧三井銀行名古屋支店）
名古屋市中区錦2-18
設計：曾禰達蔵・中条精一郎+曾禰・中條建築事務所
竣工年：1935（昭和10）
名古屋市都市景観重要建築物

MAP p.131

戦前の銀行街であった広小路通に建つ新古典主義の銀行建築。正面には6本のイオニア式の列柱があり、基盤を持ち、曲線状の渦形を持つ柱頭に特色がある。格子の入った大きな窓があり、両端には壁面を配し、花崗岩で仕上げている。周辺建築に比べ高さが低く、古典的なプロポーションを維持しており、広小路通の表情に歴史的深みを与えている。背後に見えるビルは旧住友銀行名古屋支店を建て替えた「三井住友銀行名古屋ビル」である。

芳蘭亭
名古屋市中区錦3-9-30
設計：清水建設
竣工年：1991（平成3）
日本建築学会作品選集1993

MAP p.131

繁華街である七間町通の中央部に建つ老舗の飲食店舗。外観素材には、アルミやダイキャスト、黒御影が使用されており、周囲の安易なファサード群のなかで、老舗の落ち着きを生み出している。創作中華店であるにも関わらず、日本料理の料亭のような趣きがある。店内はすべて座敷となっているが、欄間には中華風の木彫りなど、中華らしいダイナミックなデザインが施されており、相乗効果をもたらしている。

Real Style本店
名古屋市中区大井町1-41
設計：Real Style
竣工年：2002（平成14）

MAP p.131

大津通に面して、向いに回遊式庭園のある公園（織田信長の父の居城跡）を臨む敷地に建つ。大正末期に建てられた洋館を改装した贅沢な空間。「手に触れるものから、空間、建築、街づくりまで本物にこだわり、上質なライフスタイルを創造する」というコンセプトを掲げたインテリアブランドである。オリジナルを中心としたアイテムをコーディネートしたショップとフラワーショップを併設している。

商業地帯の重層 | Cluster 05

Map 05：栄地区｜商業地帯の重層

シェーネル・ボーネン
名古屋市中区新栄1-46-2
設計：吉柳満アトリエ
竣工年：1982（昭和57）

中北薬品京町支店（旧中北商店）
名古屋市中区丸の内3-11-9
設計：城戸武男
竣工年：1936（昭和11）

太洋ビル（太洋商工ビル）
名古屋市東区代官町39-22
設計：星野保則
竣工年：1931（昭和6）

松坂屋名古屋店
名古屋市中区栄3-16-1
設計：鈴木禎次
竣工年：1925（大正14）

MAP p.131
にじり口を彷彿させるシンメトリーな外観をもつ飲食店舗。飲食店舗でありながら、店舗名の看板を掲げていない特徴がある。外観同様、内部空間もシンメトリーで構成されている。間口が4,800mmから5,200mmまでの非常に狭い空間となっており、そこを動線軸にすることで内部の中央に島のような広がりある空間ができている。入口から続く「列壁」という独自の手法により柱と壁を兼用できるようにした。

MAP p.131
京町通と呉服通の角地に建つ医薬品・医療機器の卸を扱う企業の支店オフィス。1階と2階を縦断する縦長のスリット窓や3階部分の水平連続窓、水平に伸びた庇が特徴である。水平と垂直によって構成された鉄筋コンクリート造の外観は、昭和初期の装飾の少ない状態を残しており、東京の日本橋、大阪の道修町と並ぶ、薬種問屋街の面影を伝えている。

MAP p.131
日本陶磁器センタービルに隣接する鉄筋コンクリート造のオフィスビル。太洋商工は、陶磁器の貿易商であった春田鉄次郎が経営した会社である。装飾の少ないモダニズム建築である一方、ファサードの壁面頂部にみられる小アーチが連なった帯状のロンバルジアバンド、3階中央部に張り出した小さなテラスやアプローチの疑似石貼りなど、古典主義様式の意匠も随所に見られる。

MAP p.131
1611（慶長16）年に創業した名古屋発祥の老舗百貨店本店。現在の大津通沿いに建設された。近世ルネッサンス様式が採用され、6階に宴会場やホール、屋上には庭園・動物園・水族館、塔屋に展望室（眺望閣）が設けられた。その後、戦災による全焼や増改築を経て、当時の面影を残すのは階段踊り場や屋上の窓などごく一部となっている。階段踊り場には、幾何学的模様に装飾された親柱やアーチ状の窓枠、大理石の壁面などがみられる。

名古屋圏の建築

Column 04

名古屋圏の商業建築とインテリア

加藤 和雄（インテリアデザイナー・建築家、椙山女学園大学生活科学部生活環境デザイン学科教授）

商環境デザインとそれに関わるさまざまな要素について

　商環境デザインは、経営者、依頼人（民間、行政の組織、あるいは個人）の要望からはじまり、利用者である顧客を想定し、物販、飲食、サービス、それら複合の用途が設定され、行為、使用性、生活シーンが試行錯誤され、身体性、精神性の変化を考慮し、それらに対応した空間化がなされる。人と人、人とモノ、人と空間、人と自然との関係性、コミュニケーションを考え商業性の枠組みにとどまらず、周囲の地域性、社会性、文化性を通じて提案がなされる。

　商環境デザインに関わる職能、プロデュース・システムは、ゼネラルマネージャー、プロデューサー（コト・モノ・カネをまとめ推進役）、MDプランナー（マーケティングから業態計画、ターゲッティング、商品・サービスの業態コンセプト、ポジショニング）、空間デザイン・ディレクター（業態計画から空間計画、コンセプト、デザイン、施工、制作までのディレクション）、デザイナー（プロダクトデザイナー、インテリアデザイナー、建築家、グラフィックデザイナー…）とさまざまな領域に関わるクリエーターや、調査、基本構想、基本設計、実施設計、施工・制作といった段階に関わる専門家の複合体からなりたち、商環境のプロジェクトは進められる。

　施設業態については、大規模な複合商業施設SC、百貨店や大規模専門店、大規模な量販店や中小規模の経営者が経営する場合や、個人経営する小規模な店舗（物販、飲食、サービス、その複合）など多岐に渡る。

戦後名古屋の商業建築、インテリア――モダニズムの感性

　栄の「丸栄百貨店」（1953年、p.129）は村野藤吾の設計（施工：清水建設）で、1953年に建築学会賞を受賞した日本を代表するモダニズム建築である。マテリアルとしては、壁面ではタイルやガラスブロックをベースにモザイクアートが複合され、ファサードの柱、1Fの床、階段部、エレベーター部にはこの地域、日本全国、ヨーロッパから貴重な大理石が集められた。またエレベーターの扉には東郷青児のアートが採用されている。合理性・標準化と、その対極の情緒性・特殊化の価値観が複合され、市民に対してきわめて公共的で芸術性、人間性の高い商環境が創出されたものだった。2018年6月末に閉店になり非常に残念である。

　「名古屋近鉄ビル 近鉄パッセ」（1966年、p.115）は坂倉準三、「名鉄バスターミナルビル」（1967年、p.115）は谷口吉郎が設計し、名古屋駅前にてモダニズム建築の感性を市民に提供した。また名古屋鉄道の土川元夫と谷口吉郎らが構想に関わった「博物館明治村」は、1965年に名古屋北部の犬山にオープンした。一般の方々に明治の建築文化を気軽に体験できる環境が創成された文化的価値は大きい。

1980年代の衝撃――「〜風」からの脱却

　1980年代前半に、栄の「SAKAE NOVA（栄ノバ）」（1982年）に、世界的に著名な日本のファッション・DCブランドであるイッセイミヤケ、山本耀司、川久保玲等の多数のブティック・ゾーンが展開された。

　空間デザインは日本を代表するインテリアデザイナーの倉俣史朗、内田繁、三橋いく代らのモダニズムのインテリアデザイナーらが担当し、この地に高感度のファッションと空間がはじめて披露され、アパレル、プロダクト、インテリア、建築、グラフィック、現代美術に関わる方々に多大な衝撃を与えることとなった。

　そのころ同時に、ユニーのアピタ・プロジェクトの総合デザイン・ディレクター、デザイナーとして、日本を代表するインテリアデザイナーの内田繁が起用された。内田は名古屋圏に数年にわたり関わり、この地域に本格的なモダニズムのインテリア空間を創出した。

上：「葵・住吉店」（1994）
設計：加藤和雄／状況空間研究所・加藤和雄
（撮影：加斗タカオ）

左：「さわ龍」（2018）
設計：鳥居デザイン事務所・鳥居佳則
（撮影：ナカサ＆パートナーズ）

左：「花見小路」（1998）
設計：アケボノアートワークス・太田 忍
（撮影者：加斗タカオ）

その洗礼を受けたこの地域のデザイナー（インテリアデザイナー、建築家）、教育者、研究者には、スペースの梶浦厚、西川せいじ、岡島昇、渡辺由美、大藪由紀夫らや、アトリエ事務所の加藤和雄、太田忍、鳥居佳則、神谷利徳らのデザイナー、名古屋工業大学の堀越哲美（現・愛知産業大学学長）、伊藤孝紀（名古屋工業大学准教授）、椙山女学園大学の村上心、橋本雅好、トライデントデザイン専門学校の広瀬文久、名古屋デザイナー学院の小柳朝一（当時）らがいる。

また日本商環境デザイン協会（JCD）や環境提案協会・中部（MESH）等のセミナーなどを通じて、デザイナー、教育、研究関係者等の交流が展開され、学生、若いデザイナーに多大な影響を与えた。

当時の名古屋のデザインの多くは、どこかで成功したもの、流行ったもの、日本や外国の様式の表層的影響、〜らしい、〜風、〜調といった業態、空間デザインが主流で、社会、文化、自然、周囲を観察し本質を抽出したデザインはきわめて少ない状況であったが、名古屋外からの、モダニズムの建築家、インテリアデザイナー等による作品との出会い、作家との人間的交流は、この地域を大きく変える機動力となったと思われる。

著名建築家、組織設計、ゼネコン等の仕事──2000年前後から

2000年前後から著名な建築家による商業建築が目立ちはじめる。青木淳の「ルイ・ヴィトン名古屋栄店」（1999年、p.129）、谷尻誠の「florist_gallery N」（2007年）、シーラカンスアンドアソシエイツ名古屋（CAn）の「HASE-BLDG. 8」（2014年）、「HASE-BLDG.1」（2016年、p.126）、隈研吾の「両口屋是清 東山店」（2013年）、「御園座」、「ミライエ レクストハウス ナゴヤ」（2018年）等などがある。

また大手組織設計事務所では日建設計による「ラシック」（2005年、p.130）、「ミッドランドスクエア」（2006年、p.115）、「名古屋ルーセントタワー」（2007年、p.115）、「モード学園スパイラルタワーズ」（2008年、p.115）がある。

大手建築ゼネコンの設計では、竹中工務店による「ヒルトン名古屋」（1989年）、「星が丘テラス」（2003年）等。商業施設系ゼネコンとして、乃村工藝社（百貨店、博物館、等）、スペース❺（大型複合商業施設）等による仕事が挙げられる。

アトリエ事務所による商環境デザイン創出──第2〜第7世代

戦後にデビューし活躍した世代を第1世代のデザイナーとすると、1960年代後半には第2世代のインテリアデザイナーがデビューする。そのひとり馬場昌は、中2階のある狭小の客席空間を特長とし、木部の長いカウンターが主体的に表現され、周囲のダークな床、壁、天井が消去され、モダンとポップな感覚が融合された空間を創出し、この地域のジャズ・バーのデザインの源流を構築した。

第3世代の建築家の吉柳満は、建築からインテリアまでコンクリートの打ち放しを用いたモダニズムの空間を創出し、大人的な飲食空間が話題になった。江場文男は、小島デザイン事務所で学び、ブライダル、旅館等にてクラシカルなデザインを追及した。

第4世代の加藤和雄❶、太田忍❷、加藤吉宏、長谷川有らもインテリアから建築までこだわりモダニズムの空間を追求。

第5世代の鳥居佳則❸は幻想的な空気感漂う本格的なモダニズムの空間を目指し、2000年代に神谷利徳はプロデュースからデザインまで手掛け日本の飲食業界に旋風を巻き起こした。市原正人は古き商店街の活性化を行い界隈性ある人間的な商環境を創出。丹羽浩之❹は著名ホテル等のレストランを手掛け、良質なモダニズムの商環境を創成。木辺智子はインテリアから建築まで温かみのある空間を創出している。

第4世代、5世代のデザイナーが、専門学校、大学の教育、研究に関わり、その弟子にあたる第6世代の市川武司、第7世代の川島和也等のインテリアデザイナーが輩出されている。

また名古屋出身の東京等で活躍している著名なインテリアデザイナー、建築家には、橋本夕紀夫（スーパーポテトOB）、黒川勉（故人、スーパーポテトOB）、安井秀夫（建築家）、夏目智道（近藤康夫デザイン事務所OB）、垂見和彦（竹中工務店OB）らが挙げられ、MESHのデザインセミナーで触発された中村茂雄（インテリアデザイナー）、岩田真理子（橋本夕紀夫デザインスタジオ）、佐久嶋衣里（東宝映画・美術監督）、藤本泰士（スーパーポテトOB）らのデザイナーが活躍している。

（かとう・かずお）

上：「CREARE」（2013）
設計：（株）スペース・澤本三恵

左：「愛知文化服装専門学校」（2017）
設計：ヴォイド・丹羽浩之
（撮影：谷川ヒロシ）

Cluster 06：栄・久屋
景観を創るワークプレイス

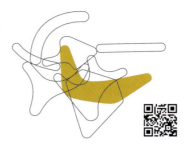

このクラスターには、大小さまざまなスケールの都市公園が存在している。名古屋市科学館と名古屋市美術館を有する白川公園や、ナディアパークに隣接する矢場公園など、ランドマークとなる建築と公園が密接に結びついていることが特徴だ。特に久屋大通公園は、テレビ塔を有するだけでなく、北は外堀通、南は若宮大通まで、名古屋市中心部の栄を南北約1.8kmにわたって貫くシンボル性を兼ね備えている。100m道路の中央部に位置しており、防火帯の役割を担う都市公園となっている。また、「テレビ塔のあるまちに新しいかたちの社交場」をテーマとして、産学官の連携したSOCIAL TOWER PROJECTが行っている。

100m道路は、日本各都市の復興のために戦災復興院によって立案・計画され、名古屋はどの都市よりも早く復興計画に取り組んだ。100m道路は全国に24本計画されていたが、実現したのは名古屋の久屋大通と若宮大通、広島の平和大通りの3本のみである。

また、「久屋」という地名は、尾張徳川藩初代藩主である徳川義直が、末長く繁盛することを願って「久屋町」と命名したことに由来している。現在は、**中日新聞本社**（1971）、**CBC会館**（1956）、**三菱UFJ銀行名古屋ビル**（1934）など、中部地方の経済の中枢機能が集積していることもあり、多くの企業が拠点オフィスを構えている。久屋大通をはじめ、通り沿いには街路樹や低木といった豊かな緑が広がっており、都市部のなかで自然を感じながら働くことのできる良好な環境（ワークプレイス）である。地下には、セントラルパーク地下街、森の地下街、サカエチカの3つの地下街が存在し、久屋大通から広小路通を結んでいる。

近年においては、栄地区一帯を国際競争力のある魅力と活気にあふれた新たな交流空間へと再生する試みが行われており、久屋大通公園北エリアで全国初のPark-PFI制度による再開発計画が始動する。このクラスターに属するワークプレイスだけでなく、その周辺環境においてもよりいっそうの発展が期待される。

中日新聞本社
名古屋市中区三の丸1-6-1
設計：日建設計工務
竣工年：1971（昭和46）
第4回中部建築賞

MAP p.136

銀行やオフィスが集中する伏見通に面して建つ新聞社の社屋。南は名古屋城のお堀、東は名古屋地方裁判所、西は市立中学校に囲まれている。建物の北側には大きなエントランス広場、お堀に面する南側には報道用の車両のための駐車場が設けられている。縦に伸びた金属製のフレームと柱で構成された外観が特徴であり、全面に覆われたガラスがお堀内の厳格な街の様相を映し出している。

CBC会館
名古屋市中区新栄1-2-8
設計：日建設計工務
竣工年：1956（昭和31）
『新建築』1958.3

MAP p.136

CBC開局に合わせ完成したテレビ・ラジオ局のスタジオ兼ホール。技術関係および制作関係職員、出演者、見学者、CBCホールへの入場者などの通路をできるだけ分離するために、技術関係の設備が中央に配置されている。1階と2階は来客および出演者のためのサービススペース、3階から6階には執務空間が設けられている。現在は、2021年を目処としたリニューアル計画が進められている。

名古屋テレビ塔より南方向を見下ろす。久屋大通公園の緑が連綿と続く。

景観を創るワークプレイス | Cluster 06

CBC放送センター
名古屋市中区新栄1-3-8
設計：竹中工務店
竣工年：1998（平成10）
第31回中部建築賞

MAP p.136
デジタル化に対応するために建てられた放送センター。3つのテレビスタジオと5つのラジオスタジオからなり、阪神淡路大震災（1995）程度の大震度にも十分耐えられる耐震設計がされている。CBC会館のデザインモチーフが縦方向ガラス面主体であるのに対し、こちらは水平方向を主調としリブを巡らせ、マッシブな仕上げとするなど、対比的な関係性をつくり出すことによって、一体感を創出している。

日建・住生ビル
名古屋市中区栄4-15-32
設計：日建設計
竣工年：1983（昭和58）
第15回中部建築賞

MAP p.136
久屋大通に面して建つ事務所ビル。街区の雰囲気を映し出すミラーガラスの連続窓と、深い色調のラスタータイルの組み合わせにより、外観意匠は周囲から際立ち、洗練された印象を与える。事務所建築としては高さ、面積ともに決して大きなものではないが、規模や街に対するスケール感は品位と快い印象を感じさせる。

千種ビル群
名古屋市東区葵3-15-31
設計：日建設計
竣工年：1982（昭和57）

MAP p.136
千種駅西側の主要な幹線道路の交差する角地にある事務所兼店舗ビル。長方形と三角形の平面を持つ2棟で構成され、各棟は中庭を挟んで空中でつながっている。三角形の棟にはデッキをめぐらし、道路との境界にはポケットパークが設けられている。また、外観は全面ミラーガラスのカーテンウォールで統一されており、大きな壁面が周辺のまちなみと移りゆく空を映しだす。

東栄ビル
名古屋市中区
設計：伊藤建築設計事務所
竣工年：1971（昭和46）
第4回中部建築賞

MAP p.136
錦通に面して建つテナントビル。築45年以上の歴史をもつ鉄骨鉄筋コンクリート構造、地上10階建ての建物である。人材総合サービス・不動産賃貸業を営む（株）東栄が所有しており、不動産業や保険業など多様な業種が入居している。下層階から上層階まで連続したパターンが繰り返され、繊細に表現された目地で構成されたファサードが特徴的である。

名古屋センタービル
名古屋市中区錦2-2-13
設計：竹中工務店
竣工年：1962（昭和37）
第5回BCS賞

MAP p.136
名古屋駅前から東へ走る桜通に北面して建つオフィスビル。外観は、見付けの厚い庇をめぐらすことで水平線を強調したデザインとなっており、窓は各柱間の腰上に2重アルミサッシと電動ブラインドを入れて収めている。また、内部はセンターコアとなっており、その周囲に事務室などを配置して有効率を高くするなど、簡明な造形の中にオフィスビルとしての機能性が重視されている。

ポーラ名古屋ビルディング
名古屋市中区栄2-9-26
設計：日建設計、住友生命保険相互会社
竣工年：1976（昭和51）
第8回中部建築賞

MAP p.136
伏見通に面して建つ事務所ビル。化粧品の製造・販売を行うポーラが不動産事業分野に進出した5年後に竣工した。外観は、自社を象徴する配色がなされており、外壁部分は白色、窓部分は黒色が用いられている。2017（平成29）年にリニューアルされ、現在はレストランなどのテナントが入居している。

三菱UFJ銀行名古屋ビル（旧東海銀行本店）
名古屋市中区錦3-21
設計：日建設計工務
竣工年：1961（昭和36）、第3回BCS賞、第8回BELCA賞ロングライフ部門

MAP p.136
かつて東海地方を本拠とする銀行の本店。広小路通と錦通に挟まれ、本町通に西面する1区画を占める。外観は1・2階を真壁として、柱型を通してオーダー風の設えとし、3階から8階は柱型を内にして彫りの深い単窓が連なっている。その構成は近代建築としての明快さが表現されており、適度な重厚さを残している。内部では、1階が接客を主とする空間、2階が営業事務の空間としており、それまでの銀行と異なる先進的な構成であった。

岡谷鋼機ビルディング
名古屋市中区栄2-4-18
設計：竹中工務店
竣工年：1986（昭和61）
第18回中部建築賞

MAP p.136
広小路通から1本南に入った街区に位置するテナントビル。築30年以上の歴史をもつ鉄骨鉄筋コンクリート構造、地上10階、地下2階の建物である。主に鉄鋼などの国内販売や輸出入をグローバルネットワークを通じて展開している岡谷鋼機（株）が所有している。褐色のタイルが垂直に伸びるファサードがつくり出す、重厚感と端正なプロポーションが特徴的である。

名古屋圏の建築　135

Cluster 06 ｜ 景観を創るワークプレイス

Map 06：栄・久屋 ｜ 景観を創るワークプレイス

Column 05

名古屋渋ビル研究会の活動について

謡口 志保（ウタグチシホ建築アトリエ）

名古屋渋ビル研究会とは

2011年にグラフィックデザイナー寺嶋梨里と発足した名古屋渋ビル研究会は、1950年代後半～70年代に建築されたまちのビルを「渋ビル」と呼び、その存在にスポットを当てる活動である。

「渋ビル」の特徴として、ポツ窓や水平連続窓、角丸を用いたサッシや縁取り、色むらのあるタイル、彫塑的な庇、レトロフォントのサインなどが挙げられる。また、モダニズム建築が土着化したものと言い換えることも可能である。特に、有名建築家が設計したものではなく、通常は見過ごされてしまいそうなありふれたビルに注目し、その魅力の発信に努めている。

活動の主たる軸は、リトルプレスと呼ばれる自費出版誌の発行とまち歩きである。年刊誌『名古屋渋ビル手帖』は2012年の創刊準備号を皮切りに、2018年9月の時点で計7冊を数える。創刊号では、1974年竣工の「ワダコーヒービル」（Map05: P.131）を巻頭特集し、ビル建設の背景から竣工当初の様子などを取材した。また、上前津、丸の内、長者町のエリア紹介も行っている。建築家・坂倉準三による1963年竣工の「中産連ビル」（Map09: P.145）の特集号では、管理会社にて大切に保管されていた工事写真や竣工図面を紐解き、加えて半世紀に渡る改修の経緯と日常のメンテナンスについて詳細な聞き取りを行っている。

渋ビルとまち歩き

月1回程度行うまち歩きでは、再開発されていないエリアや古い商店街が軒を連ねるエリアを選び、該当するビルを撮影。新陳代謝を繰り返すまちの記録を刻んでいる。なお、弊誌に掲載したビルのうち、既に3軒ほどが解体済みである。また、2017年に始まった「大ナゴヤツアーズ」のプログラムのひとつ「ぶらり渋ビル散歩～日常に潜む渋いビルのデザインの魅力や歴史を発見～」を担当し、主に一般の方20名程度を対象にまち歩きツアーを行っている。単体であるビルとまち歩きを結びつけることで、名古屋のまちのよさを再発見できるといった指向だ。

名古屋の渋ビルの特徴

名古屋における渋ビルの特徴のひとつにタイルが挙げられる。『名古屋渋ビル手帖』第2号では、1948年創業のタイル商社を取材し、現代の製法との違いや特徴をまとめたが、その多様さは、多治見、瀬戸、常滑など窯業が盛んな地域が近く、設計者が気軽にタイルを手に取れたことに起因している。

ふたつめは、ビルの地上階に喫茶店を内包していることだ。ビルと喫茶店特集号では、その条件を満たすビルを取り上げた。中小企業が喫茶店を応接室として利用したり、住居兼喫茶店としてビルが建設されていたりと背景はさまざまではあるが、特徴的な形式として言及できる。

まちを紡ぐ

全国的に戦後のビルを評価する動きは、ますます高まりつつある。大阪を中心に活動するBMC（ビルマニアカフェ）は、2008年から先駆けてリトルプレス『月刊ビル』を刊行し、『いいビルの写真集 WEST』（2012年）、『いい階段の写真集』（2014年）などの書籍も立て続けに発表している。近年では、「東京ビルさんぽ」、「熊本ビル部」などの活動も目覚ましく、各地の戦後のビルの記録が個人の手によってアーカイブされ続けている。

最後に2018年8月に刊行した「中日ビル（中部日本ビルディング、p.130）」特集号について触れる。再開発が進む名古屋駅周辺（第3号にて特集）だけではなく、栄エリアも2018年に「丸栄百貨店（p.129）」、2019年に「中日ビル」、2020年には「栄町ビル」とエリアの風景を担ってきた主要なビルが解体され、まちが様変わりしていく過渡期にある。解体まで残すところ数カ月となった「中日ビル」を再訪し、今までとは異なった視点でビルを見直せるきっかけとしたい。また、解体後もビルの記憶を辿れる一冊となろう。設計者が過去の建築を記録に留めながら、新しい建築をつくる。ささやかではあるが、これがまちを紡ぐような行為となることを願う。

（うたぐち・しほ）

（写真提供：筆者）

ワダコーヒービル。（Map05: p.131）

表紙も渋い『名古屋渋ビル手帖』。

坂倉準三による1963年竣工の「中産連ビル（本館）」。（Map09: p.145）

2019年に解体予定の「中日ビル」。（p.130）

Cluster 07：名城
名古屋城

名古屋城天守閣（再建）
名古屋市中区本丸1-1
設計：不詳
竣工年：1612（慶長17）、1959（昭和34）
第2回BCS賞

MAP p.142

徳川家康によって、1610（慶長15）年から築城が始められ、1612（慶長17）年末に完成したとみられる大天守閣。以後、尾張徳川家の居城となり、初期の望楼型から発展した層塔型の形式で、屋根には金鯱があげられていたが、1945（昭和20）年5月の空襲で本丸御殿や他の多くの建築物と共に焼失した。戦後、鉄筋コンクリート造の建築物に再建されたが、2022年12月に木造復元される予定である。

名古屋城（1612）は、南方に位置する本丸御殿と共に、1930（昭和5）年には天守閣と城郭として国宝第1号に指定され、国内屈指の名城として、古くから市民に愛されてきた。名古屋城の建つこのクラスターは、濃尾平野に注ぐ庄内川にかたどられた名古屋台地の西北端に位置しており、平野の北を一望に監視できるだけでなく、台地縁の西面と北面は切り立った崖で防御にもふさわしい。築城にあたり、台地の西端に沿って掘削された堀川は、築城物資の輸送と共に名古屋城下町の西の守りの機能を果たしていた。

名古屋城の歴史は16世紀初めにまで遡る。尾張国の東半分は、駿河国の守護今川氏親氏の支配下に置かれており、今川氏は最前線である現在の二之丸辺りに「那古野城」を築いた。これが名古屋城の始まりとされている。その後、織田信長の父、信秀が居城としながら、那古野城の南方に古渡城（名古屋市中区橘）を築き、名古屋での勢力を強めていった。その後の那古野城は、戦乱の時代を名古屋の歴史ともに駆け抜け、1609（慶長14）年に駿府において家康は名古屋新城の築城・名古屋遷府を正式に発令し、現在の名称の「名古屋城」が築城された。

天守閣南方の名古屋城本丸御殿は、尾張藩主の住居かつ藩の政庁として、1615（元和1）年に徳川家康の命によって建てられた、日本を代表する近世書院造の建造物で、木造平屋建て柿葺き書院造の13棟の建物で構成されている。戦時中、大小天守と櫓、門、御殿などの一部は昭和戦前期まで残存していたが、名古屋大空襲（1945）で大部分を焼失することとなる。

再建された現在の**名古屋城**（1959）は、戦後に天守などの外観が復元され、天守閣については、戦後、市民の多大な寄付により再建された鉄筋コンクリート造の建造物である。城跡は名城公園として整備された。再建から半世紀が経過し、設備の老朽化や耐震性の確保などの問題が発生している。そのような課題を克服すると共に、特別史跡名古屋城跡の本質的価値の理解を促進するため、近代日本城廓建築の権威である城戸久によって現代に残された、豊富な資料に基づく天守閣の木造復元が進められている。

名古屋城本丸御殿（再建）
名古屋市中区本丸1-1
設計：不詳
竣工年：1615（元和1）、2018（平成30）

MAP p.142

1615（元和1）年、徳川家康の命で建設された、九男の尾張藩主・義直の邸宅。第二次世界大戦（1945）により焼失したが、2009（平成21）年より復元工事に着手、2018（平成30）年に完成した。江戸時代の御殿の姿を現代によみがえらせるため、写真などを基に忠実に図面に起こされた。木工事や飾金具、彫刻など、将軍が宿泊する上洛（じょうらく）殿のような優美で華やかな空間には、約10年にわたる復元工事に携わった職人たちの技と思いが込められている。

金シャチ横丁をみる。名古屋のグルメエンターテインメントがプロムナードに沿ってずらりと並ぶ。

Column 06

名古屋城木造復元と本丸御殿

伊藤 京子（NPO法人本丸ネットワーク理事）

　2009（平成21）年から復元工事に着手していた名古屋城本丸御殿が2018（平成30）年6月に完成し一般公開が始まりました。名古屋城は、徳川家康の命を受け、加藤清正、池田輝政や福島正則はじめ全国の諸大名による天下普請により1610年着工、1612年天守閣が完成、1615年に本丸御殿が完成しました。屈指の名城として知られ城郭建築の国宝第一号に指定されていましたが1945（昭和20）年5月14日の名古屋大空襲により天守や本丸御殿他ほとんどが焼失、3つの隅櫓が残った程度でした。

　しかし、伊勢湾台風のあった1959（昭和34）年、当時の市民の戦災復興への切なる思いを込めて、燃えないようにと鉄骨鉄筋コンクリート造の名古屋城天守閣が再建されました。

　本丸御殿は再建されず礎石だけが残された状態でしたが、市民団体「本丸御殿フォーラム」（現本丸ネットワーク）を1995（平成7）年に設立し、本丸御殿再建の呼びかけを始めました。尾張徳川家初代藩主「徳川義直公」に嫁いだ紀州浅野幸長の息女「春姫」の輿入れ行列を再現した「春姫道中」を毎年4月に開催。本丸御殿の最初の住人、春姫を紹介することで、本丸御殿復元を呼びかけたのです。春姫が「御殿はどこじゃ〜」と時の市長に問いかけるのが恒例の行事でした。永年に亘る復元運動の結果、2009（平成21）年に工事着手。足かけ10年の歳月を経てようやく完成したものです。

　そして天守閣も再建から半世紀を経て老朽化や耐震強度等の問題が出てきて、木造での復元が決定しました。名古屋城天守閣・本丸御殿は、『金城温古録』や焼失前の「昭和実測図」、「ガラス乾板写真」等多くの歴史的資料が残されているので、史実に忠実な復元が可能です。

　長期にわたる今回の復元工事は、障壁画復元模写等芸術の分野や、大工、金工、木工、漆芸他さまざまな建築技術の伝承に大きく貢献しました。工事期間中の工事現場公開は多くの見学者の関心と理解を深めました。復元とはいえ素晴らしい文化と技術の結晶です。時を経れば再び国宝に指定されると確信しています。

　今回の本丸御殿復元工事は次の世代へ歴史、文化、技術等を伝える素晴らしい機会となりました。そしてこれから始まる木造の名古屋城天守閣建設へと受け継がれていくことでしょう。

　創建当時の天守閣と御殿を揃えた本格的な城郭建築の姿が再現された時、世界に誇る木造建築となるはずです。今後、東北隅櫓、多聞櫓などを復元し、築城当時の名古屋城の姿に整備し、日本の木造建築の良さを歴史・文化と共に世界に発信し、中部圏の観光の拠点としても活用してほしいものです。

（いとう・きょうこ）

❶『金城温古録』
尾張藩士「奥村得義（かつよし）」とその養子「定」（さだめ）が編集した名古屋城の百科事典。

❷昭和実測図
名古屋能楽堂や市庁舎の設計者であり、城郭研究者の名高工（現名工大）建築科長、校長を歴任した土屋純一氏により、昭和7年から27年にかけて天守や本丸御殿が実測され、その詳細な実測図と、2,000枚以上の写真が残された。

❸本丸御殿全景
完成した名古屋城本丸御殿。

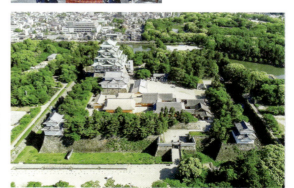

❹春姫道中
2018年4月22日「第24回春姫道中Final」開催。

（写真・図版提供：筆者）

❺名古屋城全景（ドローン）（写真提供：NETWORK 2010）

Cluster 08：名城
お堀内外の変遷

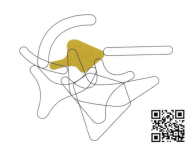

愛知県庁本庁舎
名古屋市中区三の丸3-1-2
設計：愛知県建築部
竣工年：1938（昭和13）
国指定重要文化財、名古屋市都市景観
重要建築物

MAP p.142

旧名古屋城内三の丸の目抜きの場所に、栄地区からの移転に伴って市庁舎と並んで建設された県庁舎。当時の国威発揚の波にのって、日本の伝統を建築に反映させようという風潮の高まりから、和洋折衷の帝冠様式が採用された。名古屋城天守閣を模した屋根の中央には、城の櫓の頭部がそのままの形で乗せられているほか、壁面の褐色タイルは陶器どころである名古屋にふさわしい材料が使用されている。

　このクラスターは、名古屋城をぐるりと囲む緑豊かな堀の変遷と共に形成されてきた。かつての堀は、敵や動物の侵入を防ぐためにつくられたが、現在は木々が生い茂る緑地帯に変貌しており、鯉や亀、ガチョウ、鹿といった動物も生息する都市のなかにある生物多様性の場となっている。

　名古屋城を中心とするこの地区は、外堀や内堀を境界としながら、本丸、二の丸、三の丸の3つによって構成されている。なかでも外堀と内堀の間に位置する名古屋城三の丸には、**愛知県庁本庁舎**（1938）や**名古屋市役所**（1938）、**愛知県議会議事堂**（1975）などの行政機能を担う建築が集積しており、表情豊かな官庁街が形成されている。名古屋城の築城以降は、もともと重臣の武家屋敷として使われており、明治以降において城は離宮として、周囲は陸軍練兵場として使われていた。しかしながら、外堀が市街地との境界となっているため、街とは分断された要衝であった。また、外堀は1911（明治44）年より路線としても活用されていた。瀬戸－堀川間に貨物輸送のための名古屋鉄道瀬戸線が敷設、「お濠電車」として親しまれながら1976（昭和51）年まで外堀を電車が走る光景がみられた。

　1938（昭和13）年ごろの愛知県庁本庁舎や名古屋市役所の建設に合わせて、大津通と路面電車も敷設され、お堀周辺のエリアが市街地と接続された。その後、**愛知県体育館**（1964、現ドルフィンズアリーナ）や**愛知芸術文化センター愛知県図書館**（1991）、名古屋能楽堂（1997、設計：大江宏ほか）といった施設が三の丸エリアに建設されたことにより、官庁街としての機能に加えて人びとの文化活動の拠点となったため、より中枢性が高まっていった。1995年（平成7）年になると、外堀通に**名古屋都市高速道路**（1995）の都心環状線が開通し、交通の要衝になることの引き換えに、景観的に再び分断されることとなった。

　このように、名古屋城築城以降、お堀内外にみられる都市風景は目まぐるしい変貌を遂げてきたのである。

名古屋市庁舎
名古屋市中区三の丸3-1-1
設計：平林金吾
竣工年：1933（昭和8）
国指定重要文化財、名古屋市都市景観
重要建築物

MAP p.142

帝冠様式の市庁舎。高さ53mの中央塔の上部に2重の屋根を設け、最上層の四注屋根先端に四方にらみの鯱を乗せている。内部の意匠は名古屋城本丸御殿を念頭に設計されており、全体として名古屋城との調和が図られている。着工後、時代の潮流を反映し、高射砲が設置できるよう屋上の一部を補強していた。正面奥には市政を丸く収めることを象徴した円卓議場がある。

「市役所」交差点より、名古屋市庁舎（左）と愛知県庁本庁舎（右奥）をみる。帝冠様式が建ち並ぶ、稀有な景観である。

お堀内外の変遷 | Cluster 08

河文「水鏡の間」
名古屋市中区丸の内2-12-19
設計：谷口吉郎
竣工年：1972（昭和47）
『新建築』1973.8

MAP p.142

尾張徳川家につかえた料理人が開いた数百年の由緒を誇る名古屋の料亭。本屋は篠田・川口建築事務所の設計で1952（昭和27）年に竣工した。水面だけの日本庭園には、静かな水の表面に情緒豊かな四季の移り変わりが映る。座敷から水面を眺めると、瞑想の中に、人のなさけと時の流れが思い浮かぶような場所である。1974（昭和49）年に谷口吉郎が設計した迎賓館赤坂離宮にある游心亭の習作ともいわれている。

乃木倉庫
名古屋市中区本丸1-1
設計：不詳
竣工年：1873（明治6）
登録有形文化財

MAP p.142

名古屋城天守閣北西の御深井丸に建てられた倉庫。煉瓦造の構造で屋根は瓦葺きであるが、現在は白壁の仕上げとなっている。名古屋城が焼失した空襲の被害を受けずに現存している。この倉庫には、戦災をおそれて本丸御殿の障壁画など、国宝・重文の大半が保管されていた。入口上部や床下にはアーチ構造が見られ、建物の角は色漆喰で石積風につくられており、入口扉には銅板が貼られている。

愛知県議会議事堂
名古屋市中区三の丸3
設計：久米設計
竣工年：1975（昭和50）
第7回中部建築賞

MAP p.142

帝国議会の議事堂より10年以上も前の1879（明治12）年に開設された愛知県議会の議事堂。1938（昭和13）年、現在の愛知県本庁舎が新築完成し、議事堂は現在講堂として使用されている2、3階の中央場所に置かれていた。しかし、議員定数の増加により手狭となったため、本庁舎の東側において改築された。水平に伸びたガラス窓と褐色のタイルが積層するファサードが特徴である。

ドルフィンズアリーナ（旧愛知県体育館）
名古屋市中区三の丸1-9-3
設計：中山克己建築設計事務所
竣工年：1964（昭和39）
第7回BCS賞

MAP p.142

旧名古屋城二の丸御殿跡地に位置する県立総合体育館。東京オリンピック（1964/昭和39）を契機に全国各地に建てられた体育館の一例である。本館と小体育館からなり、大相撲名古屋場所をはじめとするイベントに使われ、その多様な用途に対応して裏方の配置や使い勝手の検討が行き届いている。外観は、直方体にまとめられた陸屋根と白地のタイル貼りのファサードが印象的である。

愛知県自治センター
名古屋市中区二の丸2-3
設計：丹羽一雅＋丹羽英二建築事務所、篠田進・川口喜代枝＋篠田川口建築事務所、愛知県建築部
竣工年：1985（昭和60）
第18回中部建築賞

MAP p.142

県下市町村の連携・調整の拠点施設。県の諸機能の充実を図るための公文書館として新設された。県民への情報発信を担う、サービスセンターとして利用され、狭隘となった県庁事務室の拡大にも対応している。屋上にある高さ27.61mの鉄塔は愛知県防災行政無線の送受信アンテナである。ラーメン構造を用いた躯体は、白い帯状の均一なプロポーションとして外観に現れている。

愛知芸術文化センター愛知県図書館
名古屋市中区三の丸1-9-3
設計：日建設計
竣工年：1991（平成3）
第23回中部建築賞

MAP p.142

名古屋城の一角に建つ県立図書館。約20,000㎡の延べ床面積をもち、開架35万、閉架125万、併せて160万冊という蔵書収容能力をもつ大規模図書館である。中央の大きくゆるやかな曲面壁や、小さく雁行させて4段にわたってセットバックさせた南西コーナーなど、景観との調和が図られてる。堀を隔てた南からの眺望は、石垣や大きな樹木とあいまって落ち着いた印象を与えている。

ホテルナゴヤキャッスル
名古屋市西区樋ノ口町1-15
設計：竹中工務店
竣工年：1969（昭和44）
第2回中部建築賞、第2回BELCA賞ベストリフォーム部門

MAP p.142

名古屋城の天守閣を一望するホテル。名古屋城と堀川に囲まれた場所にあり、客室はもちろん、レストランやスカイラウンジからも天守閣を眺めることができる。官公庁街に隣接する立地、警備のし易さなどから、名古屋を代表する高級ホテルとして名高い。外壁に沿って昇降する日本初の展望エレベーターや最高の音響設備を施した240坪の大宴会場である「天守の間」を有し、名古屋のイメージを華やかに塗り替えた。

伊勢久株式会社本社
名古屋市中区丸の内3-4-15
設計：島武頼三
竣工年：1930（昭和5）

MAP p.142

製薬会社が集中する京町から続く大津通に建つ薬種問屋。外観は壁を化粧タイル仕上げとし、正面1階や両開きの窓回りに、花崗岩や人造石が貼られている。2、3階は、中央部に装飾としてコリント風の柱頭をもつが、鉄筋コンクリート造の普及に伴って、構造と意匠とが分離していく過程をうかがうことができる。当時、リフトや暖房といった設備を備えたこのビルは、モダンな店舗とされた。

名古屋圏の建築 141

Cluster 08 ｜ お堀内外の変遷

愛知県庁大津橋分室
名古屋市中区丸の内3-4-13
設計：愛知県建築部（黒川巳喜、土田幸三郎）
竣工年：1933（昭和8）

MAP p.142

伊勢久株式会社本社の北隣り、愛知県庁南方の大津橋を渡ったところに建つ鉄筋コンクリート造のオフィスビル。建設当時は愛知県信用組合連合会会館として利用されていたが、1957（昭和32）年に愛知県に寄贈された。ファサードの丸窓と付け柱、バルコニーの装飾が特徴の表現主義風なデザインとなっている。上部の壁面に用いられたスクラッチタイルは、昭和初期のモダンデザインの特徴である。

名古屋都市高速道路
名古屋市西区那古野2
設計：黒川紀章、オリエンタルコンサルタンツ
竣工年：1995（平成7）
『新建築』1995.9

MAP p.142

名古屋市内を走る都市高速環状線のうち、都市景観上、特別な配慮を必要とする名古屋城前を通る高速道路。鉄骨造であり、その下部は端部を大幅に斜めにカットした形状、柱は四角の角を大きくカットした八角形の形をしている。いずれも視線をできる限り遮らないように配慮されている。塗装は汚れを避けるため、ツヤ出し仕上げとしてあり、夜は街灯や車のライト、木々の緑が反射して美しく魅せている。

Map 08：名城｜お堀内外の変遷

Cluster 09：白壁・主税・橦木

和の白壁、洋の主税

名古屋市資料館（旧名古屋控訴院地方裁判所区裁判所庁舎）
名古屋市東区白壁1-3
設計：司法省営繕課、金刺森太郎
竣工年：1922（大正11）
国指定重要文化財

MAP p.145

戦前に建築された8カ所の控訴院のうち、現存する最古の庁舎。赤い煉瓦壁と白い花崗岩の色調の対比が美しいネオバロック様式を基調とする官庁建築である。ドームの架けられた塔屋と大きく突出した車寄で中央を強調すると共に、両端に寄棟屋根を配置した左右対称の正面をしている。2、3階を吹き抜けとした中央階段室と3階の会議室は優れた意匠で見どころとなっている。現在は、建物の保存展示および資料展示を行っている。

　徳川家康による名古屋城築城の際、南には町人街が形成されたのに対し、東には武家屋敷街が形成され、三百石級の中級武士による居住区が出来上がった。それが白壁、主税を中心としたこのクラスターの起源である。

　現在、白壁町、主税町、橦木町は名古屋市の「町並み保存地区」に指定され、江戸から明治の武家屋敷の保存・活用が進められており、大正から昭和初期の近代洋風建築も多く現存している。

　かつて白壁・主税界隈に居住していた江戸時代の中級武士は、それぞれが約200坪もの広大な敷地を有していたため、立派な武家屋敷が何軒も建てられた。白壁という名は、白漆喰の武家屋敷が大名や武士の間で評判となり、白い壁の屋敷が多く軒を連ねたことに由来する。明治時代には、陶磁器の産地である瀬戸へのアクセスが容易であったため、陶磁器を輸出する貿易商として財を成した**春田鉄次郎邸**（1924）や陶磁器の加工問屋として財を成した**井元為三郎邸**（1926、現文化のみち橦木館）などがあった。一方、明治期の主税では、武家屋敷を改造してつくられた**カトリック主税町教会**（1911）や、電力王と呼ばれた福沢桃介と女優の川上貞奴の住まいであった**文化のみち二葉館**（旧川上貞奴邸）（1920）など、和洋折衷の建築が建てられた。

　大正時代になると、西洋建築を手がける日本人建築家が活躍し、ネオバロック様式や当時流行した西洋文化を取り入れた建築がみられるようになる。なかでも**名古屋市資料館**（1922）は、1889（明治22）年の大日本帝国憲法の発布に伴いつくられた控訴院（現：高等裁判所）のうち現存最古の建築である。煉瓦壁と鉄筋コンクリート造の梁や床を組み合わせた構造は、近代建築の技法を示す好例となっている。

　このように歴史的な建物が残るこの界隈は、現在「文化のみち」と呼ばれ建築遺産の保存・活用が進められている。このクラスターの建築は、江戸から続く歴史を脈々と受け継いでおり、和と洋がうまく融合することで良質な景観を生み出している。

カトリック主税町教会
名古屋市東区主税町3
設計：不詳
竣工年：1911（明治44）
登録有形文化財、名古屋市都市景観重要建築物

MAP p.145

士族屋敷の長屋を改造して建てられた教会。伊勢湾台風（1959）を契機に、入口と外陣両側が増築されたため側廊ができ、三廊式となった。礼拝堂正面の3連アーチが優美であり、鐘楼の鐘は百年前のフランス製を使用している。周辺の歴史的建築物などと共に、白壁町、主税町、橦木町のまちなみ保存地区にある伝統的建造物のひとつとして、名古屋市の「文化のみち」を構成している。

白壁のまちなみをみる。武家屋敷の面影を残しつつ、マンション開発が進んでいる。

Cluster 09 ｜ 和の白壁、洋の主税

文化のみち二葉館（旧川上貞奴邸）
名古屋市東区橦木町3-23
設計：橋口信助＋あめりか屋
竣工年：1920（大正9）
登録有形文化財

MAP p.145

電力王と称された福沢桃介と、日本の女優第1号と称される川上貞奴が大正から昭和初期にかけて暮らした邸宅。現在は、川上貞奴の生涯や福沢桃介の書斎などを展示する公共施設となっている。オレンジ色の洋風屋根とステンドグラスの光がこぼれ落ちる大広間が特徴である。建物の内外に東洋と西洋の文化が溶け合った大正ロマンの香り高い館は「文化のみち」の拠点施設となっている。

文化のみち橦木館（旧井元為三郎邸）
名古屋市東区橦木町2-18
設計：不明
竣工年：1926（大正15）

MAP p.145

名古屋の陶磁器の加工問屋として財を為した井元為三郎の邸宅。武家屋敷割の約600坪の敷地には、和風庭園を囲むようにスパニッシュ様式の洋館、和館、京都から移築したと伝えられる茶室があり、独特の景観をつくり出している。洋館は、玄関ホールにある中扉の幾何学的なステンドグラスをはじめ、随所に美しいステンドグラスが贅沢に使われている。井元為三郎は輸出陶磁器の商談を行う上で、数多くのバイヤーを招待していたとされる。

文化のみち百花百草（旧岡谷家住宅）
名古屋市東区白壁4-91-1
設計：竹中工務店
竣工年：2007（平成19）
日本建築学会作品選集2010、第39回中部建築賞

MAP p.145

1920（大正9）年に建てられた岡谷鋼機の創業家である旧岡谷家住宅にラウンジを新築し、庭園を整備した公共施設。尾張の絵師、田中訥言作の百花百草図屏風に描かれた草花や季節の花を植え込んだ庭に整備された。門や離れ、苔のある前庭を保存再生し、土蔵をギャラリーに再生した。建物は3つのブロックに配置され、訪れる人がうす暗い日本建築を抜けると、一変して明るいラウンジで庭と対面する仕掛けである。

旧春田鉄次郎邸
名古屋市東区主税町3-6-2
設計：武田五一
竣工年：1924（大正13）

MAP p.145

陶磁器貿易商として成功し、太洋商工株式会社を設立した春田鉄次郎が設計者に依頼した邸宅。多くのビルや店舗を建造してきた居住者自らデザインの検討や素材の選定に加わっている。洋館と奥にある和館で構成されており、現在は洋館部分が創作フランス料理のレストランとして使用されている。アールヌーボー調のデザインはヨーロッパの宮殿を模しており、洋風な数寄屋造を基調としている。

日本陶磁器センター旧館
愛知県名古屋市東区代官町3903
設計：志水建築業店、篠田進
竣工年：1934（昭和9）
登録有形文化財

MAP p.145

桜通沿いに位置する日本陶業連盟のオフィスビルの旧館。外装内装ともに地場産のタイルをふんだんに使用した佇まいとなっている。また、3階大会議室のステージは、アルコーブを外部に張出し、細部にアールデコ意匠を採り入れている。1957（昭和32）年に現在の位置に移築された。桜通に面する新館（1958）は、山下寿郎設計事務所（現：山下設計）によって設計され、均整のとれた窓配置のモダニズム建築となっている。

名古屋陶磁器会館
名古屋市東区徳川1-10-3
設計：鷹栖一英
竣工年：1933（昭和8）
登録有形文化財

MAP p.145

名古屋陶磁器貿易商工同業組合の事務所として使用されていたギャラリー兼事務所。外装はスクラッチタイル貼りで、室内にはアール・デコ調のレリーフのある天井や建具などが残っており、幾何学的なモチーフを随所にあしらっている。1階部分は陶磁器の展示紹介をするギャラリーや絵付け教室、2、3階にはテナントが入っており、名古屋における陶磁器業発展のシンボルとして親しまれている。

モーニングパーク主税町
名古屋市東区
設計：鹿島建設、KMD
竣工年：1991（平成3）
日本建築学会作品選集1992、第23回中部建築賞、『新建築』1991.6

旧武家屋敷町の面影を色濃く残す住宅地に建築された集合住宅。建物は極力低層にすると共に、屋根は柔らかな曲面屋根として周囲との調和をはかり、淡いグレーの清潔で繊細な外観が、親しみの持てるデザインとなっている。スタイリッシュなデザインで、用途は高級シニアレジデンスである。白壁町を意識してエントランスには、ゆるいカーブの大きな白壁が使用されている。

グランドメゾン白壁櫻明荘
名古屋市東区
設計：太田隆信＋坂倉建築研究所
竣工年：2004（平成16）
『新建築』2005.2

大正期の豪邸の面影を残すマンション。高級住宅地に、新たな「都市型お屋敷」の創造としてつくられた。白壁の風景を保存するため、通りの景観を形成する門・塀・緑の3要素が残されている。高層部を階段状にセットバックすることで、通りからの仰角が景観上好ましいといわれている30度以内に全体が納められている。それによって、建物が門構えの樹木越しにわずかに見える程度に工夫されている。

144

和の白壁、洋の主税 | Cluster 09

Map 09：白壁・主税・橦木｜和の白壁、洋の主税

ザ・シーン徳川園
名古屋市東区
設計：積水ハウス、鹿島建設
竣工年：1990（平成2）
第23回中部建築賞

30階建ての超高層分譲住宅。外観はその穏健なデザインと色彩とが周囲の景観とよく調和し、セットバックすることで視覚的な威圧感を避け、近隣への日陰を最小限に抑えている。敷地の75％を占める公開空地には遊歩空間をデザインし、近隣住民に対しても開かれた都市環境を造成した。超高層化に伴う近隣環境、コミュニケーションの影響、居住者の安全性と快適性に配慮されている。

Data 01 ｜地域別収録作品数

地域	作品数(件)	構成比(%)
名古屋	187	51.7
西三河	67	18.5
尾張	63	17.4
東三河	25	6.9
知多	20	5.5
計	362	100

愛知県内の各地方における作品数
構成比をみると、名古屋が51.7％と最も多い。また、名古屋に隣接する西三河地方が18.6％、尾張地方が17.4％であった。一方、名古屋から離れた東三河地方が6.9％、知多地方が5.6％である。これらより、名古屋からの距離に比例して、各地方の建築作品数が増減すると考えられる。また、名古屋の多様な建築作品に比べて、地方では地域の有する伝統や自然環境といった特徴が、色濃く反映された建築作品が多い。地域性についても、名古屋からの距離に比例して地方で増大すると考えられる。続いて、市町村ごとの作品数と、名古屋市内における区ごとの作品数について詳しくみていく。

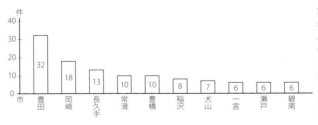

市町村ごとの作品数
名古屋市を除く、市町村の作品数をみると、県内で最も面積が広い豊田市が32件、同市に隣接する岡崎市が18件であった。また、万国博覧会の会場である長久手市が13作品となっている。知多・東三河地方の市町村については、作品数が少ない一方、豊富な地域資源を用いた良質な建築作品が特徴である。

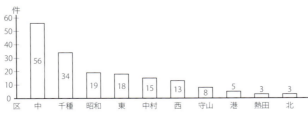

名古屋市内における区ごとの作品数
名古屋市内における区ごとの作品数をみると、名古屋の代表的な繁華街である中区が56件と最も多い。続いて、文教地区である千種区が33件、昭和区が19件であった。一方、市内北部の守山区や北区、南部に位置する港区は8件以下と少ないが、海や河川、丘陵地といった自然環境を生かした建築作品が多くみられる。

Column 07

白壁地区の大正建築群

米澤 貴紀（名城大学助教）

　名古屋城の東側に位置し、江戸時代、中級武士の屋敷が建ち並んでいた白壁・主税・橦木地区は、明治以降、名古屋の産業発展を牽引した企業家や財界人が邸宅を構える住宅街となった。「白壁」の名の由来となった武家屋敷の塀は現存しないが、この地区は近代以降も大きな邸宅が構えられたため、近世以来の区画が細分化されることなく、道筋もほぼ変化せずに残っており、現在も塀や生け垣、庭の緑が落ち着いたまちなみを形成している。

　当地区には大正時代に建てられた邸宅がいくつか現存している。代表的なものに、「旧豊田佐助邸」（以下、旧豊田邸）や「旧井元為三郎邸」（現・橦木館、以下、旧井元邸、p.144）、「旧中井巳治郎邸」（現・か茂免、以下、旧中井邸）、「旧春田鉄次郎邸」（以下、旧春田邸、p.144）、独特の洋風住宅である「旧川上貞奴邸」（現・文化のみち二葉館、2005年移築復元、以下、旧川上邸、p.144）がある。いずれも和洋、伝統と近代の折衷、応接・接客空間の充実が共通しており、和館と洋館を併設した当時の上流住宅にみられる形式をもつ。

　これらの邸宅建築の特徴を見ていくと、まずは近代的な材料の使用が挙げられる。たとえば、「旧井元邸」や「旧川上邸」、「旧中井邸」に見られるステンドグラスは、それぞれ個性的な意匠となっており、住宅におけるその使用が増えた大正という時代性をよく表している。他にも「旧豊田邸」洋室の床に使われたリノリウムや洋館外壁の白タイル、土蔵の構造体の煉瓦、「旧井元邸」台所・サンルームの床・腰壁のタイルなど、近代ならではの建材を駆使した様子は興味深い。

　また、鉄筋コンクリート造（RC造）への意識も指摘できる。「旧豊田邸」洋館はRC造のような外観をした木造建築であり、陸屋根には当時RC造の建物で用いられたアスファルト防水が使用されている。「旧井元邸」洋館もRC造の案が残されており、現存しないが本格的なRC造であった「西川秋次郎邸」（旧児玉桂三郎邸、1925～26年建設）もあわせて踏まえれば、当時の上流邸宅へのRC造導入の方向性が見て取れよう。

　こうした新しさは主として洋館に取り入れられ、個性豊かな意匠をもたらした。前述の「旧豊田邸」の白タイル貼りの外壁のほか、「旧井元邸」ではアーチ型の玄関や窓枠下のスクラッチタイル、武田五一設計とされる「旧春田邸」では洋間の出窓、「旧中井邸」では印象的な袴腰屋根が目を惹く意匠となっている。一方、「旧川上邸」では、独特の形状の屋根と塗り壁と石張り、シングル材からなる外壁、大広間の螺旋階段や建具などが、設計・施工を行ったあめりか屋らしい洋風意匠を見せている。

　一方、和館は書院造・数寄屋を基調とした江戸のころからの伝統的な姿を比較的踏襲している。この好みは、まちなみを形成している石積基礎に瓦屋根を持つ塀にも表れており、たとえば、「旧豊田利三郎邸」の門・塀は武家屋敷のような重厚な造りとなっている。

　このような住宅建築の他に、ネオバロック様式の壮麗な「旧名古屋控訴院地方裁判所区裁判所庁舎」（現名古屋市政資料館）や、明治建築ではあるが、桟瓦葺の建物に三連アーチの玄関部を設けた「カトリック主税町教会」の礼拝堂（p.143）が残る。

　これらの大正建築からは、社会と建築の近代化の様相や、設計者による西洋・近代建築の摂取と咀嚼、展開を見て取れる。こうした歴史的な建物群を、電線の地中化や景観形成基準の策定により維持・保全の計られているまちなみと共に楽しめるところが当地区の魅力であり、今後も変わらずに伝えられていくことが望まれる。

（よねざわ・たかのり）

煉瓦塀は多くはないが大正・近代という時代を印象づける。

瓦屋根や板壁など伝統的な意匠の塀がまちなみを形成する。　（写真提供：筆者）

Cluster 10：鶴舞・八事・覚王山

戦前ロマンスの大三角形

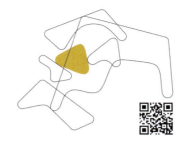

このクラスターには、古くから名古屋城下より八事興正寺を経由して飯田市に至る飯田街道や、南区星崎より千種区古出来町を中心とした塩付街道といった旧街道があった。このクラスターは、街道によって形成されるまちなみと共に、戦前から残る歴史的建築によって特徴づけられている。

鶴舞地区に位置する**鶴舞公園**（1910）は、名古屋市拡大期の1909（明治42）年に、名古屋市が設置した最初の公園である。公園内には、現在の東山動植物園の前身となる「名古屋市立鶴舞公園付属動物園」が1937（昭和12）年まで存在していた。昭和天皇の御成婚（1924）を記念して建設された**名古屋市公会堂**（1930）、**名古屋市鶴舞図書館**（1984）などを有しており、今もなお市民に愛される公園である。

覚王山地区を代表する**覚王山日泰寺**は、名古屋市拡大期の1904（明治37）年、釈迦の御真骨がタイより日本に分与され、奉安するために創建された。日本で唯一の、いずれの宗派にも属さない全仏教徒のための寺院として知られている。また、日泰寺南東の丘陵地には、大正から昭和初期にかけて、伊藤次郎左衛門の別荘「揚輝荘」が建設されている。敷地内には、和室と洋室が上下階で合体した**伴華楼**（1929）や、東南アジアの影響を受けたホールをもつ**聴松閣**（1937）など、他国の様式を取り入れた建築が建てられた。

八事地区には、1686（貞享3）年に創建した真言宗の寺院**興正寺**や、1925（大正14）年より創業し、1951（昭和26）年に日本建築学会賞を受賞した**八勝館「御幸の間」**（1950）などがあり、寺社や数寄屋建築といった和風建築を堪能することができる。

このクラスターの名称は、戦前の建築（鶴舞公園、日泰寺、興正寺）を頂点とし線で結ぶと、選定された周囲の建築作品が含まれる「大三角形」が描かれるのである。

八勝館
名古屋市昭和区広路町石坂29
設計：不詳
竣工年：1877（明治10）

MAP p.150

八事にある名古屋でも有数の料亭。1925（大正14）年、13,000坪の敷地に閑静な庭園を有して創業された。庭園の石畳を歩いた先にある築400年の茅葺きの民家は、昭和初めごろに移築された田舎家である。八勝館の名は、明治時代、雲照律師による禅語「八勝道」から由来し、また別説では、ここが丘陵地で八方に山々が眺められた景勝の地であったためとも伝えられている。「御幸の間」、「残月の間」、「桜の間」は、モダニズム建築で著名な建築家堀口捨己の設計である。

八勝館「御幸の間」
名古屋市昭和区広路町石坂29
設計：堀口捨己
竣工年：1950（昭和25）
日本建築学会学会賞1950

MAP p.150

愛知国体（1950）において、昭和天皇皇后両陛下の宿泊施設として増設した数寄屋建築。16畳の広間と10畳の次の間、入側縁の座敷で構成され、主室西面には床・棚、東面には濡縁がついている。細く華奢な柱に支えられた高床や、庭に張り出した月見台、三連の丸い下地窓など、桂離宮を意識されている。南方渡りの古代裂を貼り合せた襖は、当時としてはモダンなデザインであった。

鶴舞公園の雄大な竜ヶ池をみる。鶴舞公園には、その場の景観に合わせた東屋が多数設置されている。

興正寺五重塔
名古屋市昭和区八事本町78
設計：森甚六
竣工年：1808（文化5）
国指定重要文化財、名古屋市都市景観重要建築物

MAP p.150

真言宗の寺院。高野山から来た天端円照がこの地に草庵を結んだのが始まりとされ、七世・真隆和尚の発願により完成した。塔そのものを本尊と見たて、中心の柱には大日如来を、その四方には四仏を安置している。総高30mを誇る美しい塔は、愛知県下に残るただひとつの木造建築の五重塔である。全体に塔身は細長く、相輪が短いため、古代の五重塔に比べるとやや安定感に欠けるが、江戸時代後期の特徴がよく示されている。

八事交番
名古屋市昭和区八事本町100-6
設計：三菱地所設計
竣工年：2011（平成23）
第45回中部建築賞

MAP p.150

飯田街道沿いに建つ交番。八事山興正寺の境内整備で新設された隣の駐車場と共にデザインが統一されている。外壁のエキスパンドメタルは市松模様に配置され、一部に赤いランプが埋め込まれている。交番と立体駐車場の外装はあえて塗装せず、素材の色が経年変化する木格子を採用することで、歴史ある興正寺と共に時を刻みながら、周囲の景観と調和していく建物となっている。

八事山興正寺参拝者駐車場
名古屋市昭和区八事本町100-30
設計：三菱地所設計
竣工年：2011（平成23）
第45回中部建築賞

MAP p.150

創建300年を迎えた八事山興正寺の境内整備第1期計画で建てられた立体駐車場。歴史的建物の周りにある多数の路上駐車と、錯綜した歩車動線を改善・整理するために、参道脇に約220台収容の立体駐車場が整備された。隣接する児童公園やビオトープの整備に加え、老朽化した交番の建替えなどを一体的に整備することで、統一した緑豊かな景観と地域に開かれた明るい参道空間となっている。

シンシア山手
名古屋市昭和区山手通3-24
設計：青島設計
竣工年：1983（昭和58）
『新建築』1983.11

MAP p.150

高層部に集合住宅をもつ商業施設。売り場面積は約700坪で、飲食店やセレクトショップ、ギャラリーなどの多様な専門店が入居している。名古屋市中心部から少しはずれた緑豊かな、山の手の雰囲気漂う並木道に面している。弧を描くファサードから流動的に導かれる半公共的な中庭は、道路空間の活性化に寄与している。また、定期的なイベントが開催されることで、地域住民の交流の場となっている。

鶴舞公園噴水塔
名古屋市昭和区鶴舞1
設計：鈴木禎次
竣工年：1910（明治43）
名古屋市都市景観重要建築物

MAP p.150

明治末期に建造されたローマ様式の噴水塔。この公園の中心に位置し、柱の周りに岩組みの池を配置した美しい景観から、同じ設計者によって同時期に建設された奏楽堂と共に公園のシンボルとなっている。ドリス式の8本の列柱からなり、最上部の突起から落水している。大理石によってつくられた噴水の端整なプロポーションは、周囲にある自然石の石組みとの対比で鮮明な印象を与えている。

名古屋市公会堂
名古屋市昭和区鶴舞1-1-3
設計：名古屋市建築課
竣工年：1930（昭和5）
名古屋市都市景観重要建築物

MAP p.150

昭和天皇のご成婚（1924）を記念して開館した公会堂。昭和初期の代表的な近代建築のひとつとされる。戦災を乗り越え残っている歴史的建造物であり、戦後は占領軍に接収されている。外観は褐色のタイル仕上げとし、直線を基調としながらもコーナーは丸みを帯び、重厚で落ち着いた印象を与えている。当時、全国的に最もモダンな要素を体現した建築作品であった。武田五一、鈴木禎次、土屋純一が意匠顧問となり、名古屋市建築課が実施設計を行った。

名古屋市鶴舞中央図書館
名古屋市昭和区鶴舞1-1-155
設計：丹羽一雅＋丹羽英二建築事務所、名古屋市建築局
竣工年：1984（昭和59）
第17回中部建築賞

MAP p.150

名古屋の市立図書館のなかで最も歴史が古く、県内最多の蔵書数を誇る図書館。1923（大正12）年、鶴舞公園内に図書館が建設されたが、大正天皇御大典を奉祝する記念事業として、公園の西側から東側に移転されている。1952（昭和27）年、名古屋市鶴舞図書館となった後、改築および名称変更され、現在に至っている。

龍興寺客殿（旧藤山家住宅日本家）
名古屋市昭和区御器所3-1-29
設計：武田五一
竣工年：1932（昭和7）
愛知県指定重要文化財

MAP p.150

藤山雷太の自邸。藤山邸は元来、東京都港区白金台にあったが、1975（昭和50）年に取り壊しの危機に瀕した。当初は洋館と和館が並立しており、そのうち和館部を名古屋市の龍興寺に移築して、本堂を再建している。池に向かって張り出した月見台は醍醐寺三宝院書院を踏まえたものといわれ、楼閣も東福寺昭堂や銀閣などを参照していると思われる。当初の施工は棟梁・魚津弘吉が担当しており、名古屋で保存が行われたのは弘吉の紹介によるところが大きいとされている。

戦前ロマンスの大三角形 | Cluster 10

AJU自立の家
名古屋市昭和区恵方町2-15
設計：根村修建築研究室、愛知工業大学
竣工年：1990（平成2）
日本建築学会作品選集1991

MAP p.150

生活、交流、働く場の3機能を合わせもつ障がい者支援施設。設立の発起から完成後の運営までを、障がいをもつスタッフを中心に、建築家がサポートする形で実現した。徹底して経済性を考慮したバリアフリーによる細部の開発と運営計画がなされている。重度障がい者の自立のための拠点となることが意図されている。通所施設をもつホームと授産施設はデザインを統一し、心地よいまちなみ形成に成功している。

名古屋市中小企業振興会館（吹上ホール）
名古屋市千種区吹上2-6-3
設計：黒川紀章建築都市設計事務所
竣工年：1983（昭和58）
『新建築』1984.4

MAP p.150

吹上公園に隣接し若宮大通に面する敷地に建つ都市型コンベンション施設。展示・見本市会場となる約9,000㎡の大展示場（吹上ホール）と、少人数の会合から400人規模の国際会議、レセプションやファッションショー、小規模の発表会、催し物などに使える会議室やホールを備える高層棟からなる。外壁はグレーを基調とし、曲面が使われている。

揚輝荘「伴華楼」
名古屋市千種区法王町2-5-21
設計：鈴木禎次
竣工年：1929（昭和4）

MAP p.150

尾張徳川家から移築された茶室付きの座敷に、洋室を合わせて作られた別荘。「英語のバンガロー」から名付けられた。切妻面の中央に配置された煙突をはじめ、内装、外装ともに市松模様が多くみられる。うろこ壁の外壁、和室には千年杉の張り合わせ欄間、2階の洋室には飛鳥時代の古代瓦などが埋め込まれた暖炉や寄木細工の床などが施されており、随所に設計者のこだわりが感じられる。

揚輝荘「聴松閣」
名古屋市千種区
設計：竹中工務店
竣工年：1937（昭和12）

MAP p.150

明治時代に別荘地として発展した覚王山周辺にある迎賓館。揚輝荘は1万坪の規模を誇っており、当時の松坂屋の経営者であった第15代伊藤次郎左衛門祐民が開設した。建物の内部に残る広間と舞踏室は、彼の好みを反映したとされ、柱や壁面にインドやタイのデザインモチーフが用いられている。外観は柱を外部に露出したハーフティンバーが特徴的な山荘風の3階建てである。

名古屋市千種文化小劇場「ちくさ座」
名古屋市千種区千種3-6-10
設計：伊藤建築設計事務所、名古屋市住宅都市局
竣工年：2002（平成14）
第35回中部建築賞、JIA優秀建築選2006

MAP p.150

地域文化活動の拠点となる住民参加型の劇場。全国でも数少ない円形舞台を有し、「特徴ある劇場」、「自由な演出のできる劇場」、として狭い敷地の有効利用がなされている。東面と南面全体を壁面緑化パネルで覆い、環境負荷を低減している。舞台とそれを取り囲む360度の客席は、近接していることもあってより近い視点、より広い視野でステージをとらえることができる。

ガラスシャッターのファサード ジーシー名古屋営業所
名古屋市千種区姫池通3-19
設計：坂茂建築設計、丸ノ内建築事務所
竣工年：2004（平成16）
『新建築』2004.8

MAP p.150

デンタル機器を扱う会社のオフィスビル。セミナー施設、ショールームを街に開放することで、地域コミュニティの場として機能している。また、近隣住民の休息の場やギャラリーとしても活用されている。街と建物を隔てる3層分のガラスシャッターや、ギャラリーとアトリウムを仕切るガラスの引き戸を開閉することで、季節や使用目的に合わせてフレキシブルに使用できる。

日泰寺霊堂
名古屋市千種区城山新町1-1
設計：青島設計
竣工年：1984（昭和59）
『新建築』1984.7

MAP p.150

国内初の屋内に設けられた高密度の墓地空間。4層にわたる墓室は吹き抜けとされ、野外墓地と同様に焼香や墓石の水洗いなどができるように配慮されている。都市に住むことによって希薄になりつつある祖先を祀る心を取り戻すための提案である。機械類の使用を極力さけ、誰でも気軽にアクセスできるスロープを設置し、現世と来世を結ぶ墓参前の気持ちを整理する空間となっている。

日泰寺仏舎利奉安塔
名古屋市千種区城山新町1-1
設計：伊東忠太
竣工年：1918（大正7）
愛知県指定重要文化財

MAP p.150

インドで発掘され、日本佛教界がタイ国王から分与された仏舎利を祀る塔。日本の仏塔は、木造層塔式のものが主流を占めたが、ここでは中部インドやスリランカに残る石や煉瓦でできた鉢を伏せたような、より祖形に近い形が採用されている。ガンダーラ様式の花崗岩でつくられており、2階部分に仏舎利が安置されている。扉のようなものはなく、遺骨を取り出すには塔を破壊しなければならない。

名古屋圏の建築　149

Cluster 10 ｜戦前ロマンスの大三角形

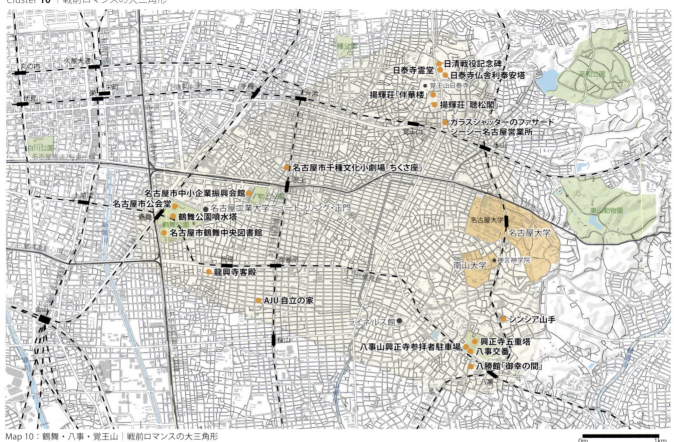

Map 10：鶴舞・八事・覚王山 ｜戦前ロマンスの大三角形

日清戦役記念碑
名古屋市千種区城山新町1-1
設計：不詳
竣工年：1901（明治34）

覚王山レックスマンション
名古屋市千種区
設計：青島設計室
竣工年：1975（昭和50）
『新建築』1976.3

光庭の棲
名古屋市千種区
設計：川本敦史・川本まゆみ＋mA-style
竣工年：2016（平成28）
『新建築住宅特集』2017.8

The Garden 覚王山
名古屋市千種区
設計：吉村昭範・吉村真基＋D.I.G Architects
竣工年：2012（平成24）
『新建築住宅特集』2013.4

MAP p.150

日清戦争（1985）で戦死した700人以上の兵士を顕彰するために建てられた記念碑。中区役所交差点に建設された当時、付近には夜店が建ち並び、夏の宵などは市民の涼み場として、名古屋の名所になったが、1920（大正9）年に現在の場所へ解体移築された。デザインは砲弾という特異な形をテーマとしており、細部の繰形には、アーチや幾何学紋様があり、わずかながら洋風的要素がみられる。

料亭があった敷地に分譲住宅として計画された集合住宅。敷地は平坦であるが、地区内ではいちばん高い地点にあるため、周りの建物より高くなっている。1戸当たり120㎡〜140㎡の住居が28戸配置されている。既存の庭園を残すように計画され、建物の周りに植栽が残っている。オープン化したバルコニーとリビングルームは、住まい手の親しみを生じさせ、住戸間のふれあいにつながっている。

閑静な住宅街に佇む、階段状の石積み光庭をもつ住宅。光庭には中・低木の植栽が配置されており、トップライトから落ちてくる光に陰を落としながら、自然環境のなかにいるような空間性を醸し出している。木板張りの無窓なファサードは、光庭の空間性を強めるため、向かいの学校施設の体育館など、外風景のノイズを消している。光と潤いを十分に感じる心地のよい豊かな住環境となっている。

住宅街の角地に建つ3棟の住宅。建物全体に行き渡ったシャープな形態と人体寸法にフィットする各所の幅や高さ、外壁や開口部の形式など、まちなみに強く関わるデザイン要素を可能な限り最低限としている。1棟のデザインを突出させるのではなく、各棟の統一性のなかに絶妙な差異を設けることで、住まい手の視線を一カ所にまとめない、まちなみのゆらぎを生み出している。

Column 08

名古屋圏の和風建築（数寄屋建築と料亭など）

三浦 彩子（名城大学理工学部建築学科准教授）

　日本有数の茶所で、昔から傑出した陶芸家が集まる名古屋には、相互の交遊を通じて粋を存分に楽しめる高級料亭や旅館が存在した。多くの文化人が足を運んだ名建築は、茶道・華道といった文化を育むサロンとして、建築が重要な役割を担っており、優れた建築家、大工、職人たちがつくりあげた建築作品の中で、その本来の機能を利用しつつ体感することができる。古くは江戸時代、徳川家の御用達であった料亭から、新しきは昭和のモダニズム興隆の中で生まれた和風空間まで、東海老舗の名店を案内してみたい。

創業約400年、名古屋最古の料亭──日本料理の河文（丸の内、p.141）

　名古屋城築城まもなく、寛永年間に創業された「河文」は、魚屋を営んでいた初代河内屋文左衛門の目利きが見込まれ、尾張徳川家のご馳走処として創業した。明治維新後も、歴代首相や各国要人を迎え、名実ともに名古屋を代表する迎賓館である。数寄屋風意匠の「用々亭」や、愛知県海部郡から移築された「那古野の間」などの趣ある座敷に加え、1971（昭和46）年に、建築家、谷口吉郎（1904 - 1979）が設計した「水鏡の間」が有名である。その繊細で直線的な意匠は、著書『清らかな意匠』を読んでから訪れるといっそう深く味わえる。

昭和天皇・皇后両陛下のご寝所──料亭の八勝館（八事、p.147）

　1925（大正14）年に料理旅館として創業し、食通文人として名高い北大路魯山人（1883 - 1959）との親交が深く、器をはじめ掛け軸や行灯など、その美意識を今につなぐ名古屋を代表する高級料亭である。1950（昭和25）年に開催された愛知県国体のために訪れた昭和天皇・皇后両陛下のご寝所として計画され、近代数寄屋の大家である建築家堀口捨己（1895 - 1984）が設計した「御幸の間」、「残月の間」が有名である（日本建築学会作品賞）。

　日本の古典建築に造詣が深い堀口は、「桂離宮」のすぐれた座敷飾りを手本とし、笑意軒の円形の下地窓の写しを行う一方、近代的な設備要素を数寄屋建築に取り込み、蛍光灯に格子状ルーバーを組み込んで一体に見せたり、空調の吹き出しをさりげなく配する工夫が見られる。「御幸の間」から8年後に手がけた「桜の間」、「菊の間」では、採光に対するこだわりはよりいっそう強く表れ、太鼓張りの欄間障子の照明や、金色の襖、自然光による相互干渉を考慮して設計されている。

中村遊郭を料亭、飲食店に転業

　かつて繁栄した遊郭建築は、廃業後にその独特の空間を活用した例もある。料亭の「稲本」は、祇園の「一力」や島原の「角屋」の意匠を参照したとされる1923（大正12）年以前の建築で、御殿風の意匠から中国趣味まで趣向を凝らした座敷飾などに特徴が見られる。残念ながら2018（平成30）年7月に取壊しが決定しているが、近隣には蕎麦屋「蕎麦伊とう」や、デイサービスセンター「松岡健遊館」として活用されている旧遊郭建築が残る。

　チェーン店が幅をきかせる業界ではあるが、歴史的空間の中で過ごす至福の時間は何物にも代えがたいものがあり、建築思想に思いを馳せながら堪能する料理もまた格別である。

（みうら・あやこ）

「八勝館 御幸の間」建具意匠。東南アジア産の高級布地を大胆に貼り合わせ琳派を思わせる幾何学意匠。

「八勝館 御幸の間」東側外観。高床式で月見台を張り出した外観は桂離宮を想起させる。

「稲本」南側外観。大棟に鴟尾を載せた中国風の表門。
（写真提供：筆者）

覚王山の建築とまちづくり活動

橋本 雅好（椙山女学園大学大学院 生活科学研究科 生活環境学専攻 准教授）

　愛知県名古屋市にある地下鉄東山線の覚王山駅を降りて、「覚王山日泰寺」につながる参道には、老舗旅館や暖かみを感じる食堂などとあわせて、お洒落なカフェ・レストランなどが並ぶ覚王山商店街があり、「覚王山日泰寺」の前から一歩横道に折れると、閑静な住宅街の中に静かに佇む「揚輝荘」(P.149)がある。

揚輝荘

　「揚輝荘」は、大正から昭和初期にかけて松坂屋の初代社長である伊藤次郎左衛門祐民の別荘として建設され、約1万坪に及ぶ起伏に富んだ敷地に、地形や周囲の自然を活かした回遊式庭園としてつくられ、30数棟に及ぶ建築物が存在した。その後、戦時の空襲や風雨による老朽化、開発などの影響から、現在では、北園と南園に分かれ、「伴華楼」(設計：鈴木禎次)、「白雲橋」、「三賞亭」、「聴松閣」、「揚輝荘座敷」の5つの建築物（名古屋市指定文化財）と庭園を残すのみとなったが、特定非営利活動法人「揚輝荘の会」によって運営・管理され、秋には紅葉の名所としても市民の憩いの場となっている。

　「揚輝荘」の特徴として、年間を通して、「白雲橋」でのコンサートや「三賞亭」でのお茶会といった指定文化財を使った市民参加型のイベントを実施している点が挙げられ、保全のみならず、多くの機会で指定文化財と触れる機会を設けている。たとえば、「揚輝荘」の歴史的文脈や景観を読み解いたインスタレーション作品を建築物の内部や庭園に展示し、来園者に普段と違った「揚輝荘」の一面を体感させるプロジェクトなどが来園者の心を和ませている。

覚王山商店街での取り組み

　また、覚王山商店街での取り組みとして、タイとの交流が盛んな「覚王山日泰寺」、参道と周辺家屋の雰囲気、若手クリエーターの集住といった特徴から、「エスニック」、「レトロ」、「アート」を基本コンセプトとしたイベントが数多く企画実施されている。たとえば、春と夏には、「覚王山祭」(1997年から実施)があり、フリーマーケットや多国籍屋台、ステージでのパフォーマンスが行われる。秋には「覚王山参道ミュージアム」(2001年から実施)があり、街アートと称して、参道にたくさんのアートが並び、覚王山秋祭も併せて行われ、覚王山商店街の賑わいを実現している。

　他にも2003年には、文教地区という土地柄と若者向けのアパートにクリエーターが多く居住しているといった商店街周辺の立地特性や、人びととのつながりを深める目的で、老朽化した空きアパートを利用した「覚王山アパート」が誕生した。現在までに数回の入れ替わりを経て、雑貨や針金細工の工房兼店舗、古本カフェ、ギャラリーなどの個性的な店舗が並んでいる。

　覚王山周辺には、「覚王山日泰寺」をはじめ、「揚輝荘」や「昭和塾堂」といった文化的・歴史的に貴重な建築物が多く残っており、さらには、覚王山周辺の魅力を発見・創造・発信することを目的とした「ちくさ・文化の里づくりの会」(2010年結成)によるまちづくりイベントが定期的に開催され、新たな展開を見せようとしている。

（はしもと・まさよし）

❶ 覚王山日泰寺参道にある覚王山商店街。

❷ 揚輝荘の風景。

❸ 三賞亭を活用したインスタレーション。制作：椙山女学園大学橋本雅好研究室。
（写真提供：筆者）

Cluster 11：星ヶ丘・東山・本山
自然温室とランドスケープ

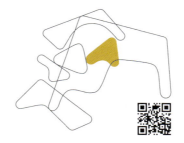

名古屋市東山植物園温室前館
名古屋市千種区東山元町3-70
設計：大倉土木、名古屋市建築課
竣工年：1937（昭和12）
国指定重要文化財

MAP p.155

東山公園内に完成した植物園の大温室。カマボコ状の形態をしており、トラスの鉄骨造と全面ガラス張りの外観から「東洋一の水晶宮」と呼ばれていた。ガラスは鉄骨でとめられており、この鉄骨の骨組みは当時珍しいといわれた電気熔接によってつくりあげられた。開館当時は鉄骨造の前館と木造の後館があったが、現存するのは前館のみとなっている。名古屋市内に現存する鉄骨造の最も古い建造物として貴重なものである。

　豊かな住環境と自然環境を併せもつこのクラスターは、丘陵地帯に広がる住宅地である。名古屋中心部から伸びる名古屋市営地下鉄東山線が、地区の中央を東西に横断し、上社駅、一社駅、本郷駅などの主要な地下鉄駅周辺のインフラ整備も充実しているため、若い子育て世代に人気である。

　このクラスターの主要エリアである「星ヶ丘」の町名の由来は、1955（昭和30）年までさかのぼる。日本住宅公団（現UR都市機構）がこの地に団地を計画した際に、市内の団地の中でいちばん高い場所であったことから「星にもっとも近く、輝く星の美しい丘」という意味を込めて命名している。地下鉄星ケ丘駅を降りると地上には星ヶ丘三越百貨店や**星ヶ丘ボウリング場**（1970）があり、さらに、三越を拠点に回遊する形状で、**星が丘テラス**（2003）が整備されている。

　東山公園にある東山動物園は、名古屋の動物園として100年以上の歴史を誇っている。動物園が現在の東山の地に開園したのは1937（昭和12）年であるが、それ以前の1918年から1937年までの19年は鶴舞公園にあった。さらにその前身は、中区前津町で一般公開された今泉七五郎による浪越教育動物園（1890）であった。園内には、名古屋市制100周年を記念して建てられた**東山スカイタワー**（1989）があり、展望台からは、名駅周辺の高層建築群から名古屋城、名古屋テレビ塔、ナゴヤドームなど市内を一望できるほか、天気が良ければ遠くに御嶽山や鈴鹿山脈の山々や三河湾、志摩半島などの大自然を望むことができる。

　日本住宅公団の開発に始まる充実した住環境と、東山動植物園や平和公園の豊かなランドスケープによって、このクラスターが形成されている。

東山スカイタワー
名古屋市千種区田代町瓶杁1-8
設計：日本総合建築事務所、名古屋市建築局
竣工年：1989（平成1）
『新建築』1989.9

MAP p.155

展望台と防災行政無線用の電波塔を兼ねた高さ134mのタワー。名古屋市市制100周年記念事業のひとつとして計画された。地上100m、海抜180mの展望室からは濃尾平野一円から、名駅の高層建築の群景、名古屋テレビ塔、ナゴヤドームなど市内を一望できる。名古屋市の市章である「丸に八」をふたつ合わせた平面形の鉄骨ブレース構造。四角錐状の塔頂部は外周面にトラスを配置している。

星が丘テラスをみる。利便性の高い駅前と緑豊かな環境が共存する。

Cluster 11 ｜自然温室とランドスケープ

名古屋市東山植物園宗節庵
名古屋市千種区田代町瓶杁
設計：木内修建築設計事務所
竣工年：2012（平成24）
『新建築』2013.6

MAP p.155

茶道師範佐藤せつ子の茶名「宗節」にちなんで名付けられた茶室。四畳半座敷と立礼席からなり、江戸時代の武士で俳人である横井也有翁の遺徳をしのんで整備された也有園に、庭園との調和を目指してつくられた。構造には日本の伝統構法を用いており、軸部には金物を一切使わずに組み上げている。耐震性の向上を目指し、実大実験による実証を行い、限界耐力計算による耐震性能評価が試みられている。

星が丘テラス
名古屋市千種区星が丘元町16-50
設計：テック・アールアンドディス、竹中工務店
竣工年：2003（平成15）
日本建築学会作品選集2005、第36回中部建築賞、第47回BCS賞

MAP p.155

丘陵地をなだらかに下る道路の両側に計画された商業施設。当施設に対し、既設の百貨店・ボウリング場および二つの立体駐車場が異なる床レベルで隣接しており、それらの関連を重要視した新しいまちなみづくりが特徴である。また、シンプルな色彩や素材が採用され、照明やサインなどを統一することで、施設全体の楽しさを演出し、魅力的な景観を保つと共に賑わいを創出している。

星ヶ丘ボウル
名古屋市千種区星が丘元町16-45
設計：青島設計室
竣工年：1970（昭和45）
『新建築』1971.3

MAP p.155

緑地に囲まれた都市郊外のボウリング場。高度経済成長期のマスレジャー全盛期に建設された。同時期に建てられた他の都市型ボウリング場では、敷地面積が狭いため階数の多い建築物となっていたが、この建物は広大な敷地に恵まれたため、長手方向に約175m、100レーンを有する平屋建てである。外観は、周囲の緑地に配慮して商業的な形態は避け、屋根・壁面とも金属折版によって覆っている。

THE KITCHEN（旧e-生活情報センター「デザインの間」）
名古屋市千種区法王町2-4
設計：竹中工務店
竣工年：2008（平成20）
日本建築学会作品選集2011、第41回中部建築賞

MAP p.155

丘陵地帯に位置する生活提案体感型ショールーム。中部電力と総合家電や住宅設備メーカーといった参加企業80社とのコラボレーションで実現した。分断されていた市内最大級の緑地帯を駅前大通りまで引き込み、ランドスケープで街区を一体化している。構造は鉄骨の柱から梁をワイヤーで吊り、HPシェルの薄い屋根を乗せており、その上にセダムによる緑化が試みられている。丘の上から緑化屋根を眺めることができる。

dNb
名古屋市名東区代万町3-10-1
設計：中渡瀬拡司+CO2WORKS
竣工年：2012（平成24）
第45回中部建築賞
『新建築住宅特集』2013.10

MAP p.155

郊外住宅地の一角に位置するオフィス・ショップ兼住宅。北下がりの敷地の高低差を生かして、3階建てと4階建てからなる棟の垂直的なずれと平面的なずれから生まれる隙間をテーマとしており、スラブの位置やV字型の壁面デザインによって表現している。領域性を強調するのでなく、私と私、私と公との緩衝空間を設け、同時に建物内部にレンタルスペースを設けることで地域住民との交流を促している。

LiF
名古屋市名東区
設計：鈴木恂+AMS
竣工年：2004（平成16）
『新建築』2005.2

内部がL型・I型・F型3つの住空間で構成されている集合住宅。間取りはいずれも壁に挟まれた空間から奥行きのあるバルコニーへと開かれている。地上6階建ての建物のうち12戸が賃貸住宅である。どの場所からも囲みこまれた空間と吹き抜けが見え、生活の工夫を誘う。水回り・収納コアで空間を分節し、フレキシブルな空間としている。

まちに架かる6枚屋根の家
名古屋市名東区
設計：栗原健太郎・岩月美穂+studio velocity
竣工年：2016（平成28）
日本建築学会作品選集2018
『新建築住宅特集』2016.7

緩やかな丘陵地帯に建つ、夫婦と子どもの3人家族のための住宅。敷地は盛土によって平地に造成し、住宅を奥に配置することで街と生活に距離を置いている。隣接する道とすり合わせるようにランドスケープをつくり、地面の上に折り重なる6枚のHPシェル屋根が架かっている。それぞれの屋根は中央部に向かって高く、外縁部に向かって軒が低くなるように集まり、周囲のまちに対してヒューマンスケールな軒下空間をもたらしている。

自邸＝スキナヤ
名古屋市名東区
設計：鋤納忠治
竣工年：1975（昭和50）
『新建築』1975.8

東山公園からほど近い、緑豊かな風致地区に建つ住宅。1階部分を外部に開放したピロティとすることで、将来的な家族構成の変化や多用途な利用に対応できる構成となっている。2階部分は、木造の間仕切りを整合させた単純な矩形で分割され、鉄骨造の架構と9本の柱によってピロティを支えている。また、屋根と東西の壁面を覆うオリエンタルメタルの折板は、構造材と仕上げ材の役割を同時に果たしている。

自然温室とランドスケープ ｜ Cluster 11

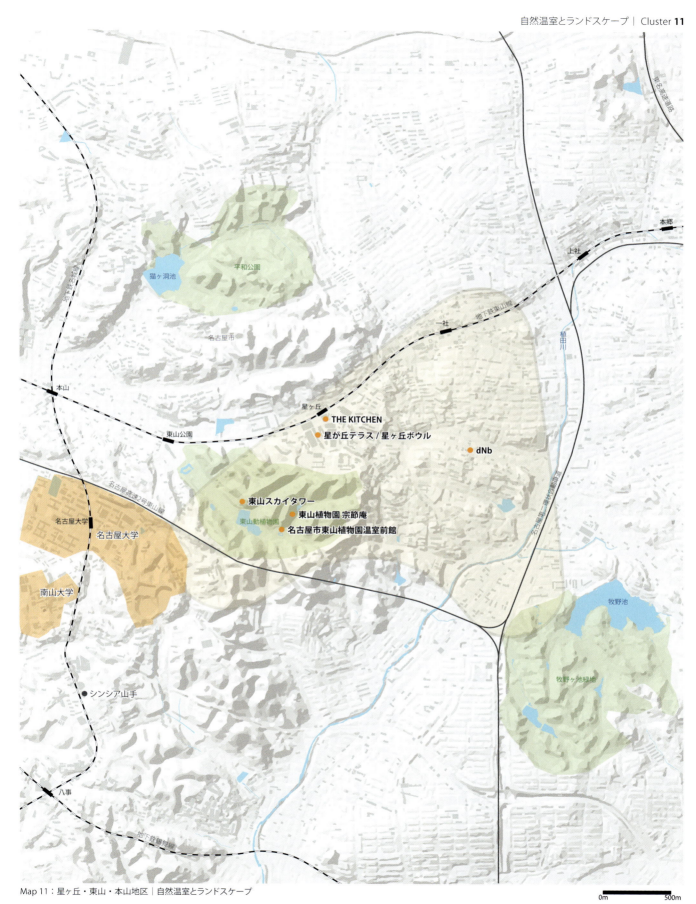

Map 11：星ヶ丘・東山・本山地区 ｜ 自然温室とランドスケープ

Cluster 12：熱田
神宮と調和するオアシス

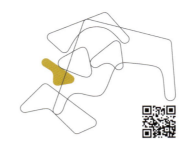

丸美産業本社社屋
名古屋市瑞穂区瑞穂通3-21
設計：高松伸建築設計事務所
竣工年：2008（平成20）
第41回中部建築賞

MAP p.158

木材関連会社の本社ビル。構造体に木材を取り入れた縦格子は森の列柱を表しており、会社のイメージを表現した外観に仕上がっている。2階からパラペットまでダブルスキンのガラスカーテンウォールとなっているほか、道路斜線によりセットバックした建物の屋上には緑化が施され、威圧感は感じられない。冷たい印象になるオフィスビルだが、木材を外に表現することにより、軽快で暖かく見せ、新しいまちなみの顔としている。

　このクラスターでは、名古屋市都心部の喧騒とは対称的に、熱田の杜が醸し出す神聖な風景と調和した市街地が形成されている。

　熱田神宮は、草薙の剣を御神体とする熱田大神を主祭神として祀り、草薙の剣に所縁の深い五座の神を相殿として祀っている神社である。名古屋台地南部の熱田台地南端に位置し、かつては眼下に伊勢湾を望む風光明媚な場所であった。熱田神宮の門前町は古くから栄えており、神職や社に支える人びとが住むことで町場を形成していた。町の発展と共に、中世では熱田神宮境内摂社のひとつ「南新宮社」の祭りに合わせて、大山や車楽といった木造の山車を用いた華やかな祭りが行われるようになった。現在は、名古屋市民をはじめ多くの人びとの崇敬を集めており、年間の参拝客は約650万人にのぼる。

　1610（慶長15）年になると、名古屋城築城のための貯木場が、尾張出身の福島正則によって堀川沿いの白鳥庭園付近に設けられた。そのため熱田地区は、木材市場発祥の地として名古屋の材木取引の中心地となった。

　このクラスターに属する建築の特徴として、熱田の杜や白鳥庭園、堀川といった水辺や緑地帯との調和を図るように、環境保護や木材の利活用が挙げられる。自動車部品メーカーの企業記念施設である**ECO-35**（2008）は、敷地の過半を水面、ビオトープ、雑木林に再生させ、水と緑と生き物の空間を創出しており、自然環境再生に大きく貢献している。また、木造と鉄筋コンクリート造の混構造がファサードに現れる**丸美産業本社社屋**（2008）や、カラマツ集成材によるショールームをもつ**ATグループ本社北館**（2015）など、自然素材がもつ温かみと最先端技術がハイブリッドしている点も特徴である。熱田神宮に呼応し、自然環境と調和するような建築の様相と構造が模索されている。

ATグループ本社北館
名古屋市昭和区高辻町6-8
設計：竹中工務店
竣工年：2015（平成27）
日本建築学会作品選集2017、第49回中部建築賞、『新建築』2015.11

MAP p.158

自動車産業黎明期より地域と発展してきた会社の80周年を記念する本社ショールーム。自動車の環境性能を標榜する時代において、木造のショールームというハイブリッドな建築とすることで、技術革新を未来に発信する空間となっている。南側にはふたつのショールームが連なり、カーモールを形成している。時間と共に移り変わる照明演出により存在が際立ち、街のランドマークとなっている。

熱田神宮神楽殿をみる。2009（平成21）年、熱田の杜に新たに造営された寺社建築である。

神宮と調和するオアシス｜Cluster 12

ECO-35
名古屋市熱田区六野 1-3-1
設計：浦野設計
竣工年：2008（平成 20）
第 41 回中部建築賞

MAP p.158

移転した自動車部品メーカーの本社跡地に建てられた企業記念施設。敷地の過半を水面とビオトープ、雑木林によって再生しており、工業地域の中に、水と緑と生き物の空間が創出されている。製品展示・研修・研究開発施設の機能を持つ 3 棟が、水と緑の空間を囲み、太陽光を取り込むように配置されている。展示施設は自社製品のマフラーをイメージするチューブ型の鉄骨造平屋建パビリオンとなっている。

日本ガイシ（株）本社社屋
名古屋市瑞穂区須田町 2-56
設計：日建設計
竣工年：1991（平成 3）
第 23 回中部建築賞

MAP p.158

ガラス・土石製品を扱う企業の本社オフィスビル。古い工場地帯が先端技術へと大きく変貌しようとしている熱田地域の先駆けとして建てられた。敷地周辺には十分な緑地が配置され、周囲も低い石垣のみの開放的な設えとなっており、地域に開かれた企業を目指すという会社のイメージが表現されている。カーテンウォールに採用されているホーロー鋼板は、従来の鋼板とはまったく異なった表情となっている。

愛知産業大学工業高等学校伊勢山校舎
名古屋市中区伊勢山 1-2-29
設計：服部滋＋三共建築設計事務所、丹羽哲矢＋clublab、塩田有紀建築設計事務所
竣工年：2015（平成 27）
第 48 回中部建築賞、『新建築』2017.4

MAP p.158

工業高校の普通教室棟。教室群を斜めに貫く階段広場が都市型校舎ならではの魅力となっており、高校生活の中心的空間を創出している。階段広場は段床の幅や向きに変化をつけることによって、集会も可能な広がりやまちや人を眺める場、隠れ家になるような場など、生徒たちの多様な交流を受け止める空間となっている。階段広場に沿った段状の大開口によって都市的風景を内部に取り込んでいる。

都市にひらいていく家
名古屋市瑞穂区
設計：栗原健太郎・岩月美穂＋studio velocity
竣工年：2013（平成 25）
日本建築学会新人賞 2016、2014 年度 JIA 優秀建築選、『新建築住宅特集』2014.1

3 方をビルや近隣住宅に囲まれた間口 7m×奥行 21m の敷地に建つ住宅。ガラス棟と個室棟をつなぐように 3 つのスロープが架かっており、中央には公園のような庭が広がっている。ガラス棟にはリビングや子どものバレエの練習場といったパブリックな機能をもたせており、それぞれの棟は各階のスロープで行き来できるようになっている。

東別院会館（旧真宗大谷派名古屋青少年会館）
名古屋市中区橘 2-8-45
設計：日建設計工務
竣工年：1968（昭和 43）
『新建築』1968.7

MAP p.158

親鸞聖人 700 回忌を記念して伽藍の整備と共に建設された会館。真宗大谷派名古屋別院は名古屋城築城のころより伽藍を有する由緒をもっている。この会館は青少年が広く社会的活動を行うことが意図されている。1 階に結婚式場関係諸室、2 階に青少年教室・図書室・視聴覚教室、3 階には 600 人収容の講堂、地階に喫茶室をもつ多目的施設などがある。

能楽殿
名古屋市熱田区神宮 1-1
設計：竹中工務店
竣工年：1955（昭和 30）
『新建築』1958.3

MAP p.158

熱田神宮から敷地の提供を受けて建設された能楽殿。戦前名古屋にも布池町に能楽殿はあったが、戦災により焼失し、復興もせず 10 年を経てしまい、その後地元能楽界の要望によってつくられた。平面計画は、音響が均等に観客席に到達するように円型を採用している。また、舞台においては後座天井部分は木舞をとり反響をよくし、橋懸は高欄の中桁をとり、演出者の足元を見やすくなるよう考慮されている。2006 年に閉鎖された。

岩井橋
名古屋市中区松原
設計：武田五一
竣工年：1923（大正 12）
土木学会選奨土木遺産

MAP p.158

市道岩井町線が堀川を渡るために架けられた橋。1919（大正 8）年の第 1 期都市計画街路事業の第 1 号路線として計画され、現存する鋼製アーチとしては大阪の本町橋についで 2 番目に古い。側面にアングル材を曲線加工した「飾り板」が取り付けられている。関東大震災以降、シンプルな装飾を施す傾向があったが、岩井橋はその代表例であり、現存する戦前の橋の中で飾り板を有するのは岩井橋だけである。川への階段が一体的にデザインされている。

松重閘門
名古屋市中川区西日置町
設計：名古屋市土木局
竣工年：1930（昭和 5）
名古屋市都市景観重要建築物、土木学会選奨土木遺産

MAP p.158

東西に 2 基ずつ建つ中川運河の支線と堀川とを結ぶ水門の塔。中川運河は、明治末期に国際港に成長した名古屋港において、その活力を利用した工業地域化計画を実施し、貨物輸送の動脈としてつくられた。港と笹島貨物駅、港と従来の幹線水路である堀川とを連結していた。市街地との接点にあるこの塔は、景観に考慮された表現派風の洗練されたデザインとなっている。1968（昭和 43）年に開門は閉鎖されている。

名古屋圏の建築

Cluster **12** | 神宮と調和するオアシス

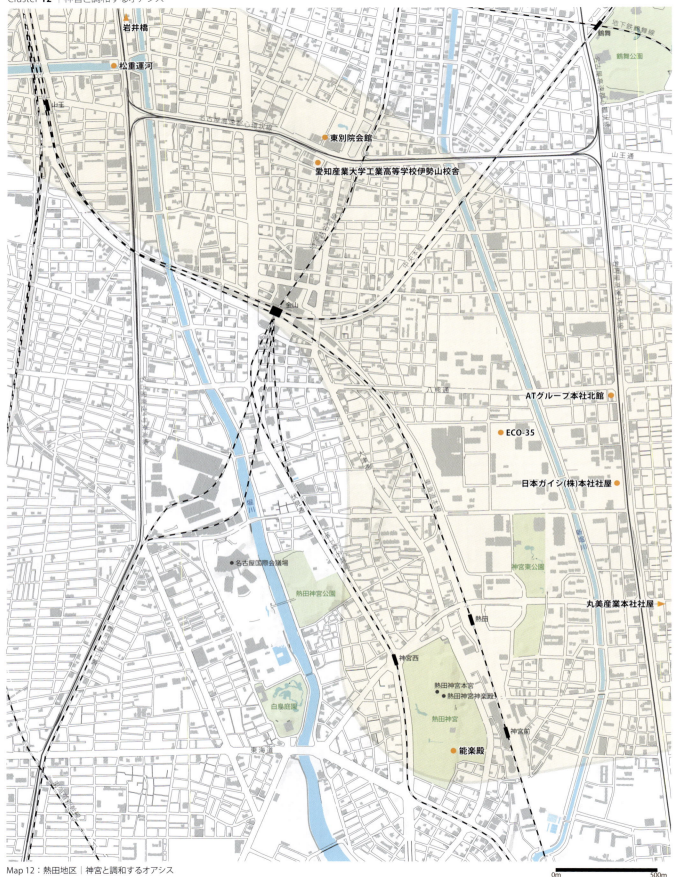

Map 12：熱田地区 | 神宮と調和するオアシス

Cluster 13：名古屋港
名古屋ウォーターフロント

名古屋港水族館
名古屋市港区港町1-3
設計：大建設計、名古屋港管理組合
竣工年：1992（平成4）
第25回中部建築賞

MAP p.161

日本最大級の床面積を誇る水族館。水族館の外観は、丸、三角、四角のシルエットを表しており、それぞれ内部機能を形態に表現しながら水族館としての楽しいイメージを表している。地球に根をおろしたイメージを強調するため、正面に緑で覆われた土盛りを設け、基壇としている。そして、人びとが集うプラザ正面のカーテンウオールは「波とオーロラ」をイメージしてつくられている。

　このクラスターは、名古屋市、東海市、知多市、弥富市、海部郡飛島村の4市1村にまたがる港湾「名古屋港」を有する。総取扱貨物量は1億9,597万トンであり、2002（平成14）年から16年連続で日本一を更新し続けている。

　名古屋港の前身となる熱田の浜は、古くから船着場として多くの人びとに利用され、1601（慶長6）年に東海道五十三次の宿場に指定されると水陸交通の要所として一段と繁栄した。1907（明治40）年に名古屋港として開港し、それ以降は中部地方のものづくり産業を物流面で支えており、日本の主要な国際貿易五大港のひとつに数えられている。

　名古屋港の内奥に位置する「ガーデンふ頭」もかつては物流の拠点として、火力発電所の煙突や工場の煙突群、倉庫やサイロなどが低層に広がる港の風景を形成していた。その後高度経済成長期になると、市民に親しまれる港づくりに向けての再開発が行われていく。港湾のランドスケープに調和するような流線型屋根の**名古屋港水族館**（1992）や地場産のモザイクタイルが装飾された**名古屋港ポートビル**（1984）などの観光文化施設が整備された。また、名古屋市制100周年記念事業として開催された世界デザイン博覧会（1989）では、名古屋市中心部の2会場（白鳥会場、名古屋城会場）に加えて、名古屋港も会場のひとつに選定された。

　他方、2016（平成28）年より毎年開催されている音楽と現代美術のフェスティバル「アッセンブリッジ・ナゴヤ」や、2012（平成24）年より中川運河の水辺を核として取り組んでいる「一般社団法人中川運河キャナルアート」など、水辺空間を活かした、クリエイティブな活動も始まっている。

　このクラスターの建築は、中京圏の物流を支える海の玄関口としての機能を担うと共に、多くの市民や来訪者の賑わいを生み出すウォーターフロントとの関係が深い。

名古屋港ポートビル
名古屋市港区港町1-9
設計：村瀬卯市
竣工年：1984（昭和59）
第17回中部建築賞、『新建築』1985.10

MAP p.161

国際港名古屋のシンボルとしてつくられた高層ビル。5本の支柱と1本の主柱が帆船のマストの意味をもち、タワーは海に浮かぶ「白い帆船」をイメージしている。基本軸を敷地の大きさ70m×40mの対角線に置き、建物の形状の骨組みとしている。建物の下層を全階吹き抜けとすることで、平面動線を立体的にし、上方向に空間の連続性の効果を高めている。これにより、各階のメインパブリックスペースに自然光が投入されている。

名古屋港ポートビルから名古屋港を見下ろす。港に建つレジャー施設によって、奇抜な景観が形成されている。

Cluster 13 | 名古屋ウォーターフロント

邦和スポーツランド・みなと温水プール
名古屋市港区港栄1-8-23
設計：竹中工務店
竣工年：1979（昭和54）
第11回中部建築賞

MAP p.161

再開発が進む「みなとアクルス」のスポーツ・レクリエーションゾーンに建つプール施設。南側にフロントや更衣室、北側に競泳用プール（25m×7コース）、幼児用プール（8.5m×4.5m、深さ0.6m）を配置している。東側を全面ガラスとし、外部との関わりをもたせている。邦和スポーツランドの他施設と連携できるよう、東側のスケートリンクなどの建物と屋外通路で接続されている。

みなと医療生活協同組合 協立総合病院
名古屋市熱田区5-4-33
設計：竹中工務店
竣工年：2001（平成13）
日本建築学会作品選集2003

MAP p.161

地域密着型の医療活動を展開する、みなと医療生活協同組合の中核となる総合病院。全体構成は従来の医療を供給する側の論理ではなく、エンドユーザーの視点で捉えなおしたシンプルな構成となっている。外観は白衣のような軽やかで清潔感のあるデザインを追求している。高層棟および低層棟においてミニマリズムを基本とした厳選したエレメントによる端正なデザインとなっている。

みなと医療生活協同組合 宝神生協診療所
名古屋市港区宝神3-2107-2
設計：竹中工務店
竣工年：2009（平成21）
日本建築学会作品選集2011

MAP p.161

デイケアサービスを併設した診療所。敷地向かい側のトラックターミナルから距離を保つために正面に対し壁を設け、斜めに開くように配置している。短冊切りでゾーン分けされた各施設が壁をずらした隙間を開口とすることで、歩行者に対して斜めに視線が通り、屋内の様子が見え隠れする。街路側からパブリック・セミパブリック・プライベートまでのヒエラルキーを明確に配置することで、医療施設の機能的要請に応えている。

日本ガイシスポーツプラザ（旧名古屋市総合体育館）
名古屋市南区東又兵ヱ町5-1-16
設計：梓設計
竣工年：1987（昭和62）
『新建築』1987.10

MAP p.161

旧帝人名古屋工場跡地にある総合体育館。施設を分棟化して配置し、2階部分に人工地盤を設置することで各棟が有機的に結びついている。人工地盤設定により、外部から各棟各施設への直接アプローチが可能となっている。これにより、興業時（または大会時など）に、観客と主催者、選手との動線分離が明快になっている。また屋上広場をつくることで、限られた敷地を重層化し、有効利用している。

総合病院 南生協病院
名古屋市緑区南大高2-204
設計：日建設計
竣工年：2010（平成22）
日本建築学会作品選集2012、第42回中部建築賞、『新建築』2011.4

MAP p.161

南医療生活協同組合の基幹施設として移転新築した病院。旅行代理店・保育所・レストラン・ベーカリー・多世代交流館などの機能が盛り込まれ、玄関前の大庇では朝市も行うことができる。動線の核となるエントランスホールは通年地域に開放され、賑わいのある風景となっている。制振構造による災害への備えを強化した環境配慮を行っており、建築物環境性能評価CASBEE名古屋のAランクを取得している。

名古屋市立第二斎場
名古屋市港区東茶屋3-123
設計：山下設計
竣工年：2015（平成27）
第47回中部建築賞

MAP p.161

名古屋市で2件目となる火葬設備を備えた斎場。水田が一帯を占める湾岸部の低密度な郊外地の一角に位置する。平面計画は、火葬場建築で高さが最も大きくなる炉機能を正方形の中心部に配し、その3方を告別拾骨室や待合室などの低層部が取り囲んでおり、炉を中心とした求心的な構成となっている。外観は、周囲に水平性を強調する深い軒が張り出すことで、ファサード全体を静穏な影の中に沈めている。

有松町
名古屋市緑区有松町
設計：不詳
竣工年：1608（慶長13）

MAP p.161

東海道の池鯉附（知立）宿と鳴海宿の間に、尾張藩の命によって設けられた町。1784（天明4）年の大火の復興にあたり、多くの家が瓦葺き・塗籠造という耐火構造となり、現在のような重厚なまちなみを形成した。絞り問屋は敷地間口も大きく、街道に面して門を設けている。街道はゆるやかに湾曲し、塗籠造の主屋・門・塀・土蔵などの景観をつくっている。名古屋市が4地区に指定している町並み保存地区のひとつ。

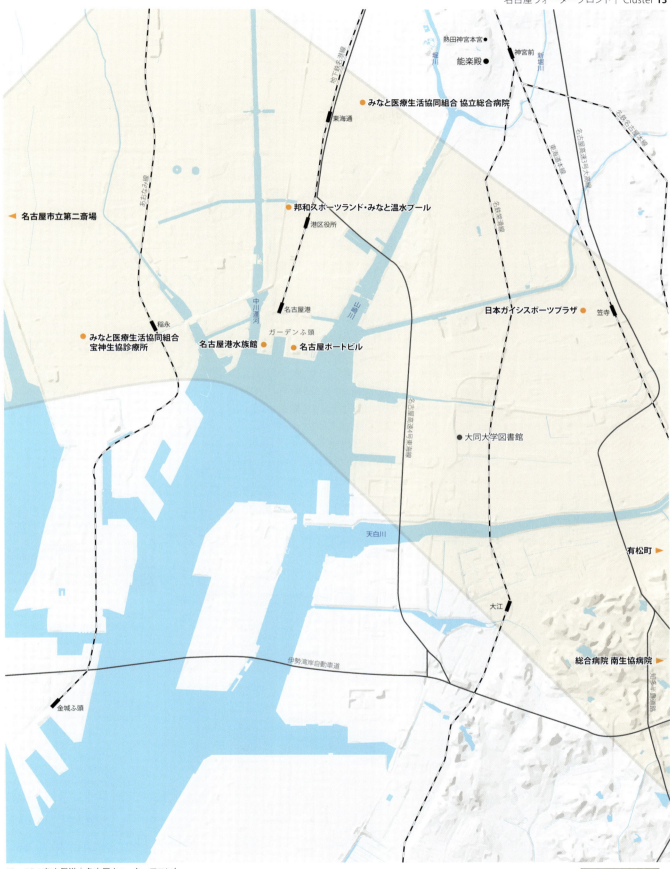

Map 13：名古屋港｜名古屋ウォーターフロント

Cluster 14：守山

古墳を臨む景勝地

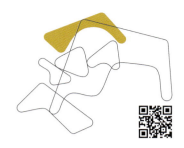

龍泉寺仁王門
名古屋市守山区竜泉寺 1-902
設計：不詳
竣工年：1607（慶長 12）
国指定重要文化財

MAP p.164

尾張四観音のひとつとして古くより信仰を集めた天台宗寺院の門。三間一戸、入母屋造の楼門で、屋根をこけら葺とし、中央の一間を通路としている。両扉脇の後方の一間四方には床板が張られ、仁王像を安置している。小牧・長久手の戦の際に伽藍を焼失。その後、1598（慶長 3）年より堂塔が再興されたといわれている。和様三手先の組物、下層頭貫には禅宗様の木鼻がつく。上層中央間には彫刻付きの蟇股、下層中央間には蓑束が入り、均整がとれた姿の楼門である。

　このクラスターには、戦国時代の城跡や古寺、国史跡である古墳群など、歴史的に重要な名所旧跡が多く存在している。特に、市内にある古墳の約6割がこの守山地区に集積しており、約70基もの古墳が現存している。

　東谷、大塚、中屋敷、白鳥、および瀬戸市十軒町にまたがる志段味古墳群は 66 基の古墳からなる。庄内川が濃尾平野に流れ出る場所に位置しており、多くの古墳は当時の中央政権であるヤマト政権と密接な関わりのもとで築かれた。古墳時代の前期から終末期までの古墳が連綿と存在し、典型的な前方後円墳、帆立貝式古墳、円墳、方墳と多様な古墳群が、山頂、山麓、河岸段丘という守山の丘陵地を活かして築かれた。現在、古墳群の保存・整備と体験学習による学びと賑わいの創出を目指し、「歴史の里」計画が掲げられている。

　守山区の北東部と瀬戸市との境には標高 198.3m の東谷山があり、周辺には東谷山フルーツパークや愛知県森林公園などのレジャー施設が広がる。また、山頂の古墳上には尾張戸神社が祀られている。守山区と尾張旭市にまたがる小幡緑地公園には、芝生の広場や児童向け広場のほか、テニスや野球といったスポーツ施設も充実しており、丘陵地を生かした豊かな緑、水、太陽、そして澄んだ空気に恵まれた自然環境を楽しむことができる。

　丘陵地は自然を感じ取れる環境だけでなく、眺望に優れた「景勝地（景色の優れた土地）」としても役割を果たしている。庄内川に臨む丘陵地に建つ**龍泉寺仁王門**（1607）は、尾張四観音のひとつ、天台宗寺院として最澄により創建され、古くより信仰を集めた。見晴台からみる眺望は、庄内川を挟んだ春日井市の市街地まで見渡すことができ、広大な濃尾平野を感じ取ることができる。

　このクラスターの建築は、景勝地という地形に寄り添いながら、周囲の自然環境を取り込む雄大な景観を獲得している。

善光寺別院願王寺
名古屋市西区山田町中小田井 1-377
設計：山崎泰孝＋AZ Institute
竣工年：1975（昭和 50）
日本建築学会学会賞 1976、『新建築』1976.1

MAP p.164

名古屋城下の北、岩倉方面に至る岩倉街道沿いに建つ寺社。1929（昭和 4）年に旧本堂が建立されて以後、「善光寺さん」の名で地域に親しまれている。現在の本堂は、旧本堂の柱、梁などを残しつつ、銅葺きの大屋根をかけたデザインとなっている。加えて、ファサードの木部装飾も、旧本堂の斗栱（ときょう）などを解体し、再度組み合わせて構成している。敷地は 1987（昭和 62）年に名古屋市の「町並み保存地区」に指定された中小田井（なかおたい）地区にある。

大久手池より東谷山をみる。麓には志段味古墳群が広がる。

古墳を臨む景勝地 | Cluster 14

アサヒビール名古屋工場（旧朝日麦酒名古屋工場）
名古屋市守山区西川原町318
設計：伊藤建築設計事務所、竹腰健造＋双星社竹腰建築事務所
竣工年：1973（昭和48）、第5回中部建築賞、第15回BCS賞、第4回JIA25年賞
MAP p.164

最先端の設備を備えたビール工場。澄んだ空気に包まれた庄内川のほとりに位置している。オゾン層破壊防止と地球温暖化防止のために、「完全ノンフロン化」を日本のビールメーカーで初めて実現した。巨大なタンクや迫力のある缶詰ラインを見学できる。実際に触ることができる展示や、環境に関するコーナーもあり、専門の案内係がわかりやすく説明してくれる。できたてビールの試飲や、工場の売店でしか買えないグッズも人気となっている。

洋食ダイヤ
名古屋市北区山田2-4-47
設計：今井裕夫設計所
竣工年：1986（昭和61）
『新建築』1987.4

MAP p.164

かつて多くの製陶工場があり、商人や外国人バイヤーで賑わった地域に位置するカフェ・洋食の店舗。外部は環境に相応するフォルムで、内部は大正期のカフェ様式をイメージしている。外部の硬さとセセッション風な内部の空間の質としてのアフィニティー、柔らかさを持ち合わせている。質が高いインテリア空間の中に、古い家具の再使用と、造形家真板雅文が作った照明が共存している。

瀬古会館
名古屋市守山区幸心2-825
設計：伊藤建築設計事務所、名古屋市建築局
竣工年：1984（昭和59）
第18回中部建築賞

MAP p.164

近隣住民が学習・集会などを行う場所として、名古屋市が国（運輸省）と県から補助金を得て建設されたコミュニティセンター。建物は2階建てで、外壁はタイル調となっている。2棟に分かれた建物が、廊下で接続されることにより、コの字型の平面計画となっている。1985（昭和60）年、名古屋市都市景観賞作品に選出されている。

FUJISAN
名古屋市東区
設計：伊藤孝紀＋TYPE A/B
竣工年：2015（平成27）
『新建築住宅特集』2016.9

近隣住民が気軽に立ち寄ることのできるコミュニティの場をもつ、職住一体型の住宅。敷地3面が道路に接する台形型の敷地形状を活かし、センターコアの計画となっている。狭小地でも豊かに暮らすことができるように、職住空間を間仕切りなくシームレスに繋ぎ、床レベルをずらす操作（スキップフロア）に加え、階段レベルまでずらした空間構成となっている。床と階段レベルの違いによって生まれる領域が縁側のような場をつくり、人の気配や賑わいを感じることができる。

建国ビハーラ
名古屋市守山区青葉台206
設計：山崎泰孝＋AZ環境計画研究所、山崎志佐環境計画研究所
竣工年：1998（平成10）
『新建築』1999.12

MAP p.164

特別養護老人ホーム・ケアハウス・デイサービス・ショートステイの諸機能を含む複合老人福祉施設。4層吹き抜けの「光と風のホール」はこの複合体をひとつにまとめる役割を担っている。40年間にわたる地道な福祉活動により実現に至った。緑に囲まれた自然の景観・起伏を最大限に利用するため山の斜面にセットバックする断面とし、バルコニーのラインを既存の等高線に合わせる計画となっている。

軽費老人ホーム名古屋市緑寿荘
名古屋市守山区小幡北1902
設計：伊藤建築設計事務所、名古屋市建築局
竣工年：1975（昭和50）
第7回中部建築賞

MAP p.164

ゴルフ場や池を有する小幡緑地に面した、名古屋市の指定管理による公的な老人ホーム。建物はH型の平面計画であり、俳句・ペン習字・陶芸教室・手芸などの多様なレクリエーションが楽しめる。「自由・元気・安心」を施設のマニュフェストに掲げており、全室で完全個室で、室内にはトイレ・流台などの設備も充実している。

中富住宅
名古屋市北区
設計：名古屋市住宅供給公社、安井建築設計事務所
竣工年：1973（昭和48）
第5回中部建築賞

鉄骨鉄筋コンクリート造14階建て、総戸数574戸の大規模マンション。近代的な外観を備えた高層集合分譲住宅で、竣工当時は全国最大規模を誇る、珍しいメゾネットタイプであった。近隣には、名古屋城を中心とした城址公園である名城公園や堀川に加え、芝生広場や藤の回廊や城北緑道などもあり、気軽に散策ができる。

第2森孝新田分譲住宅
名古屋市守山区
設計：愛知県住宅供給公社
竣工年：1975（昭和50）
第8回中部建築賞

5棟132戸からなる、地上9階、地下1階の鉄筋コンクリート造マンション。出来町通と香流川に挟まれた、国道363号線近くに位置している。5棟が横に長く伸びる建物だが、一直線でなく変化を持たせることで、単なる四角い箱の連続がより立体的になっている。土間収納やウォークインクローゼットなど、家族の増加にも対応できる平面計画となっている。

Cluster 14 ｜ 古墳を臨む景勝地

Map 14：守山｜古墳を臨む景勝地

レイモンド庄中保育園
尾張旭市庄中町1-2-8
設計：広谷純弘・石田有作＋アーキヴィジョン広谷スタジオ
竣工年：2012（平成24）
日本建築学会作品選集2014

MAP p.164

立体絵本のような新しい環境づくりを目指した保育園。遊びや食といった子どもの生活を連続した時間と捉え、諸室の機能によって分節しない平面計画となっている。具体的には、木の羽目板で仕上げたトンネル状の空間が、機能的な平面計画とずれており、アーチ型の開口によってつながっている。子どもたちはアーチを通って空間を行き来する。

Data 02 ｜ 地域・用途別収録作品数

西暦	作品数(件)	構成比(%)
2000年代	130	35.9
1900年代	210	58.3
1800年代	3	0.8
1700年代	3	0.8
1600年代	12	3.3
1500年代	1	0.3
1400年代	2	0.6
計	362	100

竣工年代別の建築作品数（1）
掲載作品の竣工年を年代別に分類した。2000年代は130件、1900年代は210件であった。日本の建築メディアを牽引する『新建築』が1925年創刊であり、国内で最も権威のある「日本建築学会賞」の開始が1949年であることから、1900年代以降の作品数が多いと考えられる。1900年代以前をみると、1600年代が12件であり、その他は3件以下と非常に低い。1600年代においては、主に寺社仏閣が建立されている。関ヶ原の戦い（1600）の前後において、徳川家康生誕の地である岡崎市、織田家ゆかりの地である犬山市に多く建立された。続いて、作品数の多い1900年以後について詳しくみていく。

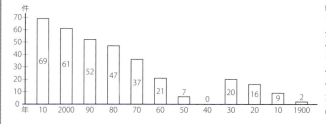

竣工年代別の建築作品数（2）
1900年代以降の竣工年代を10年ごとに分割した。1900年代から1930年代まで、作品数は増加している。一方、戦時中の1940年代は0件、戦後の1950年代は7件と少ない。戦後復興に伴い、2010年代まで作品数が増加する傾向がみられた。2027年のリニア開通に向けて、作品数のさらなる増加が考えられる。

用途	作品数(件)	構成比(%)	用途	作品数(件)	構成比(%)
公共施設	62	17.1	集合住宅	11	3.0
業務施設	58	16.0	福祉施設	11	3.0
教育施設	56	15.5	宿泊施設	9	2.5
文化施設	43	11.9	医療施設	8	2.2
宗教施設	26	7.2	娯楽施設	6	1.7
商業施設	16	4.4	モニュメント	6	1.7
インフラ施設	15	4.1	研究施設	4	1.1
住宅	14	3.9	スポーツ施設	4	1.1

建築用途別の建築作品数
掲載作品の建築用途を26用途に分類し、構成比をみていく。公共施設が17.1%、業務施設が16.1%と多いなか、教育施設が15.5%と台頭した。名古屋大学をはじめ、建築設計事務所によって教育施設の設計が行われることも多く、前衛的な建築作品によって良質な教育環境が生み出されていると考えられる。

Cluster 15：名古屋市・愛知県
社会を結ぶキャンパス

　愛知県の大学では、次世代のものづくりを担うAI（Artificial Intelligence）、IoT（Internet of Things）、ロボット工学といった最先端技術の研究が、愛知県の大学で盛んに行われている。それらの研究を支える基盤として、大学と企業の産官学連携による地域振興、人材育成の実現、社会貢献活動の拡充が進んでいる。

　名古屋圏を代表する国立大学法人**名古屋大学**は、太平洋戦争直前の1939（昭和14）年に設置されており、国内の旧帝国大学の中では最も遅い。しかしながら、21世紀の日本人ノーベル賞受賞者をみると、18名中6名が名古屋大学関係者であり、近年の名古屋圏における研究分野の活気がうかがえる。

　他方、名古屋圏の大学をみると、名古屋工業大学、豊橋技術科学大学、豊田工業大学、愛知工業大学、愛知工科大学、中部大学、大同大学など、人材育成のための工業大学、工科大学の設置件数が日本有数となっている。そのなかでも、名古屋第一工学校（1938）をルーツとした**中部大学**（1964）や、大同電力（現在の中部電力、関西電力）をはじめ、中部財界の礎を築いた福澤桃介を祖とする**大同大学**（1989）、トヨタ自動車株式会社による**豊田工業大学**など、研究教育機関の構想を受け継いだ大学が多数存在している。たとえば、**名古屋工業大学**では、大学、愛知県中小企業診断士協会、あいち産業振興機構という3つの機関が、中小企業の課題解決の取り組みを支援する三機関協働支援事業に取り組んでいる。大学側、企業側の双方の立場から、独創的な研究開発や、創造的な人材を育成する環境が整えられている。

　社会のこれからを担う若者たちをサポートする、企業と大学の良好な関係性が、最先端の技術を発展させ、名古屋圏の学生を社会へとつないでいくのではないだろうか。

名古屋大学豊田講堂
名古屋市千種区不老町
設計：槇文彦
竣工年：1960（昭和35）
登録有形文化財
日本建築学会学会賞1962、『新建築』1960.8、名古屋市都市景観重要建築物
MAP p.169　MAP p.150

日本を代表するモダニズム建築の傑作であり、名古屋大学のシンボル。小高い丘の上に位置し、門型をコンセプトに薄い列柱が並ぶことによって、ピロティが構成されている。建設後50年近くを経て老朽化が進んでいた。外観の復元と機能空間の充実を図ると共に、市民利用や国際会議など新しいニーズに応えるべく、2007（平成19）年トヨタ自動車グループの寄付を得て改修が実施された。

名古屋大学博物館（旧名古屋大学古川図書館）
名古屋市千種区不老町
設計：谷口吉郎
竣工年：1964（昭和39）
『新建築』1965.2

MAP p.169　MAP p.150

名古屋の実業家、古川為三郎、志ま夫妻によって寄贈された図書館。改修工事を経て現在は博物館として利用されている。土地の高低差を活かした層構成や最上階の張り出しによる伸びやかな打ち放しコンクリートの庇・梁・柱の「線」を強調した繊細なディテール。閲覧室として計画された折版状の天井から光が差し込む伸びやかな吹き抜け空間（現：展示室）など、円熟期を迎えた設計者の技が冴えるモダニズム建築である。

名古屋工業大学の鈴木禎次記念碑。1922年、鈴木禎次が名古屋高等工業学校を退官した翌年に建立された。

Cluster 15 ｜ 社会を結ぶキャンパス

名古屋大学東山キャンパス
名古屋市千種区不老町
設計：名古屋大学施設環境計画推進室、久米設計
竣工年：2015（平成27）
『新建築』2017.4

MAP p.169　MAP p.150

約70万㎡の敷地に教育研究施設、ホール、図書館、体育施設などの施設約50万㎡が建ち並び、学生や教職員約17000人が生活する街のようなキャンパス。豊田講堂から中央図書館に至る東西を貫くグリーンベルトを中心軸としてキャンパスが構成されており、キャンパスの南北を縦断する四谷山手通り沿いや地下鉄駅周辺には、地域や学内外に開かれた場の創出が図られている。

名古屋大学シンポジオン
名古屋市千種区不老町
設計：竹中工務店
竣工年：1992（平成4）
日本建築学会作品選集1993、第24回中部建築賞

MAP p.169　MAP p.150

名古屋大学創立50周年記念事業として企画され、教職員や学生、同窓生の交流を目的に計画された複合施設。豊田講堂と一体利用すると共に、デザインを調和統合させることをテーマとし、ピロティからの空間の連続性を重視し、周辺の雑木林と親密な関係をつくり出している。豊田講堂改修（2007）により、講堂との間の外部空間はアトリウムとして内部化され、当初の計画意図がより効果を生むよう各種イベントにも対応したより一体的な空間に再生されている。

名古屋大学野依センター野依記念物質科学研究館
名古屋市千種区不老町
設計：飯田善彦建築工房、名古屋大学施設管理部
竣工年：2003（平成15）、第36回中部建築賞、第48回BCS賞、『新建築』2004.5

MAP p.169　MAP p.150

野依良治教授のノーベル賞受賞を顕彰し、その功績を後世に継承・発展させるために整備された大学施設のひとつ。最先端の化学系研究実験棟を備えており、建物の中央の外部吹き抜け空間に設備配管や実験ダクトを集約している。建物を囲うテクニカルシャフトによって、各外壁面が日除け・ガラススクリーンなど独特な表情をもつ。東正面の緩やかなカーブを描くガラスの壁面は、交流館の楕円の壁面へ誘うランドスケープを介して連続している。

名古屋大学野依センター野依記念学術交流館
名古屋市千種区不老町
設計：飯田善彦建築工房、名古屋大学施設管理部
竣工年：2003（平成15）、第36回中部建築賞、第48回BCS賞、『新建築』2004.5

MAP p.169　MAP p.150

物質科学研究館と同様に、野依教授のノーベル化学賞受賞を記念して整備された交流館。国際シンポジウムが開催できるホールを含む情報センターと、招聘教授の滞在するゲストハウスの機能を有する。雑木林の谷間に抱かれるような非対称の楕円平面に、全面をガラスのカーテンウォールとしている。1階は可動間仕切により分割できるフレキシブルな情報ラウンジが配置され、それを2層吹き抜けの回廊が囲む構成となっている。

名古屋大学ES総合館
名古屋市千種区不老町
設計：名古屋大学、久米設計
竣工年：2011（平成23）
日本建築学会作品選集2013

MAP p.169　MAP p.150

工学研究科の建物の改築と、新たに設置された素粒子宇宙起源研究機構のために整備された校舎。豊田講堂と呼応するピロティや大階段、向かいの建物と呼応するガラスのノーベル賞展示室など、名古屋大学の歴史や景観を継承しつつ、玄関口としての外観を形成している。東西をつなぐ吹き抜けのロビーを展示室・ホール・講義室・ラウンジ・テラスが立体的に取り囲み、多様なイベントの拠点となっている。

名古屋大学トランスフォーマティブ生命分子研究所（ITbM）
名古屋市千種区不老町
設計：久米設計、静岡理工科大学、名古屋大学
竣工年：2015（平成27）
日本建築学会作品選集2018

MAP p.169　MAP p.150

文科省による世界トップレベル拠点プログラム（WPI）事業による研究施設。建てづまりが進行する敷地のため、既存実験棟を覆うように計画することで、既存実験棟はエントランスホールとして再生し、コミュニケーションの核となっている。隣棟間隔を確保し、周辺の良好な通風・採光環境を維持している。研究室と実験室を1フロア最大限に確保し、日常のなかで多数の研究者との出会いを生む構成となっている。

名古屋大学理学南館
名古屋市千種区不老町
設計：飯田善彦建築工房、名古屋大学施設管理部
竣工年：2011（平成23）
『新建築』2011.11

MAP p.169　MAP p.150

40以上のバイオに関わる研究室が集結する研究施設。隣接する野依記念物質科学研究館と同様に、方位や周辺施設に応じた素材の異なるスキンを設け、環境負荷の低減と景観への配慮がなされている。野依館、ES総合館に連なる理学南館は300人収容の大講義室を半分地中に埋め込み、その屋上を庭園化するなど、研究者や学生のアメニティに供すると共に通りの新たなシンボルとなるよう意図されている。

名古屋工業大学ニュートンリング・正門
名古屋市昭和区御器所町
設計：若山滋
竣工年：1994（平成6）

MAP p.169

名古屋工業大学創立90周年を記念して建設された大学正門と前庭。次の100年に向けた工学的な空間と時間を表象している。前庭のニュートンリングにおける円弧状の形態は、天体や原子の運動を象徴するもので、それぞれ周辺の道路や建築などの都市環境に焦点と軸線を合わせている。また、正門左右にはめ込まれたふたつの金属製小円は、正門の円弧を太陽としたときの地球と月の大きさを表している。

社会を結ぶキャンパス | Cluster 15

南山大学
名古屋市昭和区山里町25
設計：アントニン・レーモンド＋レーモンド建築設計事務所
竣工年：1964（昭和39）
日本建築学会学会賞1964、第6回BCS賞、第12回BELCA賞ロングライフ部門
MAP p.169　MAP p.150

山里町、楽園町、八雲町にまたがる教室棟・研究室棟・図書館・本部棟および第1食堂からなるキャンパス計画。「自然という巨匠の手になる作品に敵うものはない」という信念のもとに、自然をできるだけ生かし、起伏する丘を巧みに利用して、8棟の建築群が配置された。大学キャンパスの東側には、同じ設計者による**神言神学院**（竣工：1966/昭和41、第24回BELCA賞ロングライフ部門）が建つ。

南山大学名古屋キャンパスS棟
名古屋市昭和区山里町18
設計：清水建設
竣工年：2015（平成27）
第47回中部建築賞

MAP p.169　MAP p.150

大小教室、研究室、食堂、店舗などの複合校舎。レーモンドによる既存キャンパスと軸線をあわせて、教室棟と研究棟の2棟を平行配置し、地下のメインストリートが棟をつないでいる。各棟には、ルーバーや庇、赤土色の外装色などにレーモンドの手法が引用されている。メインストリートに取り付く大教室や食堂の屋上部分、高層の2棟の間には、それぞれオープンスペースとして中庭が配置されている。

南山大学体育館
名古屋市昭和区山里町18
設計：アントニン・レーモンド＋レーモンド建築設計事務所
竣工年：1968（昭和43）
『新建築』1968.11

MAP p.169　MAP p.150

傾斜している控え柱が醸し出すダイナミックで美しいフォルムが特徴の体育館。できるかぎり自然を残すような配置計画となっている。鉄筋コンクリートペイント仕上げのシンプルな構造でありながら、その詳細部分が要求された必要最小限の条件を満たしていることによって、美的な空間を創出している。材料に特別なものは使用しないことで、建設費・維持費の両面で最も経済的かつ、最も単純に自然を残すという方針に基づいてつくられている。

南山大学付属小学校
名古屋市昭和区五軒家町17-1
設計：清水建設
竣工年：2008（平成20）
日本建築学会作品選集2010

MAP p.169

南山学園の75周年記念事業として、学園設立時に存在した校舎の復活計画によって建てられた小学校。敷地は閑静な住宅街に位置し、高低差は約7.5mある。この敷地特性を活かし、体育館や校舎の一部を地下に埋め、全体の高さを抑えることで、周辺環境との調和を図っている。地下体育館を「第2のグラウンド」と考え、光庭を設け、光や風を取り入れることで明るい環境がつくられている。

ライネルス館（旧南山学園本館）
名古屋市昭和区五軒屋町6
設計：マックス・ヒンデル
竣工年：1932（昭和7）
登録有形文化財、名古屋市都市景観重要建築物

MAP p.169　MAP p.150

かつての南山学園の本館。南山丘陵の一画を削土盛土した敷地にあり、最南端の最も高い場所に位置している。外壁は黄土色の人造石である。内部は左右対称の平面計画で、1階が校長室・職員室、2・3階が教室であるが、教室は白漆喰、廊下は焦茶色の板張りで統一している。また、トイレを水洗式とし、2列の折れ階段を1階でひとつにまとめるなど、斬新な内部空間となっている。パラペットの三角切り込みが特徴的な意匠となっている。

南山高等学校中学校女子部
名古屋市昭和区隼人町17
設計：日本設計
竣工年：2006（平成18）
第39回中部建築賞

MAP p.169

中庭や屋上庭園の周りに、開放的なワークスペースやサロン、デッキを配置した中学校。「人間の尊厳のために」という建学の精神を活かしたいという発注者の意向を具現化している。各学年各クラスの営みが、生活ぶりが互いに確かめ合えるという可視的な交流空間となっている。大きなゲートが開かれており、階高を抑え天井高を維持するために、ダブルT型リブ付PC版が採用された。

椙山女学園生活科学部棟
名古屋市千種区星が丘元町17-3
設計：日総建
竣工年：2005（平成17）
第38回中部建築賞

MAP p.169

創立100周年の記念計画であり、緑豊かな丘陵地の高台に位置する校舎。新校舎を敷地の南側によせることで、建物北側に眺望のよい広場を創出し、交流プラザを形成している。内部機能としては、講義室、実験室、演習室、研究室など多用な機能を内包する複合型建築で、ボリュームの異なった諸空間を敷地の高低差を巧みに利用することによって創出している。コミュニケーションを誘発するよう、吹き抜けを有する開放的なラウンジをフロアの要所に配置している。

愛知県立愛知総合工科高等学校
名古屋市千種区星が丘山手
設計：久米設計
竣工年：2016（平成28）
日本建築学会作品選集2018

MAP p.169

愛知県の工業教育の中核校として、2校の工業高校を統合して設置された県内初の総合工科高校。企業・大学との連携を推進するために、東山通に面して校舎が配置されている。各学科間のコミュニケーションを活性化するため校舎は一棟にまとめられている。生徒のメイン動線として、正門から2階レベルに配置した昇降口・グラウンドをつなぐ「テクノモール」、中央には各実習室群を貫く2層吹き抜けの「コネクトモール」を設けており、移動空間と交流空間が形成されている。

名古屋圏の建築　*167*

Cluster 15 | 社会を結ぶキャンパス

愛知淑徳大学星ヶ丘キャンパス1号館
名古屋市千種区桜が丘23
設計：日本設計
竣工年：2004（平成16）
第36回中部建築賞

MAP p.169

緑豊かな丘陵地に位置する医療福祉学部の校舎。高低差20mの傾斜地に立地することで、社会に対して大学としての視認性を高めている。各棟は連絡通路で接続され、エスカレーターによりその連絡通路のある上階へ利用者を誘導し、さらに上階へと導かれる経路空間の構成と視覚化を行っている。また、西面に縦型ルーバー、東面にアルミパンチングパネルを設けることで、直射光を遮っている。

聖マリア幼稚園
名古屋市千種区園山町1-59
設計：青島設計室
竣工年：1970（昭和45）
第2回中部建築賞、『新建築』1970.6

MAP p.169

スペイン系の修道院が運営する幼稚園。表通りよりスロープでアプローチする。内外とも仕上げは白で、園児の自己所有を明確にするために下駄箱・ロッカーなどにのみ色彩が用いられている。教室と廊下は同一レベルで考えられており、遊びの場としての空間と共に、園児たちが自主的に行動し、自由に遊び、遊びを通じて創造する心を養う空間が用意されている。各室はすべて不定型であり、予測のつかないシークエンスを生み出している。

聖マリア修道院
名古屋市千種区園山町1-56
設計：青島設計室
竣工年：1976（昭和51）
『新建築』1977.10

MAP p.169

木造の修道院を建て直すにあたり、中庭を中心に既存の幼稚園と連結した修道院。増築工事であり、現場の修道尼室より修道尼に見守られながら工事が行われた。礼拝堂の天井高は、その上階に修道尼室を収容するため低く抑えられているが、祭壇上部は吹き抜けとして、ハイサイドライトから美術開発センターの作成したステンドグラスを通して光が差し込む。

昭和塾堂
名古屋市千種区城山町2-90
設計：愛知県建築部（足立武郎、黒川巳喜）
竣工年：1929（昭和4）

MAP p.169

第21代愛知県知事柴田善三郎によって命名された公立の社会教育施設。第1次大戦が終結し、平和回復の高まりと共に戦後の国力の充実が強調され、青年の社会教育に力が注がれたことが背景にあった。四辺をにらむ4層の高塔は八角集中堂を擬し、望楼風になっている。塔を中心に鴟尾をつけた入母屋根の2層の翼部が3方に延び、その構成が正面からも上空からも人字形を象徴化しており、他に類例を見ない形態となっている。

愛知学院大学楠元学舎1号館
名古屋市千種区楠元町1-100
設計：佐藤三郎
竣工年：1928（昭和3）
登録有形文化財、名古屋市都市景観重要建築物

MAP p.169

1876（明治9）年開設の曹洞宗専門支校に由来する校舎。設計者の佐藤三郎は、鈴木禎次の門下生。外装はスクラッチタイルで、3階部分は戦後に増補されている。洋風を基調としつつも、外壁の1〜2階を貫く付柱はヨーロッパの基準にこだわらず自由にデザインされている。また、軒の水平線と、付柱のリズミカルな配列が特徴的である。同設計者によって建物西側に講堂が建てられていたが、戦災で焼失している。

名古屋市立大学芸術工学部芸術工学棟
名古屋市千種区北千種2-1-10
設計：名古屋市立大学芸術工学部、伊藤建築設計事務所、名古屋市建築局
竣工年：1998（平成10）
第31回中部建築賞

MAP p.169

出来町通沿いに面する小規模なキャンパス。元女子大の施設を利用しながら新築されている。講義室や音楽室、デザインスタジオ、実験室、実習室などがあり、主に教育関係の機能が配置されている。内部吹き抜けの大空間には、2階につながる幅の広い階段があり、座席として利用し、集会を行うことができる。大空間から外を見ると、キャンパスの中心を通り、正門につながる軸線を確認することができる。

金城学院大学W9・W10号館
名古屋市守山区大森2-1723
設計：大成建設
竣工年：2005（平成17）
第38回中部建築賞

MAP p.169

新たに開学された薬学棟（W10）と共通講義棟（W9）から構成される新校舎。大架構のゲートを挟んで、新学部と共通講義棟が建てられている。一見スケールオーバーと思われがちなゲートは鉄筋コンクリート造に板張りで、キャンパスの将来的な広がりの軸を示している。外観は、柔らかさを表現するため、タイルとガラスを織り交ぜた水平線を強調し、一部ガラス越しに内装の木をみせている。

名進研小学校
名古屋市守山区緑ヶ丘853-1
設計：日本設計
竣工年：2012（平成24）
日本建築学会作品選集2014

MAP p.169

学習塾がつくる新設の小学校。里山の豊かな緑と地形を最大限活かすため、既存樹木は極力残し、高低差を活かして井戸水を利用した流れのあるビオトープを形成している。教室をひな壇状に配置し、各教室前の室内と一体的に利用できるテラスからは直接グラウンドへ出ることができる。屋上菜園には、二重壁内の換気塔や教室へのトップライトが顔を出し、ふれあい広場と一体利用ができる。

社会を結ぶキャンパス ｜ Cluster 15

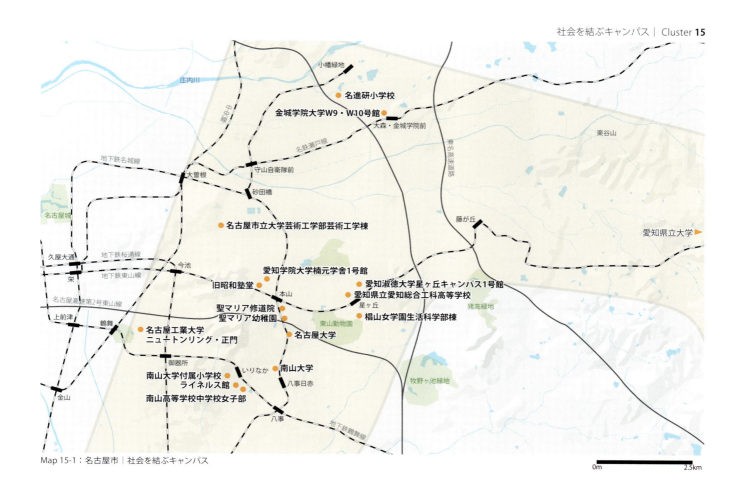

Map 15-1：名古屋市 ｜ 社会を結ぶキャンパス

愛知県立大学
長久手市茨ケ廻間1522-3
設計：久米設計
竣工年：1998（平成10）
日本建築学会作品選集2000

MAP p.171

新しい教育・研究領域の開拓や施設の拡充設備のため、愛知郡長久手町へ移転・整備されたキャンパス。南北の傾斜に沿った景観軸と、敷地西側を走る県道からアクセスポイントとなる正門までの動線軸の、ふたつの軸線が設定されている。全体を4つに分けたゾーニングをしており、敷地内の緑をできるだけ残すことに配慮し、40％以上を林としている。

愛知県立芸術大学奏楽堂
長久手市岩作三ケ峯1-114
設計：吉村順三・奥村昭雄＋東京藝術大学建築科教室
竣工年：1969（昭和44）
第2回中部建築賞、第6回JIA25年賞

MAP p.171

大学の音楽教育や入学式、卒業式などの行事に使用するための施設。奏楽堂のホールの入口部分は、大空間を実現するために折半構造を取り入れており、構造がそのままファサードデザインとして表れている。内部には、850の座席とオーケストラピット、録音室、映写室などが設置されており、音楽教育を目的として著名な演奏家によるコンサートが行われている。

愛知県立芸術大学音楽学部校舎
長久手市岩作三ケ峯1-114
設計：日建設計
竣工年：2013（平成25）
日本建築学会作品選集2016、2014年度JIA優秀建築選

MAP p.171

芸大の森と呼ばれる緑豊かな自然の中にある音楽学部の新校舎。キャンパスの景観に配慮して選んだ敷地北東部の谷地に、低層の校舎を3棟に分けて配置されている。最も大きな音楽部校舎は谷地の斜面に設けられており、等高線に沿った「く」の字型の平面計画となっている。アプローチする際の視線を建物で遮らず、棟のすき間やロビーのガラス越しに視界が谷へと抜けるように配慮するなど、森との視覚的なつながりをつくっている。

愛知淑徳大学8号館
長久手市片平2-9
設計：伊藤恭行・宇野享＋CAn
竣工年：2000（平成12）
日本建築学会作品選集2002、『新建築』2000.5

MAP p.171

幅18m、長さ92mという非常に細長い平面形をした校舎。幅方向は6mと12mのふたつのスパンに分割され、長さ方向は4mの均等スパンが連続する架構となっている。隣接する校舎や食堂との間の屋外空間は、学生のアクティビティが最も活発に現れる場所となっている。内外が一体となった緩やかな傾斜、大階段、ブリッジなどにより1階から3階までが連続し、どのレベルからも異なるレベルの人の動きを感じることができる。

名古屋圏の建築　169

Cluster 15 | 社会を結ぶキャンパス

愛知淑徳大学9号館
長久手市片平2-9
設計：名古屋市立大学（伊藤恭行）
竣工年：2004（平成16）
日本建築学会作品選集2007、JIA優秀建築選2006

MAP p.171

小牧長久手古戦場丘陵に建つ大学の語学教育センター。映像・音響システムを用いた語学学習と留学や国際交流のサポートが行われている。建物南面が波板ガラスとポリカーボネイト波板によるダブルスキンとなっており、年間冷房が必要とされる教室の空調負荷を低減するように構築されている。建物中央部が透明性の高いラウンジと動線空間であるため、活動の様子が外部に伝播する。

愛知工業大学キャンパス計画
豊田市八草町大字八千草1247
設計：清水建設
竣工年：1972（昭和47）
第4回中部建築賞

MAP p.171

大学敷地内に新設された新2号館、食堂、中庭を有するキャンパス計画。上層部は建築学科・電気学科の研究室、1階はロボット研究のショールームラボ、地下2層は建築学科の製図・アトリエスペースとなっている。ナゴヤドーム14個分の広大なキャンパスであり、周囲にグラウンドや野球場が設けられているため、敷地内が閑静な学びの場となっている。

愛知工業大学附属図書館
豊田市八草町八千草
設計：愛知工業大学中島研究室、清水建設
竣工年：1974（昭和49）
第7回中部建築賞

MAP p.171

地上4階建て鉄筋コンクリート造の図書館。ピロティ空間の1階と、水平窓が2階から4階にかけて並ぶモダニズムなファサードとなっている。学術情報の収集、整理、提供、保存を行っており、特に情報の電子化・ネットワーク化が進む中で、IT時代に対応したサービスの拡充に力を注いでいる。ホームページでのオンライン蔵書検索システムの公開、電子ジャーナルの導入、環境整備と共に、情報リテラシー教育の一環を担っている。

名古屋商科大学日進・長久手キャンパス
日進市米野木町三ヶ峯4-9
設計：竹中工務店
竣工年：1968（昭和43）
第3回中部建築賞

MAP p.171

広大な緑地と地形を生かして建てられたキャンパス。多くの大学や高校が存在する学園都市に位置している。アクティブラーニングセンターやコミュニティパビリオン、トレーニングセンターといった、教育施設とスポーツ施設がひとつのキャンパスに集約されている。ループを最も重要なコミュニティの媒体としてキャンパス計画に導入しており、広大な敷地に点在する施設を巡ることができる。

日本赤十字豊田看護大学
豊田市白山町七曲12-33
設計：久米設計
竣工年：2004（平成16）
第37回中部建築賞

MAP p.171

日本赤十字社の中部地方における看護教育拠点。大規模災害の救護活動や災害物資の備蓄はもちろん、その搬送や、被災者受け入れのためのヘリポートまで備え、医療活動までできるように計画されている。敷地は小高い丘の上にあり、街の喧騒からは遠く離れているため、緑に囲まれた教育環境となっている。施設全体は東面から大きく採光をとり明るく、かつ南から北に風が通るように考えられている。

豊田工業大学図書館・講堂
名古屋市天白区久方2-12
設計：日建設計
竣工年：―
第17回中部建築賞

MAP p.171

図書館と情報処理関連の複合施設。「研究と創造に心を致し、常に時流に先んずべし」という建学の理念のもと、何よりもまず徹底した「少人数教育」という塾的な大学の伝統を作り上げてきた。地上3階建ての鉄筋コンクリート造であり、モダンな壁面に大きな開口をもつ外観となっている。図書館は夜間、休日も利用可能であり、オープンな開架システム、Web検索を導入している。

大同大学図書館（旧大同工業大学図書館）
名古屋市南区滝春町10-3
設計：日本設計
竣工年：1989（平成1）
『新建築』1990.2

MAP p.171

大学敷地内にある図書館。「開かれたキャンパス」を目指して、町のオアシスとなることと、散在する3つのキャンパスをつなげることに留意し設計・計画された。図書館は新キャンパスの第2期計画として、敷地内の最も入口に近い場所に建てられている。図書館のファサードを形づくっている瀬戸産の外壁タイルとサッシの面一納めは、工場地帯特有の埃から建物外壁を守るためのディテールである。

愛知県立小牧高等学校旧講堂（旧愛知県立小牧中学校講堂）
小牧市小牧1-321
設計：愛知県建築部
竣工年：1929（昭和4）
登録有形文化財

MAP p.171

小牧城のそびえる小牧山のすぐ東側に位置する愛知県立小牧高等学校に現存する旧講堂。建設当時は周辺町村を含めての大事業であった。講堂中ほどに玄関を配置し、左脇に控室を張り出して設けている。玄関を入って左奥に演壇があり、演壇両端の太い柱形と垂壁に沿って3重の枠を漆喰で組み、内壁上部には優美な漆喰彫刻を施した帯飾りが堂内をめぐっている。

社会を結ぶキャンパス｜Cluster 15

中部大学（旧中部工業大学キャンパス計画）
春日井市松本町1200
設計：中部工業大学建築委員会
竣工年：1969（昭和44）
第1回中部建築賞

MAP p.171

丘陵地の広大な土地を取得したことで実現したキャンパス計画。高度経済成長期における産業界の躍進によって、工業技術者の需要が高まっていたこともあり、大学設置および建設に踏み切った。正門からメインプロムナードがまっすぐに設けられ、直行するようにキャンパス中心に緑の広場が配置されている。講義室、研究室、実験室はデザインを統一し、学生ホール、図書館、体育館、講堂は建物の架構を生かした空間となっている。

中部大学21号館・22号館
春日井市松本町1200
設計：高橋鷹一＋第一工房、大西英二＋大西設計事務所
竣工年：1986（昭和61）
第19回中部建築賞

MAP p.171

地上6階建て鉄筋コンクリート造の学部棟。キャンパス約40万㎡の敷地には約70の施設が建ち並び、学生や教職員約12,000人が生活している。この棟にはシンプルなデザインの傾斜を生かした広場、扇形の魅力的な講義室が配置されており、外壁面を伝いながら広場まで大階段が続いている。また、大階段の踊り場をまたぐように、同じ大きさの開口が等間隔で設けられている。

名古屋学院大学チャペル
瀬戸市上品野町1350
設計：国分設計
竣工年：1983（昭和58）
第16回中部建築賞

MAP p.171

名古屋学院大学創立20周年記念事業として計画された250名収容の礼拝堂。キャンパスのモニュメント的建築物であること、学園の教育の場として活用されること、誰にでも親しまれる解放された建物であることに留意し設計された。本格的なパイプオルガン演奏が可能な大空間をつくると共に、よりよい残響など音響効果が得られるよう使用材料にも配慮されている。また、国内最大のシングルベルを有する高い鐘塔が、キャンパス内のシンボル性を強めている。

瀬戸市立品野台小学校
瀬戸市上品野町1234
設計：日建設計
竣工年：1999（平成11）
日本建築学会作品選集2001、第31回中部建築賞、『新建築』1999.12

MAP p.171

小高い山の緑に囲まれて建つ児童数約200名の小学校。全体が平屋の校舎となっており、ふれあいギャラリーと多目的ひろばのふたつの空間を中心に構成されている。全員が使う玄関とギャラリーを挟んで、普通教室ゾーンと特別教室ゾーンにまとめられており、学校全体が「オープン教育」の生活空間となっている。緑の山沿いには、ビオトープを設けて生態系を保全し環境学習の場としている。

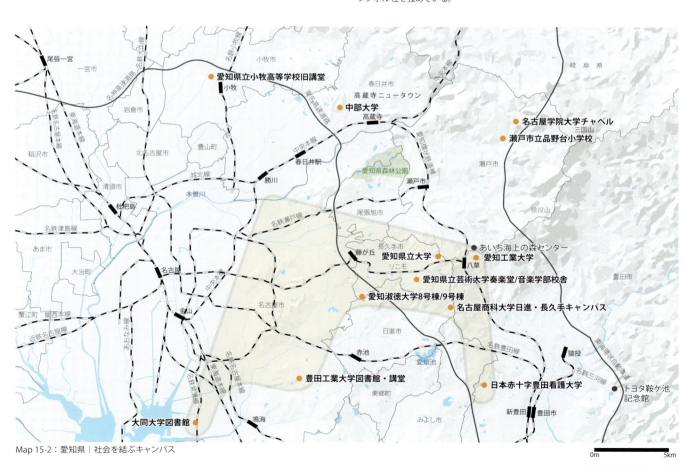

Map 15-2：愛知県｜社会を結ぶキャンパス

名古屋圏の建築

Column 10

都市・名古屋の発展とキャンパス建築

恒川 和久（名古屋大学大学院工学研究科准教授）

　大学キャンパスは都市の発展と共に形成されてきた。キャンパスには、美しい建築や文化財として価値あるものも多く、緑を湛え永くその地にあり続ける都市のなかの貴重な空間資源である。

　名古屋では、戦後の成長期に多くの優れたキャンパスが形成された。アントニン・レーモンドが構想し、尾根を軸とする地形を活かした総合計画やコンクリート打ち放しと煉瓦タイルを基調とした外観が今なお受け継がれている「南山大学」。吉村順三の設計により、自然の形状を大きく変えることなく「空間の生成」を強く意識した「愛知県立芸術大学」など、名古屋におけるモダニズムを代表する名建築がキャンパスに生まれている。

　なかでも代表的な建築が名古屋大学の「豊田講堂」(1960) である。最後の帝国大学として創設された名古屋帝国大学（現・名古屋大学）は、1942（昭和17）年、地元の土地区画整理組合から無償供与を受けた東山の丘陵地にキャンパスを開設した。東京大学総長も務めた建築家、内田祥三や、日本の公園の父といわれる林学者、本多静六らの助言に基づく構想により、小高い丘から遙か西方の名古屋都心を望むグリーンベルトを基軸とする壮大なランドスケープが実現した。

　「豊田講堂」は、グリーンベルト東端部の高台に、槇文彦の設計により1960年に竣工した。背後の緑地に抜けるピロティと細い柱に持ち上げられた水平の屋根は、正門のない大学の門を表象する。バロック的な都市軸の突き当たりに位置しながら、非対称で様式的でないモダニズムのデザインは、門や塀のない前面の広い緑と共に、戦後の新しい時代の大学に相応しいランドマークとなった。

　経済成長期以降は、多くの大学で施設が増加し建て詰まりが進行、20世紀末には建物の老朽化も進み、キャンパスの再構築が大きな課題となった。名古屋大学では、キャンパスの長期的な姿を示すマスタープランの策定や、個々の施設計画を行う建築教員による専任組織を設立。学内施設の設計のほか、地下鉄駅およびその周辺の再生や、「豊田講堂」の外観を保存継承しつつ屋内外に開放空間を付加するなど、既存の空間の骨格を活かした新たな場を創出している。

　東山・八事エリアは、名古屋大学のほかにも、「南山大学」、「中京大学」、「名城大学」が立地する文教地区である。戦前期に、官民あげての市街地開発と連動し、丘陵地の自然地形を活かした都市デザインの成果として産み出されたキャンパスは、それぞれが個性的な景観を保ちながら、成長した大きな緑と共に、良好な都市環境形成に貢献している。

　近年は、バブル期前後に名古屋市外に移転した私立大学の都心回帰が盛んである。「愛知学院大学名城公園キャンパス」、「愛知大学名古屋キャンパス」、「名城大学ナゴヤドーム前キャンパス」など、都市再開発と共につくられた新たなキャンパスでは、いずれも地域と大学が連携することを強く意識した空間づくりがなされている。都市と共に形成されたキャンパスは、かつての近寄りがたい無味乾燥な場から、開かれた大学として地域のなかでの豊かな居場所へと変貌を遂げている。

（つねかわ・かずひさ）

上：名古屋大学豊田講堂と古川記念館。
左：名古屋大学キャンパスマスタープラン2016──30年後のキャンパス模型。
下：名古屋大学ES総合館（右）とNIC（左）。

Cluster 16：長久手
住まいの叡智

このクラスターは、名古屋市東側の丘陵地域に位置するベッドタウンである。クラスターの中心となる長久手市は、人口減に苦しむ地方自治体が多いなか、40年にわたって人口増加を続けている。2012（平成24）年1月に単独市制施行を実現した市でありながら、「日本で最も住民の平均年齢が若いまち」（国税調査2017より）である。

一方、豊臣秀吉と織田信雄・徳川家康の軍勢が激突した小牧長久手の戦い（1584）の主戦場「長久手古戦場」を中心に、長久手の合戦ならぬ「長久手の商戦」が激化している。IKEAなど大型商業施設の進出が相次いでおり、住宅地の周辺環境がより充実してきた。

ベッドタウンとして発展を続ける長久手市にとって、「自然の叡智」をテーマに121カ国4国際機関が参加した愛・地球博（2005年日本国際博覧会）は、大きな躍進を遂げる契機となった。会期中は185日間に延べ2,200万人が来場したほか、万博跡地の愛・地球博記念公園には、博覧会施設としても利用された**愛知県児童総合センター**（1996）や**グローバルループ**（2005）などの施設が残されている。現在は、自然環境を育む21世紀型の公園「サステナブル・パーク」として活用されている。

市民の憩いの場が充実するなか、長久手市は「日本一の福祉のまち」を目指して、幸福度の高いまちの実現にも取り組んでいる。特に、初代市長の吉田一平は、多世代交流自然村「ゴジカラ村」の運営に長年取り組んでおり、現在は、**愛知たいようの杜**（2010）として、幼稚園、高齢者施設、福祉学園など、子どもとお年寄りが多世代で混在する複合施設となっている。

愛・地球博において「自然の叡智」を養い、ベッドタウンとして老若男女を包括したまちづくりを推進するこのクラスターは、「住まいの叡智」と呼ぶに相応しい。

愛知県児童総合センター
長久手市茨ヶ廻間乙1533-1
設計：仙田満＋環境デザイン研究所、原宏・大鹿智哉＋藤川原設計、愛知県建築部
竣工年：1996（平成8）
日本建築学会学会賞1997、『新建築』1996.9
MAP p.175

子どものための施設の第一人者である仙田満が設計した全国的にも珍しい県規模の児童施設。愛・地球博記念公園内に、博覧会前より位置する。中央部にはチャレンジタワーと呼ぶ2重らせん動線をもつ塔状の遊具建築がテフロンの大屋根を支えている。その周りに建築的な回廊と遊具的な回廊が取り巻くような構成であり、建物そのものが遊具となるよう計画されている。子どもたちはそのプレイストラクチャーにどこからも乗り降りできる空間構造となっている。

グローバル・ループ
長久手市茨ヶ廻間乙1533-1
設計：菊竹清訓建築設計事務所、原田鎮郎＋環境システム研究所
竣工年：2005（平成17）
『新建築』2005.5
MAP p.175

愛・地球博（2005）において、高低差の大きな会場を結ぶように配置された空中回廊。一周2.6kmの内、約2.0kmが空中回廊としてのブリッジ構造になっている。林立する細い柱と薄い床面は、浮揚感のあるイメージが表現されている。また、基礎コンクリートを使用しないことや建材の選定など、万博のテーマである省資源化を実現するために「3R」が強く意識されている。

愛・地球博記念公園（モリコロパーク）を見下ろす。園内の環境学習施設を拠点に、自然体験ツアーなどが開催されている。

Cluster 16 | 住まいの叡智

愛・地球博記念公園温水プール・アイスケート場
長久手市茨ヶ廻間乙1533-1
設計：大林組
『新建築』2005.5

MAP p.175

1970年に愛知青少年公園の施設としてオープンし、愛・地球博（2005）における展示施設の「グローバルハウス・マンモスラボ」として利用された。自然の情景に馴染む緩やかな大屋根が特徴である。温水プールは2018年に営業を終了し、2022年オープン予定の「ジブリパーク」の展示施設として利用される予定。

愛・地球博記念館（旧迎賓館・レセプションホール）
長久手市茨ヶ廻間乙1533-1
設計：日建設計
竣工年：2005（平成17）
『新建築』2005.5

MAP p.175

愛・地球博（2005）において、訪れる国内外の賓客を迎えるための迎賓館としてつくられた。敷地は眼下に池を望む会場の北側にある高台に位置し、公園を一望できる。「環境」、「セキュリティ」、「もてなしの心」というコンセプトから、外周塀、水盤のある中庭、軒のある縁、白砂の庭、坪庭など、内と外の関係を表現しており、極小の空間に広がりを与える日本建築の空間技法が、随所に散りばめられている。ギャラリー、シアターなどで博覧会の記憶を伝えている。

愛知たいようの杜
長久手市根嶽1201
設計：中村勉総合計画事務所
竣工年：2010（平成22）
日本建築学会作品選集1994-1995、『新建築』2011.10

MAP p.175

丘陵地の自然豊かな環境のなかにある特別養護老人ホーム。「明るい農村」というイメージのもと既存の樹木や地形に合わせ計画されている。建物内部のあらゆる場所に存在するふくらみの空間（広場）と、それを結ぶロの字型の回廊（道）からなる屋内は、ひとつの街のような構成となっている。また、居室は天井を低く、薄暗くし、寝るためだけの空間とし、入居者による共有スペースでの活動を促進している。

ケアハウスヘルパーステーション ゴジカラ村デイサービス
長久手市根嶽29-15
設計：酒井宣良+NOV建築工房、黒野康夫+カエル
竣工年：2001（平成13）
第33回中部建築賞

MAP p.175

コナラ雑木林のなかに建つ鉄筋コンクリート造4階建てのケアハウス。施主からの「枝が屋根に当たるなら屋根の形を変え、ベランダにかかればベランダに穴をあける。とにかく木を切らない」という要望より、建物に自然の造形が生かされている。また、壁や床にふんだんに使われたスギ材の肌ざわり感と、建物内の至る所から触れられるコナラが、森林浴に浸る贅沢な快適性を生み出している。

長久手町文化の家
長久手市野田農201
設計：香山壽夫+環境造形研究所
竣工年：1998（平成10）
第30回中部建築賞、第41回BCS賞、『新建築』1998.8

MAP p.175

ゆっくりと傾斜する敷地に建つ集会所。3つのホールや音楽室などで構成され、地域に根差した文化・創造活動の育成の場として活用されている。地域住民が日常的に集まることを目指し、住宅スケールの建物群の集合で構成されている。これらの個々の建築は、親しみやすいスケールと空間を強く包み囲む力を併せもつ、マンサード型の屋根によって表現されている。

トヨタ博物館
長久手市横道41-100
設計：日建設計、トヨタ自動車
竣工年：1989（平成1）
日本建築学会作品選集1990、JIA25年建築選

MAP p.175

ガソリン自動車の誕生から約100年間の歴史を、国内外から収集した実物車によって展示する博物館。約100m×50mの長方形平面3層で、中心にアトリウム、周囲に展示空間をドーナツ状に設けることで、連続的かつ一体的な展示の流れと、車の規格に合わせた構成となっている。車は本来、外を走る乗り物であることから、適度な自然光を得るためにアトリウムと外壁トップライトが採用されている。

日進市立図書館
日進市蟹甲町中島3
設計：岡田新一設計事務所
竣工年：2008（平成20）
日本建築学会作品選集2011、『新建築』2009.3

MAP p.175

農耕地が広がる敷地に建つ図書館。建物の4隅に配置された塔は市の中心域のシンボルとなっており、市民がともに学びあえる場が提供されている。また、開架スペースは全体に回遊性をもたせつつ、利用者が方向感覚を失わないように天井の高低、採光が工夫されている。木材を多く使った書架や什器の組み合わせ方によって、それぞれの場所に応じた風景がつくり出されている。

lots Fiction
愛知郡東郷町
設計：伊藤孝紀+TYPE A/B
竣工年：2008（平成20）
第41回中部建築賞
『新建築住宅特集』2009.8

子連れの主婦が集うサロン併用の住宅。子どもの行為を誘発するチューブ状の装置（青空間）と、それによって分配された空間（白空間）との高低差によって構成される。子どもにとって200㎜以下の高低差は、這って乗り越えられる障害物となり、椅子、ステージ、遊び場など行為をアフォードしている。この仕掛けが、子どもと親との関係だけでなく、劇場の客席と舞台のように訪れる人たちとのシーンを創出する。

住まいの叡智｜Cluster 16

提供：1-1 Architects

House NI ― 裏とオモテと境界 ―
知立市
設計：神谷勇机・石川翔一 + 1-1 Architects
竣工年：2017（平成29）
『新建築住宅特集』2018.2

築50年の木造平屋を増改築した住宅。過去に裏だった天井空間を「オモテ」に出すことが提案されている。既存の軸組だけを残して部分解体した後、境界となる箇所に梁を挿入し、天井面を再構築することで上下階を隔てている。天井空間の高さは約1,500mmであり、少し低いが座位では視線の抜けが心地よい高さとなっている。4周に亘り、隣家の屋根面の高さに開口を設け、プライバシーに配慮しながらも、外部からの光と風を1階へ届けられるようになっている。

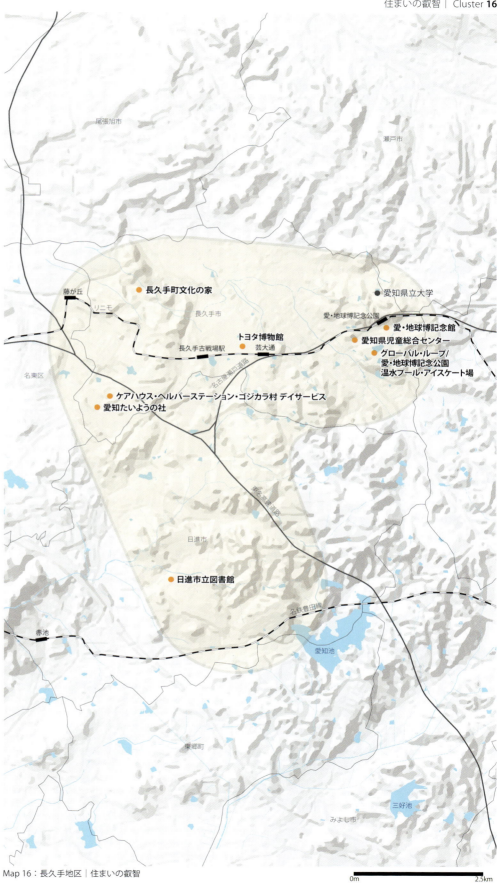

Map 16：長久手地区｜住まいの叡智

名古屋圏の建築　175

名古屋圏における住宅建築

太幡 英亮（名古屋大学工学研究科准教授）

「住宅は芸術である」

著書『住宅論』（鹿島出版会 SD選書49、1970年）のなかで篠原一男はこう宣言した。「ひとつの家族の注文に応じて、特定の条件のなかで設計に熱中し、その工事現場に立ち会って細かく仕上げに気をつかい、完成を見守るというわたしたちの仕事は、どう考えても正当な建築生産というものから外れている」と述べている。その時代の機能性や合理性の偏重に対するアンチテーゼであるが、「芸術」であるから、近代の社会が求める「生産性や経済性」を度外視したところに生み出されてもよい。

名古屋圏において今、多くの若手建築家たちによって、小さな面積にとてつもない熱量が注ぎ込まれている。「芸術」ともいえる、生産性や経済性とは距離を置いたこうした取り組みが、「性能追求と説明責任」に追われる昨今の建築全般が将来「生命」を維持していくための命綱になるのではないか。その意味で、若さを強みとした、新しい住宅建築への挑戦に注目したい。

名古屋圏の住宅建築を論ずるにあたり、まずは地域性について、次に住宅地について考察し、最後に上記の若手建築家の作品について紹介する。

地域性について

かつて各地で多様に現れた民家や町屋の姿のように、現代の住宅にも地域性を見ることができるのだろうか。冬季に温暖な静岡県沿岸部を除けば、夏暑く、冬は寒く、大都市と郊外という多様性を抱える名古屋圏で、風土の条件から国内の他の地域と大きな差異を見出すことは難しいが、統計的にはいくつかの明らかな特徴が見られる。たとえば人口100人あたりの車の所有台数は、東京圏（東京・神奈川・千葉・埼玉）で36台、大阪圏（大阪・兵庫・京都・奈良）で40台に対し、「愛知」で50台、周辺他県を加えるとさらに多くなる。また、課税対象土地としての住宅地面積は、愛知県は北海道に次いで全国2位。都市計画区域の住宅地域面積は全国1位。さらに、住宅建設におけるハウスメーカーの比率は、東京40％、大阪32％、宮城28％で、地方ほどメーカーのシェアが低く工務店などの比率が高い傾向があるなかで、愛知のハウスメーカー比率は43％とかなり高い。これには所得が高く、かつ保守的といわれる県民性も影響しているのかもしれない。

まとめると、「車が多く、ハウスメーカーのシェアが高い、広大な『住宅地』のなかで、名古屋圏の建築家は住宅を設計してきた」といえる。

住宅地について

われわれは、その密度の高低は別にして、集まって住むことから逃れられない。その時、住宅は、必ず「住宅群」として現れる。そして、単体では実現できない価値を群の中に見出すことができるはずである。よって、群の価値を長期的に高めうる提案が、住宅単体の中にいかに盛り込まれているかは重要な視点である。

撮影：栗原健太郎

都市にひらいていく家
設計：studio velocity、2013年、名古屋市

撮影：中村絵

光の郭
設計：mA-style architects、2013年、豊川市

名古屋圏でも、多くの優れた住宅作品は、その住まい手と土地の特質を的確に見抜いて、新しい空間の形式を提案している。しかしそれが、誰も真似できない閉じた形式ではなく、その住宅地の住民を含む、われわれの住まい方に訴えかける開かれた形式であることを求めたい（空間の開・閉ではない）。たとえば、庭のとり方の提案が、地域に住まう人の生活のリアリティに発見をもたらし、積極的に取り入れていけるような形式である。住宅建築には、家族などの複数の人間（ここでは内的集団と呼ぶ）が集まって暮らすことへの前向きな解釈であることが求められると同時に、住宅地として集まって住まう（ここでは外的集団と呼ぶ）ことの意義を、いかに前向きに建築化できるのかが問われる。

いくつかの、若手建築家の住宅作品について

　以上を踏まえて、名古屋圏で活躍する若手建築家とその住宅作品について、いくつか取り上げたい。
　studio velocity（栗原健太郎、岩月美穂）の建築は薄く軽く白い。しかしその実、薄く軽いことを支える鉄などのソリッドな存在感は逆に優れて際立って感じる。そうした建築が持つ斬新な配置の形式は、都市に対する、徹底的な挑戦でもある。「都市にひらいていく家」（❶、p.157）は、さほど敷地が広いわけでもないのに、2台分の駐車場が求められる名古屋らしい住宅地で、住宅の一部がショーケースとして街路に開き、隣戸に挟まれた中庭を持つ。新しい生活のリアリティの発見を迫るような、「外的集団」への挑戦的な形式を備えている。
　mA-style architects（川本敦史、川本まゆみ）は、光の扱いと身体的スケール感に優れた、内部空間に身を置いたときの感覚を重視した建築家である。郊外住宅地の「光の郭」（❷）や都心の住宅地にある「光庭の棲」（P.150）はともに、閉じられた壁とトップライトによりつくり出される光の空間が気持ちよい。一方で、絞り込まれた壁面開口部は土間的空間と一体で働き、「見る」開口部でなく「通る」開口部になることで実は、町との濃厚な関係を備えている。だがやはり、その内部空間による、「内的集団」の集い方への問いかけが、やはり彼らの住宅作品の本質となっていよう。
　D.I.G Architects（吉村昭範＋吉村真基）による「The Garden 覚王山」（❸、P.150）は、戸建住宅が並ぶまちなみに、3棟の賃貸戸建住宅による群造形（統一性と多様性を兼ね揃えた建築集合体）をつくり出した。名古屋の市街地でも増えている広い敷地を細分化して販売する「ミニ開発」に対するひとつの重要な提案であり、「外的集団」の集いの形式が建築化されている。
　諸江一紀建築設計事務所 鈴木崇真建築設計事務所による「LT城西2」（❹、p.119）は、戸建住宅地の景観に、21戸のシェアハウスが埋没する姿を見せている、ある種「負ける」戦略である。別の建築家による「LT城西」（p.119）と好対照の分節された造形で、従来の家族と異なる新しい「内的集団」が集まって住まう意義と、住宅建築のあり方を問い直す事例となっている。
　佐々木勝敏建築設計事務所による「竪の家」（p.183）は、55mm厚の連続する柱梁板とも呼べる新構法からディテールに至るまで、鋭く実験的である。限定された開口部は「母屋」との関わりのなかに置かれ、この「母屋（親世帯）と離れ（子世帯）」という形式による「内的」でも「外的」でもある集団の空間化は、名古屋圏郊外に多いひとつの典型となっている。

　国内では、団塊の時代以降の30代世帯の持ち家率は低下し続けており、戸建住宅に対する考え方の多様化は必然であろう。広大な戸建住宅地を抱える名古屋圏において、単体の住宅建築を超えて、次の時代の住宅地を、集まって住まう意義をどうつくり出していけるのか。「内的集団」と「外的集団」の形は変わりゆくし、変わることが求められている。だからこそ、そこには生産や経済の効率性から離れた「芸術」としての住宅建築が変わらず求められていくと思う。

（たばた・えいすけ）

提供：D.I.G Architects

The Garden 覚王山
設計：D.I.G Architects、2012年、名古屋市

撮影：谷川ヒロシ

LT城西2
諸江一紀建築設計事務所 鈴木崇真建築設計事務所、2017年、名古屋市

Cluster 17：西三河
愛知のシリコンバレー

トヨタ自動車本館
豊田市トヨタ町1
設計：日建設計、清水建設
竣工年：2005（平成17）
第38回中部建築賞、『新建築』2005.5

MAP p.180

自動車メーカーの本社ビル。本社機能を収容する地上15階の外観は、周囲の景観に配慮したゆるやかな曲線をもち、日照調整の役割を果たす東西面の縦ルーバーと南面の横ルーバーがひだをつくることで、穏やかな印象を与えている。また、光ダクト、全面床送風空調システムや自然換気など最先端の技術を用いて環境に配慮している。植栽のある前庭をとり、建物へ直接視線がぶつからないように計画されている。

　西三河地区を中心とするこのクラスターは、ものづくりの愛知を語る上で欠かすことはできない。製造品出荷額は愛知県の過半数を占めており、日本有数のものづくり拠点となっている。

　大正時代以後の西三河地区には、刈谷市に本社を構える豊田自動織機や豊田市のトヨタ自動車など、トヨタグループ各社の本社や工場、協力会社、下請け企業が集中立地してきた。交通面では、東名高速道路、伊勢湾岸自動車道及び東海環状自動車道に加え、2016（平成28）年2月に新東名高速道路が開通するなど、産業を支える広域交通の要所としても機能している。トヨタ本社社屋である**トヨタ自動車本館**（2005）では、ローテクによる環境・省エネ対策を実践する一方、ハイテクによる環境負荷の軽減が行われている。このほかにも、**やわらぎ 森のスタジアム**（2013）や**トヨタ車体株式会社開発センター技術本館**（2003）をはじめとする産業建築群が、環境に配慮した基本計画の元、「WE LOVE とよた」を合言葉に設計されている。

　近年においては、次世代産業を支える拠点の整備も行われている。**ものづくり創造拠点 SENTAN**（2017）では、ものづくり企業や起業を志すものづくり団体の新たな事業展開、イノベーション創出の促進、ものづくり人材の育成を図っている。また、愛知県が整備を進めている産学官連携による共同研究開発拠点として、**知の拠点あいち・あいち産業科学技術総合センター**（2012）が設置されている。

　このように、愛知のものづくり拠点が集積したこのクラスターは、愛知県中央に形成された、謂わば「シリコンバレー」のようであり、次世代産業イノベーションの一端を担っている。

知の拠点あいち・あいち産業科学技術総合センター
豊田市八草町秋合1267-1
設計：日建設計、愛知県建設部
竣工年：2012（平成24）
日本建築学会作品選集2014

MAP p.180

愛・地球博跡地に計画された次世代産業創出を目的とした研究施設。エントランスホールは研究者の新しい発想が生まれるような交流の場として、視線が行き交い階段で往来できる吹き抜け空間とし、自然に出会いや会話が生まれることを期待している。中庭とエントランスホールは断層をまたぐ配置となっており、地震時の動きに追従すると共に安全性が確保されている。外観は長く伸びた庇とガラスカーテンウォールが特徴である。

上空より豊田の工場を見下ろす。大小さまざまな工場群が街に点在している。

愛知のシリコンバレー ｜ Cluster 17

トヨタ車体株式会社開発センター技術本館
刈谷市一里山町金山100
設計：清水建設
竣工年：2003（平成15）
日本建築学会作品選集2005、第35回中部建築賞

MAP p.180

丘陵地にある自動車産業地帯の南側に位置する車両メーカーの開発センター。ファサードを外側に向けることで、一連の工場群の顔となっている。工場より5m低い前面道路に対し、新たにエントランスを設けることにより、周辺環境・地域社会との調和を図りつつ、企業イメージをさらに高めるデザインが追求されている。アルミグリッドの外装にガラスをまとった外観は、「映」と「透」の間でさまざまな表情を見せる。

アイシン・エィ・ダブリュ「きぼうのおか」（旧アイシン・ワーナー「希望の丘」）
安城市藤井町高根10
設計：富士工務店、清水建設
竣工年：1983（昭和58）
第15回中部建築賞

MAP p.180

アスレチックセンター、ハーモニーホール、PRセンター、開発センター、研修所の機能をもつ大手自動車部品メーカーの厚生施設。敷地が名古屋空港への航空路に位置するため、飛行機からの俯瞰を意識し、社章の「AW」が池の造形により表現されている。また、この池は安城市のシンボルである明治用水をイメージしており、池に面した壁はブルーのミラーガラスが用いられている。

アイシン・エィ・ダブリュ株式会社技術センター
安城市藤井町
設計：アイシン開発、山下設計、清水建設
竣工年：2011（平成23）
第43回中部建築賞、『新建築』2011.7

MAP p.180

自動車部品の専門メーカーである企業のオフィス。外壁のパネルとガラスが織りなす流線形の立面が遠くからも印象的である。効率的で快適な開発環境を整えるために、「知的生産の場」=「多様なコミュニケーションを触発する空間」という考えのもと、組織の枠を超えて共振し、協働するオフィスを目指してつくられた。特に、中庭を回るスロープでの移動がさまざまな知的交流の契機となっている。

知立の寺子屋
知立市西町西4
設計：原田真宏・原田麻魚+MOUNT FUJI ARCHITECTS STUDIO
竣工年：2016（平成28）
『新建築』2016.11

MAP p.180

地元企業による地域貢献施設。下校後の児童を預かるアフタースクールと地域住民の集いの場となるシェアキッチン付きカフェのコンプレックスである。子どもたちを優しく包みこむような空間にするため、柔らかなニット状の屋根架構を東西棟間に渡すことにより、おおらかな曲面が形成されている。旧東海道側は、歴史的なまちなみを形成しており、隣の公園側は、幾何学的な姿となっている。

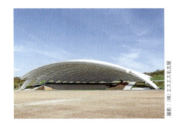

やわらぎ 森のスタジアム
豊田市西広瀬町小麦生735
設計：竹中工務店
竣工年：2013（平成25）
日本建築学会作品選集2016、第46回中部建築賞

MAP p.180

自動車部品メーカーのグループ企業各社の福利厚生施設として建設された4,820席収容のスタジアム。周辺の森林と調和させるために高さを極力抑え、既存のグラウンド東側の12m高い敷地を掘削して観客席とアリーナをつくり、そこに極限まで低く抑えた膜屋根だけを架け渡した。軽量で透過性のある膜構造屋根は、豊かな自然との連続性を感じさせる。

海外産業人材育成協会中部事務所（旧中部研修センター）
豊田市貝津町向畑37-12
設計：原宏+藤川原設計
竣工年：1997（平成9）
日本建築学会作品選集2001、第30回中部建築賞

MAP p.180

人材養成を通して、発展途上国への技術協力を進める海外産業人材育成協会の中部地方における研修施設。敷地の中央を横断する谷と道路を挟んだ高低差20mにおよぶ傾斜地に建ち、この地形の流れとレベル差を積極的に活かしたつくりとなっている。管理・宿泊・研修・体育の4ブロックに分かれた3棟が独立的に建ち、ブリッジを動線の結節点としながら互いに垣間見えるよう開放的な造りとなっている。

ものづくり創造拠点 SENTAN
豊田市挙母町2-1-1
設計：豊田市都市整備部、生田京子+名城大学生田研究室
竣工年：2017（平成29）
『新建築』2018.4

MAP p.180

大小さまざまな企業がもつ高度な技術、豊かな人材の地域への蓄積と将来にわたる継続的な地域発展を目指すための施設。名城大学生田研究室がインテリアやサイン計画、外構デザインを施し、豊田市役所分庁舎から内部改修された。外壁は改修前の姿を継承し、通りから窓越しに見える内部の造作が新たなファサードとなっている。異なる機能と表情をもつ3フロアがひとつにまとめられている。

田園オフィス
豊田市清水町2-79-1
設計：鵜飼昭年+AUAU建築研究所
竣工年：2012（平成24）
日本建築学会作品選集2014、第45回中部建築賞

MAP p.180

市街地郊外の田園風景のなかに建つオフィス。屋内の土間や板間、屋外のウッドデッキなどは、社員の自主性を引き出すように計画されており、季節や気分に応じて居場所を選択できるようになっている。大きなワンルームの中に天井と床の凸凹形状を直角に配置することで空間を分節化している。梁には、県産材による大断面集成材が活用されており、地産地消のものづくりが心掛けられている。

Cluster 17 ｜愛知のシリコンバレー

尾三消防本部 豊明消防署（旧豊明市消防本部・消防署）
豊明市沓掛町宿234
設計：アール・アイ・エー、豊明市財政課
竣工年：1998（平成10）
日本建築学会作品選集2000、第30回中部建築賞、『新建築』1998.10

MAP p.180

のどかな田園風景のなかに計画された消防庁舎。ここでは車庫を消防車パティオと呼び、白い膜屋根のかかった明るいオープンな空間となっている。このパティオを取り巻く見学コースや訓練塔は、署員の真剣な訓練活動風景が見通せる場所となっている。市民は施設内を自由に見学できるが、特にこの見学コースから見ることができる風景は、エキサイティングで緊張感があふれている。

刈谷市産業振興センター
刈谷市相生町1-1-6
設計：アール・アイ・エー
竣工年：1995（平成7）
第28回中部建築賞

MAP p.180

工業中核都市における産業振興の拠点施設。会議室やホールなどからなる本館と、約950m²の大展示場がダイナミックに結合されている。ステンレスとガラスで構成された外観が、工業地帯の周辺環境と調和している。アプローチと玄関ホールに配置された水の流れや、3階屋上に設けられた石庭が心をなごませてくれる。また、モジュール化・工業製品化を積極的に採用し、施工上のローコスト化を図っている。

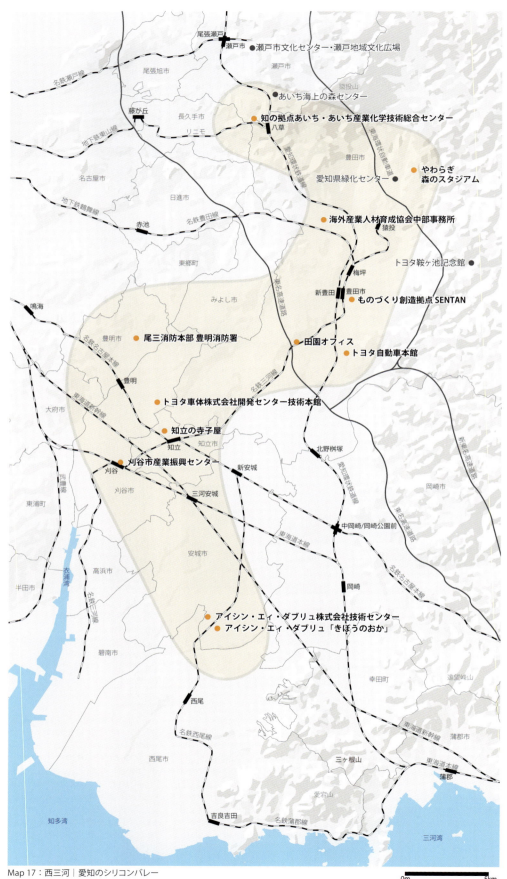

Map 17：西三河｜愛知のシリコンバレー

Cluster 18：豊田
トヨタギャラリー

豊田市美術館
豊田市小坂本町8-5-1
設計：谷口吉生＋谷口建築設計研究所
竣工年：1995（平成7）
第30回中部建築賞、第38回BCS賞、『新建築』1996.1

MAP p.183

歴史ある街を象徴する城跡の中で、中心街を見下ろす高台の上に建つ美術館。観客の動線を「変化する視覚の連鎖」としてとらえ、視線が展示作品・建築・外部の景観へと移動するにつれて移り変わるように設計されている。敷地の高低差を利用して立体的な機能配分を行っており、中間のレベルには来館者のための正面入口、いちばん高いレベルには庭園が整備されている。

　このクラスターは、トヨタ自動車が本社を置く企業城下に位置する。現在、豊田市の人口は名古屋市に次いで県内2位、市域面積は平成の大合併によって6町村が編入したことで、県内で最も広い市政となった。特に、財政健全度が高く、自動車産業の一大集積地であることから、トヨタの繁栄に伴い、豊かな都市と建築が形づくられてきた。

　市街地中心部から北東に離れた鞍ケ池公園には、槇文彦による**トヨタ鞍ケ池記念館**（1974）が建設され、トヨタ自動車の今昔を現在に伝えている。公園周辺には、旧豊田喜一郎邸（1933）の移築モデルや**豊田市鞍ケ池植物園**（1991）などの歴史遺構や保養施設があり、四季折々の花々が楽しめるファミリーパークとなっている。

　1990（平成2年）年以降は、市街地中心部に谷口吉生による**豊田市美術館**（1995）や黒川紀章による**豊田スタジアム**（2001）、**豊田大橋**（1999）などの大型の公共建築が相次いで建設された。さらに近年では、妹島和世による**豊田市生涯学習センター逢妻交流館**（2010）や遠藤克彦による**豊田市自然観察の森ネイチャーセンター**（2010）などのプロポーザルによる公共建築が市街地郊外に建てられており、公共建築のデザインに建築家を積極的に起用している。また、豊田市駅周辺においても、豊田市駅市街地再開発事業として、図書館と劇場を中心とする文化複合施設である豊田参合館（1999）を皮切りに、複合型商業施設が相次いで開業するなど再開発が進められている。

　このように、このクラスターは、住宅から土木構築物である橋まで、建築家による良質なデザインがスケールを横断して形成されており、あたかも大きな「建築ギャラリー」のようである。

豊田大橋
豊田市千石町6
設計：黒川紀章、パシフィックコンサルタンツ
竣工年：1999（平成11）
『新建築』1999.9

MAP p.183

矢作川に架かり、街の中心部につながる橋。緑地やスポーツ公園を結び、車道の両側に10mの歩道を設けるなど、歩行者を重視して設計された。橋からは可動式の階段で河川敷に降りることができ、橋桁まで降りて夕涼みや釣りを楽しめるスペースも設けられている。歩道には階段状の座席が設置されており、花火大会の観客席としての機能も果たしている。

矢作川のほとりより豊田大橋と豊田スタジアムをみる。ふたつの稜線が調和する。

Cluster 18 | トヨタギャラリー

豊田スタジアム
豊田市千石町 7-38
設計：黒川紀章建築都市設計事務所
竣工年：2001（平成 13 年）
『新建築』2001.9

MAP p.183

矢作川に隣接して建つ球技専用のスタジアム。観客席は、1階のスタジアム広場を境に上段と下段に分けられている。下段スタンドの一部を地中化することで全体のボリュームを低く抑え、スタジアム広場全体は矢作川のスーパー堤防としても機能する。また、メインスタンドとバックスタンドを覆う固定屋根は、最高高さが 92m ある 4本のマストによって空中高く吊り上げられている。

豊田市郷土資料館（旧図書館文化財倉庫）
豊田市陣中町 1-21
設計：青島設計
竣工年：1970（昭和 45）
第2回中部建築賞、『新建築』1970.4

MAP p.183

豊田駅の北エリア、文教地区の一角に建つ資料館。開放的に空間を取り扱い、市民の開放の場（憩いの空間）を内部に引き入れて、広場との一体感を保っている。中央部の外部化された内部空間はクッションとしての役割を果たし、この空間から来訪者を各年代層に分けていく計画となっている。中央部のホールは上部より光の束が降り注ぎ、ダイナミックな雰囲気が生み出されている。

豊田市民文化会館小ホール（旧豊田市文化芸術センター）
豊田市小坂町 12-100
設計：青島設計室
竣工年：1975（昭和 50）
『新建築』1975.12

MAP p.183

豊田市に本社を置くトヨタ自動車と小島プレス工業の寄付により、文教地区の一角に誕生した文化施設。収容人数約 500人の多目的ホールとグループ展が自由にできる展示室により構成されている。広場の床は表情の異なった焼杉で構成され、緩やかな階段からホワイエ・ホール・舞台へとつながっている。玄関ホールへアクセスする幅の広い階段は屋外ステージとしても利用される。

豊田市民文化会館
豊田市小坂町 12-100
設計：青島設計室
竣工年：1981（昭和 56）
『新建築』1981.9

MAP p.183

市庁舎と近接する文教地区にある市民文化会館。建物は広場を中心にL型に配置されている。駐車場側から文化芸術センター、会議室、大ホールへと広さの異なる空間が段階的に連続している。巨大なボリュームに対して、周辺の環境に対して抑えたスケールダウンの手法が多く導入されており、広場をはじめとして、東側の雑木林、児童公園、さらには都心へと緩やかにつながることが期待されている。

豊田市生涯学習センター逢妻交流館
豊田市田町 3-20
設計：妹島和世建築設計事務所
竣工年：2010（平成 22）
『新建築』2010.5

MAP p.183

地域市民の交流を目的とした生涯学習センター。周囲の田園風景や山並みを望める敷地に建つ。1階には吹き抜けが開放的な多目的ホールや、それにつながる図書コーナー、コミュニティスペース、子育てサロンなどがある。2階には大・中・小の会議室があり、それぞれが一定の距離を保ちながら配置されている。3階は半屋外空間で、大小のテラスとつながる調理実習室、工芸室、和室がある。

杜のひかりこども園
豊田市大清水町大清水 100-1
設計：吉村昭範・吉村真基＋D.I.G Architects、岩田剛彦＋久田屋建築研究所
竣工年：2014（平成 26）
『新建築』2015.4

MAP p.183

社会福祉法人正紀会が運営する認定こども園。保育室同士をつなぐようにして路地をつくることでバッファーゾーンが生まれている。そのため、先生たちからは見守りやすい子どもたちの遊び場空間となっている。また、隙間の空間から森が見えるよう外側の面はすべて開口部としている。子どもたちの視線や動線が部屋から共用部、周辺の山へとつながることで、周辺環境に対して開かれている。

豊田市井上公園水泳場
豊田市井上町 11-8-6
設計：INA 新建築研究所、豊田市都市整備部
竣工年：2007（平成 19）
『新建築』2009.3

MAP p.183

公園内に建設された市民プール。外観は新緑の葉に輝く雲をイメージし、水平・垂直いずれの断面も楕円となる空間はふたつのシェルで構成されている。施設へは南北に延びるガラス屋根の回廊からアプローチできる。ガラス屋根から注ぐ光ときらめく水面、楕円曲面のしなやかな膜のようなフレームが、屋外のような開放感を保ちながら、やさしく包まれたように感じさせる空間となっている。

豊田市自然観察の森ネイチャーセンター
豊田市東山町 4-1206-1
設計：遠藤克彦建築研究所
竣工年：2010（平成 22）
日本建築学会作品選集 2014、第 44 回中部建築賞

MAP p.183

豊田市自然観察の森につくられた環境学習施設。「道としての建築」をコンセプトに、約 28.8ha の広大な自然を点と線で結ぶ観察路やサテライト施設が設置されている。森への玄関となるネイチャーセンターは、「自然と触れ合うチューブ」と、「自然を学ぶチューブ」を重ね合わせた配置としており、自然散策路の一部として動線をつなぐことで回遊性が生まれ、人と自然の接点として機能している。

トヨタギャラリー ｜ Cluster 18

トヨタ鞍ヶ池記念館
豊田市池田町南250
設計：槇文彦＋槇総合計画事務所
竣工年：1974（昭和49）
『新建築』1975.1

MAP p.183

トヨタ車生産台数累計1,000万台達成を記念して建てられた博物館。主な施設にトヨタ創業展示室、鞍ヶ池アートサロン、旧豊田喜一郎邸などがある。周辺の大部分が自然環境である鞍ヶ池のすぐ向かい側に建てられている。正面玄関の外観はグレーの石貼りの仕上げとなっている。三角形の外部エントランスの奥には展望デッキが設けられており、周辺の景色を一望できる。

豊田市鞍ヶ池植物園
豊田市矢並町法沢
設計：青島設計
竣工年：1991（平成3）
『新建築』1991.7

MAP p.183

公園内に建設された植物園。公園全体の風景を描くことを意識して計画された。鞍ヶ池公園展望台に通じる山麓と若草山との山間に、透明なシェルターがふたつ造形されている。アーチとトンネルを通り抜けると小温室へと通じ、さらに中温室へと空間が膨らみつつ、外部へ迂回して大温室へと導入される。中・大温室のシェルターは軽やかさを表現するため、アルミ合金パイプによる多面体ドームが採用されている。

松欅堂
豊田市若林東町東山13
設計：原広司＋アトリエ・ファイ建築研究所
竣工年：1979（昭和54）
『新建築』1979.12

MAP p.183

もともと住宅だった土地に建てられた個人運営の美術館。そのため美術館としては面積が狭いため、展示室は街路のようにつくられ、展示だけではなく、さまざまな催し物ができるような空間構成となっている。展示室内は黒の外観とはまったく異なる印象の白い空間で、トップライトから柔らかな自然光が降り注ぐ。

竪の家
豊田市
設計：佐々木勝敏建築設計事務所
竣工年：2001（平成13）
『新建築住宅特集』2018.6

居室の「幅」に家族の親密さや建物に包まれる感覚、「長さと高さ」に離れた場所にいながら空間を共有する感覚をそれぞれ感じる住宅である。居室幅は住生活を検証し幅1.55mとし、敷地から導いた奥行き13.5m高さ8mの空間が、柱梁一体のT型構造体を挟んでふたつ並んでいる。また、建物幅を絞ることで外部では母屋と事務所の間に余白が生まれており、暮らしや仕事が日常的に賑わいとしてまちの表情につながっている。

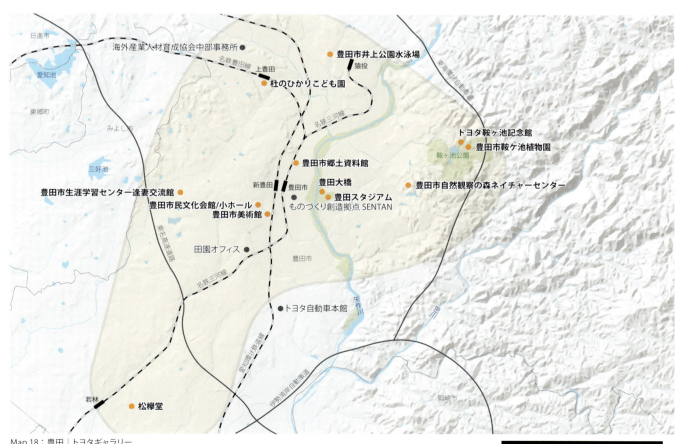

Map 18：豊田 ｜ トヨタギャラリー

Cluster 19：足助

足助百年の歩み

三洲足助屋敷
豊田市足助町飯盛36
設計：松村慶三＋浦辺建築事務所
竣工年：1980（昭和55）
第13回中部建築賞、『新建築』1980.9

MAP p.185

名勝香嵐渓の一角にある伝統的山村工芸を見せるための町立の有料観光施設。山村生活そのものを垣間見ることができる。伝統的な民家のようだが移築ではなく、伝統技術を用いた新築の民家群である。長屋門を入ると正面にイチジクや茶の木、ユズなどの植えられた山村農園とよばれる中庭がある。中庭を囲んで藁細工や手機織が行われる母屋、漆塗りの仕事をする土蔵、紙すき小屋、鍛治屋、牛舎、木地小屋が並ぶ。

　このクラスターは、豊田市の市街地から北東へ約15kmのある足助地区に位置しており、信州と尾張・三河地方を結ぶ中馬街道の物資運搬や庶民通行の要所として栄えた。1990（平成2）年には町制100周年を迎え、現在は豊田市に編入している。

　三河地方から伊那地方へと運搬される「塩」は、足助で詰め替えられるため、「足助塩」、「足助直し」と呼ばれていた。塩は日常生活で頻繁に使用される調味料であることから、江戸時代後期には、10数軒の塩問屋が軒を連ねたという。1911（明治44）年の国鉄中央線開通以後、物資輸送基地としての機能は徐々に衰退していったが、その後も林業・養蚕業の流通市場や金融資本が蓄積し、東加茂郡の中心地として歩み続けてきた。

　足助では、1775（安永4）年の大火により、まちなみのほとんどが焼失した。現存する足助のまちなみは、復興に伴い、防火のための漆喰で軒先まで塗り固められた塗籠造りの町家である。それらのまちなみ保存運動が1960年代半ばから始まり、1975（昭和50）年には住民によって「足助のまちなみを守る会」が発足。2011（平成23）年には、愛知県で初めて、国の重要伝統的建造物群保存地区に指定されている。特に、矢作川の支流・巴川がつくる渓谷である景勝「香嵐渓」は、紅葉の名所として知られ、秋になると全国から来訪者が訪れる観光地となっている。

　そのほかにも、足助ロマンと称される山村生活の知恵と歴史的まちなみを活かしたふるさとづくりが盛んに行われている。伝統的な足助大工の技と工法が随所にみられる**三州足助屋敷**（1980）では、消えゆく昔の日本の暮らしや風景を継承すると共に、技術の伝承が模索されている。また、**足助八幡宮本殿**（1466）は古くから足助の鎮守社として信仰を集めている。

　物流機能の衰退や大火による焼失といった困難を乗り越え、町制100年の歴史を紡いだこのクラスターは、まちなみ保存に向けて今も歩み続けている。

足助文化センター
豊田市足助町蔵ノ前16
設計：松村慶三＋浦辺建築事務所
竣工年：1985（昭和60）
『新建築』1985.11

MAP p.185

山間を流れる清流沿いに位置する文化センター。基準や規制の違う3つの建物をまちのスケール感に合わせながら結び付け、街のイメージと雰囲気を残している。3つの建物はシンメトリーな平面ではないが、その棟線をひとつの直線軸上に置いている。また、3棟の中央に伝統的な足助大工の技と工法による異なった表情を見せる木造の談話棟が配置されており、地域の寄り合い場所となっている。

足助川の橋よりまちなみをみる。足助川に沿って伝統的な建物が見られる。

足助百年の歩み｜Cluster 19

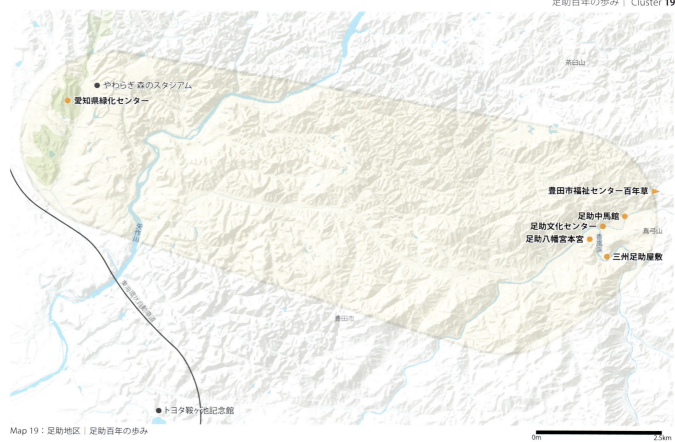

Map 19：足助地区｜足助百年の歩み

足助中馬館（旧稲橋銀行足助支店）
豊田市足助町田町11
設計：不詳
竣工年：1912（大正1）
愛知県指定重要文化財

MAP p.185

かつて稲橋銀行足助支店として建てられた商業資料館。入口の額縁と、前面の腰壁に御影石を貼り、左右両端には1階から庇屋根の上までの高い袖壁を設けている。窓には丸い格子をはめて漆喰の額縁をつくるなど、特徴のある外観となっている。内部には客溜り、カウンター、営業室があり、上部は吹き抜けとなって、木造のギャラリーが配置された典型的な地方の銀行社屋の形態をとっている。

足助八幡宮本殿
豊田市足助町宮ノ後12
設計：不詳
竣工年：1466（文正1）
国指定重要文化財

MAP p.185

673（白鳳2）年の創立と伝えられ、足助の鎮守社として古くから信仰を集めてきた神社。現本殿は再建されたもので、三間社流造である。1868（明治1）年の神仏分離までは境内に神宮寺があり、現在も鐘楼だけが残っている。大鳥居は1800（寛政12）年に改築されている。斗栱、木鼻、手挟、海老虹梁、懸魚などの細部様式は、室町時代の特徴をよく表現しており、側面は漆喰壁に連子窓を施している。

豊田市福祉センター百年草（旧足助町福祉センター「百年草」）
豊田市足助町東貝戸10
設計：松村慶三＋浦辺設計
竣工年：1992（平成4）
第25回中部建築賞、『新建築』1993.5

MAP p.185

1990（平成2）年に全国でも珍しい町制施行百年を迎えた山村地域の、生活の知恵と工夫を実演展示した観光施設。景観と環境をいかに創出するかを重要視し、山村民家の新築再現が行われている。7mの段差を生かして、敷地上段は駐車場と門を設けてアプローチとし、3階に玄関を設けることで、城館や砦といったイメージを具現化した。全体的にコンクリートの打ち放しと木材が多用されている。

愛知県緑化センター
豊田市西中山町猿田21-1
設計：愛知県建築部、瀧光夫、東海設計
竣工年：1975（昭和50）
『新建築』1976.8、第18回BCS賞、第5回JIA25年賞

MAP p.185

愛知県の県有林50haを利用した緑化の知識や技術の情報センター。調査・研究・研修用の展示林や庭園、苗木の育成・配布の場など、県土緑化の拠点を目指して建てられた。多様な草木に関わる手法を、広範囲の場所や用途に対して展開することで、建築に付随される造園ではなく、同時にひとつの庭を生み出している。苗の広場に面した管理棟は、土手に埋まり、擁壁と一体にデザインされている。

名古屋圏の建築　185

Cluster 20：西三河・東三河
生業の宿る奥三河

すぎの木センター
新城市門谷鳳来寺7-60
設計：柳澤佐和子・柳澤忠・柳澤力＋建築計画連合
竣工年：1989（平成1）
日本建築学会作品選集1990

MAP p.188

愛知県民の森のロッジに近く、渓流沿いのキャンプ場の中心に建設された雨天催事場。四角錐がモチーフとされている20m×25mの空間を、無柱で覆う木造建築である。木材は、地元奥三河産のスギ材のなかでもコストが比較的安く、安定し、大量に生産されている中丸太の並材が使用されており、地域復興にも寄与している。テントのイメージから四角錐がデザインのモチーフとされている。

　東三河と西三河を東西に横断する愛知県北東部の通称「奥三河」は、総面積の9割以上を森林が占めている。このクラスターは、林業をはじめとする生業によって形づくられてきた。

　奥三河地区は、標高1,016mの明神山をはじめ、1,000m級の連峰を成し、天竜川および豊川の水源地となっている。森林の土壌には落葉や落枝が堆積し、土壌生物がそれらを分解することで、大小無数の穴をもつスポンジのような土壌がつくられている。長い年月を掛けてできた肥沃な森林地帯は、洪水や渇水などの水害を緩和する「緑のダム」としての機能を果たしている。

　かつては、豊川上流の森林地帯にあった設楽森林鉄道から三河湾を経て、地場産の高級木材「三河杉」が全国各地へ運ばれていた。三河杉を中心とした林業が、明治以降100年以上にわたって地区の繁栄を支えてきた。近年は、奥三河全体の人口減少や少子高齢化が顕著に進み、中長期的に地域社会の維持が危ぶまれる一方、地場産の木材を使用した木造の役場庁舎や小学校など公共施設の建設が盛んに進められている。

　愛知県が明治百年を記念して、鳳来寺県有林地内に開設した愛知県民の森に付随される**すぎの木センター**（1989）では、四季折々の自然環境を楽しむことができる。また、**作手小学校・つくで交流館**（2017）は、平均標高500mの冷涼な気候と豊かな自然、亀山城址、古宮城址など史跡が数多く残る作手地区にあり、地域の活動拠点となる交流館と、木造平屋建ての小学校からなる複合文化施設である。このほか、**愛知県旭高原少年自然の家**（1989）や**豊田歌舞伎伝承館**（1990）では、奥三河地方の魅力的な資源を活用し、生活、モノ、教育、経済のシステムなど、持続可能な暮らしの実践が組み込まれている。

　奥三河の自然豊かな森林地帯に位置するこのクラスターの建築作品は、地場産の木材を活用することで、地産地消による経済の活性化と森林の保全を両立させている。

作手小学校・つくで交流館
新城市作手高里縄手上32
設計：東畑建築事務所
竣工年：2017（平成29）
第49回中部建築賞、『新建築』2018.3

MAP p.188

4つの小学校が統合された木造平屋建の小学校と、地域の活動拠点である交流館の複合文化施設。新城市の教育理念である「共育（子どもの未来を第一に考え、学校を拠点として、地域総ぐるみでともに過ごし、ともに学び、ともに育つ活動）」を実現する場となることを期待し、設計された。中庭をぐるりと囲むようにふたつの施設が垣根なく向き合うシンプルな計画である。

鞍掛山の麓に広がる四谷千枚田をみる。新城市の観光スポットとなっている。

八幡神社本殿
北設楽郡設楽町東納庫宮ノ前34
設計：不詳
竣工年：1796（寛政8）
愛知県指定文化財

MAP p.188

名倉川右岸の小高い丘の上に鎮座する神社。創建は明らかではなく、社伝によると1559（永禄2）年に賀茂郡足助荘の足助宮平が八幡宮を勧請したものとなっている。屋根は檜皮葺きであったが、現在は板葺きになっており、社殿は一間社流造で、覆屋のなかに収められている。漆塗りをベースに、金色の彩色と彫刻が加えられており、山間部にありながらも桃山風の意匠を残している点で貴重なものである。

東照宮
新城市門谷鳳来寺4
設計：木原義久、鈴木長恒
竣工年：1651（慶安4）
国指定重要文化財

MAP p.188

3代将軍家光により鳳来寺の諸堂宇と共に造営が計画された神社。社殿は、鳳来寺本堂東北方の敷地に南面して建てられている。最奥上段に中門と透塀に取り囲まれて本殿があり、中段に拝殿と幣殿（1棟）、下段に水屋が配置されている。内外とも漆塗り、極彩色紋様、飾り金具で華麗な装飾が施されている。蟇股や手挟の彫刻などの建築細部にも見どころが多く、江戸初期の建築装飾を知る上でも貴重な遺構である。

鳳来寺仁王門
新城市門谷鳳来寺1
設計：山崎七郎兵衛
竣工年：1651（慶安4）
国指定重要文化財

MAP p.188

703（大宝3）年、文武天皇の勅願によって利修仙人が創立したと伝えられ、煙巌山と号し、真言宗高野派に属する鳳来寺山の中腹にある寺の仁王門。本堂、阿弥陀堂、護摩堂、三重塔など多数の堂宇と宿坊が建てられていたが、再三の災禍に遭い、慶安造営時の建物としては、この仁王門だけが残されている。全体丹塗りの和様楼門であるが、石製礎盤を用いている点は禅宗様である。

正願寺
豊川市市田町中之島90
設計：堀越英嗣＋ARCHITECT 5
竣工年：2012（平成24）
日本建築学会作品選集2014、第47回中部建築賞、『新建築』2013.3、2015年度JIA優秀建築選

MAP p.188

500年の歴史をもつ浄土真宗寺院の建替え計画。屋根形状を入母屋とすることで包まれるようなイメージをつくりだしている。一対のキールアーチの上に山形屋根を乗せたやわらかな屋根は、威厳を与えるのではなく、遠くに見える穏やかな山々や周囲の田園と調和している。これにより、宗教とコミュニティが共存する象徴的空間となり、これからの地域のあり方を示すような新たな風景をつくり出している。

愛知県旭高原少年自然の家
豊田市小滝野町坂38-25
設計：伊藤建築設計事務所、愛知県建築部
竣工年：1989（平成1）
日本建築学会作品選集1990、第22回中部建築賞

MAP p.188

標高620ｍの自然豊かな愛知高原国定公園に位置する、旭高原にある社会教育施設。豊かな自然の中で各種の団体が宿泊研修やキャンプファイヤーといった野外活動などのさまざまな学習や体験を行っている。鉄筋コンクリート造3階建ての施設は、定員500人の宿泊室をはじめ、研修室、講堂、体育館、広場、キャンプファイヤー場、制作室などで構成されている。施設の中心にある広場に配置されたカリオンの塔が施設のシンボルとなっている。

豊田歌舞伎伝承館（旧小原村中央公民館保健センター）
豊田市永太郎町落681-1
設計：青島設計
竣工年：1990（平成2）
第23回中部建築賞

MAP p.188

「鎮守の森構想」をテーマに計画された高台に建つ複合施設。公民館と保健センターを一体的に覆う大屋根と、傾斜地に突き出したデッキは京都の清水寺をモチーフにデザインされ、地域のランドマークとしての存在感が示され、コミュニケーションの場となっている。内部は市民活動の場として350人を収容できるホールや会議室、調理室、和室をはじめ、図書コーナーを併設している。

ROYAL COUNTRY CLUB
豊田市大沼町切山8-1
設計：伊藤孝紀＋TYPE A/B
竣工年：2014（平成26）

MAP p.188

「愛知の軽井沢」と呼ばれる真夏でも涼しいエリアに位置するクラブハウス。「Art & Forest」をコンセプトに、ゴルフ場でありながらガラス作品や彫刻を楽しめる美術館の要素をもちあわせている。エントランスホールに入ると、視線が自然の眺望へ誘われ、2階のコンペルームまで一体となった吹き抜けと共に開放感を演出している。内装はロイヤルオレンジをアクセントカラーとしてクラシカルで上品な空間となっている。

Cluster 20 ｜ 生業の宿る奥三河

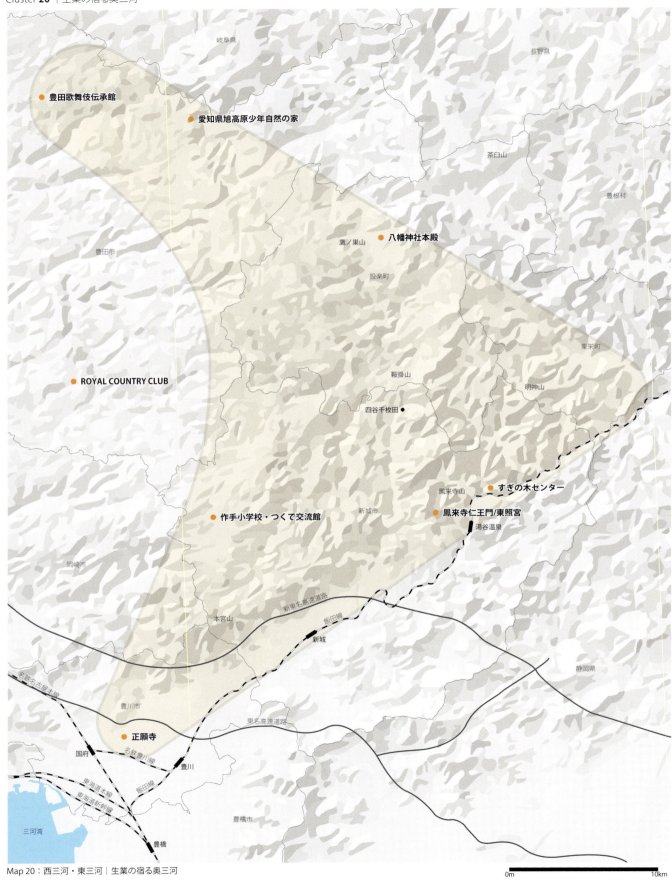

Map 20：西三河・東三河 ｜ 生業の宿る奥三河

Cluster 21：豊橋
コンパクト・ジャンクション

豊橋東口駅前広場
豊橋市花田町西宿
設計：日本技術開発、都市・建築計画研究所、フェイズアソシエイツ
竣工年：1998（平成10）
『新建築』1998.12

MAP p.191

複数の公共交通が連絡し、1日約10万人が往来する駅前広場。広場とシンボルアーチは、東西方向に走る幹線道路の軸線上に配置されている。広場は楕円形と円形からなり、デッキのエッジやシンボルアーチなどにもゆるやかな曲線が多く用いられている。また、鉄道駅にペデストリアンデッキが隣接するという空間構成は従来の駅にはなく、連絡機能だけでなく、広場機能、シェルターなどの建築的要素も備えた新しい都市施設である。

　このクラスターの中心部となる豊橋駅周辺は、多数の鉄道路線に加え、路面電車、路線バスなどの公共交通機関も集中しており、東三河最大の交通拠点としての機能を果たしている。豊橋市は、愛知県の南東部に位置する東三河の中心都市であり、人口の約半数を占める。

　かつて豊橋市は、隣接する豊川市と共に、東海道五十三次の宿場町のうち二川宿から赤坂宿までの4つの宿場町を有しており、陸上交通の要所として栄えていた。なかでも赤坂宿と御油宿を合わせた「赤坂御位」は、最大80の旅籠が軒を連ね、東海道のなかでも非常に大きな宿場町であった。大名行列の際には、京から江戸へは「赤坂宿」を利用し、江戸から京へは「御油宿」を利用するという独自のルールも形成されていたほどである。

　現在の交通拠点である豊橋駅駅舎には、豊橋駅総合開発事業として**豊橋東口駅前広場**（1998）が完成した。駅舎と駅前建築群を結びつける回遊性をもたせたペデストリアンデッキが整備され、都市景観を形成する骨格としての役割を担う。また、駅前広場を起点として、全国でも希少となっている路面電車が、愛知県で唯一運行している。豊橋駅から市内中心部を経由して市東部の郊外住宅地を結んでおり、市民の交通インフラとして利用される。

　豊橋市は路面電車をはじめ、コンパクトなまちづくりを推進しており、近年では、駅前広場に隣接する**穂の国とよはし芸術劇場**（2013）や**ココラフロント**（2008）などの大型複合施設の建設や、駅構内の駅ナカ化も進んでいる。

　過去から現在まで交通拠点として利用されるこのクラスターは、複数の交通インフラと大型施設によってコンパクト・ジャンクションを実現している。

穂の国とよはし芸術劇場
豊橋市西小田原町123
設計：香山壽夫建築研究所、大成建設
竣工年：2013（平成25）
日本建築学会作品選集2015、第57回BCS賞

MAP p.191

東三河市民による芸術文化の創造活動と、芸術文化活動を通じた人びとの出会いと交流の拠点として開館した劇場。豊橋駅の線路沿いの細長い敷地に位置しており、鉄道からの視線を意識した外観となっている。具体的には、長大で重厚な連続アーチをもつ煉瓦壁、市民の活動を包み込む大屋根、その上に浮かぶ自由な曲面ボリュームという3つのデザイン要素で個性的な外観が形成されている。

交通インフラが入り乱れる豊橋駅前をみる。ペデストリアンデッキが街と駅をつなぐ。

Cluster 21 ｜ コンパクト・ジャンクション

ココラフロント
豊橋市駅前大通1-55
設計：北山孝雄＋北山創造研究所、北山孝二郎＋K計画事務所、日本設計
竣工年：2008（平成20）
『新建築』2008.10

MAP p.191

ホテル、バンケット、本社オフィス、商業施設を組み込んだ複合施設。敷地が幅員4mの市道によってふたつに分かれているため、北側には大きなストラクチャーの高層棟、南側にはヒューマンスケールの低層棟が計画されている。ふたつの棟のファサードに一体感をもたせるため、ガラスとPCパネルをともに用いている。用途によりそれぞれ独自のファサードが千鳥格子のパターンによってデザインされ、それらが混ざり合うことで個性的な外観がつくられている。

大垣共立銀行豊橋支店
豊橋市向山町字池下5-7
設計：日建設計
竣工年：2014（平成26）
日本建築学会作品選集2018

MAP p.191

OKB大垣共立銀行の東の拠点。カフェ併設のラウンジ、銀行窓口、地域のコミュニティスペースをもち、新たな街のシンボルとなり、賑わいを担う開放的な施設となっている。西日を受けても内部が見える造形により、外部からの視認性が高い。同時に、幾何学的な多角形の造形は、周囲に装飾的な建築が並ぶなかで際立ち、人を集める「まちのクリスタル」として象徴的な存在となっている。

こども未来館「ここにこ」
豊橋市松葉町3-1
設計：山下設計
竣工年：2008（平成20）
日本建築学会作品選集2011、第41回中部建築賞

MAP p.191

子どもを中心とした多世代交流施設。「世代・まち・時代をつなぐ、ひと・まち・未来の創造空間」を理念として建てられた。市街地へと開くように広場を配置し、隣接する住宅地への配慮から低層のボリュームとしている。中央に円形のココニコ広場、北側には子育てゾーン、西側には発見ゾーン、東側には体験ゾーンが配置されている。積極的な敷地内緑化や太陽光発電などの自然共生型デザインによって、地域と環境に根差した建築となっている。

豊橋市自然史博物館
豊橋市大岩町大穴1-238
設計：日建設計
竣工年：1998（平成10）
第20回中部建築賞

MAP p.191

豊橋市豊橋総合動植物公園に建つ自然史博物館。生涯学習の場として世代を問わず地球の歴史と自然について学ぶ場であると共に、自然を大切にする心を養うことを目的としている。展示内容は、地球・生物の歴史と、身近な郷土の自然史の紹介から成り立っている。2本の軸線により扇型が形成され、軸線に沿って展示室が配置されている。

豊橋市美術博物館
豊橋市今橋町3-1
設計：河合松永建築事務所
竣工年：1979（昭和54）
第11回中部建築賞

MAP p.191

旧吉田城内（豊橋公園）の一角にある美術館兼博物館。回遊性の高いひと筆書きの平面計画となっており、2階へは斜路を用いて上がり、最終的には緩い階段を降りて入口に戻ることができる。植物を設えた外部を臨むラウンジがあり、休息ができるように配慮されている。3室ある企画室は全壁長が156mある。常設展示場は5室あり、主として2階に配置されている。

豊橋市公会堂
豊橋市八町通2-22
設計：中村與資平＋中村工務所
竣工年：1931（昭和6）
登録有形文化財

MAP p.191

豊橋の旧吉田城の三の丸の外堀近くにある公会堂。軍都豊橋を象徴すると共に中村與資平の中近東好みの明るさが表現されている。公会堂のメインホールが2階に設けられているため、外階段でエントランスホールへアクセスする平面計画となっている。外階段の両側には、モザイクタイルで装飾された半球ドームの階段棟がある。軒先にはロンバルディアバンドがつけられており、城郭風の威厳が感じられる意匠となっている。

豊橋市二川宿本陣資料館
豊橋市二川町中町65
設計：豊橋技術科学大学、伊藤建築設計事務所
竣工年：1991（平成3）
第26回中部建築賞

MAP p.191

東海道の二川宿本陣関係の歴史資料を展示する資料館。1753（宝暦3）年の主屋、1807（文化4）年の表門と玄関棟を原型に、修復・復元して保存した。また、1718（享保3）年、1733（享保18）年の土蔵2棟も含めて建築博物館とし、その背後に鉄筋コンクリート造2階建ての資料館が建てられている。新築の資料館は既存の雰囲気を継承すべく、なまこ壁蔵造の意匠を採用した和風のデザインとなっている。

豊橋ハリストス正教会聖堂
豊橋市八町通3-15
設計：河村伊蔵
竣工年：1913（大正2）
国指定重要文化財

MAP p.191

昇天教会によって1879（明治12）年に建設された最初の会堂を建て替えた聖堂。東西を軸とし、西端のポーチに続き、順次規模が大きくなる玄関・控室・聖所を一直線に配置している。また、東端には至聖所（内陣）を設け、玄関の上には高さ22mの鐘塔が建っている。天井は八角形の木造ドームで、屋根には鋏葺きの宝形屋根が架かっている。

コンパクト・ジャンクション | Cluster 21

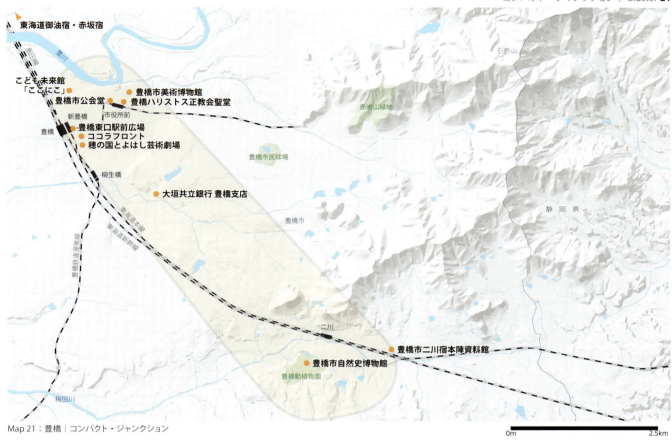

Map 21：豊橋｜コンパクト・ジャンクション

東海道御油宿・赤坂宿
豊川市御油町並松・赤坂町紅里
設計：不詳
竣工年：1750（寛延3）

MAP p.191

宮路山麓を流れる音羽川の西南岸に、延長600mの松並木を挟んで隣接していた宿場。御油宿には東海道の脇街道本坂通（浜名湖の北側、本坂峠を通る街道）の追分があり、赤坂宿には代官陣屋があったことから、両宿とも旅客で賑わっていた。両宿の問屋場、本陣、脇本陣などの施設は失われたが、御油の東欠間、茶屋町（下町）、中町、赤坂の下町、中町、上町、西縄手には現在も江戸時代の旅籠や商家の遺構が残っている。

Data 03 ｜ 各賞・雑誌掲載／事務所・設計者別収録作品数

賞・雑誌	作品数(件)	構成比(%)
中部建築賞	148	39.5
新建築	140	37.3
日本建築学会作品選集	73	19.5
日本建築学会学会賞	6	1.6
日本建築学会新人賞	5	1.3
日本建築学会選奨	1	0.3
JIA新人賞	2	0.5
計	375	100

設計事務所・建設会社	作品数(件)	構成比(%)
日建設計（日建設計工務）	35	8.3
竹中工務店	26	6.4
青島設計（青島設計室）	13	3.1
久米設計	11	2.6
日本設計	11	2.6
伊藤建築設計事務所	11	2.6
清水建設	9	2.1
黒川紀章建築都市設計事務所	6	1.4

設計者	作品数(件)
塚田守（青島設計）	7
鈴木禎次（鈴木建築事務所）	7
鋤納忠治（伊藤建築設計事務所）	6
谷口愛太郎（青島設計）	6
渋谷義宏（青島設計）	5
伊藤鑛一（伊藤建築設計事務所）	5
浜田明彦（日建設計）	5
若林亮（日建設計）	5

各賞・雑誌掲載された作品数

各賞・雑誌掲載された作品数の構成比をみると、中部建築賞が39.5%と最も高く、『新建築』は37.3%、『日本建築学会作品選集』は19.5%である。これら3つの賞・雑誌に掲載されている建築作品は、可能な限り掲載している。一方、日本建築学会賞・同新人賞・同選奨・JIA新人賞を受賞した作品は、6件以下であった。特に日本建築学会賞は、1996年の愛知県児童総合センター（p.173）以来、10年以上受賞がない。名古屋圏の建築を元気づけるような、新たな受賞作品の登場が切望される。

設計事務所・建設会社ごとの作品数

事務所・建設会社ごとの作品数をみると、日建設計（日建設計工務）が35件と最も多く、続いて竹中工務店が27件であった。一方、大手組織事務所である久米設計や日本設計が11作品であるなか、戦前より愛知県に本社を構える青島設計（青島設計室）が13件、愛知の公共施設を築いてきた伊藤建築設計事務所が11件掲載されている。大手設計事務所・建設会社だけが名を連ねるのではなく、地域に根ざした組織設計事務所が台頭した。これらより、名古屋圏の建築が地域の建築家に支えられていることがわかった。

設計者ごとの作品数

設計者ごとの作品数をみると、明治期に名古屋圏で活躍した鈴木禎次が7件と最も多い。これより、歴史に残る名作建築が多く現存していることがわかる。続いて、青島設計の塚田守・谷口愛太郎・渋谷義宏、伊藤建築事務所の伊藤鑛一・鋤納忠治が、5件以上と多い。これらより、地域に根付いた組織設計事務所に所属する設計者によって、愛知県の建築作品が創出されてきたことがわかる。また、5件以上の設計者に愛知の若手建築家がノミネートされておらず、これからの愛知を担う若手の活躍が期待される。

名古屋圏の建築

Cluster 22：岡崎
交錯するビスタライン

大樹寺
岡崎市鴨田町広元5-1
設計：不詳
竣工年：1535（天文4）
愛知県指定重要文化財

MAP p.195

松平家の第4代当主である松平親忠によって建立された寺院。戦死者の亡霊鎮魂のためとされている。現在の本堂は、安政の火災（1855）で最初の本堂が焼失した後、2年後に再建されたものであるが、火災をまぬがれた山門の規模から、消失前の本堂は現在よりも2〜3割ほど大きかったと推察されている。中部地方における和様の多宝塔は初重が角柱のものが多いが、ここでは円柱である。

　旧三河国のほぼ中央に位置するこのクラスターは、三河高原に連なる丘陵地と矢作川、乙川流域に広がる平野部からなっており、美しい自然と環境に恵まれている。クラスターの中心となる岡崎市は、1967（大正5）年に市制を施行し、以後、隣接する豊田市と共に西三河の中核都市として成長を続けている。

　徳川家康生誕の地として広く知られており、岡崎城をはじめ、家康公ゆかりの社寺、宿場町などの歴史・文化的な観光資源を有している。特に岡崎城城下は、春は桜の名所、夏は東海地区随一の花火大会が開かれるなど、市民の憩いの場である。また、岡崎市北西部に位置する**大樹寺**（1535）には、徳川家の菩提寺として歴代当主の墓や歴代将軍の位牌が安置されている。岡崎市は、これら岡崎城と大樹寺を結ぶ南北の直線を歴史的眺望線（ビスタライン）として、景観を遮るマンション等の高層建築物を建てることができないよう景観条例で保全を行っている。交差する道路上にはビスタラインと明示した金属鋲が92箇所設置されているため、街中においてもその景観軸を体感することができる。

　南北のビスタラインに対して、岡崎市を東西に横切る乙川の軸線も存在する。現在、乙川周辺に広がる豊富な公共空間を利用して、まちづくりが行われている。2015（平成27）年に、**岡崎市図書館交流プラザ りぶら**（2008）が位置するりぶらエリア、籠田公園西エリア、東岡崎駅エリアなどの公共空間を中心とした6エリアで構成される「乙川リバーフロント地区」が、都市・地域再生等利用区域に指定された。営業活動を行う事業者が河川敷地を利用できるようになったことで、市民の賑わいが乙川周辺に移動している。「自然と都市が交わる暮らし」を掲げたエリアビジョンのもと、各エリアをつなぐ約3kmの回遊動線「QURUWA」を活かした多数のプロジェクトが進行している。

　東西と南北ふたつの軸線が存在するこのクラスターは、景観保全と将来ビジョンによって統一された、建築とまちづくりが交錯しているのである。

岡崎市図書館交流プラザ りぶら
岡崎市康生通西4-71
設計：佐藤総合計画、太田雅夫＋千里建築設計事務所
竣工年：2008（平成20）
日本建築学会作品選集2010、第42回中部建築賞

MAP p.195

街の歴史を建築に込めた生涯学習施設。図書館を核として「活動」「支援」「文化創造」「交流」の機能が相乗効果を生み出し、市民の知的活動拠点となることを目指した。2年におよぶ市民参加のワークショップを積み重ねており、街にふさわしい建築のあり方を示している。建物は敷地に馴染むように外周を矩形とし、複合する機能が相互につながり合うように、低層で大きな平面計画になっている。

乙川より岡崎公園の緑と岡崎城天守を見る。乙川流域ではまちづくりが盛んに行われている。

交錯するビスタライン | Cluster 22

岡崎信用金庫資料館（旧岡崎銀行本店）
岡崎市伝馬通1-58
設計：鈴木禎次
竣工年：1917（大正6）
登録有形文化財

MAP p.195

地元財界人が設立した三河地方で最初の本格的な銀行本店で、現在は資料館。南側と西側が道路に面し、南側を正面としている。花崗岩と煉瓦を混ぜた2階建て組積造で、下層の窓の上端あたりまでが花崗岩の切石腰組となっている。両面を3ブロックに分け、各ブロックの境に煉瓦を主とした柱を立て、装飾が施されている。全体にネオバロック風な豪華さを求めながら、細部は簡略化されている。

西光寺本堂
岡崎市井ノ口町片坂46
設計：吉村靖孝＋吉村英孝
竣工年：2005（平成17）
『新建築』2006.11

MAP p.195

浄土真宗の西本願寺派に属する寺院の本堂。仏事をはじめ、講演会、讃仏歌の練習やコミュニティの場として使用されている。平面計画は床の段差によって「仏様の空間」と「人の空間」とに分節され、断面計画は高さの異なる段状の天井によって分節されている。単一の材料に包まれたシンボリックな外形で、外壁の鋼板仕上げは年月と共に色味や模様が変化する。

岡崎市美術博物館
岡崎市高隆寺町峠1
設計：栗生明＋栗生総合計画事務所
竣工年：1996（平成8）
『新建築』1996.11

MAP p.195

美術博物館本館の建設を視野に入れながら、先行して建設された収蔵庫棟。市内に分散している貴重な文化遺産を集め、安全に収蔵保存することを目的として計画された。大きなボリュームを必要とする収蔵庫は、周辺の景観を遮らぬよう、斜面に埋め込み、地形に溶け込ませることで、貴重な宝を埋蔵するイメージへと繋げている。美術館建設に向けて、当面空いている収蔵庫を利用し、世界ではじめて「心」をテーマにしたミュージアムとして企画展が行われた。

岡崎市民会館
岡崎市六供町出崎15-1
設計：日建設計工務
竣工年：1967（昭和42）
第1回中部建築賞

MAP p.195

ほぼ半世紀にわたり文化・芸術活動の拠点として愛されてきた市民会館。徳川家康公の家紋にちなみ名付けられた大ホール「あおいホール」のほか、定員300名の甲山会館と、3部屋のリハーサル室、6部屋の会議室から構成されている。2016（平成28）年の岡崎市制100周年記念の節目となる年に大規模な改修工事を行っており、大ホールの座席を削減することで、客席スペースにゆとりをもたせ、舞台を拡張した。

東岡崎駅南口広場ガレリアプラザ
岡崎市明大寺町耳取
設計：瀧光夫建築・都市設計事務所
竣工年：1999（平成11）
日本建築学会作品選集2001

MAP p.195

中心街への玄関口となる駅前広場。明るくて気持ちのいい駅前広場をつくり出すことや、人びとが心地よく通り抜けられることを重要視して設計された。さらに、待ち合わせや休憩、天気予報や市内のイベントなど必要な情報が常に得られる魅力的な「都会のオアシス」にすることを目指し設計されている。水・緑・光に溢れる天蓋のある広場＝Plazaと通路＝Galleriaが一体化した都市空間が形成されている。

愛知産業大学言語・情報共育センター
岡崎市岡町原山12-5
設計：栗原健太郎・岩月美穂＋studio velocity
竣工年：2013（平成25）
日本建築学会新人賞2016、JIA新人賞2016、第47回中部建築賞、『新建築』2013.7

MAP p.195

語学学習、プレゼン、バス待合、ラウンジなどのスペースが入る大学施設。キャンパスの中心に位置する段差のある中庭を再整備した計画である。視線と動線を分断していた高低差4mの段差をなくし、中庭全体を内部・外部が緩やかにつながる建築とすることで、視線がつながり、新たな人の流れ、交流のリノベーションを実現している。必要な施設を機能的にまとめず、分散配置することで、内外のつながりが生まれ、中庭すべての空間が建築化されている。

山王のオフィス
岡崎市
設計：栗原健太郎・岩月美穂＋studio velocity
竣工年：2018（平成30）
『新建築』2018.10

MAP p.195

住宅地に建つ木造2階建ての自社オフィス。屋根は、1本ごとに強度試験を実施したラミナ材によって構成され、あらかじめプレテンションをかけることで、吊り構造のカテナリー曲面をつくっている。曲面屋根がさまざまな天井高をもつワンルームを生み出しており、住宅密集地のなかでも開放的な内部空間と適度なプライバシーが確保された屋上空間を創出している。曲面屋根には最大150人までの圧縮力を許容できる。

Dragon Court Village
岡崎市
設計：Eureka
竣工年：2013（平成25）
日本建築学会新人賞2016、第46回中部建築賞、『新建築』2014.2

9戸の賃貸長屋の集合住宅。隣家と余白を共有し、地域・環境へと開かれた住宅群を目指している。各戸の区分や居住者の領域を曖昧なものとすることで生じる多重の領域性により、戸外に多様な共有の度合いが生まれるように計画されている。敷地内にはどの住戸にも属さないアネックスが2戸あり、入居者が家族構成の変化に伴って借り増したり、入居者以外も借りることができ、さまざまな用途に使用できる。

名古屋圏の建築　193

Cluster 22 ｜ 交錯するビスタライン

岡崎市竜美ヶ丘公園・展望台
岡崎市竜美東1
設計：瀧光夫
竣工年：1980（昭和55）
『新建築』1980.10

MAP p.195

約170haにわたって、土地区画整理事業を行った住宅地の中央部に佇む地区公園。雑木の丘陵地のうち、標高が最も高かった丘と、近くのため池を含めて自然植生を保存しながら整備されている。展望台は事業地が一望でき、この事業を記念する意味も込めて建てられている。各テラスをつなぐ階段が2カ所に設けられ、異なるレベルから風景を楽しむことができる。

岡崎市美術館
岡崎市明大寺町茶園11-3
設計：石本建築事務所
竣工年：1972（昭和47）
『新建築』1972.9

MAP p.195

中心部に位置する公立の美術館。県下2番目の美術館であり、1971（昭和46）年に建てられた図書館と同じ敷地内に存在する。明治以降の郷土作家の作品を中心に作品の収集・展示を行っている。将来の予測できないような要求に応えられるよう、常設の展示をもたないフレキシビリティに富んだ設計となっている。無色の空間には、選択肢を狭めないという建築家の建物に対する解答が込められている。

岡崎市水道局六供浄水場ポンプ室
岡崎市六供町西二本木28
設計：不詳
竣工年：1933（昭和8）

MAP p.195

市街地を見下ろす高台にある浄水場。配水塔がひときわ高くそびえ、その脇にポンプ室が配置されている。内外装とも装飾豊かな建物で、機械室とは思えない華やかさである。外壁はタイル貼り。壁の端や軒先は丸みのある役物タイルを用いている。各窓の上方の壁には葉紋をレリーフしたテラコッタを、両脇には溝彫の柱形を、正面入口両脇の窓にはステンドグラスをはめている。

岡崎市郷土館（旧額田郡公会堂及物産陳列所）
岡崎市朝日町3-36-1
設計：吉田榮蔵
竣工年：1933（昭和8）
国指定重要文化財

MAP p.195

木造平屋建の郷土資料館である。旧公会堂は、講堂を中心に東西両翼の控室を突出させたE字型の平面計画となっている。両翼の妻壁と中央玄関にはペディメントが配置され、左右対称の外観となっており、小屋組は変形の洋小屋構造が採用されている。隣接する旧物産陳列所は公会堂に類似するが、妻壁を半円アーチと持送りで飾り、四葉状の採光窓設けることで、より華やかな構成となっている。公会堂・物産陳列所がそろう点で貴重とされる。

八丁味噌カクキュー本社
岡崎市八帖町往還通69
設計：不詳
竣工年：1927（昭和2）
登録有形文化財

MAP p.195

江戸時代初期より開業していた八丁味噌老舗の事務所。正門に接してほぼ同様式の2棟が東西に並列し、南側が営業所で、北側は広間となっている。近くに矢作川が流れているため、石垣を高く積み上げ、その上に蔵がつくられている。四角の柱形が白く塗られ意匠的に強調されていることが特徴的で、当時の風潮が残る質の高い和洋折衷建築である。企業のロゴマークである「久」の文字が外壁に大きくあしらわれている。

六所神社
岡崎市明大寺町字耳取44
設計：鈴木長次
竣工年：1636（寛永13）
国指定重要文化財

MAP p.195

斉明天皇の勅命により、奥州塩釜六所大明神を迎え入れるために創建されたと伝わる古社。東加茂にあったころから、松平氏の土地を守る神として崇敬され、勢力拡大に伴い現在の敷地に移された。社殿は権現造であり、三間社流造の本殿は、回縁より下方は朱漆塗、上方は黒漆塗である。また、拝殿正面には千鳥破風と向唐破風をつけて外観を整えている。建築細部は江戸初期の特徴をよく表し、建築装飾は華麗で卓越している。

伊賀八幡宮
岡崎市伊賀町東郷中86
設計：鈴木長次
竣工年：1636（寛永13）
国指定重要文化財

MAP p.195

松平家の氏神としてあがめられたと伝えられる神社。現在の社殿は1636（寛永13）年に、3代目の将軍である徳川家光が、岡崎城主であった本多利忠を奉行とし、造営させたものである。徳川家康も、大きな合戦の時には必ず参詣したといわれ、徳川家の武運長久・子孫繁栄の守護神とされている。極彩色、飾り金具を施した華麗な社殿で、本殿と幣殿は丹塗りの透塀で囲まれている。本殿、随神門、神橋など、ほとんどが国の重要文化財である。

八幡宮本殿
岡崎市福岡町南御坊山19
設計：河北次郎兵衛守定
竣工年：1619（元和5）
国指定重要文化財

MAP p.195

土呂八幡宮の名前で知られる歴史ある神社。1563（永禄6）年に三河で一向一揆の兵火にかかり焼失したが、徳川家康が家臣の石川数正を奉行として再興させた。本殿は三間社流造で、県内では最も広く分布する本殿形式である。全体に木割が繊細で、比較的小さいうえに建ちが高いため優雅な印象である。江戸初期の特徴をもちながらも、1914（大正3）年まで建物の中にあったため、保存状態がよい。

交錯するビスタライン | Cluster 22

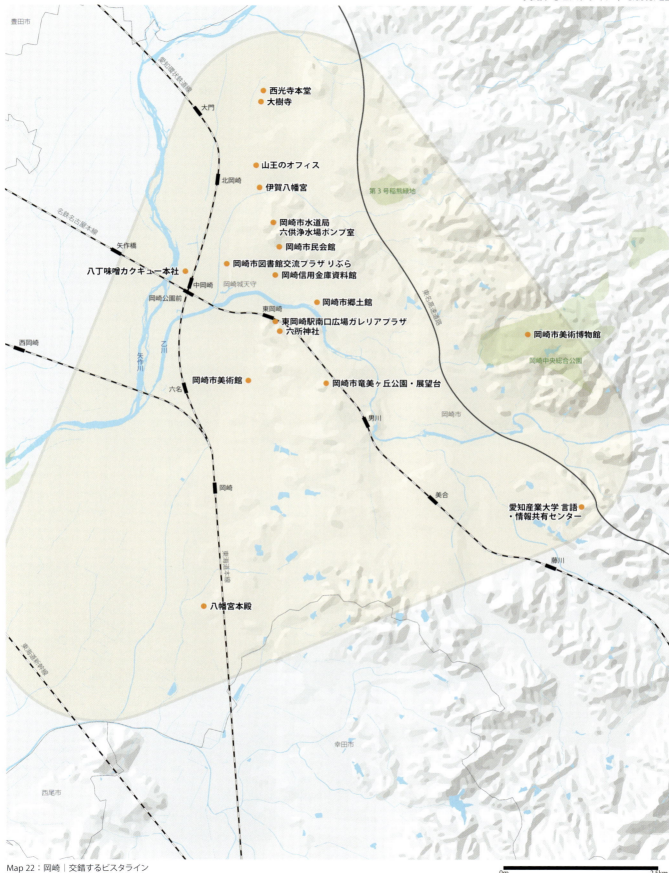

Map 22：岡崎｜交錯するビスタライン

Column 12

岡崎を中心とした参加型建築

三矢 勝司（岡崎まち育てセンター・りた事務局次長、名古屋工業大学コミュニティ創成教育研究センター・研究員）

　私は参加型まちづくりのコーディネーターとして、市民の方々が利用される公共空間（公園や施設）が設計される前と後のコーディネーションに従事している。

　岡崎市が中心市街地の再生を目的として建設した図書館を核とした文化複合施設「岡崎市図書館交流プラザ りぶら」（市民活動センターや国際交流センター、ホール等、設計：佐藤総合計画と千里設計のJV、延床面積約2万㎡、年間140万人が来館、2008年竣工、以下「りぶら」、p.192）では、プロジェクト全体の市民参加および市民と設計チームと行政の対話をコーディネートした。このりぶらプロジェクトでは、まず、空間デザインワークショップの企画運営により建築設計に市民意見を反映するお手伝いをした（2004、2005年）。その後、そこで立ち上がった市民の機運を受け止めて施設運営に関するワークショップを展開し、2008年には市民サポーター組織「りぶらサポータークラブ」の設立までを支援した。

　私にとって、りぶらプロジェクトの成果・作品は、「りぶら」と「りぶらサポータークラブ」である。開館から10周年を迎えるが、今でも「りぶらサポータークラブ」は年間10本程度の市民プロジェクトを展開する等、施設の新しい魅力づくりを継続している（例：託児サービスの提供や年間約1,500人が参加する市民講座の運営）。

　こうした公共施設を市民の手に取り戻し、施設を管理する行政のパートナーとなる市民組織をつくり、さらに公共施設が提供するプログラムの質を上げることの支援をする仕事の依頼が近年増えている（例：ぎふメディアコスモス（岐阜市）／須賀川市民交流センター（福島県須賀川市））。

　一方で、公共施設の管理運営業務にも関わっている。私が設立した「NPO法人岡崎まち育てセンター・りた」（以下、りた）は、岡崎市内に5つあるまちづくりの拠点施設「地域交流センター」の指定管理者として、岡崎市から建物管理や利用管理および事業運営を業務して受託している。「りた」にとっては、こうした施設管理業務は組織の経営基盤であるだけではなく、地域団体やNPO、学校関係者とのネットワーク形成、まちづくり推進の基盤でもある。

　また、最近の代表的プロジェクトに、「碧南レールパーク」（碧南市）がある（2018年竣工。デザイン監修：水津功愛知県立芸術大学教授、設計：株式会社オオバ）。全長2.3ｋｍにおよぶ名鉄廃線跡地を緑道公園として再整備したプロジェクトである。私は、デザインワークショップや沿道住民向けデザイン調整会議、子ども向け遊具デザインワークショップ等、参加のデザイン手法を総動員して、地域社会と溶け合う公共空間の実現をコーディネートした。

　このように、私は建築設計の前（市民参加による空間デザイン）と後（活用を促進する組織デザイン）をコーディネートするべく、岡崎市を中心に活動している。

（みつや・かつし）

「岡崎市図書館交流プラザ りぶら」（西側外観：水辺、緑地、図書館の連続性）。

「碧南レールパーク」（写真は、こども参加でデザインされた遊具）。

「なごみん横丁」の様子（りたが管理運営している公共施設・岡崎市北部地域交流センター」で実施している子ども向けまち学習プログラム）。

Cluster 23：三河湾
三河リゾートの眺望

このクラスターに属する三河湾は、東側は渥美湾、西側は知多湾に挟まれており、知多半島南端の南知多町の師崎、日間賀島の尾張大磯灯標、渥美半島西端の伊良湖古山山頂の3点を順に結んだ直線と陸岸によって囲まれた海域である。観光地が多く、三谷温泉などの愛知を代表する温泉郷や「ラグーナテンボス」などのテーマパーク、タコとフグの有名な日間賀島、篠島などが有名だ。

本州のほぼ中心に位置する蒲郡市は、渥美半島と知多半島に囲まれた古くからの保養地であり、沿岸一帯が三河湾国定公園に指定されている。また、全国的知名度を誇る景勝地「竹島」と桟橋でつながる橋の袂には、大正から昭和初期に文人達が多く利用した料理旅館「常磐館」があり、多くの文芸作品に登場する建築作品として今もなお残されている。

蒲郡市内には三谷、西浦、形原、蒲郡の4つの温泉地があり、これらを総称して「蒲郡温泉郷」と呼ばれている。名古屋近郷の湯治場として古くから活用されており、戦後の交通整備によって中京圏や東三河の奥座敷として急速に発達を遂げたことで、大規模なホテル街や歓楽街が形成された。最盛期には30軒以上のホテルや旅館が一帯を占め、大いに賑わいを見せる。その中でも、**蒲郡クラシックホテル**（1934）は、景勝地竹島の対岸に建つ城郭風の建築で、経済産業省が認定する近代化産業遺産のひとつに指定されている。クラシカルな雰囲気の客室と優雅な庭園など、蒲郡のランドマークとして欠かせない旅館のひとつである。

そのほかにも、渥美半島の先端である伊良湖岬に位置する**伊良湖ビューホテル**（1968）や三河湾国定公園に属する三ヶ根山に位置する**グリーンホテル三ヶ根**（1973）はいずれも高台のパノラマリゾートとして、客室やホテルの各所から三河湾をはじめとする太平洋を一望することができるロケーションが魅力的である。

このクラスターは、いずれの建築作品においても、雄大な海へと抜ける眺望が共通したエレメントになっている。

グリーンホテル三ヶ根
西尾市東幡豆町入会山1-287
設計：丹羽英二建築事務所
竣工年：1973（昭和48）
第5回中部建築賞

MAP p.199

三ヶ根山の高台にある三河湾国定公園の山頂に位置するホテル。地上6階、地下2階の鉄骨鉄筋コンクリート造で、渥美半島、知多半島を望む海と山に抱かれたリゾート建築である。ロビーは海を見渡せる一面ガラス張りで、開放感ある空間になっており、眼下に広がる穏やかな三河湾の絶景を感じることができる。大浴場でも渥美半島と知多半島に囲まれた三河湾のパノラマを堪能することができる。

蒲郡クラシックホテル（旧蒲郡ホテル）
蒲郡市竹島町15-1
設計：久野節
竣工年：1934（昭和9）
第1回BELCA賞ベストリフォーム部門

MAP p.199

小高い山の頂上に三河湾を見下ろすように建つホテル。対岸には景勝地である竹島がある。銅板葺き入母屋の大屋根に、千鳥破風、唐破風、塔屋を配置しており、山上の城郭を彷彿させる。蒲郡に欠かせないランドマークであり、ホテルから海の眺望も素晴らしい。竣工前後は戦前のホテルブームといわれた時期で、政府は国際観光に力を入れていた。1980（昭和55）年に休業後、1987（昭和62）年に「蒲郡プリンスホテル」として再オープン。2012（平成24）年に現名称となる。

竹島より蒲郡クラシックホテルをみる。銅板葺きの緑青が、周囲の緑に溶け込む。

Cluster 23 | 三河リゾートの眺望

伊良湖ビューホテル
田原市日出町骨山 1460-36
設計：観光企画設計社
竣工年：1968（昭和43）
『新建築』1968.7

MAP p.199

三河湾から120mの高台にあるホテル。既成観光地ではない未開の伊良湖岬で、豊橋市から50kmの距離に観光客を誘導することから始められた。娯楽施設はホテル自体に含み、宿泊客と娯楽施設利用の日帰り客の動線が整理されている。地形の高低差を利用し、ふたつの入口を設け、1階は日帰り客、2階はホテル部分となっている。白い「くの字」型の建物は折れたところでホテルと娯楽施設に分かれている。

愛知厚生連渥美病院
田原市神戸町赤石 1-1
設計：共同建築設計事務所
竣工年：2000（平成12）
第33回中部建築賞

MAP p.199

渥美半島における唯一の地域中核病院。地域医療の重責を担ってきたが、さらなる高度医療への期待を付託されて、移転新築された。「アプローチした段階で内部の構成を想像させる」ことが意図されており、外来の主動線を、プロムナード1本にすることによって、外来の窓口や待合から内部庭園を臨みつつ移動することができる。平面計画は低層部の4つのブロックが主動線に取りつく形の雁行型の構成となっている。

蒲郡市戦没者慰霊平和塔
蒲郡市水竹町西清水川 15-1
設計：黒川紀章建築都市設計事務所
竣工年：1977（昭和52）
『新建築』1978.4

MAP p.199

蒲郡市戦没者慰霊平和塔建設奉賛会によって建設された慰霊平和塔。日清・日露戦争をはじめ、第2次大戦に至る戦争による殉職者の追悼と同時に、平和日本と、市民のまちづくりのシンボルをつくることを主旨としている。1辺が36mある三角形の側壁が曲線を描いて上に伸び高さは20mに達している。この塔は折版の接線を切断し、2枚の平版が寄り添うことで立ち上っている。側面からの形態は船の舳先のメタファーである。

蒲郡市博物館（蒲郡市郷土資料館）
蒲郡市栄町 1188
設計：戸尾任宏＋建築研究所アーキヴィジョン
竣工年：1979（昭和54）
第12回中部建築賞

MAP p.199

三河湾湾口に位置する博物館。開館後、1989（平成1）年に蒲郡市博物館に改称された。施設の特徴として、風水害に強く温湿度を一定に保ちやすい2重壁構造が採用されている。1階にはギャラリー・特別展示室、2階には歴史・民俗の展示室がある。屋外には「蒲郡SLを守る会」によるSL（D51201）が展示されており、SL写生大会や企画展の開催が行われている。

碧南火力発電所本館
碧南市港南町 2-8-2
設計：中部電力、名古屋工業大学
竣工年：1992（平成4）
第25回中部建築賞

MAP p.199

衣浦湾に面した臨海大型発電所。大型の煙突とボイラーが収められた高さ約80mの建屋3棟と、発電機が収められた本館が主要な構築物である。外壁にはヨットの帆をイメージさせるブルーと白と淡いグレーの色彩が施されている。巨大なボリュームに対して、三角形を基本とする色彩により壁面を分節化することで、スケールダウンを行っている。また、敷地の一部をバードサンクチュアリとするなど、環境への配慮もみられる。

蒲郡市民病院
蒲郡市平田町向田 1-1
設計：久米設計
竣工年：1997（平成9）
第30回中部建築賞

MAP p.199

三河湾の眺望と緑豊かな山々に囲まれた病院。開業以来、地域医療を支えてきたが、老朽化と高度医療への対応のために現在の自然環境の中へ移転新築された。やさしく伸びやかな船をイメージした外観はガラスとタイルで表現され、展望レストランは海に向かって緩やかなカーブを描いている。病院の入口周りには池を配置し、ふれあい広場や敷地周辺の歩道沿いに患者や付添人のための散策路を通している。

蒲郡市生命の海科学館（旧蒲郡情報ネットワークセンター・生命の海科学館）
蒲郡市港町 17-17
設計：高松伸、高松伸建築設計事務所
竣工年：1998（平成10）
『新建築』1999.5

MAP p.199

地球と生命の歴史を紹介する科学館。77m×50mのL字型の建物によって、敷地の北側と西側が完全に閉ざされている。これにより、南東に向かって最大限に開かれた平面計画となっており、その中央に「情報ロビー」と名付けられた来訪者のためのパブリックスペースが位置している。情報ロビーを切り取るように円形の吹き抜け空間が配置され、各階をつなぐ動線となっている。建物以外はすべて庭園などの外部空間である。

三河リゾートの眺望 | Cluster 23

Map 23：三河湾｜三河リゾートの眺望

Cluster 24：西尾・碧南
偉人にみる地域文化

西尾市岩瀬文庫
西尾市亀沢町480
設計：若山滋、張奕文
竣工年：2002（平成14）
『新建築』2003.4

MAP p.201

明治から大正にかけての富豪である岩瀬弥助が収集した古典籍の博物館。この建築は、岩瀬文庫を収蔵する堅牢な書庫棟に接し、閲覧及び資料展示の役割を果たしている。「巨大な書物」として総画表象の媒体となることをテーマに、閑寂なプレキャストコンクリート造が採用されている。外装は打ち放しコンクリートの柱とガラスブロック、ライムストーンで構成されたシンプルで端正なデザインとなっている。

　西尾・碧南地区によるこのクラスターは、東に三ヶ根山、西に衣浦港、南に三河湾を臨む、三方を自然に囲まれている。鎌倉時代に足利義氏によって西尾城が築かれ、六万石の城下町として商業が賑わいを生み、窯業、鋳物、醸造などの伝統産業を育んだ。そのなかで、多くの豪商や工芸家といった文化人を輩出してきた。特に、岩瀬弥助と藤井達吉は、この地域の発展に大いに貢献した人物であり、ふたりの育んだ文化は建築となって語り継がれている。

　豪商の岩瀬弥助は、現在の西尾市出身である。資産家として、一代で莫大な財を築いた一方、西尾鉄道を開通させ、学校の建設資金を寄付するなど、まちづくりや教育にも強い関心をもっていた。岩瀬弥助が明治から大正にかけて収集していた古典籍のコレクションの一部は、**西尾市岩瀬文庫**（2002）に展示されている。

　碧南市出身の美術工芸家である藤井達吉は、瀬戸の陶芸や小原の和紙工芸の発展における基礎を築いた人物である。明治の終わりから大正時代にかけて、吾楽会、フュウザン会、装飾美術家協会、日本美術家協会、无型などの前衛的なグループに参加して当時の気鋭の画家・彫刻家・工芸家と親しく交流、幅広く活動していた。藤井達吉の作品や、彼の意思を継ぐ作家たちの作品は、**碧南市藤井達吉現代美術館**（2008）に展示されている。

　またこの地域には、文化人の功績やコレクションを顕彰することを目的とした建築作品だけでなく、**哲学たいけん村無我苑瞑想回廊**（1992）や**碧南芸術文化ホール・図書館**（1933）といった豊かな自然と共に文化を体験できる建築が数多く存在する。

　文化人にはじまるこのクラスターの建築は、多様な自然環境に囲まれながら地域文化を継承する場となっている。

西尾市岩瀬文庫旧書庫
西尾市亀沢町480
設計：西原吉次郎
竣工年：1919（大正8）ごろ
登録有形文化財

MAP p.201

岩瀬文庫のシンボルにもなっている煉瓦造が特徴の書庫。地上3階、地下1階建ての建物で、外観は煉瓦の小口積みに似せた素焼きタイルで覆われている。内部の壁は厚い漆喰塗り。書架はさまざまな蔵書の大きさや形態に合わせ、幅や奥行き、棚の高さを変えたオーダーメイド品である。また、書架の側面は湿気がこもらないように板を貼らず、床もすのこ状になっている。1926（大正15）年には同じ設計者による児童館（現西尾市立図書館おもちゃ館）が完成している。

西尾市順海町通りの路地をみる。西尾市内で、城下町の趣が最も残る場所となっている。

偉人に見る地域文化 | Cluster 24

碧南市藤井達吉現代美術館
碧南市音羽町1-1
設計：日本設計
竣工年：2008（平成20）
2008年度JIA優秀建築選、日本建築学会作品選集2010、第40回中部建築賞、第19回BELCA賞ベストリフォーム部門
MAP p.201

築25年を経過し、役目を終えた旧商工会議所ビルをコンバージョンした美術館。西三河地方特有の黒壁が続く美しさを感じさせる大浜地区に位置する。消炭色の外装鋼製ルーバーや、既存タイルの質感を活かした半透明墨色塗装などにより景観を継承している。一方、大判ガラスの採用により外観のイメージを一新させることによって、歴史的なまちなみに新たな景観価値を生み出している。

碧南市文化会館・碧南市立中央公民館
碧南市源氏神明町4
設計：黒野建築設計事務所
竣工年：1979（昭和54）
第11回中部建築賞
MAP p.201

文化会館と公民館の複合施設。鉄筋コンクリート造、地上5階、地下1階の建物である。名鉄三河線碧南中央駅の近郊に位置しており、1,000人以上を収容できるホールのほかに、音楽や演劇の練習室、大会議室、和室、料理研修室、展示室などから構成されている。地元小中学校の音楽会やサークル活動の場として利用されると共に、展示会やセミナーなどのイベントが定期的に開催され、市民の文化活動の拠点となっている。

哲学たいけん村無我苑瞑想回廊
碧南市坂口町3-100
設計：若山滋、篠田進・川口喜代枝＋篠田川口建築事務所
竣工年：1992（平成4）
第25回中部建築賞
MAP p.201

哲学者伊藤証信の研修道場である無我苑を譲り受けて建設された、哲学体験村の施設。企画展示などを行う展示ギャラリーを中心にハイビジョンシアター、リラクゼイションルーム、メディテーションルームなどの小空間から構成されている。打ち放しコンクリートによるマッシブな空間を、数種類の色彩でペイントされた面が効果的に分節している。正面のアプローチは地形の段差を利用しており、エントランスに至るまでの空間を演出している。

碧南芸術文化ホール・図書館（旧へきなん芸術文化村）
碧南市鶴見町1-70-1
設計：久米設計
竣工年：1993（平成5）
第26回中部建築賞
MAP p.201

図書館、コンサートホール、シアターなどが配置されている文化複合施設。住宅地の中に存在するため、高さは最低限に抑えられており、芸術、人、情報の出会い場としての役割を果たしている。全体は円形でまとめられているが、街路に面するところはタイル貼りのハードな表情でまとめている。通り庭はカーテンウォールのガラスを用いて、対面をお互い写し合いながらの拡がりが演出されている。

ORPHE
西尾市丁田町五助9
設計：高松伸建築設計事務所
竣工年：1987（昭和62）
『新建築』1988.6
MAP p.201

呉服業を営む老舗の本社屋。本社事務機能や毛皮・ジュエリーショップ、催場、御着物処などの複合機能をもつ。間口26m、奥行き36mの敷地は、当時の街では並ぶものがない規模をもつ建築であった。時の移ろいやさまざまな欲動の変遷にも変わりなく、静かに横たわる動かしがたい自律性を建築に託した設計者の思いがネオクラシカルな不動性に表現されている。

栄四郎瓦株式会社（旧丸栄陶業本社屋）
碧南市白沢町1-7-1
設計：内井昭蔵建築設計事務所
竣工年：1989（平成1）
『新建築』1989.10
MAP p.201

瓦工場の本社屋。事務棟、展示棟、社員食堂棟の3つの建物が回廊で結ばれており、それぞれに設けられた屋根には別種類の瓦が乗せられ屋根の美しさを表現している。すべての建物にトップライトが設けられ、内部には暖かい光が差し込む。一方で、外観を田園風景の中に溶け込ませるために塔や屋根のシルエットが採用されている。瓦の土臭さやナチュラルなイメージを反映させた建物となっている。

Map 24：西尾・碧南｜偉人にみる地域文化

名古屋圏の建築　201

Cluster 25：知多半島
低層建築と水平線

中部国際空港旅客ターミナルビル
常滑市セントレア1-1
設計：日建設計、梓設計、HOK、Arup
竣工年：2004（平成16）
日本建築学会作品選集2008、第37回中部建築賞、『新建築』2005.3、JIA優秀建築選2006
MAP p.204

沖合い約3kmの海上に建設された海上空港。高い機能性と共に和やかで親しみのある空間をテーマとしており、「折り鶴」がデザインモチーフとなっている。国際・国内線のビルとして乗り継ぎと他交通機関とのスムーズな連絡を重視している。平面計画は、滑走路方向に突き出たセンターピアが特徴であり、アクセスプラザ・旅客ターミナルビル出発階・到着階はスロープで結ばれている。

　愛知県南西部に位置するこのクラスターは、伊勢湾、知多湾、三河湾に囲まれた風光明媚な場所である。知多半島の豊かな漁場を活かした水産業をはじめ、古くから酒や酢、味噌などの醸造業など、食文化を中心に栄えた。

　江戸時代には廻船による出荷もはじまり、知多が江戸と大阪の中間に位置することから「中国酒」の呼称で親しまれた。現在は、**中部国際空港**（2004）を擁することから、従来の海運に加え、空路による物流拠点としての役割も担っている。

　南北にかけて緩やかな丘陵地が続く知多半島では、海や川、田畑といった、水平に伸びる里山の田園風景に寄り添うような建築が数多く見られる。半田で財を成した中埜半左衛門家の分家、中埜半六家の**旧中埜家住宅**（1911）や、中埜家を祖とするミツカングループの博物館**MIZKAN MUSEUM**（2015）は、運河沿いに並ぶ黒壁の風景を継承し、企業繁栄の歴史を象徴する建築となっている。また、童話「ごんぎつね」（1932）などを生み出した作家、新美南吉を顕彰する**新美南吉記念館**（1994）をはじめ、長寿社会のコミュニティモデルの核を担う、**空を孕む波 大府いきいきプラザ**（1992）や、中部国際空港など、知多半島の丘陵地が描く稜線を表象させるデザインとなっている。これらの建築に共通しているのは、いずれも屋根の形状や高さ、勾配に十分配慮することによって、景観や地形との調和を図っているところだ。

　空の玄関口として、飛行機の機窓から見下ろすことができるこのクラスターの建築は、知多半島の雄大な自然と調和した美しいまちなみを形成している。

旧中埜家住宅
半田市天王町1-30
設計：鈴木禎次
竣工年：1911（明治44）
国指定重要文化財
MAP p.204

海運業や醸造業を手広く営んできた中埜半六家の旧家。第10代中埜半六が別荘として建てた洋風住宅で、1976（昭和51）年に国の重要文化財に指定されている。複雑な壁面と急勾配の屋根をうまく組み合わせて、変化に富んだ外観を造り上げている。日本におけるハーフティンバー造（木造軸組＋煉瓦真壁＋斜材木材）の住宅の遺例として、ほとんど改造もなく現在まで保存されている。

運河より黒壁の風景を臨む。水平に続く運河の景観が、低く構える佇まいを際立たせる。

低層建築と水平線 | Cluster 25

MIZKAN MUSEUM
半田市中村町2-6
設計：NTTファシリティーズ
竣工年：2015（平成27）
日本建築学会作品選集2018、第48回中部建築賞、第58回BCS賞、『新建築』2016.3

MAP p.204

知多半島・半田を拠点に事業を営み続けるミツカングループの企業ミュージアム。金属の外壁と瓦屋根による構成で、従前のまちなみや印象的なモチーフを再生している。外側とは対照的に、現代的な陸屋根で構成し地域に開かれた中庭も大きな特徴である。河川により冷却された季節風を建物内へ取り込み、煙突形状の排気塔を利用した自然換気を行う。

新美南吉記念館
半田市岩滑西町1-10-1
設計：新家良浩建築工房
竣工年：1994（平成6）
『新建築』1994.7

MAP p.204

半田市に生まれ育った児童文学者、新美南吉の顕彰を目的とした記念文学館。童話「ごんぎつね」の舞台となった森に隣接しているため、建築が建築として存在しないことをイメージし設計された。要求されている主要な諸室を地下に沈めているため、地上は何事もなかったかのように以前の静寂な田園風景を再生させている。新美南吉の、多元的な解釈を可能とする童話・詩の世界が表現されているのである。

空を孕む波 大府市いきいきプラザ
大府市横根町狐山97-6
設計：笠嶋淑惠、市浦都市開発建築コンサルタンツ
竣工年：1992（平成4）
日本建築学会作品選集1993、第25回中部建築賞、『新建築』1992.9

MAP p.204

居住環境整備事業の第1弾として地域の核となるよう企画された公民館。鉄筋コンクリート造と大断面集成材を主とする木構造との混構造である。波のような曲面屋根やアクセント色は、隣接するデイケアセンターと統一され、うねる屋根は道路側から人を招き入れるように、民家側は親しみやすい表情をした形状となっている。また、コンクリートと曲面部材との接点など、随所に設計者と職人との緊密な連携がうかがえる。

アロン化成ものづくりセンター
東海市新宝町30-6
設計：森下修＋森下建築総研
竣工年：2011（平成23）
日本建築学会作品選集2014、第45回中部建築賞

MAP p.204

各地に分散していたアロン化成の研究施設を集約した工場・事務所。平面計画は、インターネットや脳のシナプスのようなネットワークと、六角形の組柱タワーを構造体としたシンプルなオーダーによって構成されている。内部はタワーに囲まれた三角形の空間と中庭空間を内包しており、27基の六角形タワーによって支持されている。各タワーは採光や通風、雨水など、外部環境を内部に取り込む設備的な機能の要であり、プランターの役割も有している。

武豊町民会館ゆめたろうプラザ
知多郡武豊町字大門田11
設計：伊井伸＋都市造形研究所
竣工年：2004（平成16）
日本建築学会作品選集2007、第36回中部建築賞

MAP p.204

田園地帯の一隅に位置する、複合型ホール施設と地域住民の生涯学習施設からなる文化会館。緩やかな丘陵地にある敷地の高低差を利用し、高さを抑えたボリュームとなっている。池に浮かぶように建てられている多目的ホールの円筒形の造形と、それを背景とする全面ガラス張りのエントランスロビーの壁面は、太陽の日差しの当たり具合によって、表情が変わり、西日が当たる時間帯は池の水の反射光と相まって、幻想的な造形となる。

大府市歴史民俗資料館（旧大倉会館）
大府市桃山町5-180-1
設計：黒川建築事務所
竣工年：1980（昭和55）
『新建築』1980.10

MAP p.204

大倉公園に隣接する、大府児童老人福祉センター、歴史民俗資料館の2棟からなる複合施設。2棟は直角二等辺三角形の平面で構成され、双方の斜辺部が鉤の手状に公園を囲んでいる。外壁の白色タイルはホールの内装と統一されている。公園側の壁面を大きなガラス面とすることで、内部と外部の中間地帯となるホールを見ることができる。また、ガラス面と側柱の取り合いにより2棟は対比的に演出されている。

老人保健施設相生
知多郡東浦町緒川東米田16
設計：大建設計
竣工年：1996（平成8）
第31回中部建築賞

MAP p.204

自然豊かな丘陵地に建つ老人保健施設。外観は自然との調和を重視して、コンクリート打ち放しの躯体とステンレスと鉛を貼り合わせた複合版の屋根を中心に、淡いグレーの色調である。中央部は共用スペースであり、西側は中庭を挟んでデイケア施設が置かれ、東側は4ブロックの療養棟がクラスター状に配されている。訓練室で簡易のステージを設けてミニコンサートなどが開催され、地域の人びとと連携することで、心のケアにもつながっている。

刈谷市郷土資料館（旧刈谷町立亀城尋常高等小学校本館）
刈谷市城町1-25-1
設計：大中肇
竣工年：1928（昭和3）
登録有形文化財

MAP p.204

刈谷市の前身であった刈谷町が亀城尋常高等小学校校舎として建設したもの。刈谷市立亀城小学校として使われた後、校舎の建替えに伴い、1980（昭和55）年から保存活用されている郷土資料館。正面中央の玄関に車寄せを配置し、左右に翼屋を張り出して屋根の妻面を強調している。平面計画は、南側に教室を配置し、北側に廊下を設けた片廊下型で、当時は珍しかったコンクリート造の学校建築として貴重な遺構である。

名古屋圏の建築　203

Cluster 25 ｜ 低層建築と水平線

Map 25：知多半島 ｜ 低層建築と水平線

Column 13

名古屋圏における社会基盤施設

秀島 栄三（名古屋工業大学教授）

　道路、港湾などの社会基盤施設は、地域の発展を下支えする。地域が発展すると新たな社会基盤施設が必要になる。これが次なる発展の土台となる。この地域では、長年にわたる製造業の好調に支えられ、このような再帰的な発展の過程が続いている。

［河川］
　この地域の豊かさは木曽川、長良川、揖斐川、庄内川などの河川によってもたらされたといって過言ではない。流域に広がる平野に養蚕業、製材業、繊維業、窯業、自動車組立業、機械製造業といった諸産業が相互に関連しながら発展すると共に、重量物はどのようなものでも、どこであっても水上を移動していた。
　名古屋市内に限ると水辺に乏しく、人工河川、運河をつくる必要があった。1610（慶長15）年に堀川が、1910（明治43）年に新堀川が、1930（昭和5）年に中川運河が供用された。過去数十年にわたって水質が悪く、人の気配が少ないため「背を向けられた川」と称されてきた。近年は改善されつつあり、水、風、広さがアメニティをもたらし、低未利用空間として新たな展開が期待されている。

［道路］
　東海道、中山道など古くからの主要道が通るこの地域であるが、モータリゼーションによって物流が舟運から陸運にシフトしたことが道路整備を大きく後押しした。
　東名、名神などの都市間高速道路も、名古屋高速道路も橋上区間が多く、名港トリトンなどの道路橋が景観にインパクトを与えている。
　名古屋市内では戦災復興で手がけられた久屋大通、若宮大通などの「100m道路」が都市空間の骨格形成に寄与している。コンクリート舗装が多いのも名古屋の道路の特徴である。アスファルトに比べて走行性が劣るが耐久性、経済性に優れている。

［鉄道］
　東京と大阪をつなぐ鉄道を整備するため、1886（明治19）年に武豊港から建設資材を運ぶことを目的として武豊線がつくられたのがこの地域の鉄道の始まりである。明治時代、駅は迷惑施設であり都心から離れたところに立地した。「ささしまライブ24」、「名古屋国際会議場」などはかつて操車場、貨物駅だった。鉄道貨物はその後トラックに地位を奪われたが環境面、経済面から見直されている。
　1964（昭和39）年に開通した東海道新幹線は、高い需要に応えるために、毎日24時から翌朝6時の間にメンテナンスを行う、過酷な状況にある。2027年に開業予定のリニア中央新幹線は、東海道新幹線を補完する役割を担うことが期待されている。

［港湾］
　伊勢湾内には名古屋港、三河港、衣浦港、四日市港などの重要港湾がある。三河港、衣浦港は県が管理し、名古屋港、四日市港はそれぞれ複数自治体による組合が管理している。
　名古屋港は1907（明治40）年に開港した。その後、飛島、鍋田へと拡がり、最近15年間は総取扱貨物量日本一の地位を保ってきた。コンテナリゼーションが進められ、物流の効率化がもたらされたが、同時に港湾労働者が著しく減り、「港町」が衰退したという面もある。遠浅の海に埋め立ててつくられたこともあり、都心から遠く感じられるが、ガーデン埠頭には地下鉄名港線で栄から20分で行くことができる。

［空港］
　首都圏では成田国際空港が株式会社となり、関西圏では関西国際空港がコンセッション方式を採用し、経営改善が図られたが、中部国際空港（セントレア）は、2005（平成17）年の開港時から株式会社であった。県営名古屋空港は中部国際空港と位置づけを異にする見込みであったが、ローコストキャリアが台頭するなどして役割が重複する空港が共存する状況になっている。

［上下水道］
　見えにくい存在であるが、先進国として主要な社会基盤施設である。名古屋市および周辺自治体の上水道は木曽川を水源とし、水質の評価が高い。下水道は治水機能も担う。名古屋駅と周辺の浸水対策として巨大な下水管の整備が進められている。

（ひでしま・えいぞう）

堀川と中川運河をつなぐ松重閘門。→p.157

名古屋駅。左方に都市計画道路椿町線（工事中）。

名古屋高速道路 黒川ジャンクション。

（写真提供：筆者）

Cluster 26：常滑・瀬戸

焼き物が醸す風景

INAXライブミュージアム土・どろんこ館
常滑市奥栄町1-45
設計：日置拓人＋南の島工房
竣工年：2006（平成18）
第39回中部建築賞

MAP p.208

INAX（現：LIXIL）が運営する既存の文化施設に「土・どろんこ館」、「ものづくり工房」を加えてオープンした博物館。擁壁・外壁を版築という工法で土を積み締め固め、土のもつ圧倒的存在感・重量感が表現されている。内部には、左官職人が技を見せる「常滑大壁」と、市民が参加し手づくりされた日干し煉瓦の大壁があり、個性的空間を印象づけている。

　日本古来の陶磁器窯のうち、中世から現在まで生産が続く、「日本六古窯（瀬戸、信楽、越前、丹波、備前、常滑）」として、常滑地区と瀬戸地区は知られている。焼物が軸となり、このクラスターは形成されている。

　常滑は、釉薬を用いない「焼締め」が特徴であり、もともとは貴族や寺社向けの祭器や日用品を生産していた。市民の需要に応えて甕や壺といった日用品も生産されるようになると、伊勢湾を生かした海道流通によって六古窯最大規模の産地として興盛した。明治期には飾り壺などが海外でジャポニスムブームを起こすと同時に、常滑では石膏型や石炭窯など西洋の技術を積極的に導入していた。戦前においては、フランク・ロイド・ライトの代表作である帝国ホテル旧本館（1923）や、武田五一の京都府立図書館（1909）、アントニン・レーモンドの聖路加国際病院（1933）、大蔵省が建設した警視庁庁舎（1931）などに、常滑産のタイルとテラコッタが装飾に用いられている。

　古くから多彩な焼き物がつくられてきた常滑だが、高度経済成長期に大量に生産され、近代日本のインフラを支えた土管が、「焼き物の町」としてその名を不動のものにした。1924（大正13）年、当時土管を製作していた、INAX（現LIXIL）の前身となる伊奈製陶が設立。現在においても、衛生陶器やタイルの生産は、国内トップである。企業博物館として開館されたINAXライブミュージアムには、**土・どろんこ館**（2007）や**建築陶器のはじまり館**（2012）が併設され、ものづくりの心を伝える体験・体感型の企業ミュージアムとなっている。また、常滑の歴史を継承する建築として、**常滑市重要有形民俗文化財収蔵庫**（1976）や**とこなめ陶の森 陶芸研究所**（1961）があり、文化施設としては、**常滑市民文化会館・中央公民館**（1983）や**常滑市体育館**（1993）が立地しており、いずれの建物も随所に、地場産のタイルやテラコッタの装飾や版築を取り入れている。

　このクラスターでは、生活用品から建築まで幅広く焼物が浸透しており、未来へと焼物がまちの景観を醸成し、地域文化として継承されていくだろう。

INAXライブミュージアム建築陶器のはじまり館
常滑市奥栄町1-130
設計：日置拓人＋南の島工房
竣工年：2012（平成24）
『新建築』2013.3

MAP p.208

INAXライブミュージアムの第6館目の展示施設として建てられたミュージアム。主に大正末期から昭和初期の十数年の間につくられたテラコッタを、室内空間と野外空間に分けて展示している。テラコッタの豊かな装飾性を引き立たせるため、建築は脇役として仕上げの素材感を控えて表現されている。ベニヤ型枠のコンクリート打ち放しや版築ブロックは、屋根の水平性を強調するかたちでデザインされている。

常滑の傾斜地より煙突群を見る。かつて至るところで焼物を生産していたことが伺える。

焼き物が醸す風景 | Cluster 26

LIXIL CERAMビル（旧INAX本社ビル）
常滑市鯉江本町5-1
設計：竹中工務店
竣工年：1991（平成3）
日本建築学会作品選集1992、第24回中部建築賞

MAP p.208

伝統ある常滑の街と、INAXの新しい企業イメージとの調和を求めて具現化された高層棟と、会議・展示場のある低層棟で構成される。両棟の間にある3層吹き抜けのコンコースアトリウムは、全体の動線計画の軸になると共に、企業のイメージアップ空間として表現されている。外装はセラミックタイルのもつ味わいをINAXブルーの基調に合わせ、清楚で格調高い印象となっている。

常滑市重要有形民俗文化財収蔵庫
常滑市大曽町6-3
設計：戸尾任宏＋建築研究所アーキヴィジョン
竣工年：1976（昭和51）
『新建築』1977.11

MAP p.208

自然豊かな運動公園である大曽公園内の展望台近くに建つ民俗資料収蔵庫。内部の収蔵庫は段差でふたつに分かれ、建築下部には形状が特徴的な換気孔が見られる。常滑陶器の製品を入れる収蔵庫は木煉瓦敷きの床であり、陶器の生産道具を入れる収蔵庫はナラ寄木合板の床で構成されている。収蔵庫の天井には、4つの正方形のトップライトと通気口が配置されている。

とこなめ陶の森 陶芸研究所（旧常滑市立陶芸研究所）
常滑市瀬木町4-203
設計：堀口捨巳＋明治大学堀口捨己研究室
竣工年：1961（昭和36）
『新建築』1961.12

MAP p.208

鉄筋コンクリート造2階建ての本館は西半分が2層吹き抜けの展示室でトップライトがつく。東半分は事務部門や茶室となる。外壁は耐候性と洗浄を考慮した硬質磁器タイル張りで、モザイクタイルの色の明度を変えたものを張って、立面全体に濃い紫から薄紫へのグラデーションをかけている。また、階段を吊る鉄の細い角柱や茶室の天井を金色に、展示室の内装を全面銀色にするなど、堀口捨己独特の色の好みが展開されている。

とこなめ陶の森 資料館（旧常滑市民俗資料館）
常滑市瀬木町4-203
設計：戸尾任宏＋建築研究所アーキヴィジョン
竣工年：1980（昭和55）
第13回中部建築賞、『新建築』1981.6

MAP p.208

常滑の街を一望できる高台に建つ民俗資料館。国の重要有形民俗文化財に指定された陶器の生産用具および製品を収蔵、展示している。平滑な外壁は暗青色の灯器質タイルで覆われており、1階正面の中央部はステンレス仕上げのシリンダーになっている。内装は地元陶芸家の手による陶板が施され、展示室ではコンクリート・ブロックの内壁を築き、屋根も2重にすることで、外部からの熱を遮断している。

常滑市民文化会館・中央公民館
常滑市新開町5-65
設計：坂倉建築研究所
竣工年：1983（昭和58）
第16回中部建築賞、『新建築』1984.4

MAP p.208

海岸沿いに建つ、文化会館、公民館、ホールからなる複合施設。鉄骨鉄筋コンクリート造と鉄筋コンクリート造の混構造であり、外観は対岸からの遠望が際立つよう、帆をいっぱいに拡げたシルエットとなっている。外壁は朱泥色のタイル貼りであり、中庭（市民広場）を囲むかたちで、大ホール、ギャラリー、中央公民館を配置している。各階屋上のテラスは連続し、ホール屋上にある海の見えるテラスへとつながっている。

常滑市体育館
常滑市金山下砂原78-1
設計：仙田満＋環境デザイン研究所
竣工年：1993（平成5）
第26回中部建築賞

MAP p.208

Y形トラスのダイナミックなスペースフレームに覆われている体育館。錆が進みにくい耐候性鋼材と火に比較的強いFR鋼の性能をはじめてドッキングさせた鋼材「溶接構造用FR耐候性鋼」が使われている。1階ロビー壁は地元陶芸家の作品を使った構成であり、常滑焼のタイルやシンクが採用されるなど、陶器と共に発展した常滑市ならではの地域性を取り入れている。

鈴渓資料館
常滑市小鈴谷字亀井戸4-3
設計：竹中工務店
竣工年：1984（昭和59）
第17回中部建築賞

MAP p.208

ソニーの創業者盛田昭夫の実家である盛田家本家に隣接する資料館。江戸時代から明治維新までの盛田家代々の庄屋としての記録・古文書などが、戦争で消失されることなく保管されている。建物の構成は、資料を保管する2棟の蔵をそのまま収蔵する2階建て部分と、ホール・事務室・閲覧室などからなる3階建て部分が一体となっている。

半田赤煉瓦建物
半田市榎下町8
設計：安井建築設計事務所
竣工年：2015（平成27）
登録有形文化財
『新建築』2015.10、2016年度JIA優秀建築選

MAP p.208

カブトビールの醸造工場として1898（明治31）年に妻木頼黄が設計したもの。地域のシンボルとなる歴史的建造物として、観光と市民交流の場としての積極的な活用を目的に再整備が行われた。ハーフティンバー造（木造軸組＋煉瓦真壁＋斜材木材）の部分を有し、醸造工場として外部との断熱を図るために煉瓦の壁や床に中空層を設けている。

Cluster 26 ｜ 焼き物が醸す風景

海の家、庭の家、太陽の塔
知多市
設計：米澤隆建築設計事務所
竣工年：2018（平成30）
『新建築住宅特集』2018.10

竹中土木瀬戸竹親寮
瀬戸市
設計：竹中工務店
竣工年：1994（平成6）
日本建築学会作品選集1997、第27回中部建築賞、『新建築』1996.2

あいち海上の森センター本館
瀬戸市吉野町304-1
設計：高橋鷹一＋第一工房
竣工年：2006（平成18）
日本建築学会作品選集2008、第38回中部建築賞、『新建築』2006.7
MAP p.180

あいち海上の森センター物見の丘（海上の森・望楼）
瀬戸市吉野町
設計：東京藝術大学北川原研究室＋伊藤泰彦　竣工年：2005（平成17）
『新建築』2005.5、2006年度JIA優秀建築選
MAP p.180

海沿いの敷地に建つ住宅。海に向かって宙に浮くように突き出す矩形の海の家、住宅街に向かって庭と一体になり軒と縁側を張り出す家形の庭の家、両者をつなぎ空に向かって立つ太陽の塔で構成されている。海、庭、太陽への経路が重なり合い、人や光、風の流れが交差するように、3つの空間が重層するような断面計画、平面計画がされている。また、テラス・展望台・縁側を設けることで、周辺環境とグラデーショナルにつないでいる。

丘陵地に開発された住宅地に建つ、研修室を備えた独身寮。食堂、浴室、ラウンジなどを1カ所に集めず、廊下や中庭に沿って適度なボリュームとスケールで分散配置した平面計画が特徴である。中庭を囲んだ配置となっているが、主体を5つのブロックに分け、各々を周辺住宅のボリュームに近いものとすることで、建物全体がスケールダウンしている。

海上の森に位置し、愛・地球博瀬戸会場（2005）の「瀬戸愛知県館」として利用された。博覧会終了後は仮設部分が撤去され、展示スペースと森林、里山に関する学習情報ライブラリーの拠点施設として再出発した。歴史ある森に建つ施設として、地質や水脈、生態を観察することで、建築の形態や材料が決定された。また樹木を伐採せずに移植するなど、丁寧に環境配慮がなされている。

オオタカが営巣する里山「海上の森」の南西部、小高い山の頂上に建つ高さ14mの望楼。地場産のヒノキ間伐材を活用し、壁・床・屋根面のすべてに「ガラス＋木格子構造」を採用している。ガラス＋木格子構造は、面格子のところどころに嵌め込まれた厚さ12mmのガラスを構造要素とし、木への「めり込み作用」が建物に対する地震力を緩和する構造。工事中もできるだけ環境に負荷を与えないよう人力による材料運搬と組み立てが行われた。

Map 26：常滑｜焼き物が醸す風景

Cluster 27：尾張
港湾都市と伝統工法

中国木材名古屋事業所
弥富市楠3-33
設計：福島加津也＋富永祥子建築設計事務所
竣工年：2003（平成15）
日本建築学会選奨2006、JIA新人賞2004、第37回中部建築賞、『新建築』2004.3

MAP p.211

木材会社の事務所。公開設計競技による案が、計画開始から1年という短期間で竣工している。同社の製品である住宅用の小さな断面のベイマツ乾燥材とベイマツ集成材を最大限に活用し、木造建築の新しい可能性にチャレンジすることが求められた。約16m×33mの無柱空間によるオフィスとショールームが、汎用品の集成材の巧みな利用により実現されている。

　このクラスターは、西尾張の群域を中心に中世の港湾都市として栄え、尾張内でも一、二を競う集落を形成していた。特に津島市は、鎌倉時代から木曽三川を渡って尾張と伊勢を結ぶ要衝「津島湊」として、交通要所の役割を果たしていた。
　伊勢湾に面する飛島村や弥富市は、名古屋近郊の木造建築に用いられる木材の集積地であった。名古屋城築城時には、木曽材を中心とした築城資材が、堀川の水路を通じて盛んに運ばれていた。戦後になると、名古屋における合板産業の発展に伴って、輸入木材が急増した。しかしながら、1959（昭和34）年に東海地方を襲った伊勢湾台風によって、名古屋港内に点在していた貯木場から木材が流出し、後背地に未曾有の被害を受けることとなった。その教訓を踏まえ、木材輸入のさらなる増大に備えて、1968（昭和43）年には、飛島村に広大な貯木場をもつ木材港が誕生した。
　近年では、木造建築の保存・修繕にも取り組むと同時に、寺社建築の伝統を継承した新たな工法への挑戦が行われている。
　東海地方を中心に全国に約3千社ある津島神社・天王社の総本社、**津島神社**（1605）は、「尾張造」という本殿、祭文殿、拝殿を回廊でつないだ左右対称の建築様式を採用している。尾張地区の、**尾張大国霊神社**や真清田神社にも同様の特徴がみられる。
　中国木材名古屋事業所（2003）では、離散化した木の部材を一面に敷き並べ、1枚の軽やかな膜面を集積型木質吊屋根構造によって表現している。また、**プロソミュージアム・リサーチセンター**（2003）では、飛騨高山に伝わる木製の玩具、「鴨」のシステムを発展させて、小断面（6cm×6cm）の木材を釘も接着剤も用いずに組み合わせた木造建築に挑戦している。
　このクラスターは、伝統工法を継承しながら、木材集積地であることを活かし、新たな木造建築を生み出すための実験的フィールドのようである。

プロソミュージアム・リサーチセンター
春日井市鳥居松町2-294
設計：隈研吾建築都市設計事務所
竣工年：2010（平成22）
『新建築』2010.7

MAP p.211　MAP p.215

創業50周年を記念して建設された人工歯関連製品の研究施設。物質・材料が構造そのものである建築のあり方「小さな建築」と「大きな建築」をつなぐことを意図している。特徴的な立体格子の外観は60mm×60mmの角材を用いており、「千鳥」という特殊なジョイント形状をもつ木の棒をひねるという動作だけで、釘も金物も用いずに組み立てていく飛騨高山に伝わる玩具に着想を得ている。

南派川（みなみはがわ）対岸よりツインアーチ138をみる。展望台からは木曽川、濃尾平野まで一望できる。

Cluster 27 ｜ 港湾都市と伝統工法

尾張大国霊神社儺追殿
稲沢市国府宮1-1-1
設計：木内修建築設計事務所、太田伍郎＋太田建築設計
竣工年：2014（平成26）
第46回中部建築賞、『新建築』2014.3

MAP p.211

主に儺追神事（国府宮はだか祭）を執り行うための施設。国府宮はだか祭における神男の選定、参籠の場、更に神男がおさまさまる場であり、神事に不可欠の重要な施設である。延床面積600㎡に迫り、伝統様式の木造の殿舎としては大型である。前身の殿舎の基本的な構成や形態を継承しつつ、本格的な新築の伝統木造建築として、現代技術でさまざまな問題を解決しながら建て替えられている。

尾張大国霊神社
稲沢市国府宮1-1-1
設計：不詳
竣工年：1701（元禄14）
国指定重要文化財

MAP p.211

国府宮あるいは尾張総社といわれている神社。尾張人の祖先がこの地に移住開拓し、尾張地方の総鎮守神、農商業守護神、厄除神として広く信仰された。奈良時代には国衙に隣接して御鎮座していたことから尾張国の総社と定められ、国司自らが祭祀を執り行う神社である。楼門は三間一戸楼門で、入母屋造檜皮葺き、建造年代は様式手法から腰組より下は室町後期とみられる。本殿は流造、拝殿は切妻造、全体の様式は建物の配置より尾張式となっている。

津島市観光交流センター（旧名古屋銀行津島支店）
津島市本町1-52-1
設計：板野鋭男
竣工年：1929（昭和4）
登録有形文化財

MAP p.211

津島銀行が1907（明治40）年に名古屋銀行と合併し、その後移転して建てられた銀行。規模や形態から、当時の地方都市に建てられた典型的な銀行建築といえる。西洋建築のルネサンス様式を簡略化した「復興式」と呼ばれる建築様式である。竣工時には建物後方に木造家屋が併設され、建物後方に張り出した金庫室を囲むようにして木造の階段が取り付けられていたが、現在は取り外されている。外壁は目地切りの人造石洗い出しで、腰回りは花崗岩張りとなっている。

船頭平閘門
愛西市立田町十六石山
設計：ヨハネス・デ・レーケ
竣工年：1902（明治35）
国指定重要文化財

MAP p.211

木曽川と長良川の間を船が行き来するためにつくられた閘門。河口から約12kmのところに位置し、閘室の長さ33.6m、幅4.9m、開閉式門扉の底板は厚さ1.5mのコンクリート造である。船が水面の高さの違う川や水路、海などを進むときは水門で水を調節し、水面の高さを一定に保つ必要があり、この働きをする水門を閘門という。完成後、大正初年までは年間2万隻以上の船が利用した。

津島市本町通り
津島市本町2-23
設計：不詳
竣工年：1891（明治24）

MAP p.211

古い伝統的な家屋が建ち並ぶ通り。津島天王社の門前町として、また尾張の西の入口という交通の要衝として栄えてきた。自然堤防上にゆるやかに湾曲した旧上街道・旧下街道に沿って形成されている。濃尾大地震（1891）では、民家の約6割が被害を受けたが、その経済力を背景に、いち早く再建が進められた。被害を免れた建物と共に大黒柱とそれに取り付く梁が太くなり、より頑丈な町家が建ち並んでいる。

津島神社
津島市神明町1
設計：不詳
竣工年：1605（慶長10）
国指定重要文化財

MAP p.211

戦国武士からも崇敬され、牛頭天王社ともよばれる古社。境内は廃川となった佐屋川と天王川とに挟まれた向島に位置する。本殿、祭文殿、拝殿が左右対称に一直線に配置され、南門との間に蕃塀がある。また、尾張地域の神社によくみられる「尾張造」で、400年余の景観を残している。熱田神宮も明治には「神明造」に建替えられるまでは尾張造であったが、現在尾張造が明確にみられるところは減少している。

滝学園講堂
江南市東野町米野1
設計：村瀬国之助
竣工年：1933（昭和8）
登録有形文化財

MAP p.211　MAP p.215

実業家瀧信四郎が私財を投じて設立した滝学園の、広場東側に建つ鉄筋コンクリート造の講堂。屋根は鉄骨トラス組で収容人数は約1,000人、客席の一部は2階席になっている。装飾が少なく、正面に設けられている額縁を廻した3連出入口やペディメント風の屋根妻面などが、象徴性のある形態を構成している。講堂内部の中央正面に演壇があるが、竣工時には演壇の後方に奉安庫があった。

ツインアーチ138
一宮市光明寺浦崎21-3
設計：伊藤建築設計事務所
竣工年：1995（平成7）

MAP p.211　MAP p.215

木曽川、長良川、揖斐川が流れ込む、国営木曽三川公園三派川地区の一角、木曽川沿いに建つ展望タワー。高さの異なる2本の双曲線アーチと、中央のエレベーターシャフトが「木曽三川の雄大な流れ」を象徴している。展望タワーの名前と高さは、「いちのみや」の語呂合わせである。タワーの形状も特殊であるが、リフトアップ工法という油圧ジャッキでリフトアップしていく特異な建設工法が採用された。

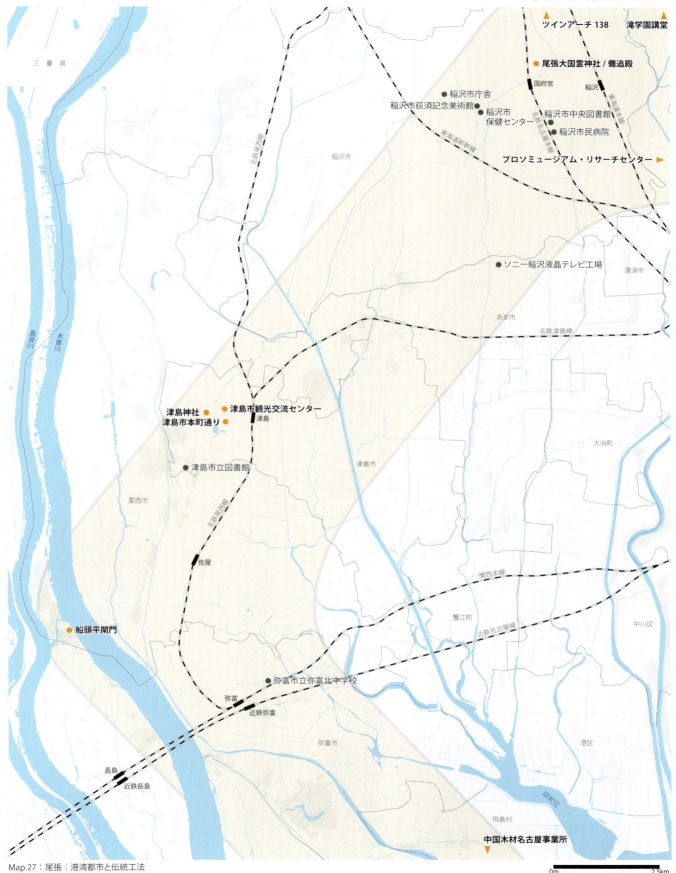

Map 27：尾張｜港湾都市と伝統工法

Cluster 28：尾張
バブルモダンを越えて

一宮市博物館
一宮市大和町妙興寺2390
設計：内井昭蔵建築設計事務所、一宮市建築部建築住宅課
竣工年：1987（昭和62）
第20回中部建築賞、『新建築』1988.3

MAP p.215

市民の文化生活と生涯教育の中心となるように建てられた博物館。単に展示物の鑑賞だけでなく、その建築のあらゆる部分を市民交流の場とすることで、市民の居間となるような親しみやすさをもつ空間となっている。展示空間と収蔵空間を分離するため、回廊と中庭を設けた。中庭は象徴となるような空間を目指してつくられ、機能的には通り抜けとしてエントランスに導くためのホールとなっている。

　名古屋のベッドタウンとして住宅やマンションの建設が盛んに行われるこのクラスターは、21世紀へつなぐ産業、文化、住まいの調和したまちづくりに向けて躍進を続けている。

　1960年代に建設された高蔵寺ニュータウン（1968）は、日本住宅公団（現UR都市機構）が手がけた最初のニュータウン開発事業であり、東京の多摩、大阪の千里と合わせて「3大ニュータウン」として知られている。農村のたたずまいが残っていた春日井市が、郊外住宅地として飛躍的に発展する契機となった。現在は、少子高齢化や人口減少、建物の老朽化、空き家問題といった課題を抱えているが、ニュータウン再生に向けてさまざまな取り組みが行われている。

　同様に、許可・申請を行う行政機関の庁舎建築においても、戦後1950～60年代に建てられたものが多く、老朽化が著しく進んでいる。市町村合併による業務の拡大等によって、多くの市で庁舎の建て替えや改修時期を迎えた。戦後に建設された一連の庁舎は、グレーで無装飾のモダニズム建築であったが、1970年代になると、そのようなモダニズム建築は画一的、均質的と批判され、親しみやすさが求められるようになった。特に、バブル景気以後は、市民と行政が協働してまちづくりを進めていくために、憩いの場として市民から親しまれ、誰もが訪れたくなる地域の文化的シンボルとしての整備が推奨された。時代の潮流のなかで、**春日井市庁舎**（1990）は、市民交流の場となる大ホールをいち早く備えた好事例といえる。

　近年においては、図書館を中心とした公共複合施設である**一宮市尾張一宮駅前ビル**（2012）や、回遊性のある公園を中心に図書館や周辺の文化施設と一体につながる**稲沢市民病院**（2014）など、機能を複合化した新たなビルディングタイプへと発展している。

　このクラスターは、無装飾で合理的なモダニズム建築と、バブル期に繁茂した装飾的なポストモダン建築が融合することによって形成されている。

一宮市民会館
一宮市朝日2-5-1
設計：伊藤建築設計事務所
竣工年：1974（昭和49）
第6回中部建築賞、『新建築』1974.9

MAP p.215

区画整理で田を埋めた土地に建てられた市民会館。環境を守るという立場でなく、未整理の小公園の計画も含め、それを軸に新しい環境をつくり出すことを目的に計画された。小公園と市民ホールの間の道路を付け替え、公園敷地として一体化し、その接点につなぎの空間としてオープンスペースを確保することを目指した。ピロティなどによって囲われた内面的なものでなく、開放された公園の高台として、オープンデッキ方式をとっている。

高蔵寺ニュータウンをみる。全国初のニュータウン開発として注目を集め、バブル期大いに賑わいをみせた。

バブルモダンを越えて | Cluster 28

オリナス一宮（旧名古屋銀行一宮支店）
一宮市本町 2-4-345
設計：鈴木禎次
竣工年：1924（大正 13）

MAP p.215

旧一宮市役所西分庁舎として使用されていた文化施設。1980（昭和55）年からは間仕切りを増設することで銀行から庁舎となった。2016（平成28）年には、イベントなどに活用できるスペースに改修され文化施設となった。外部は1階から3階までドリス式の大オーダーが並べられている。内部は1、2階が吹き抜けであり、その吹き抜けに面してギャラリーのような中2階がある。天井や壁は白漆喰塗りで、細部に彫刻が施され、銀行らしい格式のある意匠が色濃く残っている。

末広保育園＋デイサービスふくじゅ
一宮市末広 2-20-6
設計：藤木隆男建築研究所
竣工年：1998（平成 10）
『新建築』2000.8

MAP p.215

2面道路の角地に建つ、保育園とデイサービスの合築の複合施設。デイサービス施設と保育園の一部、乳児室と一時保育室、遊戯室および事務室は1階に、その他の保育諸室は2階に配置されている。デイサービスの屋根に土を盛ることで、2階保育スペースの「地上化」がなされ、地上園庭との一体化が図られている。地上と屋上を結ぶことにより、子どもと高齢者の生活行動の室内外にわたる回遊性が生み出されている。

一宮市尾張一宮駅前ビル
一宮市栄 3-1-2
設計：山下設計
竣工年：2012（平成 24）
2013年度JIA優秀建築選、日本建築学会作品選集2016、第45回中部建築賞、『新建築』2013.3

MAP p.215

尾張西部の新たな玄関口として建てられた複合施設。本町商店街と駅とをつなぐため、通称「銀座通り」のシンボルロード化、地下駐車場整備事業に伴い整備された。1階レベルはコンコースが駅へと貫通し、エスカレーターにより多くの人を上階の「シビックテラス」に呼び込むことで市民の交流拠点となっている。東面は完全開放し西面はガラスと有孔折板により開放性を確保することで東西を横断する視線の抜けと、プラットホームや電車の車窓からの眺望が確保されている。

稲沢市立中央図書館
稲沢市正明寺 3-114
設計：日建設計
竣工年：2006（平成 18）
第40回中部建築賞

MAP p.215

「地域活動・交流の拠点」として既設の市民会館の敷地内につくられた図書館。外観はショットブラスト・ボーダータイルと斜めに配置した彩色プレキャストコンクリート版で明るく落ち着いた雰囲気となっている。また、建物全体を覆う深い軒庇を設けることで、影によるやさしい表情がつくり出されている。内部は白を基調とし、所々に濃茶色を配えて清潔で落ち着いた空間となっている。

稲沢市民病院
稲沢市長束町沼 100
設計：久米設計
竣工年：2014（平成 26）
2016年度JIA優秀建築選、日本建築学会作品選集 2017

MAP p.215

尾張地区の急性期医療を担い、総合的な中核機能を高めるために移転新築された総合病院。病院の北側に、防災機能を有する公園により、院内から緑豊かな景観を楽しむことができ、周辺環境への影響を低減させる配置計画となっている。特徴的な低層部の円弧状の形態は、従来の病院建築に比べ、やわらかな表情を形成している。動線効率を高め、吹き抜け空間で覆い、外来待合・食堂・リハビリを配置することで地域に開いた健康施設として親しみやすい機能をもたせた。

ソニー稲沢液晶テレビ工場（旧ソニー稲沢カラーブラウン管工場）
稲沢市大矢町茨島 50
設計：竹中工務店
竣工年：1969（昭和 44）
第2回中部建築賞、『新建築』1971.7

MAP p.215

家電メーカーの製品を製造する工場。機能・断面計画では無駄なスペースを排除するために、2階部分の床は1階の柱をなくすため屋根トラスから吊っている。カラースキームを含めた機械設備と建築の調和を図るため、クリーンルームなどの比較的人数の多いところは、明るく清潔さを主としている。また、機械などが主に占めるスペースの天井は白、床はブルーとし、外殻の内側面は濃いブルーとすることで、閉鎖感を防いでいる。

稲沢市荻須記念美術館
稲沢市稲沢町前田 365-8
設計：徳岡昌克と共同者
竣工年：1983（昭和 58）
第26回BCS賞、『新建築』1983.10、第14回JIA25年賞

MAP p.215

稲沢市出身の画家、荻須高徳の作品を展示する美術館。稲沢の文化のシンボルとして、「文化の杜」構想の中心に位置する「芸術の聖域（アートサンクチュアリ）」をコンセプトに提案された。屋根には銅板、床・壁にはタイルや花崗岩を用いている。また、内外観の組石造的な意匠を考慮して壁式構造を採用している。正面および背面のエンタシスのある独立柱は、中空の花崗岩を積み重ねた鉄筋コンクリート造となっている。

稲沢市庁舎
稲沢市稲府町 1
設計：小倉睦弘＋設計事務所ゲンプラン
竣工年：1970（昭和 45）
第3回中部建築賞、『新建築』1971.3

MAP p.215

コンクリート打ち放しの大屋根が特徴的な市庁舎。大屋根を設けることで、各階の空間を交錯させ、吹き抜けを随所に設けることを可能とした。その結果、変化に富んだ空間演出となっている。また、大屋根と列柱によって、自由なプランニングから生じる外観の乱れを整えている。そして、伸びやかな水平線を強調させることで、周囲に広がる尾張平野に調和した建物に仕上げられている。

名古屋圏の建築　213

Cluster 28 ｜バブルモダンを越えて

稲沢市保健センター
稲沢市稲沢町前田365-16
設計：徳岡昌克建築設計事務所
竣工年：1985（昭和60）
第17回中部建築賞、『新建築』1986.3

MAP p.215

「文化の杜」公園内に位置する保健センター。公園の中心となる荻須記念美術館の意匠を踏まえ、鋼板切妻屋根と外壁にせっ器質のタイルを使用している。また、ステンドグラスやエントランス床の花模様、ブラケットなどの意匠も関連づけられている。外構計画では、領域を囲うことなく、文化の杜、さらには稲沢市全体としてのつながりと調和のために、近隣の中学校から美術館へと続く広場を設けている。植栽計画も市全体としてのグリーンネットワークの一部を形成している。

春日井市庁舎
春日井市鳥居松町5-44
設計：久米設計
竣工年：1990（平成2）
『新建築』1990.11

MAP p.215

南北で行政部門と議会部門を分棟している市庁舎。市中心街の核であり、市民交流の場としても役立てたいという意図があったため、建物中央に1,600㎡の広さの市民ホールが設けられている。ホールの屋根と壁面はガラスで構成されており、自然光の注ぐゆとりのある空間となっている。同時に、広場との一体利用を考慮した大型扉、遮光ブラインドなどを設置し、さまざまな用途で利用できるように配慮されている。

文化フォーラム春日井
春日井市鳥居松町5-44
設計：安井建築設計事務所
竣工年：1999（平成11）
日本建築学会作品選集2004、『新建築』2000.2

MAP p.215

ホールやギャラリー、図書館などからなる文化複合施設。新しい芸術文化づくりや情報と知的交流の拠点として建設された。デザインは一貫して環境負荷を抑え「自然環境に順応する魅力ある新しい都市空間づくり」をテーマにつくられている。もともと市民の祭りを開催してきた屋外広場の一部を天井高14m、面積約1,200㎡を有する円形ガラスシリンダーのアトリウムに取り込むかたちで整備された。

小牧市スポーツ公園総合体育館「パークアリーナ小牧」
小牧市間々原新田737
設計：日本設計
竣工年：2001（平成13）
JIA優秀建築選2006

MAP p.215

縦横40m×65m、天井高20mの大構築物をもつ屋内型の複合スポーツ施設。3つのスペースから構成され、白い翼のような屋根と小高い丘のような建物が個性的な外観をつくり出している。メインアリーナ内部は、放射状に配置された鋼管群によって支持された三次曲面の天井をもつ大空間となっている。また、メインアリーナの屋根をダブルスキンとすることで、環境に配慮した設備計画となっている。

小牧市立図書館
小牧市小牧5-89
設計：樋口裕康・富田玲子・関郁代・坂元卯・岩田英来象＋象設計集団
竣工年：1977（昭和52）
『新建築』1978.5

MAP p.215

基地周辺整備事業のひとつである、第1種防音施設としての補助金を受けて建てられた図書館。クラックと呼ばれる幅3mの列柱がつくり出す高さ12mの細長い谷間が特徴的である。ドームを支える谷間の壁は、柱間ごとに光を増幅させるために二筋のガラス板が突出している。小牧山に正対する西側は天井までの高いガラス面の開口部の頂がアクリルドームに連結している。

提供：メナード美術館

メナード美術館
小牧市小牧5-250
設計：東急建設
竣工年：1986（昭和61）
『新建築』1988.4

MAP p.215

化粧品メーカーの社長夫妻が蒐集したコレクションを公開するために建てられた美術館。訪れる人びとが、最良の状態で芸術に陶酔し得る環境をつくることをテーマに設計された。建物はスペース効率のよい長方形とした上で、敷地の奥に配慮し、最も長いアプローチを確保している。また、エントランスの手前には水盤を配置し、流れ落ちる水音により街の喧騒から離れた空間となっている。

瀬戸市文化センター・瀬戸地域文化広場
瀬戸市西茨町113-23
設計：安井建築設計事務所、瀬戸市文化センター建設室、愛知県建築部
竣工年：1982（昭和57）
第15回中部建築賞、『新建築』1983.11

MAP p.215

総合公園の中心施設として計画された文化施設。県道からのアプローチの軸線上に、カスケード、花の木広場、ストリームが順に配置されており、その先の頂上には市民広場が設けられている。その広場を中心に囲むようにして3棟が配置されている。各棟には周囲の稜線の流れを活かした形状の屋根を載せ、外壁には地元のリブ上のスクラッチタイルを用い、自然と施設全体が調和している。

扶桑文化会館
丹羽郡扶桑町高雄福塚200
設計：山崎泰孝＋AZ環境計画研究所
竣工年：1995（平成7）
第28回中部建築賞、『新建築』1995.12

MAP p.215

町民および舞台役者と共に計画過程について何度もディスカッションを繰り返し建てられた文化施設。「舞台と客席が一体となった、親しみやすい劇場」というコンセプトをもとに、舞台から1階の最後列までが17mと近くなっている。出演者の表情や動きが生で読み取れることにより、舞台と客席の親近感がある劇場となっている。また、仮設前舞台や仮設本花道を設けることもでき、2階の一部客席は桟敷席となっている。

バブルモダンを越えて | Cluster 28

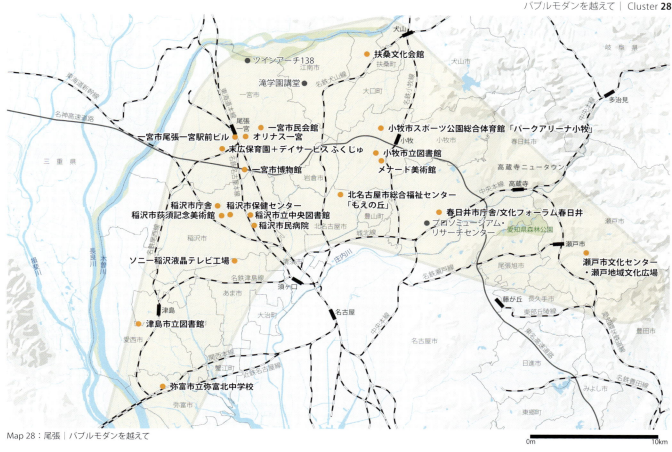

Map 28：尾張｜バブルモダンを越えて

北名古屋市総合福祉センター「もえの丘」
（旧師勝町総合福祉センター「もえの丘」）
北名古屋市熊之庄大畔48
設計：高松伸建築設計事務所
竣工年：1995（平成7）
第32回中部建築賞

MAP p.215

地域における福祉活動の場として、在宅介護に関する各種相談や介護サービス事業を行う福祉施設。平面と立面がほぼ左右対称の建物となっている。これにより、あらゆる方向から訪れる人びとを受け入れる印象を与えている。また、白く塗られたスチールとプロフィリットガラスの外観、明るく開放的なアトリウム、芝生や遊具のある屋上庭園が配置されている。型通りの福祉施設とは違うユニークな建物となっている。

弥富市立弥富北中学校
弥富市鎌倉町62
設計：青島設計室
竣工年：1979（昭和54）
『新建築』1979.6

MAP p.215

海抜0m以下の土地を広く有する地形に建てられた中学校。一般的には普通教室棟と特別教室棟の2棟を平行に建設するところを、両棟を30°ずつ傾け、接地する面積を増やしている。これにより、地盤が軟弱なこの土地において耐震性を高めている。同時に、両棟の間にある空間は室内に取り込まれ、ガラスのシェルターで覆うことで開放的な明るい広場となり、教師と生徒のふれあいの場として活用されている。

津島市立図書館
津島市老松町1-1
設計：安井建築設計事務所
竣工年：2000（平成12）
JIA優秀建築選2006

MAP p.215

津島天王祭りで有名な天王川公園に近い、閑静な文教地区に立地する図書館。1895（明治28）年に海東西郡教育委員会が創設した「日清戦争凱旋記念書籍館」に由来している。公園から続く緑道との連続性に配慮した水と緑の遊歩道が整備されている。内部空間は、天井高さ、照明、仕上げ、書架レイアウトの繊細な変化でワンルーム空間を分節しながら、白を貴重とした色彩計画によって、端正にまとめられている。

名古屋圏の建築　215

Cluster 29：犬山

歴史遺構のアンサンブル

犬山城天守
犬山市犬山北古券65-2
設計：不詳
竣工年：1601（慶長6）
国指定重要文化財

MAP p.217

木曽川に迫り出した尾根筋に築かれた犬山城の城郭内に唯一残る天守。2重層2階の入母屋造主屋部分の上に、望楼を載せる形式は、初期の望楼形天守である。この望楼の部分は塗り籠められておらず、柱や長押がそのまま現れており、花頭窓が付き、高欄が回るなど、住宅風の軽快な意匠となっている。下の2重層2階の主屋が建てられた後の1620（元和6）年頃に、3、4階を増築し、さらにその十数年後に唐破風の屋根が付加された。

　犬山地区を中心とするこのクラスターは、その歴史と風情あるまちなみから、尾張の小京都と称される。木曽川などの水脈にも恵まれ、古くから交通や物流、政治の要所として栄えた。国宝犬山城を起点に、一帯も含めて外周を堀や石垣、土塁で囲い込んだ「総構え」の城下町が特徴であり、江戸時代の町割りが残る町家の保存および活用が進んでいる。また、歴史と文化を資源に観光地とするまちづくりが現在も積極的に行われている。

　犬山の歴史を遡ると、尾張と美濃の国境が隣接する地であったため、戦国時代では豊臣秀吉がこの地で小牧山の徳川家康と睨み合うなど係争の地であった。関ヶ原の戦いの後、1601（慶長6）年に、清洲城主徳川忠吉の老臣小笠原吉次によって「**犬山城**」が築かれている。築城当時の天守閣は標高80mほどの丘の頂上に築かれ、今も残るまちのシンボルであるほか、城郭内に唯一残る建築遺構となっている。また、城の麓を流れる木曽川では、1300年前から行われている鵜飼が有名である。犬山城を背景に灯火が幻想的な情景する。そのほか、犬山城の東にある庭園・**有楽苑**（1618）には、国宝茶室如庵、重要文化財旧正伝院書院、古図により復元された茶室元庵、新しく建てられた茶室弘庵などがあり、四季折々の風情を堪能することができる。

　一方、20世紀後半には、**博物館明治村**（1965）や**野外民族博物館リトルワールド**（1982）といった大型観光施設がオープンした。歴史的建造物の多さやその広さから、ドラマの撮影やアニメのモチーフに頻繁に使われるなど、犬山のまちに大きな発展をもたらす要因となった。それらの観光施設は地域の歴史文化だけでなく、世界の建築や民族文化も伝承しており、全国から訪れる観光客に歴史体験を提供するアミューズメントパークとしても機能している。

　このように、このクラスターは、歴史遺構がまちのシンボルや風情を感じる史跡とアミューズメントが織りなす、アンサンブルのように形成される。

博物館明治村
犬山市内山1
設計：不詳
竣工年：1965（昭和40）
登録有形文化財

MAP p.217

明治から大正にかけての日本の近代化を物語る、貴重な遺構を集めた博物館。全国から移築された建物は、学術的にも技術的にも価値高く、重要文化財9件、県の有形文化財1件を含め、57件の近代建築が公開されている。谷口吉郎が旧制四高の同窓生であった土川元夫名古屋鉄道副社長の協力で明治村を創設した。建物の種類は多岐にわたり、地域性や年代の特性などを比較しながら見ることで、さまざまな視点から明治時代を考えることができる。

犬山城へと続く街道をみる。文化史料館だけでなく、焼き鮎店など観光資源が建ち並ぶ。

歴史遺構のアンサンブル | Cluster 29

野外民族博物館リトルワールド（旧人間博物館リトルワールド）
犬山市今井成沢90-48
設計：日建設計
竣工年：1983（昭和58）
第15回中部建築賞、『新建築』1983.5

MAP p.217

世界のさまざまな民族が、長い歴史の中で培ってきた伝統文化を、約47,000点の民族資料と野外展示を通じて紹介する野外民族博物館。23の国と地域から32棟の建物を移築・復元し、家畜小屋、倉庫などの生活空間を含めて再現している。本館はリトルワールド全体へのゲートとなっている。民族衣装の試着体験や民族芸能公演、世界各国のグルメなど五感をフルに使った体験を通して世界を楽しく学ぶ博物館である。

有楽苑
犬山市犬山御門先1
設計：不詳
竣工年：1618（元和4）

MAP p.217

犬山城の東側に位置する庭園。国宝茶室如庵、重要文化財旧正伝院書院、古図により復元された茶室元庵、新しく建てられた茶室弘庵などがある。如庵は、茶の湯の創世期に尾張の国が生んだ大茶匠・織田有楽斎が建てた茶室である。柿葺きの軽快な屋根の妻を見せ、南側正面、左手土間ににじり口が設けられている。京都山崎妙喜庵内の待庵、大徳寺龍光院内の密庵と共に、現存する国宝茶席3名席のひとつである。

犬山市市民健康館さら・さくら
犬山市前原橋爪山15-2
設計：内井昭蔵建築設計事務所
竣工年：2001（平成13）
『新建築』2002.10

MAP p.217

市民に健康、福祉の大切さを周知するための健康福祉施設。市民の健康をテーマとし、これまで別々の領域であった保健・医療・福祉において連携がとられている。さまざまな人びとが、ごく自然なかたちで交流・混在する状態をつくり出すために、空間の多様性と混在、ゆるやかな統一を目指した。建築が地形や森に埋没するよう、寸法もできるだけ人間寸法に合わせ、自然と人間と建築の調和に重きを置いている。

大縣神社本殿
犬山市宮山3
設計：不詳
竣工年：1661（万治4）
国指定重要文化財

MAP p.217

尾張開拓における祖神である大縣大神を祀り、尾張国の二の宮として知られる神社。1504（永正1）年に焼失。その後再建し、1659（万治2）年にも炎上した。1661（寛文1）年に尾張二代藩主徳川光友によって再興された。江戸時代初期の様式手法でつくられており、当地方の神社建築として古いものに属する。尾張造の構造様式を正確に伝えており、三棟造、大縣造と称され、全国的にもほかに類をみない特殊な様式をとどめている。

神明社楼門
犬山市前原天道新田1
設計：不詳
竣工年：1650（慶安3）
愛知県指定文化財

MAP p.217

室町時代後期の様式を示す楼門。安閑天皇によって奥入鹿村に建立され、その後、兵火に遭い、1605（慶長10）年に犬山城主の小笠原和泉守が再建したと伝えられている。その後、村民が入鹿村から前原に移住した1635（寛永12）年から数年後の寛永期に、この地に移されたと考えられている。住んだ人びとによって移築され、近隣の村民によって崇拝されてきた。楼門の左右に左大臣、右大臣の木像があったといわれている。

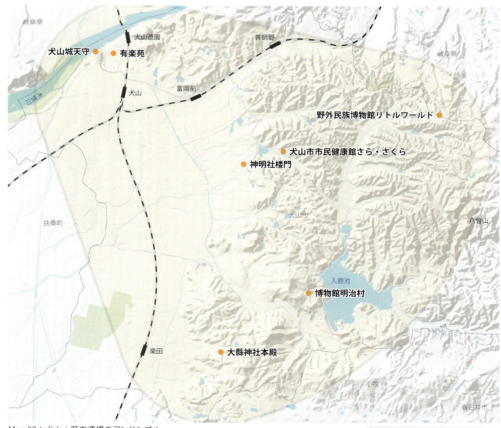

Map 29：犬山｜歴史遺構のアンサンブル

Column 14

博物館明治村と展示建造物

柳澤 宏江（元博物館明治村建築担当）

「博物館明治村」を味わうならば、ルート選びが肝心である。南に位置した正門から入村し、現在は5つにエリア分けされた村内を、北へ向かって余すところなく歩き、復路は、動態保存されたSL機関車と京都市電に乗って遠景を味わって欲しい。

博物館明治村は、愛知県犬山市の郊外に位置し、明治から昭和初期に建てられた歴史的価値の高い近代建築を展示する野外博物館である。建築家谷口吉郎が、不安定な国際情勢の下、1940（昭和15）年に解体された「鹿鳴館」（1885年、設計：ジョサイア・コンドル）を惜しみ、明治建築を移築保存する博物館の構想を持ったことが設立のきっかけであった。戦後、共に第四高等学校に学んだ旧友、土川元夫（当時、名古屋鉄道副社長）の尽力と名古屋鉄道株式会社の支援を得て、経済復興期に取り壊しに直面した明治建築を移築して保存、展示したことに始まる。

1962（昭和37）年に財団法人明治村が発足、1965（昭和40）年3月に開村して以降、50年余り、わが国の建築博物館としては古く、歴史的建造物の保存、活用が促進される近年において、存在感を増している博物館である。

約100万m²の敷地内には、64件の建造物（国指定重要文化財11件、県指定重要文化財1件、国登録有形文化財52件）が、飛騨木曽川国定公園内に位置する入鹿池（世界かんがい施設遺産）の眺望と起伏に富んだ地形を活かして選地、移築されている。

歴史的建造物の保存は、立地の性格を伝えられる現地保存が最も高く評価される。明治村にみる日本各地から集まった建物群の眺めは、明治時代には存在しなかった風景でもある。しかし明治村の景観は、成長した樹木が大和絵にみる「すやり霞」のように複数のシーンを遷移させ、ランドスケープと建築が一体として近代の時代絵巻のようである。

遠景と近景の反復による壮大な敷地構成は、開村50年を経過し、明治村自体が歴史的景観として成熟しつつある。移築後、はじめての保存修理工事を機会に、新たな技術的発見も行われている。展示建造物や史料展示の鑑賞の他、楽しみ方は何通りもある。幾度も再訪すべき博物館である。

聖ヨハネ教会堂

（国指定重要文化財、1907/明治40年、設計：J. McD. ガーディナー、旧所在地：京都市下京区河原町通五条下ル、移築年：1964/昭和39年）

在日アメリカ人建築家ガーディナーによって、明治末期にプロテスタント教会として建てられた教会堂である。内部の化粧梁と壁面のコントラストが美しく、この点においてガーディナーによる教会堂建築「日光真光教会礼拝堂」（1914/大正3年、現存）に共通している。正面には八角形の双塔、中央に開放的なトレーサリー（移築時の復原）を構える。1階を煉瓦造、2階を木造とし、急勾配の屋根を架ける。意匠的には、ロマネスクの要素が混在したゴシック様式である一方、真々寸法による尺貫法を用いて設計されている点に、前近代の影響が認められる。創建時は、1階は幼稚園、2階を礼拝堂として使用された後、1階のみ間取りの変更がなされた。移築に際して、煉瓦造を鉄筋コンクリート造に改め、当初の煉瓦を外装とした変更が行われている。2階3方向に配置された木製トレーサリーとドーマー窓のステンドガラスは、化粧梁と相俟って礼拝堂の空間的質を高めており、特に春秋の午前中、光が柔らかな時間には趣ある表情を見せる。

（写真提供：博物館明治村）

博物館明治村鳥瞰。

聖ヨハネ教会堂。設計：J. McD. ガーディナー。

東松家住宅。棟梁：児玉利助（増築時）。

芝川又右衛門邸。設計：武田五一。

西園寺公望別邸「坐漁荘」。設計：則松幸十、棟梁：塩津與三郎。

帝国ホテル中央玄関。設計：フランク・ロイド・ライト。

東松家住宅
(国指定重要文化財、1901/明治34年増築、棟梁：児玉利助（増築時）、旧所在地：名古屋市中村区船入町、移築年：1965/昭和40年)

　木造3階建て、平入、塗籠造、名古屋城下の運河、堀川沿いに建っていた油問屋を営む町屋である。創建年代は江戸末期と伝わっており、1895（明治28）年に曳家、正面2階部分が増築され、1901（明治34）年に3階建てに増築された。増築以降、個人銀行を開業していることから、正面にみる塗籠造に腰壁、格子窓の構成や、2、3階にみる数寄屋造の座敷と茶室は、生業の変化により改造され、追加されたものと考えられる。3階建ての禁令が解かれた1867（慶応3）年から、市街地建築物法が発布されて木造高層住宅が禁止される1919（大正8）年までの50年余りの間に増築された町屋として、外観、内部とも見どころが多い。特に、路地に見立てた廊下、複数箇所に設けられた階段と共に、茶室と座敷が立体的につながる構成は、接客空間として変化に富む。3層吹き抜けの通り土間側に設けられた座敷や廊下の多様な開口部が、この特徴を表している。銘木や引手金具、杉戸絵、欄間彫刻等、要所に上質な設えが施されている。

芝川又右衛門邸
(国登録有形文化財、1911/明治44年、設計：武田五一、旧所在地：兵庫県西宮市上甲東園2丁目、移築年：2007/平成19年)

　後に名古屋高等工業学校第二代校長となる武田五一が、留学や視察にて触れた西欧の建築と、数寄屋建築の意匠と融合させた独特な形式の洋館である。木造2階建て、アーチの連続する石積基壇の上に開放的なバルコニーを廻らし、白いドイツ壁、急勾配の屋根に素焼き色のスパニッシュ瓦が爽快な印象を与える建築であって、創建時は、果樹園と洋風庭園を望む風光明媚な場所に建っていた。当初は、杉皮張りの外壁であったが、昭和初期には現在のドイツ壁に改装された。照明器具や家具、建築まで、一貫した設計思想によって設計されたことが、設計時の図面により判明しており、近代建築運動の影響を感じさせる。特筆すべきは、網代の天井や腰壁、化粧梓に面皮柱、唐紙という数寄屋造の材料を多用する一方、要所に西欧の前衛的な意匠を取り入れながら、寄木張りのコルク床、真鍮粉塗装を施した内壁、輸入タイル、ステンドガラスといった表情豊かな内装材を積極的に用い、洋間と座敷という性質の異なる居室を破綻なく纏めていることにある。台所や便所、暖炉といった住宅設備にも、細やかに目を向けて味わうべき建築である。

西園寺公望別邸「坐漁荘」
(国指定重要文化財、1920/大正9年〔1929/昭和4年増改築〕、設計：則松幸十、旧所在地：静岡県清水市興津町、移築年：1971/昭和46年)

　西園寺公望が政界隠居後の晩年に居住した総数寄屋造の建築である。主屋は木造2階建て、これに玄関や洋間、女中室などの平屋が連続し、警備室や待合、門、塀といった附属屋が取り囲んでいる。移築時には、清見潟に面した旧所在地の性格を踏襲し、入鹿池を望む立地が選地された。また第七代小川治兵衛「植治」の作庭した庭を再現するために、樹木を移植するという大規模な移築工事がなされている。主屋1、2階の座敷は、銘木や竹を駆使した端正な数寄屋造でありながら、開放的な構えである。伝統的な意匠を昇華させつつ、木細い構造材の安全性を担保するため、当時最新の構造補強金物が基礎、壁、小屋裏に用いられており、構造補強が施された近代和風建築の典型として重要である。1929（昭和4）年の増改築は、主屋の曳家を含む大掛かりなものであり、応接室とサンルーム、湯殿、脱衣室、便所等が増築された。「坐漁荘」では、部材の質を部屋の性格に応じて違えており、増改築部分も同様である。この手法は、襖紙にも一貫しており、玄関には、杉皮を漉き込んだ杉皮紙、座敷には揉唐紙、廊下には雲華紙、女中室には柿渋による丁子引きの襖紙を用いる。枚挙に暇がないほど、随所に凝った材料を用いながら、全体として品格と均整を保っており、近代において昇華した数寄屋建築の姿を現在に伝えている。

帝国ホテル中央玄関
(登録有形文化財、1923/大正12年、設計：フランク・ロイド・ライト、旧所在地：東京都千代田区内幸町、移築年：1976/昭和51年)

　20世紀建築家の巨匠、フランク・ロイド・ライトによって設計され、1923（大正12）年に竣工した世界的な名建築、「帝国ホテル」の玄関と玄関前方に位置した池を移築したものである。「帝国ホテル」は、建築面積約2,164坪、正面中心軸上に玄関、大食堂、劇場といった公共部分が並び、渡り廊下によって接続される宿泊棟が、エントランスの池を包み込むように配置された左右対称の平面構成であって、堂々たる外観を構成していた。当初は、煉瓦型枠とした鉄筋コンクリート造であり、一部に大谷石の組積造、煉瓦造の部分を有していた。「帝国ホテル」の建築的特徴については、解体と同時進行された明石信道の調査によって纏められている。

　明治村への移築に際しては、部材の劣化、損傷状況によって「様式保存」を余儀なくされ、構造を鉄骨鉄筋コンクリート構造に変更している。劣化により落下が懸念される上部の部材には、大谷石の代わりにプレキャストコンクリートを、テラコッタの代わりに合成樹脂を用いるなど、安全性を考慮して材料と構造の変更が行われた。

　「帝国ホテル中央玄関」は、玄関、ロビー、ラウンジという異なる性質の空間が、段差や吹き抜けを利用して緩やかにつながる、一体的な空間構成に魅力がある。建物内外の仕上げには、共通して大谷石、簾煉瓦、素焼きのテラコッタを用い、これらに施された帯状の幾何学文様が奥行きをもって幾重にも連続して、全体として独特な世界観を演出している。特に、透かし模様のテラコッタで覆われた光の籠柱と、幾何学文様に彫刻された大谷石、金箔張りのステンドグラスを有した建具に四方を囲まれた3層吹き抜けのロビーは、圧巻である。

　移築時に方位が変えられてはいるが、日射の角度によって表情が異なるのも魅力である。特に、夕暮れから日没にかけては、建物の内外が暗転し、内部から幾何学的な装飾が劇的に映し出される。ライトは、帝国ホテルの設計思想について、自ら詳細に語ることはなかったというが、煌めく光が演出する空間は、他のモダニズム建築にはない新しい驚きと発見を与えてくれる。

（やなぎさわ・ひろえ）

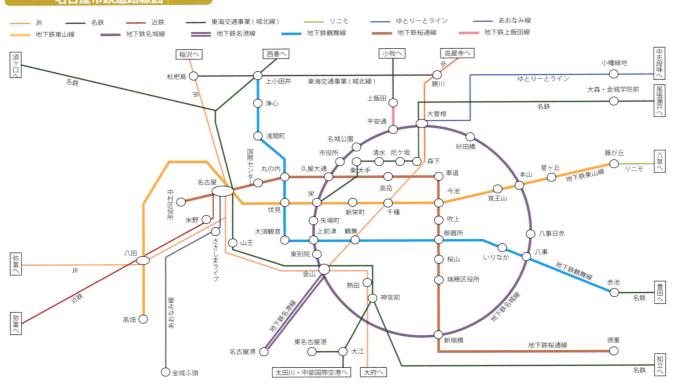

索引

五十音順

あ

- 愛・地球博記念館 ... 174
- 愛・地球博記念公園温水プール・アイススケート場 ... 174
- アイシン・エィ・ダブリュ株式会社 技術センター ... 179
- アイシン・エィ・ダブリュ「きぼうのおか」 ... 179
- (旧) アイシン・ワーナー「希望の丘」 ... 179
- あいち海上の森センター本館 ... 208
- あいち海上の森センター物見の丘 ... 208
- 愛知学院大学楠元学舎1号館 ... 168
- 愛知芸術文化センター ... 125
- 愛知芸術文化センター愛知県図書館 ... 141
- 愛知県旭高原少年自然の家 ... 187
- 愛知県議会議事堂 ... 141
- 愛知県歯科医師会館 ... 126
- 愛知県自治センター ... 141
- 愛知県児童総合センター ... 173
- (旧) 愛知県体育館 ... 141
- 愛知県庁大津橋分室 ... 142
- 愛知県庁本庁舎 ... 140
- 愛知県立愛知総合工科高等学校 ... 167
- 愛知県立芸術大学音楽学部校舎 ... 169
- 愛知県立芸術大学奏楽堂 ... 169
- 愛知県立小牧高等学校旧講堂 ... 170
- (旧制) 愛知県立小牧中学校講堂 ... 170
- 愛知県立大学 ... 169
- 愛知県緑化センター ... 185
- 愛知工業大学キャンパス計画 ... 170
- 愛知工業大学附属図書館 ... 170
- 愛知厚生連渥美病院 ... 198
- 愛知産業大学言語・情報共有センター ... 193
- 愛知産業大学工業高等学校伊勢山校舎 ... 157
- 愛知淑徳大学9号棟 ... 170
- 愛知淑徳大学8号棟 ... 169
- 愛知淑徳大学星ヶ丘キャンパス1号館 ... 168
- 愛知たいようの杜 ... 174
- ITbM ... 166
- 青島設計社屋 ... 125
- アクテノン ... 121
- アサヒビール名古屋工場 ... 163
- (旧) 朝日麦酒名古屋工場 ... 163
- 足助中馬館 ... 185
- (旧) 足助町福祉センター「百年草」 ... 185
- 足助八幡宮本殿 ... 185
- 足助文化センター ... 184
- アムナットスクエア ... 116
- 有松町 ... 160
- アロン化成ものづくりセンター ... 203

い

- 伊賀八幡宮 ... 194
- (旧) 伊勢木本社ビル ... 126
- (旧) e-生活情報センター「デザインの間」 ... 154
- 伊勢久株式会社本社 ... 141
- 一宮市尾張一宮駅前ビル ... 213
- 一宮市博物館 ... 212
- 一宮市民会館 ... 212
- 稲沢市荻須記念美術館 ... 213
- 稲沢市庁舎 ... 213
- 稲沢市保健センター ... 214
- 稲沢市民病院 ... 213
- 稲沢市立中央図書館 ... 213
- (旧) INAX本社ビル ... 207
- INAXライブミュージアム建築陶業のはじまり館 ... 206
- INAXライブミュージアム土・どろんこ館 ... 206
- (旧) 稲橋銀行足助支店 ... 185
- (旧) 稲葉地配水塔 ... 121
- 犬山市市民健康館さら・さくら ... 217
- 犬山城天守 ... 216
- (旧) 井元為三郎邸 ... 144
- 伊良湖ビューホテル ... 198
- 岩井橋 ... 157

う

- 海の家、庭の家、太陽の塔 ... 208
- 有楽苑 ... 217

え

- 栄四郎瓦株式会社 ... 201
- AJU自立の家 ... 149
- ATグループ本社北館 ... 156
- ECO-35 ... 157
- LT城西 ... 119
- LT城西2 ... 119

お

- オアシス21 ... 125
- 大垣共立銀行豊橋支店 ... 190
- 大縣神社本殿 ... 217
- (旧) 大倉会館 ... 203
- 大手町建物名古屋駅前ビル ... 115
- 大府市歴史民俗資料館 ... 203
- (旧) 岡崎銀行本店 ... 193
- 岡崎市郷土館 ... 194
- 岡崎市水道局六供浄水場ポンプ室 ... 194
- 岡崎市竜美丘公園・展望台 ... 194
- 岡崎市立図書館交流プラザりぶら ... 192
- 岡崎市美術館 ... 194
- 岡崎市美術博物館 ... 193
- 岡崎市民会館 ... 193
- 岡崎信用金庫資料館 ... 193
- 岡谷鋼機ビルディング ... 135
- (旧) 岡谷家住宅 ... 144
- オリナス一宮 ... 213
- ORPHE ... 201
- (旧) 小原村中央公民館保健センター ... 187
- 尾張大国霊神社 ... 210
- 尾張大国霊神社儺追殿 ... 210

か

- 海外産業人材育成協会中部事務所 ... 179
- (旧) 海上の森・望楼 ... 208
- 覚王山レックスマンション ... 150
- 春日井市庁舎 ... 214
- カトリック主税町教会 ... 143
- (旧) 蒲郡ホテル ... 197
- 蒲郡クラシックホテル ... 197
- 蒲郡市郷土資料館 ... 198
- 蒲郡市生命の海科学館 ... 198
- 蒲郡市戦没者慰霊平和塔 ... 198
- 蒲郡市博物館 ... 198
- 蒲郡市民病院 ... 198
- (旧) 蒲郡情報ネットワークセンター・生命の海科学館 ... 198
- ガラスシャッターのファサード ジーシー名古屋営業所 ... 149
- 刈谷市郷土資料館 ... 203
- 刈谷市産業振興センター ... 180
- (旧) 川上貞奴邸 ... 144

き

- (旧) 亀城小学校本館 ... 203
- 旧中埜家住宅 ... 202
- 北名古屋市総合福祉センター「もえの丘」 ... 215
- 金城学院大学W9・10号館 ... 168

く

- 空を孕む波 大府市いきいきプラザ ... 203
- グランドメゾン白壁櫻明荘 ... 144
- グリーンホテル三ヶ根 ... 197
- クリニックかけはし ... 120
- クリばこ ... 120
- グローバルゲート ... 116
- グローバル・ループ ... 173

け

- ケアハウスヘルパーステーション ゴジカラ村デイサービス ... 174
- 軽費老人ホーム名古屋市緑寿庵 ... 163
- (旧) 迎賓館・レセプションホール ... 174
- 建国ビハーラ ... 163

こ

- 興正寺五重塔 ... 148
- ココラフロント ... 190
- こども未来館「ここにこ」 ... 190
- 小牧市スポーツ公園総合体育館「パークアリーナ小牧」 ... 214
- 小牧市立図書館 ... 214

さ

- 再建・名古屋城本丸御殿 ... 138
- 西光寺本堂 ... 193
- The Garden 覚王山 ... 150
- 栄町の音楽ホール ... 125
- THE KITCHEN ... 154
- ザ・コンダーハウス ... 116
- ザ・シーン徳川園 ... 145
- サンシャインサカエ ... 126
- 三洲足助屋敷 ... 184
- 山王のオフィス ... 193

し

- CBC会館 ... 134
- CBC放送センター ... 135
- JRゲートタワー ... 114
- JRセントラルタワーズ ... 114
- シェーネル・ボーネン ... 131
- JPタワー名古屋 ... 115
- (旧) 師勝町総合福祉センター「もえの丘」 ... 215
- 四間道 ... 122
- 自邸=スキナヤ ... 154
- JICA中部国際センター ... 120
- 正願寺 ... 187
- 松欅堂 ... 183
- 昭和塾堂 ... 168
- シンシア山手 ... 148
- (旧) 真宗大谷派名古屋青少年会館 ... 157
- 神明社楼門 ... 217

す

- 末広保育園+デイサービス ふくじゅ ... 213
- すぎの木センター ... 186
- 椙山女学園国生活科学部棟 ... 167
- (旧) 住友銀行名古屋駅前ビルディング ... 115

せ

- 生長の家 愛知県教化部会館 ... 126
- 聖マリア修道院 ... 168

聖マリア幼稚園	168
瀬古会館	163
瀬戸市文化センター・瀬戸地域文化広場	214
瀬戸市立品野台小学校	171
善光寺別院願王寺	162
船頭平閘門	210

そ

総合病院 南生協病院	160
ソニー稲沢液晶テレビ工場	213
(旧)ソニー稲沢カラーブラウン管工場	213
損保ジャパン日本興亜名古屋ビル	116

た

大樹寺	192
(旧)大同工業大学図書館	170
大同大学図書館	170
大名古屋ビルヂング	115
第2森孝新田分譲住宅	163
太洋商工ビル	131
太洋ビル	131
滝学園講堂	210
武豊町民会館ゆめたろうプラザ	203
竹中土木瀬戸竹親寮	208
竪の家	183

ち

千種ビル群	135
CHIPTOWER	126
知の拠点あいち・あいち産業科学技術総合センター	178
中京テレビ放送本社ビル	116
中国木材名古屋事業所	209
(旧)中部研修センター	179
中日新聞本社	134
(旧)中部工業大学キャンパス計画	169
中部国際空港旅客ターミナルビル	202
中部大学	171
中部大学21号館・22号館	171
中部日本ビルディング	130
知立の寺子屋	179

つ

ツインアーチ138	210
作手小学校・つくで交流館	186
津島市観光交流センター	210
津島市本町通り	210
津島市立図書館	215
津島神社	210
鶴舞公園噴水塔	148

て

dNb	154
哲学たいけん村無我苑瞑想回廊	201
田園オフィス	179

と

東栄ビル	135
(旧)東海銀行本店	135
東海道御油宿・赤坂宿	191
東照宮	187
常滑市重要有形民俗文化財収蔵庫	207
常滑市体育館	207
常滑市民文化会館・中央公民館	207
(旧)常滑市民俗資料館	207
(旧)常滑市立陶芸研究所	207
とこなめ陶の森 資料館	207
とこなめ陶の森 陶芸研究所	207
都市にひらいていく家	157
(旧)図書館文化財倉庫	183

tonarino	120
(旧)豊明市消防本部・消防署	180
豊田大橋	181
豊田歌舞伎伝承館	187
トヨタ鞍ヶ池記念館	183
豊田工業大学図書館・講堂	170
トヨタ産業技術記念館	121
豊田市井上公園水泳場	182
豊田市郷土資料館	182
豊田市鞍ヶ池植物園	183
豊田市自然観察の森ネイチャーセンター	182
豊田市生涯学習センター逢妻交流館	182
トヨタ自動車本社	178
豊田市美術館	181
豊田市福祉センター百年草	185
(旧)豊田市文化芸術センター	182
豊田市民文化会館	182
豊田市民文化会館小ホール	182
トヨタ車体株式会社開発センター技術本館	179
豊田スタジアム	182
トヨタ博物館	174
豊橋市公会堂	190
豊橋市自然史博物館	190
豊橋市美術博物館	190
豊橋市二川宿本陣資料館	190
豊橋ハリストス正教会聖堂	190
豊橋東口駅前広場	189
Dragon Court Village	193
ドルフィンズアリーナ	141

な

(旧)中北商店	131
中北薬品京町支店	131
長久手町文化の家	174
中富住宅	163
(旧)中埜家住宅	202
名古屋市千種文化小劇場「ちくさ座」	149
nagono no mise	120
那古野ハウス	122
名古屋インターシティ	116
名古屋学院大学チャペル	171
名古屋観光ホテル	116
(旧)名古屋銀行一宮支店	213
(旧)名古屋銀行津島支店	210
(旧)名古屋銀行本店	116
名古屋近鉄ビル 近鉄パッセ	115
名古屋クロイゾンスクエア	130
名古屋工業大学ニュートンリング・正門	166
名古屋港水族館	159
(旧)名古屋控訴院地方裁判所区裁判所庁舎	143
名古屋港ポートビル	159
名古屋市演劇練習館	121
名古屋市科学館	125
名古屋市芸術創造センター	126
名古屋市公会堂	148
名古屋市資料館	143
(旧)名古屋市総合体育館	160
名古屋市中小企業振興会館(吹上ホール)	149
名古屋市鶴舞中央図書館	148
名古屋市美術館	125
名古屋市庁舎	140
名古屋商科大学日進・長久手キャンパス	170
名古屋商工会議所	125
名古屋城天守閣	138

名古屋市立大学芸術工学部芸術工学棟	168
名古屋市立第二斎場	160
名古屋センタービル	135
名古屋大学ES総合館	166
名古屋大学シンポジオン	166
名古屋大学豊田講堂	165
名古屋大学トランスフォーマティブ生命分子研究所	166
名古屋大学野依センター野依記念学術交流館	166
名古屋大学野依センター野依記念物質科学研究館	166
名古屋大学博物館	165
(旧)名古屋大学古川図書館	165
名古屋大学東山キャンパス	166
名古屋大学理学南館	166
名古屋テレビ塔	124
名古屋東急ホテル	130
名古屋陶磁器会館	144
ナゴヤドーム	126
名古屋都市高速道路	142
名古屋のコートハウス	120
名古屋ルーセントタワー	115
ナディアパーク	130
納屋橋	125
(旧)南山学園本館	167
南山高等学校中学校女子部	167
南山大学	167
南山大学体育館	167
南山大学名古屋キャンパスS棟	167
南山大学附属小学校	167

に

新美南吉記念館	203
西尾市岩瀬文庫	200
岩瀬文庫旧書庫	200
日建・住生ビル	135
日進市立図書館	174
日清戦役記念碑	150
日泰寺仏舎利奉安塔	149
日泰寺霊堂	149
日本ガイシ(株)本社屋	157
日本ガイシスポーツプラザ	160
日本赤十字豊田看護大学	170
日本陶磁器センター旧館	144
(旧)人間博物館リトルワールド	217

ぬ

(旧)額田郡公会堂及物産陳列所	194

の

能楽殿	157
乃木倉庫	141
ノリタケの森	122

は

House NI －裏と表の境界－	175
博物館明治村	216
HASE-BLDG.1	126
八幡宮本殿	194
八幡神社本殿	187
八勝館	147
八勝館「御幸の間」	147
八丁味噌カクキュー本社	194
(旧)春田鉄次郎邸	144
半田赤レンガ建物	207

ひ

東岡崎駅南口広場ガレリアプラザ	193
東別院会館	157
名古屋市東山植物園温室前館	153

名古屋市東山植物園宗節庵	154
東山スカイタワー	153
光庭の棲	150
久屋大通公園モニュメント	124
尾三消防本部 豊明消防署	180
広小路クロスタワー	116

ふ
FUJISAN	163
(旧)藤山家住宅日本家	148
扶桑文化会館	214
プロソミュージアム・リサーチセンター	209
文化のみち橦木館	144
文化のみち百花百草	144
文化のみち二葉館	144
文化フォーラム春日井	214

へ
碧南火力発電所本館	198
碧南芸術文化ホール・図書館	201
(旧)へきなん芸術文化村	201
碧南市藤井達吉現代美術館	201
碧南市文化会館・碧南市立中央公民館	201

ほ
鳳来寺仁王門	187
芳蘭亭	130
邦和スポーツランド・みなと温水プール	160
ポーラ名古屋ビルディング	135
星が丘テラス	154
星ヶ丘ボウル	154
ホテルナゴヤキャッスル	141
穂の国とよはし芸術劇場	189

ま
まちに架かる6枚屋根の家	154
松坂屋名古屋店	131
松重閘門	157
(旧)丸栄陶業本社屋	201
丸栄百貨店	129
丸美産業本社社屋	156

み
河文「水鏡の間」	141
(旧)三井銀行名古屋支店	130
三井住友銀行名古屋支店	130
MIZKAN MUSEUM	203
ミッドランドスクエア	115
三菱UFJ銀行名古屋ビル	135
みなと医療生活協同組合 協立総合病院	160
みなと医療生活協同組合 宝神生協診療所	160

む
| 宗次ホール | 125 |

め
名進研小学校	168
名鉄バスターミナルビル	115
メナード美術館	214

も
モード学園スパイラルタワーズ	115
モーニングパーク主税町	144
ものづくり創造拠点 SENTAN	179
杜のひかりこども園	182

や
野外民族博物館リトルワールド	217
八事交番	149
八事山興正寺参拝者駐車場	149
(旧)矢崎総業名古屋 AIS	125
(旧)安田火災名古屋ビル	116

| 弥富市立弥富北中学校 | 215 |
| やわらぎ 森のスタジアム | 179 |

よ
揚輝荘「聴松閣」	149
揚輝荘「伴華楼」	149
洋食ダイヤ	163

ら
Lights Gallery Endoji Nagoya	122
ライネルス館	167
ラシック	130

り
Real Style本店	130
LIXIL CERAM ビル	207
LiF	154
龍興寺客殿	148
龍泉寺仁王門	162

る
| ルイ・ヴィトン名古屋栄店 | 129 |

れ
| 鈴渓資料館 | 207 |
| レイモンド庄中保育園 | 164 |

ろ
ROYAL COUNTRY CLUB	187
老人保健施設相生	203
六所神社	194
lots Fiction	174

索引
市町村順

名古屋市

熱田区
ECO-35	157
能楽殿	157
みなと医療生活協同組合 協立総合病院	160

北区
tonarino	120
中富住宅	163
洋食ダイヤ	163

昭和区
AJU自立の家	149
ATグループ本社北館	156
興正寺五重塔	148
シンシア山手	148
鶴舞公園噴水塔	148
名古屋工業大学ニュートンリング・正門	166
名古屋市公会堂	148
名古屋市鶴舞中央図書館	148
(旧)南山学園本館	167
南山高等学校中学校女子部	167
南山大学	167
南山大学体育館	167
南山大学名古屋キャンパスS棟	167
南山大学附属小学校	167
八勝館	147
八勝館「御幸の間」	147
(旧)藤山家住宅日本家	148
八事交番	149

八事山興正寺参拝者駐車場	149
ライネルス館	167
龍興寺客殿	148

千種区
愛知学院大学楠元学舎1号館	168
愛知県立愛知総合工科高等学校	167
愛知淑徳大学星ヶ丘キャンパス1号館	168
ITbM	166
(旧)e-生活情報センター「デザインの間」	154
覚王山レックスマンション	150
ガラスシャッターのファサード ジーシー名古屋営業所	149
The Garden 覚王山	150
THE KITCHEN	154
昭和塾堂	168
椙山女学園生活科学部棟	167
聖マリア修道院	168
聖マリア幼稚園	168
名古屋市千種文化小劇場「ちくさ座」	149
名古屋市中小企業振興会館(吹上ホール)	149
名古屋市立大学芸術工学部芸術工学棟	168
名古屋大学ES総合館	166
名古屋大学シンポジオン	166
名古屋大学豊田講堂	165
名古屋大学トランスフォーマティブ生命分子研究所	166
名古屋大学野依センター野依記念学術交流館	166
名古屋大学野依センター野依記念物質科学研究館	166
名古屋大学博物館	165
名古屋大学東山キャンパス	166
(旧)名古屋大学古川図書館	165
名古屋大学理学南館	166
日清戦役記念碑	150
日泰寺仏舎利奉安塔	149
日泰寺霊堂	149
名古屋市東山植物園温室前館	153
名古屋市東山植物園宗節庵	154
東山スカイタワー	153
光庭の棲	150
星が丘テラス	154
星ヶ丘ボウル	154
揚輝荘「聴松閣」	149
揚輝荘「伴華楼」	149

天白区
| 豊田工業大学図書館・講堂 | 170 |

中川区
| 松重閘門 | 157 |

中区
愛知芸術文化センター愛知県図書館	141
愛知県議会議事堂	141
愛知県歯科医師会館	126
愛知県自治センター	141
(旧)愛知県体育館	141
愛知県庁大津橋分室	142
愛知県庁本庁舎	140
愛知産業大学工業高等学校伊勢山校舎	157
青島設計社屋	125
アムナットスクエア	116
(旧)伊勢木本社ビル	126
伊勢久株式会社本社	141
岩井橋	157
岡谷鋼機ビルディング	135
再建・名古屋城本丸御殿	138
栄町の音楽ホール	125
ザ・コンダーハウス	116

索引｜五十音順／市町村順　223

サンシャインサカエ ………………………… 126	名古屋近鉄ビル 近鉄パッセ ………………… 115	都市にひらいていく家 ………………………… 157
CBC会館 …………………………………… 134	名古屋市演劇練習館 ………………………… 121	まちに架かる6枚屋根の家 …………………… 154
CBC放送センター …………………………… 135	ミッドランドスクエア ………………………… 115	LiF ……………………………………………… 154
シェーネル・ボーネン ………………………… 131	名鉄バスターミナルビル ……………………… 115	**守山区**
(旧) 真宗大谷派名古屋青少年会館 ………… 157	モード学園スパイラルタワーズ ……………… 115	(旧) 朝日麦酒名古屋工場 …………………… 163
生長の家 愛知県教化部会館 ………………… 126	**西区**	アサヒビール名古屋工場 ……………………… 163
損保ジャパン日本興亜名古屋ビル …………… 116	LT城西 ………………………………………… 119	金城学院大学W9・10号館 …………………… 168
CHIPTOWER ………………………………… 126	LT城西2 ……………………………………… 119	軽費老人ホーム名古屋市緑寿荘 …………… 163
中日新聞本社 ………………………………… 134	四間道 ………………………………………… 122	建国ビハーラ ………………………………… 163
中部日本ビルディング ………………………… 130	善光寺別院願王寺 …………………………… 162	瀬古会館 ……………………………………… 163
東栄ビル ……………………………………… 135	トヨタ産業技術記念館 ……………………… 121	第2森孝新田分譲住宅 ……………………… 163
(旧) 東海銀行本店 …………………………… 135	nagono no mise ……………………………… 120	名進研小学校 ………………………………… 168
ドルフィンズアリーナ ………………………… 141	那古野ハウス ………………………………… 122	龍泉寺仁王門 ………………………………… 162
(旧) 中北商店 ………………………………… 131	名古屋都市高速道路 ………………………… 142	**愛知県**
中北薬品京町支店 …………………………… 131	名古屋のコートハウス ……………………… 120	**愛西市**
名古屋インターシティ ………………………… 116	名古屋ルーセントタワー …………………… 115	船頭平閘門 …………………………………… 210
名古屋観光ホテル …………………………… 116	ノリタケの森 ………………………………… 122	**安城市**
(旧) 名古屋銀行本店 ………………………… 116	ホテルナゴヤキャッスル ……………………… 141	アイシン・エィ・ダブリュ株式会社 技術センター …… 179
名古屋クロイゾンスクエア …………………… 130	Lights Gallery Endoji Nagoya ……………… 122	アイシン・エィ・ダブリュ「きぼうのおか」 …… 179
名古屋市科学館 ……………………………… 125	**東区**	(旧) アイシン・ワーナー「希望の丘」 ……… 179
名古屋市美術館 ……………………………… 125	愛知芸術文化センター ……………………… 125	**一宮市**
名古屋市庁舎 ………………………………… 140	(旧) 井元為三郎邸 …………………………… 144	一宮市尾張一宮駅前ビル …………………… 213
名古屋商工会議所 …………………………… 125	オアシス21 …………………………………… 125	一宮市博物館 ………………………………… 212
名古屋城天守閣 ……………………………… 138	(旧) 岡谷家住宅 ……………………………… 144	一宮市民会館 ………………………………… 212
名古屋センタービル ………………………… 135	カトリック主税町教会 ……………………… 143	オリナス一宮 ………………………………… 213
名古屋テレビ塔 ……………………………… 124	(旧) 川上貞奴邸 ……………………………… 144	末広保育園＋デイサービス ふくじゅ ……… 213
名古屋東急ホテル …………………………… 130	グランドメゾン白壁櫻明荘 …………………… 144	ツインアーチ138 …………………………… 210
ナディアパーク ………………………………… 130	ザ・シーン徳川園 …………………………… 145	(旧) 名古屋銀行一宮支店 …………………… 213
納屋橋 ………………………………………… 125	太洋商工ビル ………………………………… 131	**稲沢市**
日建・住生ビル ……………………………… 135	太洋ビル ……………………………………… 131	稲沢市荻須記念美術館 ……………………… 213
乃木倉庫 ……………………………………… 141	千種ビル群 …………………………………… 135	稲沢市庁舎 …………………………………… 213
HASE-BLDG.1 ……………………………… 126	(旧) 名古屋控訴院地方裁判所区裁判所庁舎 … 143	稲沢市保健センター ………………………… 214
東別院会館 …………………………………… 157	名古屋市芸術創造センター ………………… 126	稲沢市民病院 ………………………………… 213
久屋大通公園モニュメント …………………… 124	名古屋市資料館 ……………………………… 143	稲沢市立中央図書館 ………………………… 213
広路クロスタワー …………………………… 116	名古屋陶磁器会館 …………………………… 144	尾張大国霊神社 ……………………………… 210
芳蘭亭 ………………………………………… 130	ナゴヤドーム ………………………………… 126	尾張大国霊神社儺追殿 ……………………… 210
ポーラ名古屋ビルディング …………………… 135	日本陶磁器センター旧館 …………………… 144	(旧) ソニー稲沢カラーブラウン管工場 …… 213
松坂屋名古屋店 ……………………………… 131	(旧) 春田鉄次郎邸 …………………………… 144	ソニー稲沢液晶テレビ工場 ………………… 213
丸栄百貨店 …………………………………… 129	FUJISAN ……………………………………… 163	**犬山市**
河文「水鏡の間」 …………………………… 141	文化のみち樟本館 …………………………… 144	犬山市市民健康館さら・さくら ……………… 217
(旧) 三井銀行名古屋支店 …………………… 130	文化のみち百花百草 ………………………… 144	犬山城天守 …………………………………… 216
三井住友銀行名古屋支店 …………………… 130	文化のみち二葉館 …………………………… 144	有楽苑 ………………………………………… 217
三菱UFJ銀行名古屋ビル …………………… 135	モーニングパーク主税町 …………………… 144	大縣神社本殿 ………………………………… 217
宗次ホール …………………………………… 125	**瑞穂区**	神明社楼門 …………………………………… 217
(旧) 安田火災名古屋ビル …………………… 116	日本ガイシ(株)本社社屋 …………………… 157	博物館明治村 ………………………………… 216
(旧) 矢崎総業名古屋AIS …………………… 125	丸美産業本社社屋 …………………………… 156	人間博物館リトルワールド …………………… 217
ラシック ……………………………………… 130	**緑区**	**大府市**
Real Style本店 ……………………………… 130	有松町 ………………………………………… 160	(旧) 大倉館 …………………………………… 203
ルイ・ヴィトン名古屋栄店 …………………… 129	総合病院 南生協病院 ……………………… 160	大府市歴史民俗資料館 ……………………… 203
中村区	**港区**	空を孕む波 大府市いきいきプラザ ………… 203
アクテノン …………………………………… 121	名古屋港水族館 ……………………………… 159	**岡崎市**
大手町建物名古屋駅前ビル ………………… 115	名古屋港ポートビル …………………………… 159	愛知産業大学言語・情報共育センター …… 193
(旧) 稲葉地配水塔 …………………………… 121	名古屋市立第二斎場 ………………………… 160	伊賀八幡宮 …………………………………… 194
クリニックかけはし …………………………… 120	邦和スポーツランド・みなと温水プール …… 160	(旧) 岡崎銀行本店 …………………………… 193
クリぱこ ……………………………………… 120	みなと医療生活協同組合 宝神生協診療所 … 160	岡崎市郷土館 ………………………………… 194
グローバルゲート …………………………… 116	**南区**	岡崎市水道局六供浄水場ポンプ室 ………… 194
JRゲートタワー ……………………………… 114	(旧) 大同工業大学図書館 …………………… 170	岡崎市竜美ヶ丘公園・展望台 ……………… 194
JRセントラルタワーズ ……………………… 114	大同大学図書館 ……………………………… 170	岡崎市図書館交流プラザりぶら …………… 192
JPタワー名古屋 ……………………………… 115	(旧) 名古屋市総合体育館 …………………… 160	岡崎市美術館 ………………………………… 194
JICA中部国際センター ……………………… 120	日本ガイシスポーツプラザ …………………… 160	岡崎市美術博物館 …………………………… 193
(旧) 住友銀行名古屋駅前ビルディング …… 115	**名東区**	岡崎市民会館 ………………………………… 193
大名古屋ビルヂング ………………………… 115	自邸＝スキナヤ ……………………………… 154	岡崎信用金庫資料館 ………………………… 193
中京テレビ放送本社ビル …………………… 116	dNb …………………………………………… 154	

西光寺本堂 193
山王のオフィス 193
大樹寺 192
Dragon Court Village 193
(旧) 額田郡公会堂及物産陳列所 194
八幡宮本殿 194
八丁味噌カクキュー本社 194
東岡崎駅南口広場ガレリアプラザ 193
六所神社 194

尾張旭市
レイモンド庄中保育園 164

春日井市
春日井市庁舎 214
(旧) 中部工業大学キャンパス計画 170
中部大学 171
中部大学21号館・22号館 171
プロソミュージアム・リサーチセンター 209
文化フォーラム春日井 214

蒲郡市
蒲郡クラシックホテル 197
蒲郡市郷土資料館 198
蒲郡市生命の海科学館 198
蒲郡市戦没者慰霊平和塔 198
蒲郡市博物館 198
蒲郡市民病院 198
(旧) 蒲郡情報ネットワークセンター・生命の海科学館 198
(旧) 蒲郡ホテル 197

刈谷市
(旧) 亀城小学校本館 203
刈谷市郷土資料館 203
刈谷市産業振興センター 180
トヨタ車体株式会社開発センター技術本館 179

北名古屋市
北名古屋市総合福祉センター「もえの丘」 215
(旧) 師勝町総合福祉センター「もえの丘」 215

江南市
滝学園講堂 210

小牧市
愛知県立小牧高等学校旧講堂 170
(旧制) 愛知県立小牧中学校講堂 170
小牧市スポーツ公園総合体育館「パークアリーナ小牧」 214
小牧市立図書館 214
メナード美術館 214

設楽町
八幡神社本殿 187

新城市
すぎの木センター 186
作手小学校・つくで交流館 186
東照宮 187
鳳来寺仁王門 187

瀬戸市
あいち海上の森センター本館 208
あいち海上の森センター物見の丘 208
(旧) 海上の森・望楼 208
瀬戸市文化センター・瀬戸地域文化広場 214
瀬戸市立品野台小学校 171
竹中土木瀬戸竹親寮 208
名古屋学院大学チャペル 171

武豊町
武豊町民会館ゆめたろうプラザ 203

田原市
愛知厚生連渥美病院 198
伊良湖ビューホテル 198

知多市
海の家、庭の家、太陽の塔 208

知立市
知立の寺子屋 179
House NI—裏と表の境界— 175

津島市
津島市観光交流センター 210
津島市本町通り 210
津島市立図書館 215
津島神社 210
(旧) 名古屋銀行津島支店 210

東海市
アロン化成ものづくりセンター 203

東郷町
Iots Fiction 174

常滑市
(旧) INAX本社ビル 207
INAXライブミュージアム建築陶器のはじまり館 206
INAXライブミュージアム土・どろんこ館 206
中部国際空港旅客ターミナルビル 202
常滑市重要有形民俗文化財収蔵庫 207
常滑市体育館 207
(旧) 常滑市民俗資料館 207
常滑市民文化会館・中央公民館 207
(旧) 常滑市立陶芸研究所 207
とこなめ陶の森 資料館 207
とこなめ陶の森 陶芸研究所 207
LIXIL CERAMビル 207
鈴渓資料館 207

豊明市
尾三消防本部 豊明消防署 180
(旧) 豊明市消防本部・消防署 180

豊川市
正願寺 187
東海道御油宿・赤坂宿 191

豊田市
愛知県旭高原少年自然の家 187
愛知県緑化センター 185
愛知工業大学キャンパス計画 170
愛知工業大学附属図書館 170
足助中馬館 185
(旧) 足助町福祉センター「百年草」 185
足助八幡宮本殿 185
足助文化センター 184
(旧) 稲橋銀行足助支店 185
(旧) 小原村中央公民館保健センター 187
海外産業人材育成協会中部事務所 179
三洲足助屋敷 184
松樹堂 183
竪の家 183
知の拠点あいち・あいち産業科学技術総合センター 178
(旧) 中研修センター 179
田園オフィス 179
(旧) 図書館文化財倉庫 183
豊田大橋 181
豊田歌舞伎伝承館 187
トヨタ鞍ヶ池記念館 183
豊田市井上公園水泳場 182
豊田市郷土資料館 182
豊田市鞍ヶ池植物園 183
豊田市自然観察の森ネイチャーセンター 182
豊田市生涯学習センター逢妻交流館 182
トヨタ自動車本社 178

豊田市美術館 181
(旧) 豊田市文化芸術センター 182
豊田市福祉センター百年草 185
豊田市民文化会館 182
豊田市民文化会館小ホール 182
豊田スタジアム 182
日本赤十字豊田看護大学 170
ものづくり創造拠点 SENTAN 179
杜のひかりこども園 182
やわらぎ 森のスタジアム 179
ROYAL COUNTRY CLUB 187

豊橋市
大垣共立銀行豊橋支店 190
ココラフロント 190
こども未来館「ここにこ」 190
豊橋市公会堂 190
豊橋市自然史博物館 190
豊橋市美術博物館 190
豊橋市二川宿本陣資料館 190
豊橋ハリストス正教会聖堂 190
豊橋東口駅前広場 189
穂の国とよはし芸術劇場 189

長久手市
愛・地球博記念館 174
愛・地球博記念公園温水プール・アイススケート場 174
愛知県児童総合センター 173
愛知県立芸術大学音楽学部校舎 169
愛知県立芸術大学奏楽堂 169
愛知県立大学 169
愛知淑徳大学9号棟 170
愛知淑徳大学8号棟 169
愛知たいようの杜 174
グローバル・ループ 173
ケアハウスヘルパーステーション ゴジカラ村デイサービス 174
(旧) 迎賓館・レセプションホール 174
トヨタ博物館 174
長久手町文化の家 174

西尾市
ORPHE 201
グリーンホテル三ヶ根 197
西尾市岩瀬文庫 200
岩瀬文庫旧書庫 200

日進市
名古屋商科大学日進・長久手キャンパス 170

半田市
(旧) 中埜家住宅 202
新美南吉記念館 203
日進市立図書館 174
半田赤レンガ建物 207
MIZKAN MUSEUM 203

東浦町
老人保健施設相生 203

扶桑町
扶桑文化会館 214

碧南市
栄四郎瓦株式会社 201
哲学たいけん村無我苑瞑想回廊 201
碧南火力発電所本館 198
碧南芸術文化ホール・図書館 201
(旧) へきなん芸術文化村 201
碧南市藤井達吉現代美術館 201
碧南市文化会館・碧南市立中央公民館 201
(旧) 丸栄陶業本社屋 201

索引
設計者順

弥富市
中国木材名古屋事業所..................209
弥富市立弥富北中学校..................215

アーキヴィジョン広谷スタジオ
レイモンド庄中保育園..................164

ARCHITECT 5
正願寺..................187

アール・アイ・エー
刈谷市産業振興センター..................180
尾三消防本部 豊明消防署..................180
(旧)豊明市消防本部・消防署..................180

INA新建築研究所
豊田市井上公園水泳場..................182

アイシン開発
アイシン・エィ・ダブリュ株式会社 技術センター..................179

愛知県建設部
知の拠点あいち・あいち産業科学技術総合センター..................178

愛知県建築部
愛知県旭高原少年自然の家..................187
愛知県自治センター..................141
愛知県児童総合センター..................173
愛知県庁大津橋分室..................142
愛知県庁本庁舎..................140
愛知県立小牧高等学校旧講堂..................170
(旧制)愛知県立小牧中学校講堂..................170
愛知県緑化センター..................185
昭和塾堂..................168
瀬戸市文化センター・瀬戸地域文化広場..................214

愛知県住宅供給公社
第2森孝新田分譲住宅..................163

愛知工業大学
AJU自立の家..................149

愛知工業大学中島研究室
愛知工業大学附属図書館..................170

AUAU建築研究所
田園オフィス..................179

青木淳建築計画事務所
ルイ・ヴィトン名古屋栄店..................129

青島設計
(旧)小原村中央公民館保健センター..................187
シンシア山手..................148
(旧)図書館文化財倉庫..................183
豊田歌舞伎伝承館..................187
豊田市郷土資料館..................182
豊田市鞍ヶ池植物園..................183
日泰寺霊堂..................149

青島設計室
青島設計社屋..................125
覚王山レックスマンション..................150
聖マリア修道院..................168
聖マリア幼稚園..................168
豊田市民文化会館..................182
豊田市民文化会館小ホール..................182
(旧)豊田市文化芸術センター..................182

星ヶ丘ボウル..................154
(旧)矢崎総業名古屋AIS..................125
弥富市立弥富北中学校..................215

AZ Institute
善光寺別院願王寺..................162

AZ環境計画研究所
建国ビハーラ..................163
扶桑文化会館..................214

梓設計
中部国際空港旅客ターミナルビル..................202
(旧)名古屋市総合体育館..................160
日本ガイシスポーツプラザ..................160

アトリエ・ファイ建築研究所
松欅堂..................183

あめりか屋
(旧)川上貞奴邸..................144
文化のみち二葉館..................144

アモルフ
(旧)伊勢木本社ビル..................126
CHIPTOWER..................126

新井組
名古屋東急ホテル..................130

Arup
中部国際空港旅客ターミナルビル..................202

安藤洋
名古屋市芸術創造センター..................126

アントニン・レーモンド
南山大学..................167
南山大学体育館..................167

伊井伸
武豊町民会館ゆめたろうプラザ..................203

飯田善彦建築工房
名古屋大学野依センター野依記念学術交流館..................166
名古屋大学野依センター野依記念物質科学研究館..................166
名古屋大学理学南館..................166

生田京子
ものづくり創造拠点SENTAN..................179

石川翔一
House NI－裏と表の境界－..................175

石田有作
レイモンド庄中保育園..................164

石本建築事務所
岡崎市美術館..................194
JICA中部国際センター..................120

板野鋭男
津島市観光交流センター..................210
(旧)名古屋銀行津島支店..................210

市浦都市開発建築コンサルタンツ
空を孕む波 大府市いきいきプラザ..................203

1-1 Architects
House NI－裏と表の境界－..................175

一宮市建築部建築住宅課
一宮市博物館..................212

伊藤建築設計事務所
愛知県旭高原少年自然の家..................187
アサヒビール名古屋工場..................163
(旧)朝日麦酒名古屋工場..................163
一宮市民会館..................212
軽費老人ホーム名古屋市緑寿荘..................163
瀬古会館..................163
中京テレビ放送本社ビル..................116
ツインアーチ138..................210
東栄ビル..................135

豊橋市二川宿本陣資料館..................190
名古屋市千種文化小劇場「ちくさ座」..................149
名古屋市立大学芸術工学部芸術工学棟..................168

伊藤孝紀
クリばこ..................120
FUJISAN..................163
ROYAL COUNTRY CLUB..................187
Iots Fiction..................174

伊東忠太
日泰寺仏舎利奉安塔..................149

伊藤泰彦
あいち海上の森センター物見の丘..................208
(旧)海上の森・望楼..................208

伊藤恭行
愛知淑徳大学8号棟..................169
HASE-BLDG.1..................126

稲垣淳哉
Dragon Court Village..................193

猪熊純
LT城西..................119

今井裕夫設計所
洋食ダイヤ..................163

岩田英来
小牧市立図書館..................214

岩田剛彦
杜のひかりこども園..................182

岩月美穂
愛知産業大学言語・情報共育センター..................193
山王のオフィス..................193
都市にひらいていく家..................157
まちに架かる6枚屋根の家..................154

内井昭蔵建築設計事務所
一宮市博物館..................212
犬山市市民健康館さら・さくら..................217
栄四郎瓦株式会社..................201
(旧)丸栄陶業株式会社..................201

宇野享
愛知淑徳大学8号棟..................169
HASE-BLDG.1..................126

浦野設計
ECO-35..................157

浦辺建築事務所
足助文化センター..................184
三洲足助屋敷..................184

浦辺設計
(旧)足助町福祉センター「百年草」..................185
豊田市福祉センター百年草..................185

A&T建築研究所
愛知芸術文化センター..................125

Eureka
Dragon Court Village..................193

AMS
LiF..................154

NOV建築工房
ケアハウスヘルパーステーションゴジカラ村デイサービス..................174

NTTファシリティーズ
クリニックかけはし..................120
MIZKAN MUSEUM..................203

mA-style
光庭の棲..................150

遠藤克彦建築研究所
豊田市自然観察の森ネイチャーセンター..................182

大倉土木

名古屋市東山植物園温室前館・・・・・・・・・・・・・・・・・・・・・ 153	グローバル・ループ・・・・・・・・・・・・・・・・・・・・・・・・・・・・・・・ 173	豊田大橋・・ 181
太田建築設計	**環境造形研究所**	豊田スタジアム・・・・・・・・・・・・・・・・・・・・・・・・・・・・・・・・・ 182
尾張大国霊神社儀追殿・・・・・・・・・・・・・・・・・・・・・・・・・・ 210	長久手町文化の家・・・・・・・・・・・・・・・・・・・・・・・・・・・・・ 174	名古屋市美術館・・・・・・・・・・・・・・・・・・・・・・・・・・・・・・・ 125
太田伍郎	**環境デザイン研究所**	(旧)安田火災名古屋ビル ・・・・・・・・・・・・・・・・・・・・・・ 116
尾張大国霊神社儀追殿・・・・・・・・・・・・・・・・・・・・・・・・・・ 210	愛知県児童総合センター ・・・・・・・・・・・・・・・・・・・・・・ 173	**黒川建築事務所**
太田隆信	常滑市体育館・・・・・・・・・・・・・・・・・・・・・・・・・・・・・・・・・ 207	(旧)大倉会館 ・・・・・・・・・・・・・・・・・・・・・・・・・・・・・・・・・ 203
グランドメゾン白壁櫻明荘 ・・・・・・・・・・・・・・・・・・・・・・ 144	**観光企画設計社**	大府市歴史民俗資料館・・・・・・・・・・・・・・・・・・・・・・・・ 203
太田雅夫	伊良湖ビューホテル ・・・・・・・・・・・・・・・・・・・・・・・・・・ 198	**黒川巳喜**
岡崎市図書館交流プラザりぶら ・・・・・・・・・・・・・・・・ 192	**木内修建築設計事務所**	愛知県庁大津橋分室・・・・・・・・・・・・・・・・・・・・・・・・・・ 142
大中肇	尾張大国霊神社儀追殿・・・・・・・・・・・・・・・・・・・・・・・・・・ 210	**黒野建築設計事務所**
(旧)亀城小学校本館 ・・・・・・・・・・・・・・・・・・・・・・・・・・ 203	名古屋市東山植物園宗節庵・・・・・・・・・・・・・・・・・・ 154	碧南市文化会館・碧南市立中央公民館 ・・・・・・・・ 201
刈谷市郷土資料館・・・・・・・・・・・・・・・・・・・・・・・・・・・・ 203	**菊竹清訓建築設計事務所**	**黒野康夫**
大西英二	グローバル・ループ・・・・・・・・・・・・・・・・・・・・・・・・・・・・・・・ 173	ケアハウスヘルパーステーション ゴジカラ村デイサービス・・ 174
中部大学21号館・22号館 ・・・・・・・・・・・・・・・・・・・・・ 171	**北山孝二郎**	**K計画事務所**
大西設計事務所	ココラフロント ・・・・・・・・・・・・・・・・・・・・・・・・・・・・・・・・・ 190	ココラフロント ・・・・・・・・・・・・・・・・・・・・・・・・・・・・・・・・・ 190
中部大学21号館・22号館 ・・・・・・・・・・・・・・・・・・・・・ 171	**北山創造研究所**	**建築計画連合**
大林組	ココラフロント ・・・・・・・・・・・・・・・・・・・・・・・・・・・・・・・・・ 190	すぎの木センター・・・・・・・・・・・・・・・・・・・・・・・・・・・・・・・ 186
愛・地球博記念公園温水プール・アイススケート場 ・・ 174	**北山孝雄**	**建築研究所アーキヴィジョン**
オアシス21 ・・・・・・・・・・・・・・・・・・・・・・・・・・・・・・・・・・ 125	ココラフロント ・・・・・・・・・・・・・・・・・・・・・・・・・・・・・・・・・ 190	蒲郡市郷土資料館・・・・・・・・・・・・・・・・・・・・・・・・・・・・ 198
名古屋東急ホテル・・・・・・・・・・・・・・・・・・・・・・・・・・・・ 130	**城戸武男**	蒲郡市博物館・・・・・・・・・・・・・・・・・・・・・・・・・・・・・・・・・ 198
岡田新一設計事務所	(旧)中北商店 ・・・・・・・・・・・・・・・・・・・・・・・・・・・・・・・・・ 131	常滑市重要有形民俗文化財収蔵庫 ・・・・・・・・・・ 207
日進市立図書館・・・・・・・・・・・・・・・・・・・・・・・・・・・・・・ 174	中北薬品京町支店 ・・・・・・・・・・・・・・・・・・・・・・・・・・ 131	(旧)常滑市民俗資料館 ・・・・・・・・・・・・・・・・・・・・・・ 207
奥村昭雄	**木原義久**	とこなめ陶の森 資料館・・・・・・・・・・・・・・・・・・・・・・・・・ 207
愛知県立芸術大学奏楽堂・・・・・・・・・・・・・・・・・・・・・ 169	東照宮 ・・・・・・・・・・・・・・・・・・・・・・・・・・・・・・・・・・・・・・ 187	**五井孝夫**
小倉睦弘	**共同建築設計事務所**	名鉄バスターミナルビル ・・・・・・・・・・・・・・・・・・・・・・ 115
稲沢市庁舎・・・・・・・・・・・・・・・・・・・・・・・・・・・・・・・・・・ 213	愛知厚生連渥美病院 ・・・・・・・・・・・・・・・・・・・・・・・・ 198	**香山壽夫**
大鹿智哉	**吉柳満アトリエ**	長久手町文化の家・・・・・・・・・・・・・・・・・・・・・・・・・・・・・ 174
愛知県児童総合センター ・・・・・・・・・・・・・・・・・・・・・・ 173	シェーネル・ボーネン・・・・・・・・・・・・・・・・・・・・・・・・・・ 131	**香山壽夫建築研究所**
海外産業人材育成協会中部事務所 ・・・・・・・・・・ 179	**久野節**	穂の国とよはし芸術劇場・・・・・・・・・・・・・・・・・・・・・・・ 189
(旧)中部研修センター ・・・・・・・・・・・・・・・・・・・・・・ 179	蒲郡クラシックホテル ・・・・・・・・・・・・・・・・・・・・・・・・・・ 197	**KPF**
小場瀬令二	(旧)蒲郡ホテル ・・・・・・・・・・・・・・・・・・・・・・・・・・・・・・・ 197	JRセントラルタワーズ ・・・・・・・・・・・・・・・・・・・・・・・・・・ 114
生長の家 愛知県教化部会館 ・・・・・・・・・・・・・・・・ 126	**隈研吾建築都市設計事務所**	**国分設計**
オリエンタルコンサルタンツ	プロソミュージアム・リサーチセンター ・・・・・・・・・・ 209	名古屋学院大学チャペル ・・・・・・・・・・・・・・・・・・・・・・ 171
名古屋都市高速道路・・・・・・・・・・・・・・・・・・・・・・・・・・ 142	**久米設計**	**小坂秀雄**
カエル	愛知県議会議事堂・・・・・・・・・・・・・・・・・・・・・・・・・・・・ 141	名鉄バスターミナルビル ・・・・・・・・・・・・・・・・・・・・・・ 115
ケアハウスヘルパーステーション ゴジカラ村デイサービス・・ 174	愛知県立愛知総合工科高等学校 ・・・・・・・・・・・・・・ 167	**酒井宣良**
笠嶋淑恵	愛知県立大学・・・・・・・・・・・・・・・・・・・・・・・・・・・・・・・・・ 169	ケアハウスヘルパーステーション ゴジカラ村デイサービス・・ 174
空を孕む波 大府市いきいきプラザ ・・・・・・・・・・ 203	ITbM ・・・・・・・・・・・・・・・・・・・・・・・・・・・・・・・・・・・・・・・ 166	**坂倉建築研究所**
鹿島建設	稲沢市民病院・・・・・・・・・・・・・・・・・・・・・・・・・・・・・・・・・ 213	グランドメゾン白壁櫻明荘 ・・・・・・・・・・・・・・・・・・・・・・ 144
ザ・シーン徳川園 ・・・・・・・・・・・・・・・・・・・・・・・・・・・・ 145	春日井市庁舎 ・・・・・・・・・・・・・・・・・・・・・・・・・・・・・・・・ 214	JRセントラルタワーズ ・・・・・・・・・・・・・・・・・・・・・・・・・・ 114
モーニングパーク主税町 ・・・・・・・・・・・・・・・・・・・・・・ 144	蒲郡市民病院・・・・・・・・・・・・・・・・・・・・・・・・・・・・・・・・・ 198	常滑市民文化会館・中央公民館 ・・・・・・・・・・・・・・ 207
金刺森太郎	名古屋大学ES総合館 ・・・・・・・・・・・・・・・・・・・・・・・・・・ 166	名古屋近鉄ビル 近鉄パッセ ・・・・・・・・・・・・・・・・・・ 115
(旧)名古屋控訴院地方裁判所区裁判所庁舎 ・・・・・ 143	名古屋大学トランスフォーマティブ生命分子研究所・・・・・ 166	**阪田誠造**
名古屋市資料館・・・・・・・・・・・・・・・・・・・・・・・・・・・・・・ 143	名古屋大学東山キャンパス ・・・・・・・・・・・・・・・・・・ 166	JRセントラルタワーズ ・・・・・・・・・・・・・・・・・・・・・・・・・・ 114
カプラン・マクローリン・ディアス(KMD)	日本赤十字豊田看護大学 ・・・・・・・・・・・・・・・・・・・・ 170	**佐々木勝敏建築設計事務所**
ナディアパーク・・・・・・・・・・・・・・・・・・・・・・・・・・・・・・・・・ 130	碧南芸術文化ホール・図書館 ・・・・・・・・・・・・・・・・ 201	竪の家 ・・・・・・・・・・・・・・・・・・・・・・・・・・・・・・・・・・・・・・・ 183
モーニングパーク主税町 ・・・・・・・・・・・・・・・・・・・・・・ 144	(旧)へきなん芸術文化村 ・・・・・・・・・・・・・・・・・・・・・ 201	**佐藤三郎**
神谷勇機	**clublab.**	愛知学院大学楠元学舎1号館 ・・・・・・・・・・・・・・・・ 168
House NI －裏と表の境界－ ・・・・・・・・・・・・・・・・・ 175	愛知産業大学工業高等学校伊勢山校舎 ・・・・・・ 157	**佐藤総合計画**
河合松永建築事務所	**栗原健太郎**	岡崎市図書館交流プラザりぶら ・・・・・・・・・・・・・・・・ 192
豊橋市美術博物館・・・・・・・・・・・・・・・・・・・・・・・・・・・・ 190	愛知産業大学言語・情報共育センター ・・・・・・・・ 193	**佐野哲史**
河北次郎兵衛守定	山王のオフィス ・・・・・・・・・・・・・・・・・・・・・・・・・・・・・・ 193	Dragon Court Village ・・・・・・・・・・・・・・・・・・・・・・・・・・ 193
八幡宮本殿・・・・・・・・・・・・・・・・・・・・・・・・・・・・・・・・・・ 194	都市にひらいていく家・・・・・・・・・・・・・・・・・・・・・・・・・ 157	**三共建築設計事務所**
川口喜代枝	まちに架かる6枚屋根の家 ・・・・・・・・・・・・・・・・・・・・ 154	愛知産業大学工業高等学校伊勢山校舎 ・・・・・・ 157
愛知県自治センター ・・・・・・・・・・・・・・・・・・・・・・・・・・ 141	**栗生明**	**CO2WORKS**
哲学たいけん村無我苑瞑想回廊 ・・・・・・・・・・・・・・ 201	岡崎市美術博物館・・・・・・・・・・・・・・・・・・・・・・・・・・・・ 193	dNb ・・・ 154
河村伊蔵	**栗生総合計画事務所**	**CAn**
豊橋ハリストス正教会聖堂 ・・・・・・・・・・・・・・・・・・・・ 190	岡崎市美術博物館・・・・・・・・・・・・・・・・・・・・・・・・・・・・ 193	愛知淑徳大学8号棟・・・・・・・・・・・・・・・・・・・・・・・・・・ 169
川本敦史	**黒川紀章**	HASE-BLDG.1 ・・・・・・・・・・・・・・・・・・・・・・・・・・・・・・・ 126
光庭の棲・・・・・・・・・・・・・・・・・・・・・・・・・・・・・・・・・・・・・ 150	名古屋都市高速道路・・・・・・・・・・・・・・・・・・・・・・・・・・ 142	**ジェイアール東海コンサルタンツ**
川本まゆみ	**黒川紀章建築都市設計事務所**	JRゲートタワー・・・・・・・・・・・・・・・・・・・・・・・・・・・・・・・・ 114
光庭の棲・・・・・・・・・・・・・・・・・・・・・・・・・・・・・・・・・・・・・ 150	損保ジャパン日本興亜名古屋ビル ・・・・・・・・・・・・ 116	**塩田有紀建築設計事務所**
環境システム研究所	名古屋市中小企業振興会館(吹上ホール) ・・・・・・・ 149	愛知産業大学工業高等学校伊勢山校舎 ・・・・・・ 157

静岡理工科大学
ITbM · 166
名古屋大学トランスフォーマティブ生命分子研究所 · · · · · · · 166
篠田川口建築設計事務所
愛知県自治センター · 141
篠田川口建築事務所
哲学たいけん村無我苑瞑想回廊 · · · · · · · · · · · · · · · · · · 201
篠田進
愛知県自治センター · 141
哲学たいけん村無我苑瞑想回廊 · · · · · · · · · · · · · · · · · · 201
日本陶磁器センター旧館 · 144
司法省営繕課
(旧) 名古屋控訴院地方裁判所区裁判所庁舎 · · · · · · · 143
名古屋市資料館 · 143
島武頼三
伊勢久株式会社本社 · 141
清水建設
アイシン・エィ・ダブリュ株式会社 技術センター · · · · · · · · · 179
アイシン・エィ・ダブリュ「きぼうのおか」 · · · · · · · · · · · · · 179
(旧) アイシン・ワーナー「希望の丘」 · · · · · · · · · · · · · · 179
愛知工業大学キャンパス計画 · 170
愛知工業大学附属図書館 · 170
トヨタ自動車館 · 178
トヨタ車体株式会社開発センター技術本館 · · · · · · · · · 179
南山大学名古屋キャンパスS棟 · · · · · · · · · · · · · · · · · · · 167
南山大学附属小学校 · 167
芳蘭亭 · 130
志水建築業店
日本陶磁器センター · 144
白木時三
文化のみち橦木館 · 144
鋤納忠治
自邸=スキナヤ · 154
鈴木崇真建築設計事務所
LT城西2 · 119
鈴木長次
伊賀八幡宮 · 194
六所神社 · 194
鈴木禎次
(旧) 岡崎銀行本店 · 193
岡崎信用金庫資料館 · 193
オリナス一宮 · 213
ザ・コンダーハウス · 116
鶴舞公園噴水塔 · 148
(旧) 中埜家住宅 · 202
(旧) 名古屋銀行一宮支店 · 213
(旧) 名古屋銀行本店 · 116
松坂屋名古屋店 · 131
揚輝荘「伴華楼」 · 149
鈴木長恒
東照宮 · 187
鈴木恂
LiF · 154
鈴木結加里
Lights Gallery Endoji Nagoya · · · · · · · · · · · · · · · · · · 122
studio velocity
愛知産業大学言語・情報共育センター · · · · · · · · · · · · 193
山王のオフィス · 193
都市にひらいていく家 · 157
まちに架かる6枚屋根の家 · 154
住友生命保険相互会社
ポーラ名古屋ビルディング · 135
関郁代

小牧市立図書館 · 214
積水ハウス
ザ・シーン徳川園 · 145
妹島和世建築設計事務所
豊田市生涯学習センター逢妻交流館 · · · · · · · · · · · · · 182
設計事務所ゲンプラン
稲沢市庁舎 · 213
瀬戸市文化センター建設室
瀬戸市文化センター・瀬戸地域文化広場 · · · · · · · · · 214
仙田満
愛知県児童総合センター · 173
常滑市体育館 · 207
千里建築設計事務所
岡崎市図書館交流プラザりぶら · · · · · · · · · · · · · · · · · · 192
双星社竹腰建築事務所
アサヒビール名古屋工場 · 163
(旧) 朝日麦酒名古屋工場 · 163
象設計集団
小牧市立図書館 · 214
曽禰達蔵
ザ・コンダーハウス · 116
(旧) 名古屋銀行本店 · 116
(旧) 三井銀行名古屋支店 · 130
三井住友銀行名古屋支店 · 130
曽禰・中條建築事務所
三井住友銀行名古屋支店 · 130
(旧) 三井銀行名古屋支店 · 130
第一工房
あいち海上の森センター本館 · 208
中部大学21号館・22号館 · 171
大建設計
名古屋港水族館 · 159
ナディアパーク · 130
老人保健施設相生 · 203
大成建設
金城学院大学W9・10号館 · 168
JRゲートタワー · 114
JRセントラルタワーズ · 114
ノリタケの森 · 122
穂の国とよはし芸術劇場 · 189
TYPE A/B
クリばこ · 120
FUJISAN · 163
ROYAL COUNTRY CLUB · 187
lots Fiction · 174
田賀幸子
名古屋市芸術創造センター · 126
鷹栖一英
名古屋陶磁器会館 · 144
高橋靗一
あいち海上の森センター本館 · 208
中部大学21号館・22号館 · 171
高松伸建築設計事務所
ORPHE · 201
蒲郡市生命の海科学館 · 198
(旧) 蒲郡情報ネットワークセンター・生命の海科学館 · · · · 198
北名古屋市総合福祉センター「もえの丘」 · · · · · · · · · 215
(旧) 師勝町総合福祉センター「もえの丘」 · · · · · · · · 215
丸美産業本社社屋 · 156
瀧光夫
愛知県緑化センター · 185
岡崎市竜美ヶ丘公園・展望台 · · · · · · · · · · · · · · · · · · · 194
瀧光夫建築・都市設計事務所

東岡崎駅南口広場ガレリアプラザ · · · · · · · · · · · · · · · · 193
竹腰健造
アサヒビール名古屋工場 · 163
(旧) 朝日麦酒名古屋工場 · 163
武田五一
岩井橋 · 157
(旧) 春田鉄次郎邸 · 144
(旧) 藤山家住宅日本家 · 148
龍興寺客殿 · 148
竹中工務店
アムナットスクエア · 116
(旧) e-生活情報センター「デザインの間」 · · · · · · · · · 154
(旧) INAX本社ビル · 207
ATグループ本社北館 · 156
岡谷鋼機ビルディング · 135
(旧) 岡谷家住宅 · 144
グローバルゲート · 116
THE KITCHEN · 154
CBC放送センター · 135
ソニー稲沢液晶テレビ工場 · 213
(旧) ソニー稲沢カラーブラウン管工場 · · · · · · · · · · · · 213
竹中土木瀬戸竹親寮 · 208
中部日本ビルディング · 130
トヨタ産業技術記念館 · 121
名古屋クロイゾンスクエア · 130
名古屋商科大学日進・長久手キャンパス · · · · · · · · · · 170
名古屋センタービル · 135
名古屋大学シンポジオン · 166
ナゴヤドーム · 126
能楽殿 · 157
文化のみち百花百草 · 144
邦和スポーツランド・みなと温水プール · · · · · · · · · · · · 160
星が丘テラス · 154
ホテルナゴヤキャッスル · 141
みなと医療生活協同組合 協立総合病院 · · · · · · · · · · 160
みなと医療生活協同組合 宝神生協診療所 · · · · · · · · 160
やわらぎ 森のスタジアム · 179
揚輝荘「聴松閣」 · 149
LIXIL CERAMビル · 207
鈴渓資料館 · 207
竹山聖
(旧) 伊勢木本社ビル · 126
CHIPTOWER · 126
谷口建築設計研究所
豊田市美術館 · 181
谷口吉生
豊田市美術館 · 181
谷口吉郎
河文「水鏡の間」 · 141
名古屋大学博物館 · 165
(旧) 名古屋大学古川図書館 · · · · · · · · · · · · · · · · · · · 165
ダブルスマーケティング
ナディアパーク · 130
團紀彦建築設計事務所
栄町の音楽ホール · 125
宗次ホール · 125
中部工業大学建築委員会
(旧) 中部工業大学キャンパス計画 · · · · · · · · · · · · · · 169
中部大学 · 171
中部電力
碧南火力発電所本館 · 198
張奕文
西尾市岩瀬文庫 · 200

228

土田幸三郎
　愛知県庁大津橋分室・・・・・・・・・・・・・・・・・・・・・・・・・・・・・・・ 142
D.I.G Architects
　The Garden 覚王山 ・・・・・・・・・・・・・・・・・・・・・・・・・・・・・・・ 150
　杜のひかりこども園 ・・・・・・・・・・・・・・・・・・・・・・・・・・・・・ 182
テック・アールアンドディス
　星が丘テラス ・・・・・・・・・・・・・・・・・・・・・・・・・・・・・・・・・・・ 154
dero 市原建築設計事務所
　那古野ハウス ・・・・・・・・・・・・・・・・・・・・・・・・・・・・・・・・・・・ 122
東海設計
　愛知県緑化センター・・・・・・・・・・・・・・・・・・・・・・・・・・・・・ 185
東海旅客鉄道
　JRセントラルタワーズ ・・・・・・・・・・・・・・・・・・・・・・・・・・ 114
東急建設
　メナード美術館 ・・・・・・・・・・・・・・・・・・・・・・・・・・・・・・・・ 214
東京藝術大学北川原研究室（北川原温）
　あいち海上の森センター物見の丘 ・・・・・・・・・・・・・・ 208
　（旧）海上の森・望楼 ・・・・・・・・・・・・・・・・・・・・・・・・・・・・ 208
東京藝術大学 建築科教室
　愛知県立芸術大学奏楽堂・・・・・・・・・・・・・・・・・・・・・・・・ 169
東畑建築事務所
　作手小学校・つくで交流館 ・・・・・・・・・・・・・・・・・・・・・ 186
戸尾任宏
　蒲郡市郷土資料館・・・・・・・・・・・・・・・・・・・・・・・・・・・・・・ 198
　蒲郡市博物館・・・・・・・・・・・・・・・・・・・・・・・・・・・・・・・・・・ 198
　常滑市重要有形民俗文化財収蔵庫・・・・・・・・・・・・・・・ 207
　（旧）常滑市民俗資料館 ・・・・・・・・・・・・・・・・・・・・・・・・ 207
　とこなめ陶の森 資料館・・・・・・・・・・・・・・・・・・・・・・・・ 207
徳岡昌克
　稲沢市荻須記念美術館・・・・・・・・・・・・・・・・・・・・・・・・・ 213
徳岡昌克建築設計事務所
　稲沢市保健センター・・・・・・・・・・・・・・・・・・・・・・・・・・・ 214
都市・建築計画研究所
　豊橋東口駅前広場・・・・・・・・・・・・・・・・・・・・・・・・・・・・・ 189
都市造形研究所
　武豊町民会館ゆめたろうプラザ・・・・・・・・・・・・・・・・ 203
富田玲子
　小牧市立図書館・・・・・・・・・・・・・・・・・・・・・・・・・・・・・・・ 214
冨永祥子
　中国木材名古屋事業所・・・・・・・・・・・・・・・・・・・・・・・・・ 209
豊明市財政課営繕係
　尾三消防本部 豊明消防署 ・・・・・・・・・・・・・・・・・・・・・ 180
　（旧）豊明市消防本部・消防署 ・・・・・・・・・・・・・・・・・・ 180
トヨタ自動車
　トヨタ博物館 ・・・・・・・・・・・・・・・・・・・・・・・・・・・・・・・・・ 174
豊田市都市整備部
　豊田市井上公園水泳場・・・・・・・・・・・・・・・・・・・・・・・・・ 182
豊田市都市整備部公共建築課
　ものづくり創造拠点SENTAN ・・・・・・・・・・・・・・・・・・ 179
豊橋技術科学大学
　豊橋市二川宿本陣資料館・・・・・・・・・・・・・・・・・・・・・・ 190
Trans+ Work
　Lights Gallery Endoji Nagoya ・・・・・・・・・・・・・・・・・・ 122
内藤多仲
　名古屋テレビ塔・・・・・・・・・・・・・・・・・・・・・・・・・・・・・・・ 124
中条精一郎
　（旧）三井銀行名古屋支店 ・・・・・・・・・・・・・・・・・・・・・ 130
　三井住友銀行名古屋支店・・・・・・・・・・・・・・・・・・・・・・ 130
中村工務店
　豊橋市公会堂・・・・・・・・・・・・・・・・・・・・・・・・・・・・・・・・・ 190
中村勉総合計画事務所
　愛知たいようの杜・・・・・・・・・・・・・・・・・・・・・・・・・・・・ 174
中村與資平

豊橋市公会堂・・・・・・・・・・・・・・・・・・・・・・・・・・・・・・・・・・・・ 190
中山克己建築設計事務所
　（旧）愛知県体育館 ・・・・・・・・・・・・・・・・・・・・・・・・・・・・ 141
　ドルフィンズアリーナ ・・・・・・・・・・・・・・・・・・・・・・・・ 141
中渡瀬拡司
　dNb・・ 154
名古屋港管理組合
　名古屋港水族館・・・・・・・・・・・・・・・・・・・・・・・・・・・・・・・ 159
名古屋工業大学
　碧南火力発電所本館・・・・・・・・・・・・・・・・・・・・・・・・・・・ 198
名古屋市建築課
　名古屋市公会堂・・・・・・・・・・・・・・・・・・・・・・・・・・・・・・・ 148
　名古屋市東山植物園温室前館・・・・・・・・・・・・・・・・・・ 153
名古屋市建築局
　軽費老人ホーム名古屋市緑寿荘・・・・・・・・・・・・・・・・ 163
　瀬古会館・・・・・・・・・・・・・・・・・・・・・・・・・・・・・・・・・・・・・ 163
　名古屋市鶴舞中央図書館・・・・・・・・・・・・・・・・・・・・・・ 148
　名古屋市美術館・・・・・・・・・・・・・・・・・・・・・・・・・・・・・・・ 125
　名古屋市立大学芸術工学部芸術工学棟・・・・・・・・・・ 168
　ナディアパーク・・・・・・・・・・・・・・・・・・・・・・・・・・・・・・・ 130
　東山スカイタワー・・・・・・・・・・・・・・・・・・・・・・・・・・・・ 153
名古屋市住宅供給公社
　中富住宅・・・・・・・・・・・・・・・・・・・・・・・・・・・・・・・・・・・・・ 163
名古屋市住宅都市局
　名古屋市千種文化小劇場「ちくさ座」・・・・・・・・・・・・ 149
名古屋市水道局
　アクテノン ・・・・・・・・・・・・・・・・・・・・・・・・・・・・・・・・・・・ 121
　（旧）稲葉地配水塔 ・・・・・・・・・・・・・・・・・・・・・・・・・・・ 121
　名古屋市演劇練習館・・・・・・・・・・・・・・・・・・・・・・・・・・ 121
名古屋市土木局
　松重閘門・・・・・・・・・・・・・・・・・・・・・・・・・・・・・・・・・・・・・ 157
名古屋市立大学
　愛知淑徳大学9号棟・・・・・・・・・・・・・・・・・・・・・・・・・・・ 170
名古屋市立大学芸術工学部
　名古屋市立大学芸術工学部芸術工学棟・・・・・・・・・ 168
名古屋大学
　ITbM・・ 166
　名古屋大学ES総合館 ・・・・・・・・・・・・・・・・・・・・・・・・・ 166
　名古屋大学トランスフォーマティブ生命分子研究所・・・・・・・ 166
名古屋大学施設環境計画推進室
　名古屋大学東山キャンパス・・・・・・・・・・・・・・・・・・・・ 166
名古屋大学施設管理部
名古屋大学施設部
　名古屋大学野依センター野依記念学術交流館・・・・ 166
　名古屋大学野依センター野依記念物質科学研究館・・ 166
成瀬・猪熊建築設計事務所
　LT城西 ・・・・・・・・・・・・・・・・・・・・・・・・・・・・・・・・・・・・・・ 119
成瀬由梨
　LT城西 ・・・・・・・・・・・・・・・・・・・・・・・・・・・・・・・・・・・・・・ 119
名和晃二
　lots Fiction ・・・・・・・・・・・・・・・・・・・・・・・・・・・・・・・・・・ 174
なわけんジム
　lots Fiction ・・・・・・・・・・・・・・・・・・・・・・・・・・・・・・・・・・ 174
新家良浩建築工房
　新美南吉記念館・・・・・・・・・・・・・・・・・・・・・・・・・・・・・・ 203
日建設計
　愛・地球博記念館・・・・・・・・・・・・・・・・・・・・・・・・・・・・ 174
　愛知芸術文化センター愛知県図書館・・・・・・・・・・・・ 141
　愛知県立芸術大学音楽学部校舎・・・・・・・・・・・・・・・・ 169
　稲沢市立中央図書館・・・・・・・・・・・・・・・・・・・・・・・・・・ 213
　大垣共立銀行豊橋支店・・・・・・・・・・・・・・・・・・・・・・・・ 190
　（旧）迎賓館・レセプションホール ・・・・・・・・・・・・・・ 174
　JRゲートタワー ・・・・・・・・・・・・・・・・・・・・・・・・・・・・・ 114

瀬戸市立品野台小学校・・・・・・・・・・・・・・・・・・・・・・・・・・・ 171
総合病院 南生協病院 ・・・・・・・・・・・・・・・・・・・・・・・・・・・ 160
千種ビル群・・・・・・・・・・・・・・・・・・・・・・・・・・・・・・・・・・・・・ 135
知の拠点あいち・あいち産業科学技術総合センター ・・・・ 178
中京テレビ放送本社ビル・・・・・・・・・・・・・・・・・・・・・・・・ 116
中部国際空港旅客ターミナルビル・・・・・・・・・・・・・・・ 202
豊田工業大学図書館・講堂・・・・・・・・・・・・・・・・・・・・・・ 170
トヨタ自動車本館・・・・・・・・・・・・・・・・・・・・・・・・・・・・・・ 178
トヨタ博物館 ・・・・・・・・・・・・・・・・・・・・・・・・・・・・・・・・・・ 174
豊橋市自然史博物館・・・・・・・・・・・・・・・・・・・・・・・・・・・・ 190
名古屋市科学館・・・・・・・・・・・・・・・・・・・・・・・・・・・・・・・・ 125
名古屋ルーセントタワー・・・・・・・・・・・・・・・・・・・・・・・ 115
日建・住生ビル・・・・・・・・・・・・・・・・・・・・・・・・・・・・・・・・ 135
日本ガイシ（株）本社社屋・・・・・・・・・・・・・・・・・・・・・・ 157
（旧）人間博物館リトルワールド ・・・・・・・・・・・・・・・・ 217
久屋大通公園モニュメント ・・・・・・・・・・・・・・・・・・・・ 124
ポーラ名古屋ビルディング ・・・・・・・・・・・・・・・・・・・・ 135
ミッドランドスクエア・・・・・・・・・・・・・・・・・・・・・・・・・ 115
モード学園スパイラルタワーズ ・・・・・・・・・・・・・・・・ 115
野外民族博物館リトルワールド ・・・・・・・・・・・・・・・・ 217
ラシック・・・・・・・・・・・・・・・・・・・・・・・・・・・・・・・・・・・・・・ 130
日建設計工務
　大手町建物名古屋駅前ビル・・・・・・・・・・・・・・・・・・・ 115
　岡崎市民会館・・・・・・・・・・・・・・・・・・・・・・・・・・・・・・・・ 193
　CBC会館・・・・・・・・・・・・・・・・・・・・・・・・・・・・・・・・・・・・ 134
　（旧）真宗大谷派名古屋青少年会館 ・・・・・・・・・・・・ 157
　（旧）住友銀行名古屋駅前ビルディング ・・・・・・・・ 115
　中日新聞本社・・・・・・・・・・・・・・・・・・・・・・・・・・・・・・・・ 134
　（旧）東海銀行本店 ・・・・・・・・・・・・・・・・・・・・・・・・・・ 135
　名古屋商工会議所・・・・・・・・・・・・・・・・・・・・・・・・・・・・ 125
　名古屋テレビ塔・・・・・・・・・・・・・・・・・・・・・・・・・・・・・・ 124
　東別院会館・・・・・・・・・・・・・・・・・・・・・・・・・・・・・・・・・・ 157
　三菱UFJ銀行名古屋ビル・・・・・・・・・・・・・・・・・・・・・・ 135
　名鉄バスターミナルビル・・・・・・・・・・・・・・・・・・・・・ 115
日総建
　椙山女学園生活科学部棟・・・・・・・・・・・・・・・・・・・・・・ 167
日本技術開発
　豊橋東口駅前広場・・・・・・・・・・・・・・・・・・・・・・・・・・・・ 189
日本設計
　愛知淑徳大学星ヶ丘キャンパス1号館 ・・・・・・・・・ 168
　ココラフロント・・・・・・・・・・・・・・・・・・・・・・・・・・・・・・ 190
　小牧市スポーツ公園総合体育館「パークアリーナ小牧」 ・・・・ 214
　サンシャインサカエ・・・・・・・・・・・・・・・・・・・・・・・・・・ 126
　JPタワー名古屋・・・・・・・・・・・・・・・・・・・・・・・・・・・・・ 115
　（旧）大同工業大学図書館 ・・・・・・・・・・・・・・・・・・・・ 170
　大同大学図書館・・・・・・・・・・・・・・・・・・・・・・・・・・・・・・ 170
　名古屋インターシティ ・・・・・・・・・・・・・・・・・・・・・・・ 116
　名古屋観光ホテル・・・・・・・・・・・・・・・・・・・・・・・・・・・・ 116
　南山高等学校中学校女子部・・・・・・・・・・・・・・・・・・・ 167
　碧南市藤井達吉現代美術館・・・・・・・・・・・・・・・・・・・ 201
　名進研小学校・・・・・・・・・・・・・・・・・・・・・・・・・・・・・・・・ 168
日本総合建築事務所
　東山スカイタワー・・・・・・・・・・・・・・・・・・・・・・・・・・・・ 153
丹羽英二建築事務所
　愛知県自治センター・・・・・・・・・・・・・・・・・・・・・・・・・・ 141
　グリーンホテル三ヶ根 ・・・・・・・・・・・・・・・・・・・・・・・ 197
　名古屋市鶴舞中央図書館・・・・・・・・・・・・・・・・・・・・・ 148
丹羽一雅
　愛知県自治センター・・・・・・・・・・・・・・・・・・・・・・・・・・ 141
　名古屋市鶴舞中央図書館・・・・・・・・・・・・・・・・・・・・・ 148
丹羽哲矢
　愛知産業大学工業高等学校伊勢山校舎・・・・・・・・・ 157
根村修建築研究室

索引｜設計者順　229

AJU自立の家 ･･････････････････････････ 149
橋口信助
（旧）川上貞奴邸 ･･･････････････････････ 144
文化のみち二葉館 ･･････････････････････ 144
パシフィックコンサルタンツ
豊田大橋 ････････････････････････････ 181
服部滋
愛知産業大学工業高等学校伊勢山校舎 ････････ 157
原田鎮郎
グローバル・ループ ･････････････････････ 173
原田麻魚
知立の寺子屋 ･･････････････････････････ 179
tonarino ･･････････････････････････ 120
原田真宏
知立の寺子屋 ･･････････････････････････ 179
tonarino ･･････････････････････････ 120
原宏
愛知県児童総合センター ････････････････ 173
海外産業人材育成協会中部事務所 ･･････････ 179
（旧）中部研修センター ･･････････････････ 179
原広司
松欅堂 ･････････････････････････････ 183
坂茂建築設計
ガラスシャッターのファサード ジーシー名古屋営業所 ･････ 149
日置拓人
INAXライブミュージアム建築陶器のはじまり館 ････ 206
INAXライブミュージアム土・どろんこ館 ･････ 206
樋口裕康
小牧市立図書館 ････････････････････････ 214
久田屋建築研究所
杜のひかりこども園 ･････････････････････ 182
平林金吾
名古屋市庁舎 ･･････････････････････････ 140
広谷純弘
レイモンド庄中保育園 ･･･････････････････ 164
フェイズアソシエイツ
豊橋東口駅前広場 ･･････････････････････ 189
福島加津也
中国木材名古屋事業所 ･･････････････････ 209
福島加津也＋冨永祥子建築設計事務所
中国木材名古屋事業所 ･･････････････････ 209
藤川原設計
愛知県児童総合センター ････････････････ 173
海外産業人材育成協会中部事務所 ･･････････ 179
（旧）中部研修センター ･･････････････････ 179
藤木隆男建築研究所
末広保育園＋デイサービス ふくじゅ ･･････ 213
富士工務店
アイシン・エィ・ダブリュ「きぼうのおか」 ･･ 179
（旧）アイシン・ワーナー「希望の丘」 ･･････ 179
HOK
中部国際空港旅客ターミナルビル ･････････ 202
保坂猛建築都市設計事務所
名古屋のコートハウス ･･････････････････ 120
星野保則
（旧）太洋商工ビル ･････････････････････ 131
太洋ビル ･･････････････････････････ 131
堀口捨巳
（旧）常滑市立陶芸研究所 ････････････････ 207
とこなめ陶の森 陶芸研究所 ･･･････････････ 207
八勝館「御幸の間」 ････････････････････ 147
堀越英嗣
正願寺 ･････････････････････････････ 187

MOUNT FUJI ARCHITECTS STUDIO
知立の寺子屋 ･･････････････････････････ 179
tonarino ･･････････････････････････ 120
槇総合計画事務所
トヨタ鞍ヶ池記念館 ････････････････････ 183
槇文彦
トヨタ鞍ヶ池記念館 ････････････････････ 183
名古屋大学豊田講堂 ････････････････････ 165
マックス・ヒンデル
（旧）南山学園本館 ･････････････････････ 167
ライネルス館 ･････････････････････････ 167
松村慶三
（旧）足助町福祉センター「百年草」 ･･･････ 185
足助文化センター ･････････････････････ 184
三洲足助屋敷 ････････････････････････ 184
豊田市福祉センター百年草 ･･･････････････ 185
丸ノ内建築事務所
ガラスシャッターのファサード ジーシー名古屋営業所 ･････ 149
三菱地所
アムナットスクエア ･････････････････････ 116
広小路クロスタワー ････････････････････ 116
三菱地所設計
大名古屋ビルヂング ････････････････････ 115
八事交番 ･･････････････････････････ 149
八事山興正寺参拝者駐車場 ･･･････････････ 149
南の島工房
INAXライブミュージアム建築陶器のはじまり館 ････ 206
INAXライブミュージアム土・どろんこ館 ･････ 206
村瀬夘市
名古屋港ポートビル ････････････････････ 159
村瀬国之助
滝学園講堂 ･････････････････････････ 210
村野藤吾
丸栄百貨店 ･･･････････････････････････ 129
村野・森建築事務所
丸栄百貨店 ･･･････････････････････････ 129
明治大学堀口捨己研究室
（旧）常滑市立陶芸研究所 ････････････････ 207
とこなめ陶の森 陶芸研究所 ･･･････････････ 207
名城大学生田研究室
ものづくり創造拠点SENTAN ･････････････ 179
名鉄不動産
名鉄バスターミナルビル ････････････････ 115
森下修
アロン化成ものづくりセンター ････････････ 203
森下建築総研
アロン化成ものづくりセンター ････････････ 203
森甚六
興正寺五重塔 ････････････････････････ 148
森忠一
丸栄百貨店 ･･･････････････････････････ 129
諸江一紀建築設計事務所
LT城西2 ･･････････････････････････ 119
安井建築設計事務所
瀬戸市文化センター・瀬戸地域文化広場 ･････ 214
津島市立図書館 ････････････････････････ 215
中富住宅 ･･････････････････････････ 163
半田赤レンガ建物 ･････････････････････ 207
文化フォーラム春日井 ･･････････････････ 214
柳澤佐和子
すぎの木センター ･･････････････････････ 186
柳澤力
すぎの木センター ･･････････････････････ 186

柳澤忠
すぎの木センター ･･････････････････････ 186
山崎志佐環境計画研究所
建国ビハーラ ･･････････････････････････ 163
山崎七郎兵衛
鳳来寺仁王門 ････････････････････････ 187
山崎泰孝
建国ビハーラ ･･････････････････････････ 163
善光寺別院願王寺 ･････････････････････ 162
扶桑文化会館 ･･････････････････････････ 214
山下設計
アイシン・エィ・ダブリュ株式会社 技術センター ･･ 179
愛知県歯科医師会館 ････････････････････ 126
一宮市尾張一宮駅前ビル ････････････････ 213
こども未来館「ここにこ」 ･･･････････････ 190
名古屋市立第二斎場 ････････････････････ 160
吉田榮蔵
岡崎市郷土館 ･･････････････････････････ 194
（旧）額田郡公会堂及物産陳列所 ･････････ 194
吉村昭範
The Garden 覚王山 ････････････････････ 150
杜のひかりこども園 ････････････････････ 182
吉村順三
愛知県立芸術大学奏楽堂 ････････････････ 169
吉村英孝
西光寺本堂 ･･･････････････････････････ 193
吉村真基
The Garden 覚王山 ････････････････････ 150
杜のひかりこども園 ････････････････････ 182
吉村靖孝
西光寺本堂 ･･･････････････････････････ 193
米澤隆建築設計事務所
海の家、庭の家、太陽の塔 ･･･････････････ 208
ヨハネス・デ・レーケ
船頭平閘門 ･･･････････････････････････ 210
Real Style
Real Style本店 ････････････････････････ 130
LOUIS VUITTON MALLETIER,H&A
ルイ・ヴィトン名古屋栄店 ･･･････････････ 129
レーモンド建築設計事務所
南山大学 ･････････････････････････････ 167
南山大学体育館 ･･･････････････････････ 167
ワーク・キューブ
nagono no mise ･････････････････････ 120
若山滋
哲学たいけん村無我苑瞑想回廊 ････････････ 201
名古屋工業大学ニュートンリング・正門 ････ 166
西尾市岩瀬文庫 ････････････････････････ 200

「名古屋圏の建築」編集後記──作成過程と意図

名古屋工業大学伊藤孝紀研究室

●画像編集・建築撮影
佐川桃子・水口敬悠・鈴木篤也・森本創一朗────
362の掲載作品のうち、約8割を学生が撮影しています。撮影技術に乏しい学生数人で行いましたが、天候条件・撮影画角を統一し、撮影機材を「iPhone」とすることで、クオリティやテイストの揃った写真を撮影できました。また、建築の説明文と写真が連動するように、建築雑誌や設計者の言葉などで設計意図を徹底的にインプットし、現地撮影に臨みました。信号などの障害物を縫うようにカメラを向け、走行車が途切れる一瞬や、日光がファサードを照らす瞬間でシャッターを切るなど、私たちのこだわった点を含め写真をご覧いただければ幸いです。

●地図作成
福田雄太郎・堀涼太・奥村健一朗────
地図作成にあたり、地形の表現に最も力を入れました。分類された愛知県の29クラスターは、都心から山地までさまざまであり、地形を軸として類型化されたものもあります。そのようなクラスターの特徴をわかりやすく表現するために、通常は等高線で表現される地形を、高低差による陰影で表現しました。また、各クラスターの概形を、薄く黄色で表現しています。地形に呼応して建つ建築と、地形を表現した地図を合わせて読むことで、類型化された地域性を容易に想像できるのです。

●掲載交渉・許可申請
杉山弓香・高崎真実・佐藤拓海・橋本未来・西嶋里紗────
学生が撮影した写真の使用許可と共に、写真を用いて愛知県の建築Webサイトを作成するため、掲載する全建築について掲載交渉を行いました。ひとつの建築に対して、設計者・管理者・行政の方など多方面へのご連絡が必要だったため途方もない作業でしたが、書籍掲載を喜んでいただける声がとても励みになりました。設計当時の担当者が亡くなられた建築については、施設の管理者や行政の方から、設計意図を丁寧にご説明いただきました。つくり手から使い手まで、建築を通して歴史が語り継がれている点に注目してお読みください。

●索引作成
田淵隆一・吉田夏希────
建築家にフォーカスした書籍の索引を作成するにあたり、設計事務所や建設会社、所在地、竣工年などの建築概要に加えて、建築の担当設計者まで記載したデータベースを作成しました。データから作成した索引には、五十音・所在地・設計者の情報に加えて、建築家の名称まで記載されています。また、建築・住所・設計事務所の名称について、時が経ち変化しているものが数多くありますが、当時の名前で記載しています。索引を読み込むことで、設計事務所の変遷を把握することが可能です。

●書籍編集／地域分類
伊藤誉・山本雄一────
書籍編集にあたり、「地域性から建築を分類する」スタディを繰り返しました。まず建築書籍や建築賞に掲載されている愛知県内の建築（約1,170作品）を収集し、建築写真と概要、説明文章をまとめた「データシート」なるものを作成。そのシートを用いて、建築形態・周辺地形・年代・風土・伝統・文化などの軸を洗い出し、どのようなクラスターで分類できるのか検討しました（右下写真）。分類によって市境をまたぐクラスターから、行政区分を細分化するクラスターまで、大きさの異なる29のクラスターが形成されています。また本書籍は、名古屋市中心部のクラスター「高層建築の群景（P.114）」を始点、愛知県北部のクラスター「歴史遺構のアンサンブル（P.216）」を終点とした掲載順序となっています。愛知県全域に広がるクラスターが、名駅地区を始点とすると渦巻状に連なることからこの順序となっています。読み終えた後に、作品集の始まりである「建築が織りなす、名古屋圏の群景（P.112）」の3つの地図と、各クラスター冒頭の右上に掲載されているアイコンを見返すことで確認できます。

最後になりますが、書籍作成にあたりご協力いただきました設計者、施設管理者の方々に深く感謝申し上げます。愛知を代表する建築書籍の出版に携わることができ、たいへん光栄に思います。

あとがき

鬼頭梓氏の『建築家の自由』から松本哲夫氏の『建築家の広がり』に至る建築家シリーズ10巻を終え、新シリーズとして「地域の建築家と建築」の第一弾がスタートした。ひとりの建築家について、その作品や人となりを辿る従来の構成と違い、どうしたら地域に根差す建築家群像を浮かび上がらせることができるのか。「はじまり」を辿るにも既に鬼籍に入られた方も多く、名古屋圏に多く関わってきた建築家たちへのインタビューや、現在も深く関わっているふたつの年代層の建築に関わる人たちのディスカッション、そして建築史家による史実によって、名古屋圏の建築家及び建築の流れを辿ることとした。

この地を拠点に活動し、地域の建築文化の発展に足跡を残した建築家たちの活動の歴史を記録すると共に、その歴史・文化の形成に寄与してきた建築作品やまちなみと景観を、地域の建築家の視点から取り上げて紹介することはできたと思う。

最初に、近現代建築史および職能に造詣が深い瀬口哲夫氏によって、明治後期から大正、昭和初期、終戦に至る名古屋における設計界の系譜が示されている。戦後に活躍した老舗事務所とも交流が深く、自らも設計界の歴史つくってこられた4名の建築家のインタビューがあり、設計実務や建築教育で活躍中のふたつの年代別グループによるディスカッションへと続く。

次に230万都市名古屋の成り立ち、圏内の各地域の特徴、さまざまな切り口による名古屋市及び周辺の建築紹介等、バラエティに富んだ構成となった。

名古屋を中心に設計で糊口を凌ぐ私たちや、これからの設計界を担う若手にとっても、名古屋圏の近現代設計史を概観できることの意味は大きい。おぼろげに知識としてあった、鈴木禎次、西原吉次郎を嚆矢とする名古屋設計界の系譜が詳説されることによって、点と点が現代にまでつながった感があり、自分が師と仰ぎ憧れる建築家の立っていた場所が明確になった。戦後の名古屋の設計界を担ってきた数多くの建築家の中で、幸運にも、4人の建築家の「まだ誰にも話したことがない」各々が建築を始めたころの設計界や周辺の話を、じっくり聞く機会も得た。

リニア新幹線開通を間近に控える中部経済の好調を裏付けるように、名建築が次々に解体の危機に瀕している今が、記録に留める最後のチャンスであったかも知れない。かくも広範囲・多方面にわたるこの地の建築を網羅・記録できたことに、建築家シリーズから切り替わった最初に名古屋の地を選んだ建築家会館の見識と、各地に行って膨大な数の建築を記録にまとめてくれた名古屋工業大学伊藤孝紀研究室の皆さんの努力と、脈絡のない膨大な資料に筋書きを付けてコンパクトにまとめて下さった建築メディア研究所の大森編集長に、この場を借りて感謝します。

（小田 義彦｜名古屋圏の建築家と建築編集委員会）

名古屋圏の建築家と建築編集委員会

伊藤 孝紀（いとう・たかのり）
名古屋工業大学大学院准教授、有限会社タイプ・エービー主宰
1974年 三重県桑名市生まれ／1994年 TYPE A/B設立（2005年〜有限会社タイプ・エービー）／1997年 名城大学理工学部建築学科卒業／2000年 北山創造研究所／2007年 名古屋市立大学大学院芸術工学研究科博士後期課程満了／2007年 名古屋工業大学大学院工学研究科准教授・博士（芸術工学）／2027年リニア中央新幹線の名古屋駅・西エリア デザインアーキテクト

伊藤 恭行（いとう・やすゆき）
株式会社 シーラカンスアンドアソシエイツ代表取締役、名古屋市立大学教授、日本建築家協会登録建築家
1959年 神奈川県生まれ／1984年 東京大学工学部建築学科卒業／1985年 シーラカンス一級建築士事務所共同創設／1988年 東京都立大学工学部建築学科助手〜97年／1994年 東京大学大学院博士課程修了／1997年 名古屋市立大学准教授／1998年 株式会社 シーラカンスアンドアソシエイツ（C+A）に改組／2005年 CAn（改組）／2011年 名古屋市立大学教授

小田 義彦（おだ・よしひこ）
伊藤建築設計事務所代表取締役社長、日本建築家協会登録建築家
1953年岐阜県生まれ／1975年名古屋工業大学建築学科卒料後伊藤建築設計事務所に入社／2001年同、取締役名古屋事務所長・設計監理総括／2011年同、代表取締役社長／2008年 JIA東海支部愛知地域会長／2010〜2013年度 JIA本部副会長・東海支部長／JIA本部財務委員長・職責等検討特別委員長など歴任／株式会社建築家会館取締役

森口 雅文（もりぐち・まさふみ）
伊藤建築設計事務所取締役会長、日本建築家協会登録建築家
1937年 京都市中京区生まれ／1956年 京都工芸繊維大学入学／1960年 日建設計工務入社、名古屋事務所勤務／1967年 伊藤建築設計事務所の設立に参加／1998年 JIA東海支部愛知地域会会長／2000年 JIA東海支部支部長、JIA理事／2001年 伊藤建築設計事務所代表取締役社長／2011年 同、代表取締役会長／2017年 同、取締役会長